U0926294

国家与行政管理

L'administration
de l'État

[法]帕特里克·热拉尔（Patrick Gérard）著

刘成富 苑桂冠 陈思洁 译

上海译文出版社

目录

第二部分

类部、部际和次部结构

第三部分

行政管理与效率研究

导语

国家与行政

1. **“经济问题从属于政治抉择。”** 戴高乐将军的这句名言[①]很好地总结了政治权力凌驾于行政之上的传统观念。法兰西《第五共和国宪法》第20条第2款指出，政府“支配行政”，清楚地表明了行政既区别于整个国家行政机关体系，又从属于后者。但行政机关并没有因此变得次要，而是凭借下列特点具有自身的合理性：持续稳定性（离开政府也能良好运行）、与公民的联系（行政相对人对其持欣赏态度或诋毁态度）及其维护国家良好运行的主要使命。这个使命意味着行政人员，尤其是行政官员，不能只是等待上级指令，而是要主动参与到公共服务机构的良好运行中去。警长派遣一个队长和几个警员来平息街道上的斗殴事件，学校校长检查是否所有的学生都出席课堂，医院院长改造急诊室使其更具操作性——他们并不是带着从属于任职部门的想法工作的。他们做工作，履行职责，是因为此前某个政权机构在对他们进行任命时，就已经赋予了他们保证公共服务持续高效的重大责任。因为他们是公务员，当政府机

① 1965年12月13日，总统大选第2轮投票几天前，在与米歇尔·德瓦的电视访问中，戴高乐将军否认说过这句话。

能运转出现障碍时，他们需要向上级官员，甚至需要向部长或者法官进行报告；当政府出台新的改革政策时，他们首先应该领会要义，并加以实施；当政府改组时，每个行政机关的公务人员都急于知道他们所属部长的名字，完全是因为他们意识到，正是通过部长，自己才或多或少地与国家运行紧密地联系在了一起。

2. **国家**。菲利普·德科米纳，路易十一的参事，在1500年成为法兰西第一个给国家定义的人：国家就是“服从于同一权威之下的整个民族”[①]。在《共和六书》中，让·博丹提到政权阶级的一项旨在选出国家行政官员的特权：“王权的第三个标志，就是任命主要的官员”[②]。17世纪，红衣主教黎塞留认为，外交政策的核心就是“国家利益”。在《熙德》中，施曼娜向唐费尔南国王发问：“如果罗德里格对国家而言如此重要，那么，最后是由我来承担这一切后果吗？”[③] 大革命之后，根据国民议会的意愿，《1791年宪法》中多次提及“国家”一词：该词首次出现是在“国家整体利益”[④]的表述之中。

因此，国家行政官员必须维护国家整体利益，但这里的“国家”究竟指的是什么呢？针对这一问题，法学家[⑤]和外交家开展了无以计数的讨论。《蒙特维多国家权利义务公约》[⑥]对此给出的回答可以算得上是最为明确的——“国家，作为国际法人，必须包含以下几个要素：常住人口、确定的领土、政府以及与别国交往的能力”。

值得注意的是，无论是单一制还是联邦制国家，其特点都是具有

---

① 《回忆录》，卡尔梅特出版社，第3卷，第32页。

② 《王权真正的标志》，收录于《共和六书》，第10章，1583年。

③ 皮埃尔·高乃依，《熙德》，1637年，第5幕，第7场。

④ 《1791年宪法》，第2编，第9条“应当授予市政官员一些有关国家整体利益的职权”。

⑤ 勒内·卡雷·德·马尔贝格，《论国家的一般理论》（1920年再版），法国国家科学研究院，1985年。

⑥ 《蒙特维多国家权利义务公约》，第1条。该公约在1933年12月26日举办的第7届美洲国家国际会议上得以签署，并于1934年12月26日起开始生效。

一个政府：在面对本国民众和外国事务时都拥有权威。因此，正如乔治·比尔多教授所言，“掌控国家，就是通过借助合法权力制定一些法律规章，从而对社会进行管制”。[①]

§1. 旧制度下的法国行政管理

3. **公共事务管理**。法语中“administration”一词出现于13世纪，可能来源于拉丁文“ministratio”（一种服务行为），表示一种管理的行为。该词在当时被用于私人财产的管理（家产管理）。18世纪，该词进入了公共领域，包含着“组织”的意思，用于“公共事务管理”以及“公共行政管理”。1787年6月7日敕令规定，在每个财政区设立各自的省议会；在该敕令的序言中，路易十六指出：“在上吉耶讷和贝里省试行省级行政管理一事，取得了可喜的成效。”[②]

4. **托克维尔的分析**。在《旧制度与大革命》中，亚历克西·德·托克维尔认为，与广为流传的观点恰恰相反，1789年并不是法国组织结构转变的清晰分界线，“大革命并没有我们想象的那么新”[③]。在《旧制度与大革命》第2编中，这位芒什省的前议员向世人展示了大革命以前的行政管理。

托克维尔写道，“乍一看法国旧式的行政管理，各种行政机关和政府官员彼此孤立地存在于整个国家”。这种多元分化的状态促成了御前会议的产生，“在王国的中心，距离王位很近的地方”存在着“一个很强大的管理机构，所有权力以一种新的方式凝聚在一起”。他观察到，一省总督是从“最高行政法院内部随时可能被撤职的下级成

---

① 乔治·比尔多，《国家》，瑟伊出版社，1970年，第7页。

② 亚历山大·埃斯，《法国及欧洲的省、市政府》，斯拉特金·麦加里奥重印，日内瓦，1976年，第39页。

③ 《旧制度与大革命》，米歇尔·莱维兄弟公司，电子版，1856年，第2版，第1编，第5章，第54页。

员”中选出的。“总督既是行政官员又是法官。他与各个大臣交流；在其所辖的省份范围内，他是政府意愿的唯一代理人”①。拿破仑时期的最高行政法院制度和省长制度由此产生。

总督对所辖城市及教区施加的监管力度使托克维尔感到吃惊。他记录道，“地方政权从属于中央政权”②。自法国旧制度建立以来，国家强制要求地方政权执行其决定，直到 1983 年，地方行政区才得以建立。托克维尔在书中的第 4 章阐述道， 18 世纪，如果对国王的决定存有异议，大部分情况下普通法庭不具备裁决权限，而是应由总督进行裁判，并且可以向御前会议上诉。在 1872 年 5 月 24 日重组最高行政法院的法令颁布前，行政司法的雏形就已经形成了。

托克维尔严厉地批判了旧君主专制制度下的“管理风尚”。他指出，“官员们总是对细枝末节充满热情”；“书面材料已经堆积如山，但行政程序却十分缓慢”；官员们偏爱数据统计和填写“打印表格”；行政语言“苍白无力，废话连篇且含糊不清。作者们的个性也被淹没在平庸之中”。他对政府不停变更法律法规的行为感到惋惜，“政府以惊人的速度不断推出新法规，以至于执法人员很难知道哪一条才是最正确的”③。2013 年 3 月 26 日提交给法国总理的关于“抵制立法膨胀”的《朗贝尔-布拉尔报告》所涉及的正是这一问题。

最后，托克维尔还注意到，巴黎人口数量日益增加，工业和政治不断发展，使法国成为“欧洲各国中首都权威高于地方，但又与地方融合的国家”④。距离托克维尔所著《旧制度与大革命》不到 1

---

① 《旧制度与大革命》，米歇尔 · 莱维兄弟公司，电子版， 1856 年，第 2 版，第 2 编，第 2 章，第 74、 78 页。

② 同上，第 3 章，第 93 页。

③ 同上，第 6 章，第 117、 118、 119、 124 页。

④ 同上，第 7 章，第 133 页。

个世纪，让-弗朗索瓦·格拉维耶教授出版了相同主题的《巴黎与法国荒漠》[①]，书中对法国行政体制的反思正是领土整治政策的源头。

§2.《宪法》文本中的行政管理

5. **《人权宣言》**。1789年8月26日，“国民议会中法兰西人民的代表们”表决通过了《人权与公民权宣言》（即《人权宣言》）。其中有两条提及了“行政管理”这个带有财政内涵的词语。第13条涉及赋税合法化的问题，“为了维持公共武装力量和行政开支，所有公民都有必要承担一定的赋税”；第15条涉及对财政支出的监督，“社会有权要求公务人员汇报其行政运行情况”。《人权宣言》第6条涉及担任公职的问题，所有公民皆有权“根据其能力担任一切要职或公共岗位职务，除德行和才能外，其他因素不予考虑”。

定义国家政治制度的多个《宪法》文本也同样提及了“行政管理”。

6. **法国第一部《宪法》**。法国《1791年宪法》的《序言》特别强调，“今后不再有任何公共官职的买卖和世袭”[②]。法国的第一部《宪法》让国王“成为了整个国家行政体系的最高长官”[③]。国王负责任命“大使及其他政治谈判人员（……）2/3的海军少将，1/2的陆军中将、旅长、海军上校和宪兵团长（……）1/3的上校和中校，1/6的海军上尉（……）拨款审核员和监督员，工程长官，民用海船副长官，1/2的行政事务长官和工程建设方面的副官（……）驻法庭专员（……）间接税税务总监和国有产业行政领导”[④]。《宪法》

---

① 博居朗出版社，1947年；弗拉马利翁出版社，第4版，1972年。

② 《1791年宪法》，序言，第3条。

③ 同上，第3篇，第4章，第1条。

④ 同上，第3篇，第4章，第2条。

规定王室行政官员必须宣誓忠于国家、忠于法律、忠于国王。“任何人如未宣读公民誓言或不能证明其已宣读过公民誓言，即不得在各部的各司或在税务处或公共收入机关担任任何职司，一般亦不得接受行政权方面的任何委任。”①

7. **1875 年的宪法性法律**。 在第三共和国三大基础法律中，关于政权组织的 1875 年 2 月 25 日法律规定，共和国总统“任命所有的文职和军职官员”②。根据该宪法性法律中的这项条款，最高行政法院在对埃里一案进行判决时认为，“共和国总统在法国政府中居于最高地位”③。

8. **《第四共和国宪法》**。 虽然《1946 年宪法》在其序言部分为启发统治者行为而阐明了经济与社会原则，却并未提及“行政”一词④。这个词在《宪法》文本中只出现过一次，旨在说明应该由共和国总统在部长会议上任命中央行政机关负责人⑤。通过将实施法律以及任命大部分文武官员的权力赋予部长会议主席，这部二战后修订的《宪法》默认政府首脑对行政具有绝对权威⑥。

9. **《第五共和国宪法》**。 《宪法》第 5 条规定，共和国总统负责“保证国家持续稳定”；而后文中的第 20 条（第 2 款），通过规定政府“支配行政”,明确行政机关从属于行政权力的原则。

《第五共和国宪法》起草之初，这项条款曾被写成“领导行政”。在 1958 年 7 月 7 日的部际会议⑦上，这项条款的最终版本“支配行政”获得通过； 1958 年 10 月 4 日得以正式颁布。

---

① 《1791 年宪法》，第 3 篇，第 2 章，第 4 节，第 3 条。

② 1875 年 2 月 25 日法，第 3 条。 1875 年的宪法性法律中，未对政府首脑作出规定。

③ 最高行政法院， 1918 年 6 月 28 日，参见《最高行政法院 1918 年判例汇编》，第 651 页。

④ 最后一款参照了“人民自由管理”的原则。

⑤ 《1946 年宪法》，第 30 条。

⑥ 同上，第 47 条。

⑦ 国民委员会（该机构负责颁布《第五共和国国家机构预备法案》），《关于起草 1958 年 10 月 4 日 〈宪法〉 的历史文献》，法国文献局， 1987 年，第 1 卷，第 360 页。

聚焦

外国《宪法》中的行政管理

10. **美利坚合众国《宪法》**。1787 年《宪法》赋予美国总统以行政权力，总统因此成了真正的联邦政府首脑。总统拥有任命权，“他可以向参议院提名，经参议院批准后，任命驻外大使、公使和领事，任命最高法院法官，任命美国现行《宪法》中未作规定的但今后新的法律会创设的一切官员”①；总统对联邦政府官员拥有管辖权，“总统监督法律是否被如实执行，可以任命美国的所有官员”②。在美国，“政府”和“行政部门”早已被混为一谈——美国政党之间的“分赃制”③使这种情况变得更加严重了。在美国，“政府”这个词就意味着“行政部门”，以至于“行政部门”被称为“布什政府”、“奥巴马政府”。但作为行政权力构成要素的美国行政，必须服从国会的管控：对联邦高级官员的提名需要由参议院批准，一切公共职位需要由法律明确，而行政部门的运作资金需要由国会负责调配；国会有权因“没有必要的服务”迫使联邦行政机构关门（“停摆”）④，如果国会在 9 月 30 日未能通过预算提案，那么从 10 月 1 日，即新财年开始计算之日起，政府将无法支付其行政管理费用和公职人员的薪酬，从而被迫“关门”。

11. **日本《宪法》**。1946 年 11 月 3 日颁布的《宪法》第 72 条规定，首相“指挥和监督各行政部门”。

12. **意大利《宪法》**。1947 年 12 月 27 日颁布的《意大利共和国宪法》第 3 章内容关于“政府”，其中有一节探讨了“专为国家服务的”、公职人员的“公共行政管理”⑤。内阁总理“维持政治和行政方针的

---

① 美利坚合众国《宪法》，第 2 条，第 2 款。

② 同上，第 2 条，第 3 款。

③ “获胜者占有战利品”。在安德鲁·杰克逊总统任期内（1829—1837），“分赃制”指总统罢免联邦高官，然后由自己的政治密友和财团支持者取代。

④ 2013 年 9 月 30 日至 10 月 17 日发生了自 1976 年以来的第 17 次联邦行政机构的停摆。

⑤ 《意大利共和国宪法》，第 98 条，第 1 款。

统一”[1]。在法律规定的特定事项中，最高行政法院拥有“司法管辖权”，旨在“保护那些虽与公共行政管理相悖却合乎法律规定的权益及权利”[2]。

13. **德国《基本法》**。1949年5月23日颁布的《基本法》规定，联邦总统任命联邦政府官员[3]，各位部长要分担行政责任：“各联邦部长自主管理其部门，承担其责任”[4]。但部长权力受限于联邦总理，因为总理“制定重大政治方针”[5]，“根据适当比例从各联邦州”[6]选择高级行政官员。联邦政府“设立行政机关”[7]。《基本法》第87条规定，外事、财政、水运、国防、航空、铁路受联邦各行政部门直接管辖。

14. **葡萄牙《宪法》**。1976年4月2日颁布的《宪法》授予政府“行政职能”，“指导国家在民政与军事方面的直接行政事务与活动，监督间接行政，指导自主行政”[8]。另外，在《宪法》第9章中，有7条内容涉及公共行政管理：“公共行政管理的结构必须防止官僚化，为公众提供服务，并确保相关人员参与公共行政的实际管理”[9]。

15. **西班牙《宪法》**。在1978年12月27日颁布的《宪法》中，第4章的标题为《政府与行政部门》，明确指出二者实际是联系在一起的。尤其是其第97条规定，“政府制定对内对外政策，领导国家的民事、军事管理以及国防建设”。《宪法》还明确规定，“公共行政客观地为公众利益服务，根据效率、分级体系、权力下放、权力分散和协调的原则行动，同时要完全服从于法律法规”[10]。

---

① 《意大利共和国宪法》，第95条，第1款。
② 同上，第103条，第1款。
③ 《基本法》，第60条§1，总理副署的必要性（第58条）。
④ 同上，第65条§2。
⑤ 同上，第65条§1。
⑥ 同上，第36条§1。
⑦ 同上，第86条。
⑧ 葡萄牙《宪法》，第199条。
⑨ 同上，第267条§1。
⑩ 西班牙《宪法》，第103条，第1款。

16. **巴西《宪法》**。1988 年 10 月 5 日颁布的《巴西联邦共和国宪法》中，第 84 条结尾写道："只有总统有权在国务部长的协助下担任联邦行政的最高领导。"同时，根据该《宪法》第 37 条，联邦行政的最高领导要遵守"合法、客观、道德、公开的原则"。

17. **俄罗斯《宪法》**。在 1993 年 12 月 12 日颁布的《俄罗斯联邦宪法》中，只有第 83 条提及了一种行政部门的存在。《宪法》规定俄罗斯联邦总统"组建自己的行政部门"。因此，俄罗斯行政管理的最高领导是国家元首，而非政府首脑。

18. **波兰《宪法》**。1997 年 4 月 2 日颁布的《宪法》将行政与政府联系在一起，其中第 6 章内容关于"部长会议与政府行政"。《宪法》明确"部长会议领导政府行政"①，部长会议主席"在所有政府行政官员中处于最高级别"②，"领导某政府行政部门的部长负责颁布该部门应遵循的法规。部长会议可根据部长会议主席的提议，废除部长颁布的规章或决议"③。

19. **瑞士《宪法》**。在 1999 年 4 月 18 日颁布的《宪法》中，第 178 条第 1 款规定："联邦议会领导联邦行政。联邦议会确保行政结构合理，并监督行政部门对任务的执行情况"④。

20. **摩洛哥《宪法》**。在 2011 年 7 月 29 日颁布的《宪法》中，第 89 条规定："在政府首脑的领导下"，政府"行使行政权力，管理并监督公共企业和公共机构"。

§3. 当今法国的国家行政管理

21. **区分**。谈及 21 世纪的法国公共行政管理，将国家行政管理

---

① 波兰《宪法》，第 146 条，第 3 款。

② 同上，第 148 条，第 7 款。

③ 同上，第 149 条§2。

④ 在《百科全书》一篇关于日内瓦的文章中，达朗贝尔写道："只有在小国家，我们才可能找到政治行政的完美范例。"

与其他公共行政管理区分开来是合情合理的。这样，居住在法国的人才能与国家行政机关以外的其他行政管理部门建立联系。

22. **地方行政区**。 在“以权力下放为组织结构的”① 法兰西共和国，公民首先了解的是围绕在自己身边的行政部门，也就是地方行政区。《宪法》第72条规定“共和国的地方行政区，包括市镇、省、大区、具有特殊地位的地方行政区以及《宪法》第79条规定的海外领地”。《宪法》第34条和第72条规定，地方行政区享有自主权、自行重组权，以及《地方行政区总法典》第5部分所规定的一切权益。地方行政区及其团体拥有自己的行政部门，由地方官员（市长助理、行政总管）领导，并受地方当局（市长、省的②或大区的议会主席……）管辖。 2014年，法国的地区政府公务人员大约有190万名，他们的行政行为受国家行政机关监督，尤其受到省长的监管。如果省长认为地方的某个文件不合法，则有权将其提交给行政法庭请求裁决。

23. **欧盟行政机构**。 由于法国“加入欧盟”③，公民了解了一个相对较为遥远的行政机构——即欧盟行政机构。该行政机构为一个由28个国家组成的团体服务，这28个国家依照《欧洲联盟条约》和《欧洲联盟运行条约》“自由地进行选择，共同行使某些职权”④。该行政机构位于布鲁塞尔，从属于欧盟委员会。欧盟委员会“维护欧盟的整体利益（……），监管欧盟法规的实施（……），负责预算执行及项目管理（……），依照条约规定行使协调、执行、管理的职能”⑤。 2014年，欧盟的行政机构雇用了4万多人。欧盟委员会负责

---

① 1958年10月4日《宪法》，第1条。

② 2015年省议员选举后，总议会改名为“省议会”（2013年5月17日颁布的关于省、市地区议员选举的第2013－403号法律，第1条及第51条）。

③ 《宪法》， 1958年10月4日，第88－1条。

④ 同上。

⑤ 欧盟同样为成员国建立了公共政府体系（《欧洲联盟条约》，第17条§1，参见下文第199条目）。

确保各国政府落实欧盟的规章和指示，并可根据《欧洲联盟运行条约》第226条，将未履行职责的国家诉讼至欧盟法庭。

24. **国家行政机关**。本书内容主要关于国家行政机关，严格地说，是国家行政权力下的行政机关。因此，不会论及地方行政或欧盟行政，除非要考察与这两者的关系。此外，因为本书的焦点在于国家行政机关，司法体系自然也不在我们讨论的范围之内，虽然司法机关中一部分工作人员是政府公务员（主要是法院书记官），但在本质上仍然要服从《宪法》第64条规定的司法独立原则①。至于军事领域，本书也只是略涉及一二，因为民事机构和军事机构的章程和运作方式存在很大差别，即便根据《宪法》第20条规定，政府“支配行政及军队”，民事和军事机构的运转由国家负责②且二者常常协同工作③。

25. **提纲**。本书着重介绍的是民事方面的国家行政管理，含以下三个部分：政府部门（第一部分）；类部、部际和次部结构（第二部分）；行政管理及效率研究（第三部分）。

---

① 法官是国家公务人员，而非官员；其组织遵循1958年12月22日第58-1270号关于法官地位法的政令。

② 军人是国家公务人员，而非官员；其组织遵循军队总章程（《国防法典》，第4部分，第1卷）。尽管如此，军人可以申请在国家机关、医疗机关和地方机关担任国家公职（《国防法典》，第L.4139-2条）。

③ 国家宪兵是“为保障法律的实行而建立的战争部队”（《国防法典》，第L.3211-3条；《国家安全法典》，第L.421-1条）。其军事任务受国防部领导，民事任务受内政部领导，法警任务受司法部门领导。

第一部分

政府部门

26. **提纲**。 政府部门是国家行政管理的主要机构。本书第一部分将通过以下三个方面对政府部门进行介绍：政府部门的创立（第一章），政府部门的组织形式（第二章），以及政府部门的职能（第三章）。

第一章 政府部门的创立

27. **词源**。 古罗马时期，拉丁语中的“*minister*”意为教师（*magister*）的仆从。服务意识是政府部门开展工作的基石。在12世纪，“部长”一词出现在法语[①]中，指通过完成某项任务来服务于他人的人，随后发展为特指服务于上帝（祭司）或者服务于国王的人（16世纪的国王顾问，或者17世纪之后的国王驻外大臣）。首相（苏利、黎塞留、马萨林）掌权时期过后，由多名部长共同“行使”君主权力。

28. **提纲**。 法国政府部门的历史简介（第一节）；国外政府部门的组织概况（第二节）；第五共和国时期政府部门的创立（第三节）；部长的职权法令（第四节）。

第一节 法国政府部门的历史简介

§1. 王室的六大部门

29. **查理九世**。 查理九世国王首先创立了君主体制

① 参见法国国家词汇文献资源中心网站，法国国家科学研究院，南锡， 2012年。

下的 3 个行政“部门”：1561 年，将国家财政交由 1—2 个财务大臣管理；1567 年，任命国务秘书西蒙·菲兹统领战争部；1570 年，创立皇家内务府，由管理国王行宫、王宫以及神职人员的国务秘书负责。

30. **亨利四世**。1589 年，亨利四世赋予皇家内务府国务秘书一项新的职权，直接管理王国的首都——巴黎，但同时取消了其掌管外交文书的职责。外交文书被移交到了新成立的外交部，由国王任命一名国务秘书担任部门首脑。

31. **路易十三**。1635 年，路易十三创立掌玺大臣公署，任命法国首席大法官（即掌玺大臣，塞吉埃为第一任），负责维护御前会议的正常运行以及掌玺工作。

32. **路易十四**。最终，路易十四完善了整个政府部门体系。富凯（法国路易十四时代初期的财政大臣）失宠后，1661 年，路易十四废除财政大臣一职，设立财政审计长；1669 年成立海事部，由国务秘书[①]领导，从战争部接管波农群岛（爱尔兰岛）和黎凡高地（苏格兰高地）的海事工作，海事部同时负责殖民地、领事馆和战船。这些为保证国家基本工作顺利开展的部门（后来演变为政府的“部”）是由国王创立的，因此被认为是“王室部门”。

§2. 国家职权范围的扩大

33. **法国大革命之后**。《1791 年宪法》将“国务秘书”更名为“部长”，但保留了先前的政府结构：1791 年 4 月 27 日至 5 月 25 日，国民议会讨论通过了关于政府部门组织结构的法令，其中规定“部长的数量为 6 个”，仅战争部部长和外交部部长的名称被沿用。皇家内务府国务秘书、掌玺大臣[②]以及财政审计长分别更名为内政部

① 第一任海事国务秘书柯尔贝尔，在担任这一职位的同时兼任财政审计长。

② 21 世纪，外交人员称其所在的部为“部门”，法官们称司法部为“掌玺大臣公署”。通常情况下，司法部部长仍被称为掌玺大臣。

部长、司法部部长和财政部部长。负责海事的国务秘书更名为海事与殖民部部长；司法部部长的首要权能即负责掌玺工作。根据外事礼仪，司法部部长位列6位部长之首。1792年9月21日，国民议会投票决定废除王政之时，没有对政府结构进行修改。

督政府时期，共和三年12月5日颁布的《宪法》中，第150条规定：立法机构有权决定如何将权力分配到6—8个部。实际上，法国只在原有基础上创立了第7个部，也就是隶属于内政部的公安部。法兰西第一帝国时期，内政部承担了一些新的国家职能：公民教育①、宗教、农业、商业、美术……波旁王朝时期，路易十八恢复内政部的公安职能；查理十世于1825年从内政部中分出公共教育与宗教部，于1828年再次分离出商业与手工制造部。奥尔良王朝时期，商业与手工制造部还计划担负起管理农业和公共工程的职能。

34. **第二共和国时期**。《1848年宪法》将政府部门数量和职权分配的决定权赋予立法权力机关②，而非共和国总统。在此期间，法国政府共有9个部。

35. **第三共和国时期**。1882年，法国创立邮政部，农业部成为一个完整的部门，工业事务被纳入商业部管辖范围。1894年，殖民地管理工作从海事部分离出来，成立独立部门。1906年，公共工程部成为一个完整的部门；同年，创立劳动部。1914年，由于第一次世界大战爆发而成立武装部。1920年，从内政部和劳动部分离出卫生、援助及社会保障部。1932年，公共教育部更名为国民教育部。随着航空业的迅速发展，1934年，航空部成立。1936年，人民阵线政府创立了体育与娱乐国务副秘书处，接受公共卫生部部长的管辖。

---

① 拿破仑一世创立的一个特殊的政府部门，并委任帝国大学的教育部部长对其进行管理。

② 《1848年宪法》，1848年11月4日，第66条。

36. **解放时期和第四共和国时期**。 1945年，基于第二次世界大战后法国的社会经济形势，法兰西共和国临时政府创立供需部、工业生产部、城市规划与重建部以及囚犯、难民与流放者部。同时还创立了信息部。第四共和国政府时期只在此基础上做了细微调整。

孟戴斯-弗朗斯政府时期（1954—1955），法国政府共有17个部门。

第二节　国外政府部门的组织概况

37. **英国**。 英国的政府机构将“内阁”和“政府”这两个概念区别开来。以首相为首的内阁行使政治实权；而政府则是一个更大的机构，它包括了内阁成员，也包括了在各部门和议会工作的以及辅助内阁成员的公职人员[①]。《关于部长薪资的1975年法案》（修正于2011年7月13日）确定主要政治领导人的工资，并规定可领取内阁成员工资的人数上限为23人[②]；该法只明确提及首相及财政大臣之职。首相只有在遵循法律条例的情况下才能组建内阁。

自2010年起，英国内阁由首相戴维·卡梅伦领导。在副首相的协助下，首相戴维·卡梅伦对英国的18个部门行使管辖权，而这18个部门又是由多个国务大臣分管，它们分别是：外交与联邦事务部，财政部[③]，内政部，国防部，商业创新与技能部[④]，工作与养老

---

① 剥夺下议院若干资格的相关法律规定，最多128名议员能在担任本职的同时兼任政府职务。 2013年10月，改组后的卡梅伦政府包括121名成员（其中包括3位无薪酬成员）。

② 如果在内阁中任命不领取工资的成员，则人数可以超过23人。内阁成员的工资，包括兼任议员所得工资。首相每年工资为76 762英镑，其他内阁成员每年工资为68 827英镑（《关于部长薪资的1975年法案》，第1部分，附件1，第5条）。

③ 英国财政部部长被称为财政大臣；由具有内阁阁员身份的财政部首席秘书辅助工作。

④ 商业创新与技能部部长也是英国出口信用担保局局长。英国出口信用担保局相当于政府中的一个部。

金部，司法部[①]，教育部，社区与地方政府部，卫生部，环境、食品与农村事务部，国际发展部，苏格兰办事处，能源与气候变化部，交通部，文化媒体与体育部[②]，北爱尔兰办事处，威尔士办事处。[③]

38. **美国**。 如果要创立政府部门，必须通过联邦法律的批准。各位部长的礼宾次序是根据创立部门的法律所颁布的先后顺序排列的。国会于 1789 年 2 月 21 日最先通过法律设立了国务院，负责外事工作，并由国务卿领导。国务卿因此而位列美国众部长之首，是仅次于正、副总统的高级行政官员。同年，国会设立财政部和战争部[④]，分别由一名国务秘书管理。早在 1789 年，美国通过《司法法》设立总检察长一职，但直到南北战争结束后，美国才通过 1870 年法律创立司法部，并任命一位部长担任总检察长。

在创立了以上 4 个“王室部门”之后，随着联邦政权的不断发展，另外 10 个部也相继出现： 1849 年，成立内政部（涉及印第安土地、广阔的国土资源和环境保护）； 1889 年，成立农业部； 1903 年，成立商业部； 1913 年，成立劳工部； 1953 年，成立卫生部； 1965 年，成立住房与城市发展部； 1966 年，成立交通部； 1977 年，成立能源部； 1979 年，成立教育部； 1988 年，成立退伍军人事务部。在 2001 年 9 月 11 日世贸大厦遭受袭击之后，美国通过 2002 年 9 月 25 日《国家安全法典》设立了第 15 个部——也就是国土安全部；这个最年轻的部门负责调配 22 个抵制恐怖主义的相关机构。美国所有的联邦政府部门均由一位国务秘书领导。

美国总统只有在取得参议院同意后，才能对 15 名国务秘书进行

---

① 对司法部部长的惯用称谓为“大法官”。

② 在卡梅伦领导的内阁中，文化媒体与体育部也负责女性权利的相关事务。

③ 依据传统，兰开斯特公爵郡大臣是内阁成员之一（非政府部门），他同时也是上议院议长。总的来说，卡梅伦领导的内阁包括 1 名首相， 1 名副首相以及其他 20 名成员，以遵守不超过 23 名成员的原则。

④ 二战后，该部于 1947 年更名为国防部，设立在美国五角大楼。

任命[①]。除了本身就作为内阁成员的副总统和15位国务秘书外，总统还有权邀请政府其他高级官员担任内阁成员。

下列人员通常会被任命为内阁成员：白宫幕僚长[②]、预算办主任、美国驻联合国大使、美国国际贸易代表。除此之外，奥巴马总统还邀请了美国国家环境保护局局长、经济顾问委员会主席以及小企业管理局局长担任内阁成员。

39. 意大利。 1947年12月27日《意大利共和国宪法》规定："法律明确内阁总理府的组织规范，确定部门数目、职权和组成"[③]。2008年颁布的一项法律规定，意大利政府部门的数目为13个：外交部，内政部，司法部，国防部，经济与财政部，经济发展部，基础设施建设部，农业政策、食品与林业部，环境、领土与海洋部，劳动与社会政策部，教育、大学与科研部，文化产业、文化活动与旅游部，卫生部。另外，政府中还可以包含由部长会议主席（即总理）领导的"不管部长"。

在马泰奥·伦齐于2014年2月组建的政府中，部长会议主席伦齐委托3位"不管部长"分别负责《宪法》改革与议会关系、公共行政部门精简以及地区事务。

40. 德国。 根据1949年5月23日《基本法》第62条，德国政府包括联邦总理和各位联邦部长；联邦总理向联邦总统提议任命或罢免联邦部长[④]。因此，对联邦政府结构和部长数量的实际决定权就落到了总理手中。《基本法》规定，对国防部部长[⑤]、司法部部长[⑥]以及财政部部长[⑦]的提名必须由总理完成。

---

① 美国1787年《宪法》，第2条，第2节。从1801年（由约翰·亚当提议的《关于任命战争秘书的法案》是第一个参议院否决案）起，有21个内阁成员的任命由于参议院否决而没有生效。最近一次的参议院否决案为奥巴马总统于2009年1月提议任命汤姆·达施勒为卫生与公众服务秘书。

② 国家总统的直接"协作者"（白宫国务卿、经济顾问、国防安全顾问等）由总统直接任命，无须征求议院意见。

③ 《意大利共和国宪法》，第95条，第3款。

④ 《基本法》，第64条§1。

⑤ 同上，第65条，第1款。

⑥ 同上，第96条§2。

⑦ 同上，第108条§3、第112条及第114条§1。

1998 年，施罗德总理将联邦部门由 18 个减少至 14 个。自此之后，部门数量保持不变。 2013 年 12 月成立的安格拉 · 默克尔政府有 14 个部；在德国，王室部门的任命和其他部门的任命之间存在差异。根据《基本法》第 69 条 § 1 规定，总理有义务指定联邦部长中一位作为其替补者（即副总理）。

5 个王室部门分别是：外交部（由俾斯麦命名，一直沿用至今）、国防部、内政部、司法部（旨在保护消费者）、财政部。

安格拉 · 默克尔政府的其他联邦部门：经济与能源部，劳动与社会事务部，食品与农业部，家庭、老人、妇女与青年部，卫生部，交通与数字化基础设施部，环境、自然保护、建设与核安全部，教育与科研部，经济合作与发展部。

2013 年 12 月，德国社会民主党和基督教民主联盟联合组阁。此举虽未增加部长数目，但需要注意的是，德国总理默克尔还是在自己上一任期（2009—2013）的政府结构基础上进行了调整：能源事务被并入经济部（由副总理负责）；曾由农业部担负的保护消费者职责被转移到司法部；交通部与环境部的职权范围也有所调整，交通部将建设方面的工作转交给环境部，同时也承担起了数字化基础设施建设的新职能。

最后要说明的是：虽然德国政府只有 14 个政府部门，却有 15 个联邦部长，第 15 个联邦部长为特别任务部长。特别任务部长不直接领导具体部门，而是负责保证联邦总理工作的正常运行（参见下文第 280 条目）。

41. 西班牙。根据 1978 年 12 月 27 日《宪法》第 1 节第 98 条规定，“政府由一位首相、必要时设立的多位副首相、各部长以及根据法律设立的其他政府成员组成”。 1997 年 11 月 27 日颁布的关于政府的 50/1997 法律规定：西班牙政府首相有权通过法令组建政府部门。除首相府外， 2011 年成立的马里亚诺 · 拉霍伊政府有 11 个部：5 个王室部门（外交与合作部、司法部、国防部、财政及公共管理部、内政部）以及其他 6 个部（发展部，教育与文体部，就业与社会保障部，工业、能源与旅游部，农业、食品与环境部，卫生、社会服务与平等部）①。

① 此外，有一位大臣负责管理首相府的下属机构。

42. **比利时**。 1994 年 2 月 17 日颁布的比利时《宪法》中，第 99 条规定了以下两点：政府中部长的数量最多为 15 个（包括首相在内）；法语区部长和荷兰语区部长人数要相当。首相在遵守以上两条规定的前提下，负责对公共事务进行分配。2011—2014 年，由埃利奥 · 迪吕波领导的联邦政府共有 12 个部：国防部，外事、对外贸易与欧洲事务部，经济、消费者与北海事务部，养老金部，内政与机会平等部，社会事务、公共卫生、首都影响力与联邦文化机构部，中产阶级、中小型企业、个体经营户与农业部，司法部，预算与行政简化部，就业部，国企、合作与大城市部，财政与公共职能部。

43. **其他国家**。 各国政府部门数量：摩纳哥公国 5 个；瑞士 7 个；葡萄牙 10 个；荷兰 11 个；奥地利 12 个；爱尔兰和土耳其共和国 14 个；日本 15 个；韩国 17 个（包括统一部）；澳大利亚、希腊和波兰 18 个；卢森堡和卡塔尔 18 个；俄罗斯 20 个（包括紧急情况部、远东发展部）；中国 22 个；巴西、加拿大（包括印第安与北方事务部）和摩洛哥 24 个；阿尔及利亚 28 个；塞内加尔 30 个。

第三节　第五共和国时期政府部门的创立

§ 1. 创立自由

44. **《宪法》第 8 条第 2 款**。 共和国总统根据总理的提议，任命和罢免部长。总统是唯一有权创立、撤销政府部门，以及更改部门名称的人。每位部长都是所在部门的最高领导（除非例外，由政府中的“不管部长”代表，例如负责处理法国政府与议会关系的国务秘书）。唯一须由总统任命的部长为司法部部长，《宪法》第 65 条两次提到该职位。

需要特别注意的是，第五共和国总理可以同时被任命为部长：雷蒙 · 巴尔是唯一一个兼任经济与财政部部长（1976—1978）的总理（1976—1981）。

45. **三权分立**。 根据三权分立原则，一项法律似乎并不能限制总统的决策自由：实际上，宪法委员会认为，“三权分立原则适用于共和国总统和政府成员”①。因此，一些对共和国总统及政府成员待遇进行规定的法律条款是违宪的②；三权分立原则同样应该被应用于部门数量和部长头衔的确定上③：为避免行政权力过于单一，法国政府在行政组织上，要以规定政府组成的行政法令为依据。各位新任部长负责任命其部门成员。

国家总统和总理决定各部长的任命顺序，这取决于他们希望将谁置于政府班子的首要位置，或是希望凸显哪个部门领域的政治优先权。在规定政府组成的法令中，首先被任命的部长将成为政府二把手（仅次于总理），第二个被任命的即为三把手，以此类推。这一顺序不仅决定了部长在部级会议中的礼宾次序，也同样决定了其共事者的地位。

由掌玺大臣担任政府二把手的传统已经被废除了。

§2. 部门数量

本节将介绍第五共和国时期，每位总统执政的首届政府组成情况④。

46. **德布雷**。戴高乐将军首次执政期间，政府自 1959 年 1 月 8

① 宪法委员会于 2012 年 8 月 9 日颁布的第 2012－654DC 号决定，《2012 年财政法律修正案》，第 79－83 点。

② 这些条款在以下法令中有所规定：2012 年 8 月 23 日颁布的关于共和国总统和政府成员待遇的第 2012－983 号法令，以及 2014 年 4 月 25 日颁布的涉及国务秘书待遇的第 2014－425 号法令。

③ 该问题在起草第五共和国《宪法》时就被提到过：“德布雷先生希望《宪法》中至少有一条法律来规定部门的数量，以确保该数量不会因政府危机而有所变动。相反，委员会一致认为应该给总理最大限度的自由来组织其内阁。”弗朗索瓦·吕歇尔，1958 年 6 月 27 日国家委员会（该委员会负责发行第五共和国机关的准备工作）工作组会议报告，《1958 年 10 月 4 日宪法编纂史》，第 1 卷，法国文献局，1987 年，第 295 页。

④ 第五共和国时期所有的政府成员名单都可在国民议会网站上查询。

日起由米歇尔·德布雷领导，除（不管）国务部长外[①]，还包括其他15位部长。除去5个王室部门（司法部，外交部，内政部，国防部，财政与经济事务部），政府还增加了农业部、教育部、工业与外贸部、公共工程与交通部、公共卫生与人口部、劳动部、建设部、邮政部、通信部、退伍军人事务与信息部。

一位总理的委派部长负责撒哈拉、海外省份、海外领地及原子能等相关事务。

纳菲萨·锡德·卡拉被任命为国务秘书，她是第五共和国时期首位女性政府成员，主要负责阿尔及利亚的社会问题及穆斯林人权演变的问题。

47. **沙邦-戴尔马**。1969年6月20日，乔治·蓬皮杜出任总统，首届政府由雅克·沙邦-戴尔马领导，包括17个部门。在本届政府管理下，环保首次被列入政府职权范围：1971年，总理任命一名部长专门负责自然与环境保护。

48. **希拉克**。1974年5月27日，瓦莱里·吉斯卡尔·德斯坦出任总统，首届政府由雅克·希拉克领导，包括15个部门（其中有两个是从外贸与工业部中分离出来的，还有一个是昙花一现的“改革部”）。第五共和国首次出现女部长（西蒙娜·韦伊），并成立了直接依附于总理的女性地位国务秘书处。该政府因创建了7个“自主管理”国务秘书处而著称。与其他国务秘书处不同的是，这7个国务秘书处并不隶属于总理或部长，各自有自己的行政机关，这7个秘书处分别是：退伍军人事务处、邮电处、交通处、文化处、外贸处、大学处、海外省份及海外领地管理处[②]。1978年1月，法国成立了外

---

① 在法国，国务部长是政府成员之一，共和国总统希望通过赋予国务部长名誉头衔以使其不同。国务部长不能领导部门（他属于“不管部长”），但与此相反，他可以负责一个部长级的部门。因此，1959年被任命为国务部长的安德烈·马尔罗从当年2月便开始负责文化事务。

② 一个自主管理的国务秘书处相当于一个部门，但是其任职者在原则上不参与部长会议。只有退伍军人事务处和邮电处一直保留了其国务秘书处的地位，直到7年任期期满。其他5个部门在巴尔政府时期成为或者重新成为功能完善的部门。

贸部。

49. **莫鲁瓦**。 1981 年政权更迭后，弗朗索瓦 · 密特朗出任法国总统，其首届政府由皮埃尔 · 莫鲁瓦领导，共有 24 位部长。本届政府除了象征性地改变了部门名称（内政与权力下放部、对外关系部、国家团结部、休闲部、通信部）外，还新增了多个部门，值得一提的是：女性权利部、消费部及海洋部。

50. **朱佩**。 1995 年 5 月 19 日，雅克 · 希拉克上台执政，其首届政府由阿兰 · 朱佩领导，共有 26 位部长。在一些领域，几个部门被合并到了一起：如国民教育与高等教育部合并为一个部，设备、交通部与领土整治部合并为一个部。同时也出现了新的部门：国家改革部、旅游部、团结与反对社会排斥部，以及信息技术部。

51. **菲永**。 2007 年 5 月 19 日尼古拉 · 萨科齐上台执政，其首届政府由弗朗索瓦 · 菲永领导，共有 15 位部长。该政府的显著之处在于：创建了生态、可持续发展与整治部，此举将长期对立的设备部和环境部归并到了一起；将经济与财政部、就业部合并为一体；成立了移民、融合、国家认同与合作发展部；将青年及体育事务并入卫生部。除此之外，还出现了新的政府组织——反贫困团结行动高等委员会。

52. **艾罗**。 2012 年 5 月 16 日，弗朗索瓦 · 奥朗德上台执政，其首届政府由让-马克 · 艾罗领导，共有 18 位部长——第五共和国时期首次出现男女部长各占一半的情况。该政府的特点是：取消了移民、融合、国家认同与合作发展部（该部被并入内政部），创建了海外部（独立于内政部的部门）、女性权利部①。在贝尔西②，工业部与经济部相互分离，与此同时一个新的部门产生了，被命名为“生产振兴部”。能源问题归环保部管辖，预算事务归经济部管辖。

---

① 前文中提及的女性权利部， 1981 年成立， 1986 年解散。

② 巴黎贝尔西，法国财政部大楼位于此处。

53. 部长太多了吗？ 除了多位部长，还要加上委派部长或/和国务秘书[①]（参见下文第79条目），法国大多数总理因此要领导众多政府成员。事实上，对于国家的行政组织来说，部门的数量至关重要；第五共和国时期，部门数量平均为20个左右，多于今天欧洲大部分国家。从这一点来看，法国左右共治时期和一翼执政时期并没有太大差别：巴拉迪尔政府（1993）时期有23位部长，若斯潘政府（1997）时期有15位部长。

1995年，让·皮克在报告里已经发出警告，国家要进行必要的改革："精简部长数量有助于将政府重心集中到国家重要任务上（……），减少公共开支将变得容易。正是因为行政部门希望捍卫自身的"商业资本"，才造成许多岗位重叠的现象[②]。他补充道："政府在自我组建的过程中没有充分考虑到其行政影响。（……）然而这些影响是至关重要的。没有哪个机构可以问心无愧地说自己的组织是不存在问题的[③]。"

2008年，与宪法修改委员会（巴拉迪尔委员会）提出的第五共和国机构现代化与再平衡的主张相反，在政府的倡议下，《第五共和国机构现代化宪法性法案》规定在《宪法》第8条中加入一项条款，以说明通过《组织法》规定部门数量和政府成员的最高数量。但是这一草案遭到国民议会的反对，因此没有被写入2008年7月23日《宪法》中。

2014年4月2日，瓦尔斯政府成立，通过重组部门（经济、手工业与生产振兴部，国民教育与高等教育部，女性权利部，城市、青年与体育部），该政府部门数量达到16个，趋向合理； 15位国务秘书

---

① 第五共和国时期的政府成员数量在罗卡尔政府（1988—1991）期间达到了最高值（48）： 23个部长， 14个委派部长， 11个国务秘书。在第一届菲永政府（2007年5—6月）期间，政府成员数量最少： 15个部长， 4个国务秘书， 1个高级专员。

② 让·皮克给总理的报告，《法国—— 一个向世界开放的民族》，法国文献局， 1995年，第99页。

③ 同上，第99、 100页。

被指派到各部门。

聚焦

瓦尔斯政府结构

部长和国务秘书

总理

- 与议会的关系
- 国家改革与行政简化

外交与国际发展部

- 负责外贸、旅游与海外法国人事务
- 欧洲事务
- 发展与法语区

生态、可持续发展与能源部

运输，海洋与渔业

国民教育、高等教育与研究部

高等教育与研究

司法部

经济、生产振兴与数字部

- 数码
- 外贸、手工业贸易、消费、社会经济与互助经济

财政与公共账户部

预算

社会事务与卫生部

- 家庭、老人与自主管理
- 残障人士与反对社会排斥

劳动、就业与社会对话部

国防部

退伍军人与荣誉

内政部

女性权利、城市、青年与体育部 体育	权力下放与公职部 国土改革
文化与交流部	农业、食品与林业部
区域与住宅平等部	海外部

来源：关于总理任命的2014年3月31日法令。关于组建政府的2014年4月2日、2014年4月9日和2014年6月3日法令。

第四节　部长的职权法令

54. 谁做什么？ 政府组织结构并非是一成不变的，因此，每一次政权更替时，都必须明确每位部长的职权及其所领导的部门的职权。

举例来说，2014年4月2日组成的瓦尔斯政府共有16个部门。根据部长任命顺序，分别是：外交与国际发展部，生态、可持续发展与能源部，国民教育、高等教育与研究部，司法部，财政与公共账户部，经济、生产振兴与数字部，社会事务与卫生部①，劳动、就业与社会对话部，国防部，内政部，女性权利、城市、青年与体育部，权力下放、国家改革与公职部②，文化与交流部，农业、食品与林业部，区域与住宅平等部，海外部。

这样的政府组织形式引起很多问题：谁负责移民问题，是内政部部长还是社会事务部部长？谁负责城市规划，是可持续发展部部长、城市部部长还是住宅部部长？谁负责外贸，是国际发展部部长还是经济部部长？谁负责交通，是经济部部长还是可持续发展部部长？谁负责地方行政区，是内政部部长还是权力下放部部长？谁负责社会安全，是社会事务部部长、劳动部部长还是公共账户部部长？

① 2014年4月2日颁布的关于组建政府的法令任命了一位“社会事务部部长”。2014年4月9日颁布的关于组建政府的法令为“社会事务部部长和卫生部部长”指定了两位国务秘书。在瓦尔斯政府时期，沿用了该部门的最新名称。

② 在2014年6月3日颁布的关于组建政府的法令第1条中，该部门变成了权力下放与公职部。

要想明确政府部门的职能，使公民清楚了解每个部门的角色——尤其是要想减少各部长之间的冲突，就急需一项法令来对每位部长的职权进行规定。1959年1月22日颁布的关于部长职权的第59－178号法令中，第1条规定："在参考最高行政法院的意见之后，部长会议通过法令确定部长的职权。"部长在进入新政府后，所关心的头等问题之一就是获得职权法令，因为这项法令能够说明他在政府中的政治分量，即他在国家中的权力。

§1. 职权法令的内容

一位部长的职权法令有两项内容。

55. **使命**。首先，职权法令必须明确部长在政府活动中扮演的角色，尤其是应该明确共和国总统和总理分配给部长的政治任务。法令中还会明确有哪些目标是需要该部长与其他部长合作实现的。

案例

文化与交流部部长的职责

2014年4月16日颁布的关于文化与交流部部长职权的第2014－411号法令（节选）

第1条

文化与交流部部长的使命就是让更多人了解全人类的文化成果，尤其是法国的文化成果。

为此，文化与交流部部长要制定抢修、保护和开发文化遗产的政策方针，促进艺术创作、艺术教学和实践的发展。

与其他相关部门部长携手，促进儿童及青年在整个受教育过程中文化与艺术教育的发展。

鼓励地方文化自主性，建立起国家文化政策与地方文化政策之间的联系，制定和落实政府在地方上的文化政策。

监管文化产业的发展。促进文化遗产传播的新技术的研发。提升数字文化内容及服务。

负责协调评估政府制定的与表演艺术和造型艺术相关的政策。

联合其他相关部长落实国家相关活动，以确保法国文化、法国艺术创作及法语事业在全世界范围内发扬光大。

推进法国对外文化活动，促进法国文化在国外的传播。

第 2 条

文化与交流部部长负责制定和落实有助于传播法语、使用法语和丰富法语的措施，保护法国语言文化，发掘法国语言文化的价值。

第 3 条

文化与交流部部长负责制定和落实政府在传媒领域的政策。

监管视听作品的研发和传播。

参与制定和落实法国传媒在对外活动方面的政策。

鼓励国家项目部和其他视听传播企业发行有教育意义的文化节目。

与其他相关部门部长一起，参与制定和落实与传播领域中使用的技术、媒介和网络相关的国家政策。

第 4 条

文化与交流部部长是建筑政策的负责人。

促进建筑创新，监管自然空间和建筑空间内的建筑质量和景观质量的提升。管控建筑师等级和国家高等建筑学院的等级。

应总理要求，文化与交流部部长要确保协调建设工程、大型建筑翻新工程以及国家城市化工程。

联合其他相关部长确保项目之间的协调统一，控制成本，制定预算决策并监管项目进度。

除此之外，参与国家对大型建筑工程、区域城市化工程的补助金额的决策和分配。

第 5 条

与其他相关部长一起，参与制定并落实与文化基金和赞助相关的措施。

56. **国家行政中的地位。** 第二，职权法令应明确部长及与其共事的行政部门之间的关系：这些行政部门是从属于部长还是处于协作地位，关系密切度究竟如何？

职权法令要对行政部门加以说明并做以下区分：

• 由部长领导且从属于部长的部门。部长是行政部门的唯一责任人，且担当部门内公务人员的最高领导；

例如，社会事务与卫生部部长对卫生总司及医疗保健总司拥有管辖权①。

• 与其他部长共同领导的行政部门。与一个或多个其他部门部长共同分享指挥权。

例如，内政部部长与权力下放部部长、国家改革部部长以及公职部部长共同领导地方行政区总司②。

• 因行使某项职权而有权“支配”的由其他部长领导的行政部门。部长可向此类行政部门下达指令，但不担任部门最高长官。

财政与公共账户部部长有权支配：地方行政区总司、社会事务部总秘书处、法国社会事务监察总局、医疗保健总司、公共行动现代化总秘书处、法国行政与公共职能总局③。

• 因行使某项职权需要“求助”的由其他部长领导的行政部门。部长可向此类行政部门就某一特定卷宗请求协作，但无权下达指令。

区域与住宅平等部部长可以向以下行政部门请求协作：财政监察总局以及经济、工业、能源、技术总理事会；可持续发展总署；食品、农业与农村空间总理事会；法国竞争、工业与服务总局；以及任何其他有助于其制定和落实职权相关政策的部门④。

---

① 2014 年 4 月 16 日颁布的关于社会事务与卫生部部长权限的第 2014－405 号法令，第 2 条。

② 2014 年 4 月 16 日颁布的关于内政部部长权限的第 2014－408 号法令，第 4 条。

③ 2014 年 4 月 16 日颁布的关于财政与公共账户部部长权限的第 2014－403 号法令，第 2 条，第 5、6 款。

④ 2014 年 4 月 16 日颁布的关于区域与住宅平等部部长权限的第 2014－414 号法令，第 2 条，第 3 款。

§ 2. 职权法令的制订

57. **总理裁定**。 新政府成立后，部长办公厅的领导们应立即审查上任政府部长们的职权法令，并根据部门职能考虑更新法令；部长办公厅领导及政府总秘书处的代表们齐聚总理办公处，以达成新的法令草案。如果办公厅领导们无法达成一致意见，可请求总理进行裁定。

58. **最高行政法院意见**。 接着，法令草案经总理批准，由政府总秘书处提交至最高行政法院。最高行政法院不仅可以发表司法方面的意见，还可对关于行政部门良好运作以及各部门间互相协调的文本发表意见；最高行政法院也应当确保被撤销部门部长的权力已重新授予新组建政府的部长。

59. **部长会议审议**。 每一项职权法令草案都要以总理报告的形式接受部长会议的审核：每位部长都要确认，法令中的各项规定都经过国家元首及政府首脑的批准。之后，该项法令由总统签署，并由总理、相关部长及其附属部长联合副署，最终在政府的《官方公报》上发表。

案例

经济与工业汇聚贝尔西

2014 年 4 月 16 日颁布的有关经济、生产振兴与数字部部长

职权的第 2014 - 404 号法令

共和国总统，

根据总理报告，

根据 1946 年 6 月 14 日修订的关于在法国本土及海外领地实施 1946 年 4 月 27 日法律第 32 条和第 33 条（内容关于法国统计与经济研究所）的第 46 - 1432 号法令；

1959 年 1 月 22 日颁布的关于部长职权的第 59 - 178 号法令；

1973 年 3 月 14 日修订的关于财政监察总局的特殊地位的第 73 - 276 号法令；

1998 年 11 月 2 日修订的关于为经济、生产振兴与数字部部长设立法律事务部的第 98 - 975 号法令；

2001 年 12 月 12 日修订的关于竞争、消费与反欺诈总局的第 2001 - 1178 号法令；

2002 年 4 月 26 日颁布的关于在经济、财政与工业部设置一位调解员的第 2002 - 612 号法令；

2003 年 12 月 8 日颁布的关于设立互联网使用部际协调处的第 2003 - 1186 号法令；

2004 年 9 月 9 日修订的关于设立具有国家权限的国有资产监管署的第 2004 - 963 号法令；

2004 年 11 月 15 日修订的关于在经济、工业与就业部部长权限下设立国库总司的第 2004 - 1203 号法令；

2005 年 5 月 9 日颁布的关于经济财政监察总局的第 2005 - 440 号法令；

2009 年 1 月 12 日修订的关于竞争力、工业与服务管理总局的第 2009 - 37 号法令；

2009 年 1 月 14 日修订的关于经济、工业、能源、技术总理事会的第 2009 - 64 号法令；

2010 年 1 月 22 日修订的关于投资总署的第 2010 - 80 号法令；

2010 年 1 月 25 日颁布的关于负责社会事务的相关部门的中央行政机关以及关于设立社会团结总局的第 2015 - 95 号法令；

2010 年 4 月 30 日修订的关于经济、工业与就业部和预算、公共账户与国家改革部秘书长，以及关于设立总秘书处的第 2010 - 444 号法令；

2014 年 3 月 31 日颁布的有关总理任命的法令；

2014 年 4 月 2 日颁布的有关政府组成的法令；

2014年4月9日颁布的有关政府组成的法令；

经最高行政法院（财政分部）批准；

同时经部长会议批准，

决定：

第1条

I. 经济、生产振兴与数字部部长制定并实施有关经济、工业、服务、中小企业、手工业、商业贸易、邮政服务与电子通信、对旅游业的监管与支持、数字经济和创新的政府政策。

因此，该部长要制订合理的方案来推动法国经济的增长、提升法国经济的竞争力、促进并引导投资。同时，他还须针对法国国情以及所处的国际环境，制订宏观经济方案。他有权为企业，尤其是中小企业，提供借贷以及专有资金的财政支持。他还负责推动社会团结和经济的发展，负责实施有利于公司创立以及相关程序简化的政策，同时还负责监督手工业协会与工商协会之间联络网的搭建。

II. 根据在第I部分中规定的职责，经济、生产振兴与数字部部长有权：

- 负责有关法国经济增长、经济竞争力、对外直接投资、有发展前景的地域和投资项目的政策；
- 负责竞争、消费和反欺诈工作；
- 管理、分析和控制公众需求；
- 负责工业上的战略指导以及监管工业和服务业；
- 负责中小型企业和手工业的相关政策；
- 负责自由职业的相关政策；
- 同生态、可持续发展与能源部部长一道，负责有关原材料及矿产资源的政策；
- 负责邮政服务与电子通信政策；

- 支持新技术的发展和普及；
- 负责数字技术和数字经济的发展以及关于数字数据的政策；
- 维护工商财产权；
- 负责打击假货；
- 在不妨碍外交与国际发展部部长行使职权的前提下，监管并支持旅游业的发展。

III. 经济、生产振兴与数字部部长同财政与公共账户部部长均有权负责：

- 为企业和出口提供资金；
- 经济预算；
- 公众参与政策；
- 经济与财政监督；
- 经济统计和研究。

参与制定公司税收制度。

IV. 经济、生产振兴与数字部部长，有权和国民教育、高等教育与研究部部长一同制定并实施创新的相关政策。

经济、生产振兴与数字部部长负责制定和实施关于社会团结、经济发展的政策；和女性权利，城市、青年与体育部部长一同负责关于社会团体和城市的政策；此外，和劳动、就业与社会对话部部长一同负责有关经济活动和就业的政策。

经济、生产振兴与数字部部长参与制定和落实农产食品加工业和林业的相关政策。

经济、生产振兴与数字部部长通过确保法国经济能够适应国际贸易的发展，从而推进对外贸易相关政策的制定和落实。

经济、生产振兴与数字部部长协助制定和落实能源政策。

第 2 条

I. 经济、生产振兴与数字部部长有权：

管理竞争、消费与反欺诈总局；

自竞争力、工业与服务管理总局掌管旅游业起，和外交与国际发展部部长一同管理该局；

管理经济、工业、能源、技术总理事会；

在涉及由部际代表团负责的“研究和高等教育”项目时，和国民教育、高等教育与研究部部长一同对投资总署进行监管。

II. 经济、生产振兴与数字部部长，财政与公共账户部部长一同管理下列单位：

- 国库总司；
- 国立统计和经济研究所总局；
- 财政监察总局；
- 经济财政监察总局；
- 商务财政部秘书处；
- 财政部司法局；
- 监管国防和国家安全高级官员；
- 监管经济与财政部调解员；
- 监管国家管理部门——“国有资产监管署”；由总理决议确定这一共同行使权力的方式。

当国库总司的组建方式直接影响到其进行外贸工作时，经济、生产振兴与数字部部长要和财政与公共账户部部长一起，获得外交与国际发展部部长针对这一组建方式的批准。

III. 为了行使数字经济发展的相关职权，经济、生产振兴与数字部部长有权管理互联网使用部际协调处以及媒体和文化管理总局。

IV. 为了行使推动社会团结和经济发展的相关职权，经济、生产振兴与数字部部长有权和社会事务与卫生部部长以及女性权利、城市、青年与体育部部长一同管理社会协调总局。除此之外，经济、生产振兴与数字部部长有权管理就业和职业培训总委员会以及全部的管理社会团结和经济发展的部门，尤其注重对劳动总局以及青年、大众教育、社团生活局这两个部门的管理。同时，经济、生产振兴与数字部部长还可向社会保障局寻求援助。

V. 为了行使打击假货的相关职权，经济、生产振兴与数字部部长有权管理海关和间接税总局。

VI. 为了行使有关原材料、矿产资源以及能源税收政策的职权，经济、生产振兴与数字部部长有权管理能源气候总局、防险总局以及规划、住房、自然总局。

VII. 为了行使其职权，经济、生产振兴与数字部部长有权管理：

- 就业和职业培训总委员会；
- 区域平等总署；
- 研究创新管理总局；
- 公共行动现代化总秘书处。

VIII. 经济、生产振兴与数字部部长在有需要时，可向农业、食品加工、国土管理总局寻求援助。

同时为了满足工业部门政策的需求，经济、生产振兴与数字部部长还可向民航总局寻求援助。

第 3 条

总理，生态、可持续发展与能源部部长，国民教育、高等教育与研究部部长，财政与公共账户部部长，经济、生产振兴与数字部部长，劳动、就业与社会对话部部长，女性权利、城市、青年与体育部部长，权力下放、国家改革与公职部部长，文化与交流部部长，农业、食品与林业部部长，政府发言人以及区域与住宅平等部部长，均应负责本法令的实施，本法令将在法兰西共和国《官方公报》上发表。

共和国总统：弗朗索瓦 · 奥朗德

由下列人员联合副署：

总理　曼努埃尔 · 瓦尔斯

经济、生产振兴与数字部部长　阿诺 · 蒙特布

生态、可持续发展与能源部部长　塞戈莱纳 · 罗亚尔

国民教育、高等教育与研究部部长　贝努瓦·阿蒙

财政与公共账户部部长　米歇尔·萨班

劳动、就业与社会对话部部长　弗朗索瓦·雷布扎门

女性权利、城市、青年与体育部部长　纳娅·瓦洛-贝尔卡森

权力下放、国家改革与公职部部长　玛赫丽兹·勒布朗舒

文化与交流部部长　奥雷莉·菲里佩提

农业、食品与林业部部长　史蒂芬·勒福尔

区域与住宅平等部部长　西尔维娅·皮内尔

2014 年 4 月 16 日

60. **例外**。通常情况下，3 位王室部门的部长（外交部部长、国防部部长[①]、司法部部长）无职权法令。

但是在瓦尔斯政府时期，外交与国际发展部部长收到的 2014 年 4 月 16 日第 2014－400 号职权法令中，仅明确该部长在国际发展方面（外贸以及旅游业方面）的新职权。同样，在 2014 年 4 月 16 日颁布的关于国防部部长职权的第 2014－407 号法令中，仅明确规定国防部部长也应负责与遣返回国相关的政府政策。

§ 3. 职权法令的结果

部长只能在法令授予的职权范围内行事。

61. **法令文本沿革**。职权法令的内容可能会发生改变：如果共和国总统为政府任命一位新部门的部长，总理不仅要为这位新部长制定一项职权法令，同时也要更改其他部长的权限来确保新部长职权法令的有效实施。

第一届艾罗政府（2012 年 5 月到 6 月）包括了一位经济、财政与外贸部部长。而在组建第二届艾罗政府时（2012 年 6 月 21 日），同时任命了一位经济与财政部部长和一

---

① 但必须注意，《国防法典》尤其是其第 R. ＊1142－1 条规定了国防部部长的职权。

位外贸部部长。因此需要制定一项新的法令①来确定这位外贸部部长的职权并更改经济与财政部部长②职权法令的名称和内容。 2014 年，在将外贸工作移交给外交与国际发展部部长（参见上文第 60 条目）后，将会有 3 个部门在接下来 2 年中负责外贸工作。

但是，这些职权法令并非是针对个人的③。在同一届政府中，新任命的部长在上任后，与前任部长一样，要在同一法令规定的范围内行使职权。

2013 年 7 月 2 日，菲利普 · 马丁先生取代德尔菲娜 · 巴托女士在第二届艾罗政府中担任生态、可持续发展与能源部部长。因为部门没有变动，政府无须对 2012 年 5 月 24 日颁布的第 2012－772 号法令（关于生态、可持续发展与能源部部长职权）进行修订。

62. **遵守职权法令**。 说到遵守职权法令，首先要求部长起草职权法令： 首先，在某一领域享有职权的部长负责准备该领域相关的规章性文本，或对该领域内的相关职位进行任命；然后，法令草案被提交至最高行政法院中的主管部门，至于草案应由最高行政法院的哪个分部接手，取决于发起草案的部长是负责什么领域（参见下文第 154 条目）；最后，如遇并无权限制定文本的部长强行制定，或需要多位部长签署的部际文本中缺少某位部长签名的情况，可向行政法院提起越权诉讼。

例如，就业部部长和预算部部长就扩大补充退休金制度适用范围联合签署了一项决议，但互助与社会团结部部长没有在决议上签字，然而这并不影响这份决议的合法性：因为法律规定，扩大此类协议的适用范围“由负责社会保障以及负责财政预算的部长通过决议决定”④“2010 年 11 月 25 日制定的职权法令中有条款规定： 自法令生效之日起，互助与社会团结部部长将无权参与养老保险管理，因此，他也就不再属于《社会保障法典》第 L. 911－3 条以及第 L. 911－4 条中规定的、负责社会保障工作的人员”⑤。

其次，遵守职权法令，要求部长对其下属政府成员的职权进行明

---

① 2012 年 7 月 5 日颁布的关于外贸部部长职权的第 2012－852 号法令。

② 2012 年 5 月 24 日颁布的关于经济与财政部部长职权的第 2012－768 号法令。

③ 这些法令为所有部长规定职权，无论是 X 部长先生还是 Y 部长女士。

④ 《社会保障法典》，第 L. 911－4 条。

⑤ 最高行政法院， 2013 年 4 月 17 日，第 352245 号文件，管理人员联合会—执行人员总工会案。

确规定。这是为了确保建立完善的部门组织结构，确定部门技术委员会的职权，同时保障部长有权管理行政官员以及受国家监管的机构。

第三，遵守职权法令，要求部长不论是在自身政治活动及公开言论方面，还是在回答议会和行政监督机构的问题时，都要以职权法令为纲。

最后，遵守职权法令，还体现在部长参加国际活动，尤其是参与欧盟运行工作时。欧盟由欧盟理事会管理，理事会包括一些理事会团体，而这些组织聚集了欧盟28个成员国的政府部长。《欧洲联盟运行条约》第236条规定：欧盟理事会至少包括两个组织（一个是一般事务理事会，主要负责欧盟运行以及欧盟理事会会议筹备；另一个是外交事务理事会[①]）；同时，欧盟理事会是由国家元首和政府首脑组成，负责制定其他组织团体的名单。其余8个组织现分别是：农业与渔业理事会，竞争理事会，司法和内务理事会，就业、社会政策、卫生与消费者事务理事会，交通、电讯与能源理事会，环境理事会，经济事务与财政理事会，教育、青年与文化理事会。法国部长只会为解决属于其职权范围内的问题而参加理事会会议。

因此根据对象的不同，法国政府派出法国经济部部长、社会事务部部长或劳动部委派部长，代表法国出席就业、社会政策、卫生与消费者事务理事会。

§4. 利益冲突情况下撤销职权

63. **利益冲突的定义**。法国于2013年10月11日颁布了关于公共生活透明度的第2013－907号法律，其中第2条规定：利益冲突是指"某项公共利益与某些公共或私人利益相冲突的情况会影响或可能会影响职权履行的自主性、公平性及客观性"。

我们将此定义用在政府成员身上，便可以设想到诸多情形：例如，某位部长为其选区的某机构发放补助津贴，或者，某位部长想要

---

① 《欧洲联盟条约》，第16条§6。

对某专业部门进行调整，而其配偶正好在此部门中担任要职。

64. **避免行使某些职权**。 法国于2014年1月16日颁布了关于预防部长行使职权时产生利益冲突的第2014－34号法令。该项法令规定，当部长陷入利益冲突时，将撤销其某些职权。

职权撤销安排如下：

- 当部长“发现自己陷入利益冲突时，以信件形式将此情况告知总理，详述无法通过行使职权来解决的问题”①；
- 总理颁布法令，决定将亲自代替当事部长行使哪些职权；
- 自此，该部长将避免向其管辖或是掌控的政府部门下发任何指令；
- 同样，相关行政部门也不得接受其部长指令，而是直接听命于总理。

---

① 1959年1月22日修订的关于部长职权的第59－178号法令，第2－1条，第2款。

第二章
部的组织形式

65. **提纲**。 部长任命法令赋予部长行使职权的权利。作为部门首脑，部长可在其职权范围内，依靠某一行政单位实施政府政策。部从属于政治框架（第一节）；部的组织结构（第二节）凸显下属总司局和司局（第三节）在行政体系中扮演的中心角色。

第一节 部的政治框架

政府行政部门的政治框架是由部长办公厅及部长身边的其他政府成员共同构建的。

§1. 部长办公厅

66. **历史沿革**。 无论是在封建君主时期、帝国时期还是在前3个共和国时期，部长总会征集1—3位“私人顾问”，在部长办公厅从旁协助其打理日常事务。 1878年，莫泊桑就是作为阿格诺尔·巴杜部长的随员进入了教育部。 1912年2月13日颁布的法令以及后来1919年7月13日的财政法律都为此做法提供了法律基础。现行的关于“部长办公厅公共行政管理规定”的1948年7月

28 日法令确定了部长组织个性化团队。

近年来的两部电影：皮埃尔·苏勒的《国家行政》（2011 年）和贝特朗·塔维涅的《奥赛码头》（2013 年）向世人展现了 21 世纪部长办公厅成员生活及角色的方方面面。

67. **任命**。通常，部长通过在《官方公报》上发表决议来任命协作者。1948 年 7 月 28 日颁布的法令中，第 7 条规定：办公厅成员享有民事权和政治权。部长可以在身边安排政府高级官员，法官①或军官（这些人由他们本来所属的行政部门支付薪水，另外还可额外获得一份津贴），抑或是其他人（通过合同雇用，雇用合同期限以部长行使职能的期限为基准）②。通过国家行政学院招聘的国家官员或其他公务人员，"只有证明自己已从事了 4 年有效的公共服务，才有资格在部长办公厅工作"③。

2013 年，司法部部长办公厅成员有 10 位协作者，其中 3 人来自其他行政部门，4 人通过合同招收。

68. **协作者人数**。1948 年法令中，曾有条款明确规定部长办公厅协作者人数上限为 10 人，该项规定于 1981 年被正式废除。此后，各部长可拥有的协作者人数上限均由国家总理确定。2012 年 6 月，让-马克·艾罗总理要求部长和委派部长分别将协作者人数限制在 15 人和 10 人以下，2013 年，20 位政府部长中，有 8 位遵守了这项规定。如果出现协作者人数达到上限的情况，很多部长通常会采取任命"非正式"顾问的举措，这些非正式顾问基本上都是部内官员。

每年 9 月 1 日，负责预算的部长将在职部长办公厅成员的人数上报给议会。2007 年共计 657 位成员，2008 和 2009 年均为 652 位，2010 年 616 位，2011 年 511 位，

① 只有获得当事人和司法部部长的同意，办公厅法官的职务才能生效（1993 年 1 月 6 日第 93-21 号法令，第 6 条）。

② 2001 年 12 月 5 日颁布的第 2001-1448 号法令。此法令终止了征收总理的特殊资产以及给部长办公厅成员发放现金补贴的做法。

③ 2008 年 1 月 4 日颁布的关于通过国家行政学院招收公务人员的流动与临时调动的第 2008-15 号法令，第 4 条。同样适用于 4 年后从国家法官学院毕业的法官。（1958 年 12 月 22 日颁布的关于法官职务法规的第 58-1270 号《组织法》，第 12 条。）

2012 年 525 位， 2013 年 565 位[①]。

69. **财产声明和利益声明**。 关于公共生活透明度的 2013 年 10 月 11 日法律规定每位部长办公厅成员[②]须向部长或公共生活透明促进高等机构（由上述法律中第 19 条设立）主席提交两份声明：一份透彻、精确、真实的关于其财产状况的声明，其中应包含当事人所有个人财产信息，如有必要还应涉及共同财产或未分割财产；另一份声明是公开其就任时以及近 5 年来的利益状况。制定这两份声明的时间节点如下：接受任命后 2 个月，处境发生改变时（如继承遗产或结婚），以及卸任后 2 个月。

70. **利益冲突的预防**。 和其他公务人员一样，当办公厅成员认为自己处于利益冲突（参见上文第 63 条目）中时，应告知办公厅主任。办公厅主任"应要求或主动委托下级人员起草决定"[③]。

71. **等级**。 办公厅由与部长关系最近的协作者——办公厅主任领导。部长对办公厅主任的选择至关重要。通常情况下，部长可自由挑选办公厅主任；但对于那些与爱丽舍宫关系密切的部门（比如外交部、国防部），或是部长在政府工作中缺乏实践经验的部门，总统或者总理可能会希望参与对主任的甄选工作。部长可以征募专家或全才，在收到请求的情况下，各大国家机构（最高行政法院、审计法院、国家财政监察总局）可推荐自己的成员；负责专业领域的政府部门也可向技术工程领域的专业机构（桥梁、矿业、武器装备）索要人才。一般来说，内政部部长的办公厅主任是省长，外交部部长的办公厅主任是大使。部长在办公厅主任的帮助下选择办公厅主任助理、办公室顾问、技术顾问和任务代表。一个部门首先就是各种人才的聚

① 2014 年《关于部长办公厅人员的职务分配的财政法案》附件（黄皮书）。

② 2013 年 10 月 11 日颁布的关于公共生活透明度的第 2013－907 号法律，第 11 条，第 1 款，第 4 点。

③ 2013 年 10 月 11 日颁布的关于公共生活透明度的第 2013－907 号法律，第 2 条，第 4 款。

集地，但仍需要从其他地方找到一位预算顾问，一位国际关系专家，一位能够妥善处理与民选代表及议会关系的协作者，一位交流顾问，一位写演讲稿的“笔杆子”……

办公厅厅长，因其主要任务是负责筹划部长的公共生活（会议、约会、差旅、安全、接待、荣誉奖励……）而显得不同。说到这个职位的人选，部长通常更倾向于选择沉着冷静、反应迅速、有几年从政经验的专区区长；当然，他们也可能会选择在议会或是政治生活中曾与自己共事过的协作者。办公厅厅长有权管辖办公厅的管理处，而这个核心机构负责管理整个办公厅的人力、物力等资源（秘书处、计算机设备），并且扮演着政府总秘书处规章性文本以及委任状“传话人”的角色。

办公厅主任对办公厅全体成员拥有管辖权①。普遍来讲，部长任命体制外特别顾问的经历并非都是具有正面意义的，因为这种做法通常会引发冲突。办公厅主任是名副其实的部门二把手，能够在总统或总理组织的会议中陪同甚至代表部长，确保中央行政机关负责人行动的持久协调性。因此，只有他与部长彼此完全信任，才能发挥自身作用。

案例

法国农业、食品与林业部办公厅人员组成

办公厅主任

菲利普·莫金　先生（《官方公报》，2014年4月10日）

办公厅主任助理

斯特凡·勒·穆安　先生（《官方公报》，2014年4月10日）

新闻媒体顾问

① 国防部办公厅主任不是军人，他有权管理非军事办公厅和军事办公厅。

纪尧姆·阿德拉　先生（《官方公报》，2014年4月15日）

植物、绿色燃料、地产顾问

克里斯蒂娜·艾芙琳　女士（《官方公报》，2014年4月15日）

办公厅厅长

雷米·布兰科　先生（《官方公报》，2014年4月15日）

议会与选民代表关系顾问

克莱尔·布雷纳托　女士（《官方公报》，2014年4月15日）

动物保护、食品加工顾问

让-纪尧姆·布雷特努　先生（《官方公报》，2014年4月15日）

农业教育与社会关系研究顾问

埃莱娜·德·科马蒙　女士（《官方公报》，2014年4月15日）

可持续发展、林业与有关马的问题的顾问

帕特里克·法尔科内　先生（《官方公报》，2014年4月15日）

食品卫生安全问题顾问

布鲁诺·费雷拉　先生（《官方公报》，2014年4月15日）

特别顾问

克洛艾·菲洛　女士（《官方公报》，2014年4月15日）

财政、就业与农业社会保护顾问

埃洛迪·勒玛特　女士（《官方公报》，2014年4月15日）

公共农业政策、农村发展、新农民安置与生态农业顾问

吕克·莫雷　先生（《官方公报》，2014年4月15日）

外交与海外事务顾问

让·克里斯多夫·鲁班　先生（《官方公报》，2014年4月15日）

公关与媒体顾问

桑德琳·塞邦　女士（《官方公报》，2014年4月15日）

72. **签字授权**。部长可以在《官方公报》上发表决议，以授权办公厅主任、办公厅厅长、办公厅主任助理或办公厅厅长助理代为签署

所有文件；办公厅其他成员不得接受签字授权。不过受委托人无权代替部长联合副署法令。[①]

案例

2014 年 4 月 2 日关于签字授权的决议

（部长办公厅）

内政部部长，

根据 2005 年 7 月 27 日颁布的关于政府成员签字授权的第 2005－850 号法令；

2014 年 3 月 31 日颁布的关于任命总理的法令；

2014 年 4 月 2 日颁布的关于组建政府的法令；

2014 年 4 月 3 日颁布的关于部长办公厅任命的决议；

决议：

第 1 条

特授权办公厅主任蒂里 · 拉塔斯特先生（省长）以及办公厅厅长加布里埃尔 · 昆德先生，以内政部部长之名签署除特定法令之外的任何文件、决议、决定。根据上文提到的 2005 年 7 月 27 日法令第 1 条第 1、 2 款规定，被授权人无权代替部长签署有关国家事务的法令。

第 2 条

本决议将在法兰西共和国《官方公报》上发表。

贝尔纳 · 卡泽纳夫

2014 年 4 月 2 日

获得签字授权的办公厅成员不得签署中央行政机关负责人职权范

① 2005 年 7 月 27 日颁布的关于政府成员签字授权的第 2005－850 号法令，第 2 条。授权也可由办公厅厅长批准（参见上文第 71 条目）。

围内的文件，但可以签署所属部门负责人权限范围之内的文件。这条规定也适用于多位部长办公厅主任联合签署的部际文件。

内政与领土整治部部长办公厅主任同国民教育、高等教育与研究部部长办公厅主任共同签署了一份通告，内容关于市镇资助合同私校（法国政府与私立学校签订办学合同）运行开支。有人就此通告向最高行政法院提起诉讼，最高行政法院认为：这两位办公厅主任虽有部长的签字授权，但并不意味着他们能在仅一位财政负责人的批准下签署安排给国民教育、高等教育与研究部的事务，或是在仅一位地方行政区总负责人的批准下签署安排给内政部和领土整治部的事务。办公厅主任无权签署这份通告，通告已宣布无效①。

部长可随时在《官方公报》上发表决议以撤回对其协作者的签字授权；如遇办公厅成员离职或部长离职的情况，不需要任何文件，相关签字授权即失效。

73. **职务终止。** 部长可随时在《官方公报》上发表决议，解除办公厅主任或其他成员的职务。终止政府职能或是部长职务的法令一经出台，办公厅所有成员的职务将被自动解除；如果部长在同一部门继续连任，应当发布任命办公厅成员的决议。

离开办公厅后，公职人员返回原来的行政部门。一些办公厅成员之所以离开部长的团队，是为了担负行政体系中的其他使命，通常是因为晋升②。因此，他们应该从事其他职务而不是待在部长身边，这种情况下他们的虚职任命是无效的③；办公厅成员若想在私营部门任职，必须遵从严格的要求：如果办公厅成员负责对某企业的监管工作，负责与其达成合同或对合同发表意见，又或是负责向部

① 最高行政法院，2007年6月4日，第289792号文件，教育联盟及其他案，参见《最高行政法院2007年判例汇编》，第643页表格。

② 然而，如果事实证明评估是错误的，那么法官可以取消达不到职位要求的成员任命。参见最高行政法院，2013年7月3日，第360255号文件，经济与财政部中央行政机关巴黎工会案。

③ 同意晋升继续担任办公室主任的法令是“无效且不被承认的”。最高行政法院，2013年1月18日，诉讼法庭第354218号文件，《法官联合会案》，参见《最高行政法院2013年判例汇编》，第5页。

长或部门主任就该企业应该进行哪些运营操作直接提出建议或发表意见[①]，那么三年内他们不得在该企业工作。如果部长办公厅成员希望受雇于私营部门，那么他需要将自己的计划告知公职人员职业道德委员会;委员会将强制召见当事人，并针对其未来职业计划与先前所担任职务是否兼容给出意见。当然，部长办公厅成员选择参与政治生活的情况较常见，他们中有很多人渴求成为议会中的一员，甚至成为部长。[②]

74. **首要任务**。部长的私人团队之所以存在，就是为了协助作为政府成员的部长圆满完成总统和总理委托的任务。办公厅主任将根据以下使命组织团队：办公厅要建议、管理（尤其是针对改革）、预测，而非取代政府部门。正如一位前部长办公厅主任和总理办公厅主任强调的那样："与部长办公厅之间合作的本质并不是单纯的行政管理；这种合作让协作者与部长之间建立起了私人联系。部长需要的不是协作者必须成为自己的党徒（仅有一小部分办公厅成员会成为部长的狂热支持者），而是整体融入到部门活动与政府政治之中；不是盲目忠诚于一个人，而是精神上的团结一致，而共同的工作经历恰恰能够自然地增加情感联系中的精神团结。[③]"

75. **建议**。办公厅应当仔细审查部门内行政机关递交的大量档案材料、部门合作伙伴（协会、工会、组织……）的要求、议会的提议以及来自媒体的提问，然后向部长提议。此外，还应当考虑部长对这些提议会有何看法，并在向他建言献策之前召集行政部门主要负责人

---

① 1993 年 1 月 29 日，第 93－122 号法律，第 87 条； 2007 年 4 月 22 日，第 2007－611 号法令； 2007 年 5 月 2 日，第 2007－658 号法令。

② 甚至是总统：乔治·蓬皮杜领导 1958 年委员会主席戴高乐的内阁。瓦莱里·德斯坦是 1954 年委员会主席埃德加·富尔的办公厅主任助理。雅克·希拉克任职于 1962 年总理乔治·蓬皮杜的内阁团队。1981 年弗朗索瓦·密特朗当选总统，弗朗索瓦·奥朗德任职于其内阁团队，后于 1983 年成为政府发言人办公室主任。

③ 奥利维尔·施拉美科，《共和国的背后——部长办公厅》，达洛兹出版社，2006 年，第 82 页。

开会，检验这些提议是否十分可行[1]。

76. **管理**。办公厅——尤其是办公厅主任和主任助理，应确保行政部门的良好运转，协调中央行政机关之间及其与权力下放部门之间的结构关系，甚至在必要情况下提议行政改革或更换负责人。办公厅一定要将最突出的、最可能引起媒体和政治反响的草案、决定和事实告知总理办公厅（总理每周都会召集各部长办公厅主任召开会议）和总统办公厅，并回应他们的信息请求。办公厅尤其要把精力集中在管理部长希望进行的改革上：准备文件；检验部门是否有足够的财政能力实现改革，辨别改革与法国对欧盟所做的承诺是否可以兼容；获得总理的评判；跟踪法律草案在行政机关内的进展；应对可能与法国经济、社会与环境委员会发生的辩论；向最高行政法院汇报；在部长会议中进行交流；与负责议会关系的部长共同确定审查日程的安排；就所拟文件在国民议会及参议院面前进行答辩；实施法令，并对中央及地方信息处理操作给出合理解释。办公厅还要负责部长的生活：准备会议，起草讲稿，回答议会提出的问题，实地考察，对时事迅速作出反应，安排国外出差或来法人员接待，陪同总统或总理出差，与其他政府成员对某件事务展开联合干预，接受报社、广播电台或电视台的采访，在社交网络上露面，笼络政党和选区议员……最后，办公厅还应将自身的工作与政府安排在部长身边的人员的工作协调起来：有时候需要鼓动促进，有时候需要理性冷静！

77. **预测**。办公厅需要对可预料的事情早作打算（如高级官员离职退休需要接替、欧洲部长会议、根据部门政策宣布政治领导人就职消息），能够做好随时应对预算变动、突发危机或事件的准备。此外，办公厅还要能够预想部长领导的部门的未来（也就是说做一些展望），并考虑部长的政治前景。

---

① 办公厅主任有义务提醒部长决定所带来的法律风险和管理困难。参见财政与预算纪律法院，2011年7月13日，第177－684号法令。

78. **避免相互干扰**。 办公厅的使命是大力推动国家行政，使其处于“紧绷”状态。但这并不意味着办公厅要取代行政机关，也不是用吹毛求疵的监督手段束缚住行政机关的手脚，因为中央行政机关的负责人都是由中央精挑细选出来的（参见下文第 100、 101 条目）。如果不想让行政失去动力，那么办公厅成员应当同这些负责人一起满怀信心地投入工作；针对某些办公厅成员妄图获取档案材料的情况，办公厅主任应当时刻保持警惕。如果出现此类情况，部长要立即终止涉案成员的工作。

§ 2. 安排在部长身边的政府成员

79. **名称**。 除了部长，政府还包括一种成员，他们有着不同的头衔： 委派部长、 “分部长”、国务秘书。这些人有着“部长”的称号，参加部长会议；根据共和国总统的决定，国务秘书或一直参加部长会议，或永不参加，或只有提上日程的问题与其相关时才被邀请参加会议。政府成员和其下属部门应当接纳所有被安排在自己身边的人员，给予他们职务，指导他们的行动。

80. **人数**。 与部长的人数一样，安排在部长身边的政府成员的人数也并不是固定的。作为世界第五强国的代表，法国外交部部长常被指派出国访问，这时总会有专门负责欧洲事务的政府成员随行；或者当政府不包含独立预算部门且国家强制征收税费非常高的时候，财政部部长身边就该有一位专门负责预算的政府成员了。需要注意的是，任命此类政府成员更多是出于政治考虑，而不是为了保证行政体系的良好运行。事实上，总统和总理都要竭尽所能使经济和社会方面的“压力集团”满意（安排政府成员专门负责处理他们的需求，这让他们看到了政府的认可），要考虑他们之中多数的政治构成，努力达到男女平等，确保大区、本土和海外领地都有自己的政府代表，测试青年议员的能力……因此，他们会要求某些部长身边要配有其他政府成员。

菲永政府（2010 年 11 月—2012 年 5 月）拥有 7 位分部长， 8 位国务秘书。艾罗政府（2012 年 6 月—2014 年 3 月）有 17 位委派部长，没有国务秘书。瓦尔斯政府没有委派部长，但有 15 位国务秘书，分成两批于 2014 年 4 月 9 日和 6 月 3 日接受任命。 16 个部门中有 9 个部门都配有国务秘书[①]。法国外交与国际发展部有 3 位国务秘书（分别负责外贸、旅游与海外法国人事务，欧洲事务，以及发展与法语区）；与经济、生产振兴与数字部人数相同（数码，手工业贸易、消费、社会经济与互助经济），法国社会事务与卫生部也有 2 位国务秘书（分别负责家庭、老人与自主管理，残障人士与反对社会排斥）。有 6 个部门只有 1 位国务秘书： 生态、可持续发展与能源部（运输，海洋与渔业），国民教育部、高等教育与研究部（高等教育与研究），财政与公共账户部（预算），国防部（退伍军人与荣誉），权力下放与公职部（国土改革），女性权利、城市、青年与体育部（体育）。

聚焦

英国大臣从属于内阁阁员

81. **联合王国**。 英国的每个政府部门都是由一位称为“大臣”的内阁阁员（参见上文第 37 条目）领导的。每位内阁阁员都由几位大臣辅助：

（一位或几位）国务大臣负责管理政府的一个领域。另外，鉴于下议院的内阁阁员不能进入上议院（反之亦然），首相在任命每个部门的大臣和国务大臣时，应注意人选应属于不同议院，以便政府政策可以获得两院的共同捍卫；

（一位或几位）议会副秘书长确保内阁和议会的稳定联系。通常是能够接受特殊分配的较为年轻的政府成员。

例如卡梅伦向英国卫生部调派了 6 名政府成员，其中包括一位国务大臣，以及辅助这位国务大臣的一名负责治疗和支援的国务大臣（针对特殊群众： 老人、犯人、精神病患者……），一名负责公共卫生的议会

① 此外，总理由 2 位国务秘书辅助（联系议会，国家改革与精简），其中首要秘书参加部长会议。其他 13 位国务秘书只有当事务与其职权相关时才参加部长会议（2014 年 4 月 9 日颁布的关于组建政府的法令，第 2 条）。

副秘书长（预防活动，投融资改革……），一名具有专门资质的议会副秘书长（急诊，研究，健康产业……），一名负责健康事务的议会副秘书长（妇幼保健）和一名负责生命科学的议会副秘书长。

82. **职权**。 各委派部长（或国务秘书）的职权由总理和部长审议通过的共和国总统令确定；此法令明确了委派部长（或国务秘书）的职权，列举了他可以调配的内阁部门[①]。法令准备期间，需要部长与委派部长（或是国务秘书），特别是各部门办公厅主任之间进行协商；如有需要，总理办公厅将介入裁决争端。接着，政府秘书长要保证分配给委派部长的职权不能与其所属部长的职权出现冲突。当某部长尚未获得职权法令时，其下属委派部长（或国务秘书）可获取自己的职权法令。

法令并不需要提交给最高行政法院或部长会议，而是由总统签字，由总理、相关部长和委派部长（或国务秘书）联合副署，随后发布在《官方公报》上。每位委派部长（或国务秘书）的职权法令都是私人专属的：它只在相关人员的任职期间存在效力。因此，任命新的委派部长（或国务秘书）时，也需要颁布新的职权法令。

案例

2014 年 4 月 29 日颁布的关于向负责外贸、旅游与境外法国人事务的国务秘书授予职权的第 2014－428 号法令

共和国总统，

鉴于总理和外交与国际发展部部长的报告，

① 但是，部长仍是该行政部门的“权威”，委派部长（或国务秘书）仅仅是可以“调配”某些内阁部门。

根据2003年8月1日修订的关于经济举措的第2003-721号法律，尤其是第50条；

2009年7月22日颁布的关于旅游服务业发展与现代化的法律，尤其是第7条；

1959年1月22日颁布的关于部长职能的第59-975号法令；

1998年11月2日修订的关于在经济、财政与工业部建立法律事务司的第98-975号法令；

2001年11月21日修订的关于法国办事处对国际投资的组织和运作的第2001-1091号法令；

2002年4月26日颁布的关于在经济、财政与工业部设立调停者的第2002-612号法令；

2002年5月3日修订的关于经济、财政与工业部海外分部组织的第2002-772号法令；

2004年1月30日修订的关于法国企业国际发展局和法国办事处对企业国际发展的第2004-103号法令；

2004年11月15日修订的关于在经济、工业与就业部建立国库总司的第2004-1203号法令；

2007年11月26日颁布的关于海关及间接税总司的第2007-1664号法令；

2010年4月30日修订的关于经济、工业与就业部和预算、公共账户与国家改革部秘书长职能以及建立总秘书处的第2010-444号法令；

2012年5月24日颁布的关于经济、财政与外贸部职能的第2012-768号法令；

2012年5月24日颁布的关于生产振兴部职能的第2012-773号法令；

2012年12月28日颁布的关于外交部中央行政组织的第2012-1511号法令；

2014年3月31日颁布的关于总理任命的法令；

2014 年 4 月 2 日颁布的关于政府组成的法令；

2014 年 4 月 9 日颁布的关于政府组成的法令；

2014 年 4 月 16 日颁布的关于外交与国际发展部职能的第 2014－400 号法令，

决定：

第 1 条

弗勒尔 · 佩尔兰女士被任命为外交与国际发展部负责外贸、旅游与境外法国人事务的国务秘书，处理外贸、旅游与境外法国人事务的相关问题。

第 2 条

本条规定了外交与国际发展部负责外贸、旅游与境外法国人事务的国务秘书之职权。

1. 在外贸方面，国务秘书协助推广出口政策，参与资金扶持出口政策，制定和实施相关措施以刺激国外的经济拓展，确保对外贸易的发展，支持法国企业的国际发展。

国务秘书协助强化双边经贸关系，参与筹备和组织欧洲和国际贸易谈判，代表外交与国际发展部部长参与世界贸易组织的谈判活动。

国务秘书协助编制和实施相关措施以宣传法国的海外优势，吸引投资和国际项目来法，参与提高法国经济竞争力和领土吸引力的政策。

2. 在旅游方面，国务秘书协助确定和实施旅游政策，尤其是促进法国的文化遗产旅游，完善旅游报价，促进法国旅游的海外形象的政策。

3. 作为保护海外法国人利益的政策体现，外交与国际发展部负责外贸、旅游与境外法国人事务的国务秘书处理所有海外法国人的相关事务，尤其是关于他们的代理、管辖、安全和社会保护问题。国务秘书还处理关于海外法国人的教育问题。

4. 国务秘书完成外交与国际发展部部长委派的其他任务。

第 3 条

为了行使其职能，负责外贸、旅游与境外法国人事务的国务秘书可在外交与国际发展部授权下设立司局，或直接由外交与国际发展部设立司局。

为了行使其管理外贸和旅游职能，国务秘书设立专门的国库总司、工业和服务业竞争力总司和对外经济局，受上文提及的2002年5月3日颁布的法令的约束。

为了行使其处理法国人海外事务的职能，国务秘书设立法国人海外司和领事馆。

国务秘书可向所有协助其行使职能的司局寻求帮助。

第4条

为了行使其职能，负责外贸、旅游与境外法国人事务的国务秘书接受外交与国际发展部的委托，以其名义签署所有的文件、决议和决定。国务秘书还与外交与国际发展部部长联合副署有关其职能的法令。

第5条

总理、外交与国际发展部部长、负责外贸、旅游与境外法国人事务的国务秘书都是相关者，有责任执行本政令。本法令将在法兰西共和国《官方公报》上发表。

共和国总统：弗朗索瓦·奥朗德

由下列人员联合副署：

总理　曼努埃尔·瓦尔斯

外交与国际发展部部长　洛朗·法比尤斯

负责外贸、旅游与境外法国人事务的国务秘书　弗勒尔·佩尔兰

2014年4月29日

83. **办公厅**。 每位委派部长（或国务秘书）组建一个专属于他的办公厅，当然要遵循总理对其提出的人数上限要求；委派部长（或国务秘书）可与部长商议办公厅主任的人选。如部长和委派部长（或国

务秘书）一致同意，或应总理特别要求，委派部长（或国务秘书）办公厅主任也可被任命为部长办公厅副主任；此条款有助于两个办公厅间的协调，甚至建立起更加密切的联系。

84. **避免行使某些职权**。2014 年 1 月 16 日颁布的关于在行使部长职权时避免利益冲突的第 2014－34 号法令规定：当遇到利益冲突风险时，应免除委派部长（或国务秘书）的某些职能（参见上文第 64 条目）。

正文如下：

- “如被安排在部长身边的政府成员认为自己正处于利益冲突之中，应以书面形式将相关情况告知国家总理及部长，并向部长明确指出自己不该行使哪些职权”①；
- 总理颁布法令，将委派部长（或国务秘书）的职权直接转交由部长行使；
- 届时，委派部长（或国务秘书）应避免向其所辖部门下达指令。

第二节　部的组织结构

85. **中央行政机关的角色**。1992 年 7 月 1 日颁布的关于《权力下放宪章》的第 92－604 号法令第 2 条赋予了中央行政机关“在国家层面上构想、动员、导向、评估和监督”的任务。因此，中央行政机关应将公共部门的日常事务留给国家权力下放部门（省政府、大学区区长办公处……）管理。第 2 条还明确指出，中央行政机关“参与制定法律及法令草案，拟定并实施政府及各部门的决定——尤其是在以下方面：1. 国家政策的确定及资金支持，政策执行情况的监督与效果评估；2. 国家行政部门的一般组织及人事管理适用规定的确立；

---

① 1959 年 1 月 22 日修订的关于部长职能的第 59－178 号法令，第 2－2 条。

3. 具有国家权限的行政部门及国家权力下放部门行动目标的确定，行政部门需求的评估，部门运作拨款的分配，必要技术援助的提供以及既得结果的评估”。最后，中央行政机关协助部长——唯一主要支出决策人，自主行使预算权力①。

通过职权法令（参见上文第56条目），中央行政机关下属各司局可以了解到部长职权的行使范围。历代法国政府的更迭都需先经历一段等待期，而后才是政府部门各机构的重组。以法国体育局近25年来的更迭为例：1988年至1991年（罗卡尔政府时期）由国务部部长和国民教育、青年与体育部部长管理；1991年至1995年（克勒松、贝雷戈瓦和巴拉迪尔政府时期）由青年与体育部部长管理；1995年至1997年（朱佩政府时期）由总理管理（总理让委派部长负责青年与体育事务）；1997年至2002年（若斯潘政府时期）由青年与体育部部长管理；2002年至2004年（拉法兰政府时期）由体育部部长管理；2004年至2007年（拉法兰任期第三年和德维尔潘政府时期）由青年、体育与社团生活部部长管理；2007年至2010年（菲永政府时期）由健康与体育部部长管理；2010年至2012年（菲永政府时期）由体育部管理；2012年至2014年（艾罗政府时期）由体育、青年、公共教育与社团生活部部长管理；2014年至今（瓦尔斯政府时期），体育局由女性权利、城市、青年与体育部部长管理。值得注意的是，在1988年至1991年、2007年至2010年以及2014年至今这三个时间段中，均有一位国务秘书受主管部长任命，负责体育部相关事宜。

§1. 政府部门主要机构的组织法令

86. **总理的权能**。组织内阁部门的大政方针由总理负责：根据1987年6月15日颁布、2008年修订②的关于中央行政部门组织的第87-389号法令第2条规定，“总司、司和局等政府部门的中央行政部门，其组织形式由法令确定”。这意味着政府首脑以行政部门首要负责人和立法权所有者的身份签署法令，以规定每个内阁部门的中央行政组织。部长若想修改既定的行政结构，必须对政府中其他当事人的

① 2012年11月7日颁布的关于公共预算和财务管理的第2012-1246号法令，第74条。

② 2008年2月29日颁布的第2008-208号法令取消了征询最高行政法院的义务。

相关意见加以考虑。

87. **法令的内容**。 组织法令确定了当今总秘书处和各司局的内阁部门集权中心；并明确这些集权中心是否须进一步细化。组织法令还可对具有国家权限的行政部门以及监察总局的设立做出规定（参见下文第480条目）。法令要明确每个行政机构的角色。

88. **法令的制定**。 法令的框架可由部长办公厅设想产生，或根据秘书长或中央行政机关负责人所给出的意见制定。框架一经修改完毕并获得所属部门部长的批准，将被呈交给其他部长： 预算部部长负责评估成本，努力限制设立新机构的开支；公职部部长负责衡量因人事变动和组织选拔考试而带来的后果；在制定新架构时可向负责国家改革的政府官员征询，以便充分借鉴政府推行的国家改革方针。另一方面，政府秘书长负责确认此组织结构与部长职权法令相符，且与其他部门行政组织法令兼容。

以瓦尔斯政府为例，因为管理外贸事宜的权限被授予外交部，因此，“当国库总司的组织办法可能会直接影响到外交与国际发展部行使外贸领域的职能时，财政与公共账户部和经济、生产振兴与数字部必须确保与其协商以达成一致意见”①。该条款已被明确载入贝尔西这两位部长的职权法令之中②。

89. **向技术委员会征询**。 技术委员会成员中包含了行政代表及职员代表。根据2011年2月15日颁布的关于国家行政部门与公共机构中技术委员会的第2011－84号法令，所有关于“行政部门、机构或科室的组织和运作”的法律文本在出台前，必须向部级技术委员会征询。任何组织或重组也必须向技术委员会征询。最高行政法院判定：依照1946年《宪法》序言第8款规定，“任何劳动者通过其授权的代表可以集体决定工作条件”之原则，这种征询是“全体国家公职人员

---

① 2014年4月16日颁布的关于外交与国际发展部部长职能的第2014－400号法令，第2条。

② 2014年4月16日颁布的关于财政与公共账户部部长职能的第2014－403号法令，第2条，第2款； 2014年4月16日颁布的关于经济、生产振兴与数字部部长职能的第2014－404号法令，第2条，第2款。

行使上述权利的保障"[①]。因此，如有人就征询环节的疏漏向法官起诉，法官将宣布废除相关组织法令。

根据这些委员会的运作总则，法令草案投票者只能是职员代表。如全体人员一致投出反对票，则"该草案将接受二次审查，新一轮评议也将在 8 天至 30 天内举行"[②]。无论投票结果如何，部长都可将草案文本上呈给总理。

90. **法令的颁布**。经总理签署、当事部长和负责执行法令文本的部长联合副署后，法令将刊登在法兰西共和国《官方公报》上。

§2. 总秘书处

91. **历史沿革**。1915 年，正值第一次世界大战期间，法国外交部中新添了秘书长一职，以便当外交部部长因外交谈判暂离法国时，可以有人负责协调位于奥赛码头的外交部。随着部长办公厅的权力逐渐提升、通讯方式也愈发便捷，秘书长之职非但没有走向终结，反而被认为是法国政治外交中不可或缺的角色。担任外交部秘书长的外交官，在礼宾顺序上位列众大使之首。

从战争部创立之初，就曾多次任命高级官员专门负责部队行政事务；自 1962 年起，国防部的行政与财政事务便被委托给了"行政秘书长"。在其他内阁部门中偶尔也会存在秘书长，但是这个职位的存在经常会妨碍部长办公厅以及部长的行动[③]；20 世纪末，这个职位几乎已经消失了。出于行政理性化、追求政绩的提高以及减少管理费

---

① 最高行政法院，2012 年 5 月 15 日，第 339834 号文件，法国民主工联总会案，参见《最高行政法院 2012 年判例汇编》，第 546 页。

② 2011 年 2 月 15 日颁布的第 2011－184 号法令，第 48 条。

③ 参见 2003 年 4 月 28 日在戴高乐基金会上关于国民教育部前部长皮埃尔·洛朗的演讲：最高行政法院，《5 年格勒内勒之路：1963 年至 1968 年，向皮埃尔·洛朗致敬》，2009 年，第 13—14 页。当皮埃尔·洛朗卸任时，我们知道了埃德加·富尔这个名字，他成为新任国民教育部部长，在 1968 年皮埃尔·洛朗宣布离任之时，埃德加·富尔向他说道："既然您是无可替代的，那么我也不能替代您！"

用的意愿，希拉克政府第二届任期（2002—2007）时的所有内阁部门都配备了一个总秘书处，偶尔多个部门共享一个秘书处。

92. **10个总秘书处（专有或共有）。** 除外交部总秘书处和国防部的行政管理总秘书处外，司法部，国民教育、高等教育与研究部，农业部，以及文化与交流部都有自己专属的总秘书处；至于财政与公共账户部，经济、生产振兴与数字部和权力下放与公职部，这3个部门共享经济与财政部下设的总秘书处；社会事务部，劳动、就业与社会对话部，以及女性权利、城市、青年与体育部，这些部门共享负责社会事务的部门下设的总秘书处；生态与住房部与其他两个部共同组建一个总秘书处；海外部与内政部共享内政部下设的总秘书处。

这10个总秘书处共同构成了国家行政的持久框架，并不受到部长数量以及职权的影响。这种组织形式似乎是可以延续下去的，因为即使2012年政权交替的时候，它也未遭质疑。

内阁部门秘书长和副秘书长之职与中央行政机关负责人之职（参见下文第101条目）一样，由政府作出人事决定①。

2014年7月各部门秘书长

任命日期	秘书长	姓名及原任职务
2011年10月12日	国防部行政管理	让-保罗·博丹先生，军队总指挥官
2012年10月4日	文化部	让-弗朗索瓦·科兰先生，高级公务员
2012年11月2日	生态与住房部	樊尚·马佐里科先生，高级公务员
2013年3月14日	国民教育、高等教育与研究部	弗雷德里克·甘先生，高级公务员
2013年8月30日	社会事务部	皮埃尔·路易·布拉先生，社会事务总督察
2013年9月23日	经济与财政部	洛朗·叶叩斯基先生，公共财政总负责人
2013年9月26日	司法部	埃里克·卢卡先生，军队总指挥

① 1985年7月24日颁布的第85－779号法令，第1条。

续 表

任命日期	秘书长	姓名及原任职务
2013 年 12 月 24 日	农业部	瓦莱里·梅特里什·艾克女士，桥梁、河流和森林总工程师
2014 年 6 月 16 日	内政部	米歇尔·拉朗德先生，高级省长
2014 年 7 月 17 日	外交部	克里斯蒂安·马塞先生，大使

93. **总秘书处的任务**。 依据组织法令规定，一般情况下，秘书长处理部门行政管理的常见问题（或者说“横向”问题），协助部长管理部门，负责中央部门与权力下放部门间的协调配合。秘书长尤其负责以下事务：

• 行政问题： 中央行政机关的行政管理、后勤和财政，中央部门与权力下放部门的采购（与国家采购部相联系），权力下放部门的运行和改革，办公室自动化，公民接待处的组织，行政现代化政策的确立；

• 预算问题： 评估预算部资金需求量，与预算部共同编制和执行财政法律及修正案，跟踪各部门和公共机关的财政支出动态，考察政绩目标，风险内控，起草应对议会与审计法院提问的回应书①；由各部部长授予秘书长财政职能；

• 人力资源： 招聘、人事管理和薪酬支付，法定补偿改革（与行政总司、公共部门相联系），人事首次及后续培训，社会关系，技术委员会②以及卫生、安全与劳动条件委员会③的组织；高级干部成员的职业经历管理（在中央行政机关与权力下放部门之间、中央行政机关与监督机构之间进行人员调动……）；

---

① 2012 年 11 月 7 日颁布的关于预算与公共账户管理的第 2012－1246 号法令，第 69 条。

② 2011 年 2 月 15 日颁布的关于在国家行政部门和公共机构中设立技术委员会的第 2011－184 号法令。

③ 1982 年 5 月 28 日颁布的关于劳动卫生与安全、公共职能的医疗预防的第 82－453 号法令。

• 法律问题：向地方司局给出司法建议，对即将颁布的法律文件进行质量鉴定，向最高行政法院递交受理案件，编纂法典，在法院替部门辩护（有时也替部门职员辩护），跟进诉讼进程；

• 不动产与地产问题：内阁部门的选址，大楼的维护，与法国国有财产管理局①签署有关国有房屋使用的协议；

• 对地方部门进行引导、评估及政绩考量，对国家公共机构进行监督；

• 国际关系：编订法国与别国协议，跟踪协议履行情况，着眼于欧洲问题；

• 信息系统管理（尤其是信息网络、电信和自动化处理，和国家信息与自由委员会合作）和归档；

• 通常是通信部门：向用户提供实用信息，舆情监测，管理国内通讯与内阁部门网站。

由此可见，秘书长对一个（或多个）部门下属的众多司局拥有管理权限。

除此之外，秘书长还是负责部门防御与安全的高级公务员，因而他也是国防与国家安全部秘书长的“通讯员”（参见下文第266条目），他因此负责处理国防与安保措施问题，以及影响国防、国家安全与国家日常生活的紧急情况②。秘书长还要确保与政府总秘书处的联系，以便落实国家行政结构的改革方案。法国政府曾希望加强秘书长在内阁部门组织与运行方面的影响力。2014年7月24日颁布的关于部门秘书长第2014-834号法令规定：秘书长会收到一封由总理签署、相关部长联合副署的信件，明确其在部际工作中须分担哪些任务。

最后仍需提及的是秘书长的特别职责：当新部长被任命后，秘书

---

① 参见《国家领域法典》，第R.128-12条至第R.128-16条。

② 参见《国防法典》，第L.1141-1条：“各部长在总理指导下，负责准备和执行国防与国家安全相关措施，由其掌管部门落实。”

长需向其寄出一份文件，该文件由秘书长、下属部门以及各部中央行政机关诸位负责人共同编制，阐述内阁部门的组织结构、由内阁部门负责处理的主要问题现状和亟待解决的问题清单。有了这份“部长文件”，再加上与内阁部门主要成员的会谈作为补充，部长很快就能弄清楚自己作为行政部门首脑应肩负哪些责任。

聚焦

内政部与海外部共同秘书长的职能

2013 年 8 月 12 日颁布的关于内政部与海外部中央行政组织的第 2013－728 号法令

第 3 条

秘书长及国防高级官员协助内政部部长对部门进行管理。

因此，秘书长配合所有办公厅的行动和评估，向部长提议各办公厅间资源的分配。他担任部门财务职能，配合部门预算的编制、呈报和执行。他负责满足除安全任务范围之外整个内政部的公共需求。

秘书长向部长提议部门的战略导向，提高预测能力，按计划行动，落实现代化政策。

秘书长制定和提出人力资源管理总方针。

秘书长组织内政部国土行动，国家警察总司和国家宪兵总司负责的国土行动除外。

秘书长负责政治事务。

秘书长负责配合内政部在安全问题上的政策。在不妨碍司法警察的情况下，组织和开展针对伪造证件，尤其是伪造警察局签发证件的行为的预防和打击活动。秘书长负责整个部门的设想、征询、鉴定和法律援助。他开发和提出部门有关信息与通信系统的战略导向和策略，并确保不同职能办公厅行动的一致性。

秘书长指导司局的以下活动：a)现代化和领土行政管理； b)公民自由和法律事务； c)人力资源； d)政绩评估、财务和不动产的管理；

e)信息和通信系统； f)高级国防官员办公厅； g)信息和通信代表团；h)政府部门间信息和通信系统的维护。为了执行这些国防任务，秘书长可由高级国防副官、国防办公厅负责人高级官员从旁协助。

94. **国家司法人员**。 在经济与财政部总秘书处，除了承担部门法律事务长这项传统职能外，司法事务负责人还是国家司法人员①。作为司法人员，秘书长要捍卫国家经济利益和各部门利益。

国家司法人员是唯一“有资格在法院代表国家部门，以及有资格宣告本国因涉外税务和资产问题成为债权人或债务人的人员”②。秘书长在预算部部长决议任命的律师协助下，完成在各大审法院和上诉法庭的辩护。国民议会及参议院财政委员会各自的主席和总报告人，可以通过国家司法人员，互通其持有的文件资料。

在国家司法部每年公开的 4 500 份诉讼档案中，有大约 1 300 起交通事故相关的诉讼， 2 000 起涉及民事责任的刑事判决， 600 份因不合理临时拘留而申请赔偿的诉状，以及 200 起因公共司法部门失职进行的传唤。

§3. 总司与司

95. **确保行动的核心**。 司局以部长职权为核心（曾被称为部门的“纵向”结构），要为政府政策建言献策，并负责政策的落实工作。关于财政法律的《组织法》规定每个项目的预算（参见下文第 529 条目），每位司长肩负着发展和管理国家某个领域的使命，通常会负责管理特定项目下的经费及岗位。部长负责提出部门组织法令，并设想将行政任务怎样分配给众多下属部门才算合理，才能避免职权和预算

① 在执行 2012 年 8 月 23 日颁布的第 2012－985 号法令时，国家司法人员接替“国库总司的司法人员”（后者由 1790 年 7 月 21 日颁布的法令设立）。

② 1955 年 4 月 3 日颁布的关于 1955 年经济与财政部费用支出的信贷发展问题的第 55－366 号法律，第 38 条。

上的冲突。部长可决定将工作重点集中在某一总司或分配给多个总司，然后再向下属部门进一步细分。部内公务人员听从部长的组织决定，因为只有部长将方针下达给行政部门，他们才能够确定自己的工作范围。

96. **单一总司**。 这种情况极为罕见。可以 2007—2014 年国民教育部为例——国民教育部从高等教育与研究部中分离出来，除了与后者共享的一个总秘书处之外，国民教育部只有学校教育总司这一个下属部门，而且该总司并无任何下设机构。

97. **无附属部门的多个总司**。 文化与交流部的中央行政机关包括遗产总司、艺术创作总司、媒体与文化产业总司 3 个总司，以及法语语言及法国语言委员会。每个总司司长都有一个或几个副手，负责某一特定方面的工作。

98. **有多个附属部门的多个总司**。 内政部中央行政机关包括：

• 7 个总司： 地方行政总司、国家警察总司、对内安全总司、国家宪兵总司、在法外国人总司、社会安全及危机应对总司、海外事务总司（由海外部领导负责）。这些总司都可自行再分为数个司局与办事处；

• 一个委员会： 道路交通与安全委员会。

案例

对内安全总司的自主管理

2013 年 8 月 12 日颁布的关于内政部与海外部中央行政组织的第 2013 - 728 号法令（2014 年 5 月 6 日第 2014 - 454 号法令补充修订）

第 6 条

国家警察总司的司长领导以下部门与办事处：

1. 国家警察人力与权能管理局；

2. 以下警察部门与办事处：

- 国家警察监察总局；
- 法警司；
- 国内情报局（此项条款由 2014 年 5 月 6 日第 2014－454 号法令第 2 条废除）；
- 公共安全司；
- 边防警察司；
- 国家安全司；
- 保卫处；

3. 与国家宪兵总司共同负责：
   - 国际合作部，警方常备部队；
   - 国家安全科技与信息系统办事处；
4. 与国家宪兵总司司长和社会安全及危机应对总司司长共同负责：
   - 对内安全采购、设施及后勤办事处。

第 6－1 条（由 2014 年 5 月 6 日第 2014－454 号法令第 3 条补充）

对内安全总司司长负责指挥与协调以下部门及办事处行动：

- 情报与行动司；
- 技术司；
- 总行政部门；
- 对内安全监察总局。

99. **有多个总司及司，总司下设多个附属司的情况**。 生态与住房部中央行政机关包括：

- 1 个总署： 可持续发展总署；
- 5 个总司： 能源与气候总司；基础设施、运输与海洋总司；民航总司；国土整治、住房与自然总司；风险防范总司；
- 1 个司： 海洋渔业与水产养殖司；
- 1 个委员会： 住房准入与接待委员会。

总司下设多个司与办事处。可持续发展总署下设： 研究与改革司；测量与统计司；经济、评估与整合发展司；可持续发展委员会。而基础设施、运输与海洋总司下设3个司：基础运输司；运输事务司；海洋事务司。

由此可见，在上述两个内阁部门中，不同司的地位是不同的：前者是一个司和一个委员会直属于部，后者是多个司隶属于一个总司或者总署。

案例

在国防部，社会事务部门和军事部门的共存

2009年10月5日颁布的关于国防部中央行政组织的第2009-1178号法令

第1条

I. 国防部中央行政机关包括：

1. 军队参谋部；

2. 附属于部队参谋长的军事部门与跨军种办事处；

3. 陆军、海军、空军参谋部；

4. 总装备部；

5. 行政总秘书处；

6. 司局与办事处。

II. I中第6点所说的司局与办事处指：

1. 战略事务委员会；

2. 信息及通讯系统总司；

3. 防卫信息与通讯委员会；

4. 普通军官办公室；

5. 支局办公室；

6. 对外安全总司和国防安保司；

7. 依照公共健康政策，军队健康事务司行使国防部部长关于军队健康方面的职权。

III. 国防部部长有权对全军进行监察、监督、审计、研究、顾问及评估。

在各自职权范围内，军队参谋长、军方总代表、行政秘书长可建议部长通过军队监督总局开展相关询问调查。

同时，部长对军队监察总局和军队健康事务总监察员有领导权。

IV. 当国家宪兵总司所执行的任务属于部长职权范围内时，后者对前者拥有管辖权。

第2条

除本法令第1条II中4、 6和III中所述机构外，国防部中央行政机关中的军事组织有：

I. 参谋部：

1. 部队参谋长领导下的部队参谋部。除部队监察机关外，还有以下机构：

a）军事情报司；

b）军队中央健康事务司；

c）军队油气事务司；

d）跨军种基础设施网及信息系统司；

e）中央军需事务司。

2. 陆军参谋长领导下的陆军参谋部。除陆军监察机关外，还有以下机构：

a）陆军人力资源司；

b）陆军中央装备部；

c）军队财政局；

d）(原机构已废止)；

e）作战状况下的陆军装备维修事务司。

3. 海军参谋长领导下的海军参谋部。除国家海军监察机关外，还有以下机构：

a）海军军事人员司；

b）中央舰船补给事务司；

c）（原机构已废止）。

4. 空军参谋长领导下的空军参谋部。除空军监察机关外，还有以下机构：

a）空军人力资源司；

b）作战状况下的国防部空军装备维修事务司；

c）中央航空工业事务司；

d）（原机构已废止）。

II. 军队总指挥部。

III. 隶属于军队参谋部的跨军种岗位处、国家权能处。

IV. 陆地运输事故调查办公室；海防事故调查办公室；空防事故调查办公室；根据军种，国家权能办公室分设于陆军、国家海军和空军；军队总监察。

V. 国家航空安全司，服务于国防部部长的国家权能机构。

第3条

除本法令第1条II中1、2、3、5中提到的组织外，国防部中央行政机关中的社会事务组织有：

I. 军备总司，属军备总代表领导。

军备总代表在以下机构有领导权：

a）作战司；

b）战略司；

c）国际发展司；

d）技术司；

e）计划、项目及预算司；

f）人力资源司；

g）现代化与质量中央办公室；

h）军备监察司。

II. 政府总秘书处，属政府秘书长领导。

政府秘书长在以下机构有领导权：

a）财政事务司；

b）国防部及防卫局人力资源司；

c）法律事务司；

d）记忆、遗产、档案司与其下属的具有国家权能的国防历史处；

e）兵役司；

f）（原机构已废止）；

g）中央防卫基础工程事务司；

h）中央政府巴黎办事处；

i）预算计划指导支局。

§4. 秘书长、总司长及司长

100. **部门参谋**。 第三、第四共和国时期参谋被称为“政府部门顾问”。每个部门的部长或办公厅主任通常每周会召集参谋举行会议：秘书长、总司长、专员、司长、部门委派代表。这种会议旨在协同各方行动，向各位参谋传达重要信息、给予政治助力，关注文案的起草和改革的实施；同时也是处理预算问题的好机会。这些部门内的高层干部——其中有些人身边甚至有自己的办公室——负责掌管“政府决定设立的职位”：此类职位由政治权力支配，国家公务人员（临时调动）和非公务人员（依据合同雇用）均有机会任职，但政府可随时“撤销任命”[①]。除此之外，当国民议会或参议院对某项法案进行审查时，这些参谋还可应召出席会议；《宪法》第31条赋予其“政府专员”的身份，负责为部长准备议会辩论中的素材，因此他们的工作具有更强的政治色彩。

101. **任命**。 《宪法》第13条第3款规定，中央行政机关负责人由共和国总统在部长会议上提名；总专员、高级专员、专员、秘书

① 1984年1月11日颁布的关于国家公共职能条款的第84－16号法律，第25条。

长、总代表和代表依照同样的任命程序由部长直接任命。[①] 由部长对人选做出首要抉择，因为这事关其最为重要的协作者；但是对高层行政领导人的任命，要同时获得总理办公厅和总统办公厅的同意。

至于外交部、财政部或内政部这些较大的部门，总统早在部长会议几周前，就会亲自审查由总理和部长提名的候选人；总统有时也可指定提名候选名单外的人员。

对于此类提名，宪法委员会的唯一要求是：政府在提名高级职位人选时，要遵循“能力优先”原则[②]。因此，政府可全权自主选择有能力且与自身志同道合的人选来担任这些职务（参见下文第298、305及306条目）。

案例

2013年11月27日颁布的关于提名德尼·莫兰先生为经济与财政部中央行政机关负责人的法令

总统，

鉴于总理、经济与财政部部长、经济与财政部分管预算的委派部长所做的报告，

根据《宪法》，尤其是第13条；

根据1983年7月13日修订的关于公务人员权利与责任的第83－634号法律，及1984年1月11日修订的关于国家公共职务相关条款的第84－16号法律；

根据1985年7月24日颁布的关于实施1984年1月11日修订的第84－16号法律第25条所述高级职位人选提名权交由政府决定的第85－779号法令；

① 1985年7月24日颁布的第85－779号法令，第1条，第3款。

② 宪法委员会于2011年1月28日颁布的关于合宪性优先问题的第2010－94DC号决定，M·罗伯特·C。

根据2012年5月24日颁布的关于经济与财政部部长职权的第2012-768号法令；

根据2012年6月9日颁布的关于授予经济、财政与外贸部分管预算的委派部长职权的第2012-796号法令；

经部长会议听取，

决定：

第1条

提名审计法院首席顾问德尼·莫兰先生为经济与财政部预算分部中央行政机关负责人。

第2条

总理、经济与财政部部长，以及经济与财政部分管预算的委派部长负责该法令的实施。本法令将在法兰西共和国《官方公报》上发表。

共和国总统：弗朗索瓦·奥朗德

由下列人员联合副署：

总理　让-马克·艾罗

经济与财政部部长　皮埃尔·莫斯科维奇

经济与财政部分管预算的委派部长　贝尔纳·卡泽纳夫

2013年11月27日

102. **利益声明**。2013年10月11日颁布的关于公共生活透明度的第2013-907号法律中，第11条第7款规定：由政府决定设立的职位，其任职人员须同部长办公厅成员一样，发表财产声明及利益声明（参见上文第69条目）。

103. **签字授权**。自任命令公布于《官方公报》之日起，部门秘书长和中央行政机关负责人将以部长或国务秘书的名义对其职权下的一切非法令性文件行使签字权，与某些办公厅成员获得的签字授权不同，此类签字授权不需要部门决议。部门秘书长以及中央行政机关负责人所获得的签字授权不受部长更换的影响。只有在其职务终止时，或部长在《官方公报》上明确宣布收回全部或部分签字权时，其权力才会终止。①

104. 利益冲突。 2013年10月11日颁布的关于公共生活透明度的第2013－907号法律第2条以及关于实施上述条款的2014年1月31日第2014－90号法令第7条第1款规定，当部门秘书长或中央行政机关负责人发觉自己处于利益冲突情况下时，应及时以书面形式就自身不能再行使何种职能向部长详细汇报，并避免向与利益冲突问题有关的部下下达指令。

105. 离职。 部门秘书长和中央行政机关负责人随时会被免职，他们承担的工作须获取部长和政府的充分信任；通常在部长会议任命继任者的几天前，他们就会被通知离职事宜。执政党的更替也可表现为各部参谋人员的重大变动。如果官员离职已在意料中或已被公布，那么他在自己部门的威信就会减弱；相反，当官员刚刚受到部长会议的任命时，部长办公厅则会减少干预其对部门的管理。

如果公务员、秘书长或行政官员在任期内卸职，他们可以在原工作单位重新获得一个职位（例如，社会事务总监察员从劳动部卸职后，又回到了社会事务总监察局工作）。此外，政府通常会任命已卸任官员负责其他工作和任务。如果官员离职后想在私营部门工作，那么他应当遵守上文第73条目提到的职业道德规范，并且应当获取公职人员职业道德委员会的批准。如果公务人员能够完成工作计划，他便可随后向原单位提出停职请求，以谋求个人便利②。

第三节　行政机关的组成

106. 部长的法定权力。 总理负责主持国家各部的分工工作，而

① 2005年7月27日颁布的第2005－850号法令，第1条及第4条。

② 这种情况下，公务人员申请的停职时间不得超过3年，可重复申请，但停职总时间不得超过10年（1985年9月16日颁布的关于国家公务员部分岗位的特殊规定的第85－986号法令，第44条b）。

加马尔案判决[1]重申了部长规划部门机关组成的法定权力：2008 年修正的关于中央行政部门组织的 1987 年 7 月 15 日第 87－389 号法令第 3 条规定，“总司局、司局及其他中央行政部门的组成，必须由部长下令决定”。部长作为行政长官，可以将部下分为司局，再进一步划分为支局，最后细分为办公室；支局和办公室的名称及工作任务可体现出部分政治目的。部级行政机关受到秘书长主动协助和部级中央技术委员会的审查，如果该机关仅包含一个司级行政部门，那么将由司级技术委员负责审查工作；部级行政机关原则上不受其他部长的制约。部长令的签署将通过《官方公报》进行公示，并随时可通过相同程序进行更改。

案例

负责社会事务的各部共同的总秘书处

2013 年 8 月 12 日有关人力资源司部门组成（支局、办公室）的决议

社会事务与卫生部部长，劳动、就业、职业培训与社会对话部部长，体育、青年、公共教育与社团生活部部长，

根据 1987 年 6 月 15 日颁布的关于中央行政部门组织第 87－389 号法令（修订）；

根据 2013 年 8 月 12 日颁布的关于社会事务部总秘书处的设立、组成及职权的第 2013－727 号法令；

根据行政机构现代化及综合行政司司长（隶属于负责劳动、就业、职业培训等工作的众位部长）下辖中央行政技术委员会的意见，以及人力资源司司长（隶属于负责卫生、青年、社团生活、团结、社会和谐、城市与体育等工作的众位部长）下辖中央行政技术委员会的意见（二者于 2013 年 7 月 2 日以联合形式提出意见，并于 2013 年 7 月 4 日再次会面商讨）。

---

① 部长应当“为了部门内行政权力机关的正常运行采取必要措施”。（最高行政法院，1936 年 2 月 7 日，诉讼法庭第 43321 号文件，加马尔案，参见《最高行政法院 1936 年判例汇编》，第 172 页）。

决议：

第 1 条

人力资源司包括：

- 资源分配、社会对话与职员权利支局；
- 职业生涯及职员薪金支局；
- 职场生活质量支局；
- 高层管理人员考察团；
- 中央-地方行政网、大区卫生办事处和管理人员考察团；
- 指导“国家薪资管理员”计划和人力资源信息系统考察团；
- 人力资源与综合行政办公室。

此外，人力资源司司长任命各行政部门负责人，以进行有关战略、现代化以及沟通方面的工作。

人力资源司司长助理（行政部门负责人）及办公室负责人将协助司长的行政工作。

第 2 条

I. 资源分配、社会对话及职员权利支局的职能是：

● 推动职位及职权预先管理的整体发展，促进管理方式的改进及必要工具的开发，发表有关资源分配、社会对话及职员权利的研究成果及预期数据分析，制定社会资产负债表，评估行政部门的结构改组，引导社会事务部各行政部门之间的管理对话并进行后续跟踪；

● 促进社会对话，引领集体协商，监控工会权利及资产使用，保障社会监督；

● 设立评测和考核计划，（职位空缺或有招聘计划时）开展招聘活动；

● 规定见习公务员及公务员学员的培养模式，为学员的任职接待做好准备工作，指导公务员的职业培训政策，监管负责公务人员初始教育及继续教育的公共机构，促进教育通信员网络的建立；

● 为社会事务部起草法案，撰写相关行业的条例文件，监督国家公职人员总则的实施，并制定适用于非正式公务人员和私法人的规章；

● 承担在人力资源领域，尤其是预先援助教育方面的监管和司法支持，处理与行政部门职能文件及决议相悖的诉讼求助，并在司法事务部门权限外保护公职人员（参见上文2013年4月12日令第7条第8款）；

● 在财政、采购及服务司长的权限范围内，对项目给予支持；

● 参与财政法案和信贷计划的筹备工作；

● 分配职位上限额度；

● 监督职位上限额度的执行情况；

● 管理薪资；

● 引导制定劳金政策。

II. 资源分配、社会对话及职员权利支局包括：

● 职位、技能预先管理和对话管理办公室；

● 促进社会对话办公室；

● 招聘办公室；

● 培训办公室；

● 规章办公室；

● 司法援助和诉讼办公室；

● 财政津贴和劳金政策办公室。

第3条

I. 职业生涯及职员薪金支局的职能是：

● 根据不同地位公务人员工作性质特点的不同，根据对在职人数、岗位进行预先管理的目标，以及保证就业机会平等的目标，制定并实施有特色的职业生涯援助政策；

● 对社会事务相关各部全体公务人员进行有效的个人管理和集体管理；

● 确保公务人员主要工资收入和附属津贴等的发放。

II. 职业生涯及职员薪金支局包括：

● 职业生涯考察团；

- 高级干部和合同雇员办公室；
- 技术人员及卫生和社会事务监察办公室；
- 负责青年、体育、国家教育和专科学院的员工办公室；
- 负责劳动就业的员工办公室；
- A类行政人员办公室；
- B类和C类技术及行政人员办公室；
- 劳金管理操作的辅助办公室。

第4条

I. 职场生活质量支局的职能是：

- 推动建立多样化就业政策和反歧视政策，尤其是男女职业平等政策、残疾人就业政策和年龄管理政策；
- 主要通过职工社会部门和医疗预防部门的努力，在尊重部际定位的基础上，制定卫生安全政策，制定和引导所有行政部门员工工作条件和社会医疗跟踪的部级政策，并在中央行政机关推广实施；
- 在尊重部际定位的基础上，尤其在生育、休闲、假期、住房、休养和社会补助方面，制定部级社会管理政策，并在中央行政机关推广实施；
- 管理关于退休补助、养老金、伤残、工作事故和职业疾病的材料，确保退休信息查看权，处理合法的医疗求助。

II. 职场生活质量支局包括：

- 中央行政机关预防医学处；
- 多样化及平等就业考察团；
- 工作条件和预防医学办公室；
- 社会管理办公室；
- 津贴、福利批准和工作事故办公室。

第5条

为了社会事务部的利益，高层管理人员考察团，在秘书长指导下：

- 配合以政府秘书长为首的“领导干部”的工作安排；
- 寻找潜在人才，进行内部人才培养库的建设，为中央行政机关和系统提供管理人才；

- 对高层管理人员进行个体化追踪关注。

第 6 条

中央-地方行政网、大区卫生办事处和管理人员考察团推动中央和地区行政部门的人力资源管理，加快社会事务部管理人员的优化步伐。它协调了行政部门和下属机构及管理人员之间的横向关系，并处理同负责大区卫生办事处员工管理的国家社会安全机构的关系，这些机构受到相关集体条款的约束。

第 7 条

为了社会事务部的利益，指导“国家薪资管理员”计划和人力资源信息系统考察团制定有关国家薪资管理员及其实用性战略指导的改革方案。

考察团负责有关各部薪资和人力资源信息系统应用的整体开发，并监控后续的运行情况，设计并安装数据维护装置。

考察团指导有关应用的开发、改写和发展计划，特别是有关国家薪资管理员运行的部际人力资源管理信息和支付信息系统的计划。

考察团负责激活管理员系统和协助用户服务器工作。

第 8 条

人力资源及综合行政办公室负责行政部门内人力资源、房产及办公室资源的管理和流畅运行。作为采购参照对象，它也是财政、采购、服务部门的谈话对象。

第 9 条

废止：

- 2009 年 6 月 8 日颁布的关于人力资源司下设支局和办公室的决议；
- 2010 年 10 月 25 日颁布的关于行政机构现代化及综合行政司下设支局的决议；
- 2010 年 10 月 25 日颁布的关于行政机构现代化及综合行政司下设办公室的决议。

第 10 条

此决议将在法兰西共和国《官方公报》上公表，并从 2013 年 10 月 16 日起正式生效。

社会事务与卫生部部长　玛丽索尔·图雷纳

劳动、就业、职业培训与社会对话部部长　米歇尔·萨班

体育、青年、公共教育与社团生活部部长　瓦莱里·富尔内隆

2013 年 4 月 12 日

107. **行政部门长官及其副手。** 行政部门长官是中央行政机关或总秘书处内部的部门负责人；而下属部门长官则是构成这个行政部门的下属部门的负责人（如果不存在行政部门的话，则是某一分支的负责人）。行政部门长官及下属部门长官主要由高级公务员、司法部法官[①]、全权公使或者外交部外事顾问担任，其他 A 类公务员可以申请为候补官员。由于该职位性质特殊，关于国家行政部门长官及其副手的 2012 年 1 月 9 日第 2012－32 号法令规定，只有具备 6 年至 10 年国家公职人员资历的人员才有资格任职。

行政长官及其副手职位一旦出现空缺的情况，政府会在《官方公报》上进行公布，申请期限为信息公布之日起 30 日内。部级长官和部门秘书长向部长推荐人选。提议一经采纳，总理和部长将发表联合决议，任命行政部门或下属部门的新长官。后者将脱离原任职部门以担任新职。一轮任期最长为 3 年，最多可连任两届。有时为了维护部门利益，行政长官及下属部门长官在任期结束之前可能会被免职。

① 选择在司法部工作的法官被称为“中央行政司法法官”，他服从于司法部部长，不得行使独立司法权。

案例

关于外交部第三组副主任职位空缺的通知

外交部第三组副主任的职位可能会空缺。

该职位隶属于礼宾司礼仪处，此外，该职位的正式任职者将承担礼仪处处长的职能。

礼仪处承担共和国总统、总理及外交部部长的对外礼仪事务，负责正式庆典上的座次安排，组织总统及总理的对外访问，接待访法国家元首及政府首脑，筹备外国大使的国书递交仪式。礼仪处还为法国驻外大使起草国书，组建由总领事和领事构成的领事使团。此外，礼仪处还会依据不同情况，使用全部或单一权力来签署国际条约和协议、简化版批准确认书和协议同意书。根据 2012 年 1 月 9 日颁布的关于国家行政长官及下属机构长官职位的第 2012 - 32 号法令，自该意见于《官方公报》上发表之日起 30 天内，候选人员名单将逐级从外交部向人力资源司、职工局和正式公务员及 A 类公务员职业生涯办公室传达。

来源：《官方公报》， 2014 年 2 月 5 日。

108. **具有国家权限的行政部门**。 秘书长或行政长官有时会下设“国家权限行政部门”： 负责管理、技术研究、培训、资产生产活动、行政部门津贴及其他带有管理和国家特点的工作①。这些部门是一些有着特殊运行模式，并且能够同权力下放部门分担工作的部级行政机构，但和部长行政监督下的公共机构不同的是，它没有司法自主权。普通的国家权限行政部门必须通过部长令来建立；而直属于部长的国家权限行政部门则须通过法令来建立。

例如，国家权限行政部门在内阁建立了有关核、放射、生物、化学和爆炸事件的国家民事及军事教育培训中心；在文化部建立了国家档案馆、国家家具馆以及法国博物馆重建和研究中心；在财经部建立了隶属于国库总长的公私合作援助考察团（MAPPP），

① 1997 年 5 月 9 日颁布的关于国家权限行政部门设立和组成的法令，第 1 条。

隶属于公共财政司长的国家退休部门（位于南特）和国家公共财政学校，以及隶属于上述两个长官的国家非物质遗产办事处和隶属于预算部部长的国家采购部门；在环保部设立了隧道研究中心（CETU）；在国民教育部设立了国家教育、高等教育以及科研工作的高等院校；在社会事务部设立了隶属于社会安全局局长的国家社会安全机构控制和监管考察团；在外交部设立了户籍中心（位于南特）。

109. **签字授权**。和部门秘书长及中央行政机关负责人一样，行政部门长官、长官助理、下属部门长官和国家权限行政部门长官，自其任命书在《官方公报》上发表之日起，就能获得签字授权，并可以部长的名义签署权限下所有非法令文件。

部门秘书长、中央行政机关负责人、行政部门长官、长官助理、下属部门长官和国家权限行政部门长官可将自己获得的签字授权转授给A类公务员（或法官）。上述人员的相关决定会在《官方公报》上公布，内含获得授权公务人员的名单及权限范围。这种授权可随时通过文件废止。在授权人或被授权人①的职务终止时，相应的签字授权也将终止。

案例

文化与通讯部

关于修正（总秘书处）签字授权（2012年10月10日决定）的

2014年1月22日决定

秘书长，

根据2005年7月7日颁布的关于政府成员签字授权的第2005－850号法令，尤其是第3条；

根据2009年11月11日颁布的关于文化与通讯部中央行政组织及职

① 2005年7月27日颁布的关于政府成员签字授权的第2005－850号法令，第1、2、3条。

权的第2009－1393号法令；

根据2009年11月17日关于总秘书处组织及职权的修订决议；

根据2012年10月10日关于（总秘书处）签字授权的修正决定，

决定：

第1条

上文提到的2012年10月10日决议的第1条第2款由以下条款代替：

“II. 在科学教育办公室的职权范围内：

1. 行政助理，玛丽-安娜·吉夏尔-勒巴伊女士，

2. 行政助理，洛朗·博尔德纳夫先生

被授予以文化部部长名义签署所有非法令文件、决议和决定的权力。”

第2条

本决定将在法兰西共和国《官方公报》上发表。

J.－F. 科兰

2014年1月22日

2013年10月11日颁布的第2013－907号法律第2条涉及公共生活透明度问题；而2014年1月31日颁布的第2014－90号法令第7条第1款规定了上述条款的实施事宜。其中强制规定：在遇到利益冲突的情况时，任何获得签字授权的人员均不得行使签字权利。

110. **高水平专家和项目主管**。当部门秘书长和中央行政机关负责人打算委托某位高级官员承担一项为期不超过3年的研究任务或项目时，可能会为其招募一位协作者。他们会在《官方公报》上发布一则职位空缺通知，并在其中详细介绍任务或项目的相关情况。之后，他们从众多求职者中挑选出一位有能力者，来担任“高水平专家”或“项目主管”。总理及相关部长在听取公职部部长的意见后，通过联

合决议宣布任命。承担此类任务或项目的人员须以 2008 年 4 月 21 日颁布的关于国家行政单位及公共机构中高水平专家与项目主管职位的第 2008－382 号法令为行动准则。有时，出于维护部门利益的需要，其职务可被撤销。

案例

项目主管职位空缺公告

作为国家直属机构，国家非物质遗产管理局在局长下又设立了项目主管（组别：第三组）职位。

项目主管协助局长完成管理局的一切任务：积极制定战略方针，组织、协调、领导团队项目，监督工作质量以及负责与政府部门之间的对话，保证机构内外活动必要的透明度。

法国通过 2007 年 4 月 23 日决议设立国家非物质遗产管理局（此决议发表在 2007 年 5 月 22 日的《官方公报》上，第 8684 页）。这个具有国家权限的行政机构下辖于国库总司和公共财政总司。其宗旨如下：积极引导就职于国家部门的公职人员解决非物质遗产管理的难题；开发应对挑战的大政方针及参考框架；协助政府机构鉴定非物质遗产资产；落实非物质遗产的保护及开发策略。上述举措不仅推动了公共管理的现代化进程，还引发了人们在公法、知识产权及市场营销领域的一些思考。

管理局之所以能够开展多学科、跨部门的活动，主要得益于以下几个方面：网络的活跃、创新型研究成果的发展、公共实体创新项目扶持政策的完善；此外，也与优质共享平台的建立、公共机构同步网络信息更新的现状，以及非物质遗产相关活动的开展息息相关。

管理局采取的行动主要是以项目的形式展现出来。管理局的主要部门包括：司法中心、市场营销与评估中心、非物质遗产资产决策与核算中心、交际与公关中心，以及总秘书处。

非物质遗产管理局有 27 个办事员。

办事员职位每届任期为 3 年，可连任。

如想获得该职位，应具备以下条件：

- 熟知公共机构与公共管理的现代化政策；
- 具备优秀的团队组织领导能力；
- 良好的团队对话与劳动意识；
- 良好的预测、分析、总结能力；
- 良好的创新、建议、说服能力；
- 出色的书面表达和口语表达能力。

根据2008年4月21日颁布的第2008－382号法令规定，自本公告于法兰西共和国《官方公报》上发表之日起30日内，应聘国家行政机关和公共机构高水平专家及项目主管岗位的人员将相关资料交付至职员与职业生涯管理支局DRH－2A办公室（地址：巴黎市凡·德·法兰西广场5号前庭大楼，邮编：75573，Cedex12），相关负责人应将候选人名单及其简历逐级提交至人力资源司以及国家经济与财政部总秘书处。

来源：《官方公报》，2014年3月16日。

111. 至少40%的女性。 2012年3月12日法律第56条[①]提出了力求国家高级行政官员中男女比例对等的新要求，后又由关于高层公职人员任命均衡的2012年4月30日第2012－601号法令做了补充。根据新规，自2018年起，秘书长、中央行政机关秘书长与负责人、总专员、专员、委派部长及部级代表、行政部门长官、下属部门长官、高水平专家以及项目主管等职位中，男性及女性比例均不得低于40％。而2013、 2014年均为20％， 2015、 2016、 2017年均为30％。

没有实现上述目标的部要处以一定的罚金：在“男女比例接近对等”方面失职的各部，每年所处罚金依据所缺人数而定， 2013/2014年的标准为30 000欧元/人， 2015/2016/2017年达到了60 000欧元/人。比如：一个部在2015年宣布要任命30个高级职位

① 该条款在第4次修订时把新的条款6插入了“Le Pors”法律，即1983年7月13日颁布的关于公务员权利与义务的第83－634号法律。

官员，如果它选择了23名男性和7名女性，那它就没有达到每种性别“至少要达到30%”（即9名女性）的要求，因此该部就应向国库上缴120 000（2×60 000）欧元。

112. 办公室。 正如40多年前弗朗西斯·德·巴克所言，“这个传统的行政单位一直是中央行政组织的基础”①。办公室，作为支局的中心组织，主要负责机构决议中规定的具体任务。

同时，关于预算司结构组织的2007年3月27日决议规定，预算司下设8个支局。决议第2条明确指出第一支局保证公共财政的综合清算工作，并且指出该支局由4个办公室构成，分别是：“预算政策”办公室、“财政法律”办公室、“预算实施监督”办公室和“税收”办公室。该条款还定义了第一支局，即公共财政综合清算支局下设的每一个办公室②的使命。

“预算政策”办公室负责拟定所有公共机构的预算政策，并监督其实施进程。它负责实施于2012年12月17日颁布的《公共财政计划与管理法》，具体包括跟踪欧洲预算监控的进程以及预测所有公共机构的多年期余额。此外，它拥有在各部内部及部际之间视察监督的职能，负责解决公共采购的一些现代化问题并妥善处理好公私合作的关系。

“财政法律”办公室与“预算政策”办公室共同制定并监督预算程序。它还承担财政法律、预算大纲、预算文件、预算目录、抵押许可规则以及信用支付规则的草拟工作。此外，该办公室还负责拟定法令，并执行2007年3月27日决议附件中所明确规定的程序和任务。

“预算实施监督”办公室负责预测、监督并引导预算的实施。它主要处理从财会计划到预算实施跟进过程中出现的问题，包括：持续跟踪结算法的筹备和通过轨迹，随时关注救助基金与收益分配方面的结算问题，承担已通过收入认证的信用账户的开户工作，监督解决一些“重建信任”方面的结算问题，并对超出这一程序执行期限的行为提出要求。它还替预算司监督国家账目的落实情况，并在预算实施监督框架内协调与审计署的关系；负责一些与国家不动产政策相关的预算问题，维护预算司与法国国有财产管

① 弗朗西斯·德·巴克，《法国中央行政管理》，阿尔芒·科兰出版社，《大学丛书》，1973年，第171页。

② 2014年1月1日，一个财政女监察员上台领导了第一支局。上文所提及的4个办公室的领导分别是：审计署的首席署长顾问、民政管理员、桥梁水利及森林工程师以及精通保险业务的监察员。

理局的关系。

“税收”办公室同“社会账户与卫生”办公室、“地方”办公室共同预估年度公共财政的需要，引导公共机构余款的落实安排；解决国家会计问题；监督财政收入以及非财政收入的流向；在预算司各部门的协助下，与财政立法部门共同监督财政支出的动态过程；监管博彩业；承担 2007 年 3 月 27 日颁布的决议附件中规定的任务，并落实具体的计划安排。

一个办公室聚集了由办公室负责人领导的一些公职人员，该负责人在他的上级——支局长官的领导下工作。据 1983 年 7 月 13 日颁布的关于公务员权利与义务的第 3 及第 16 条①规定：政府的这些在编职位，即中央行政办公室公务员的职位，由通过考试选拔的公务员担任。

然而关于国家公共职能的 1984 年 1 月 11 日法第 4 条规定，国家行政机关在两种情况下可招聘合同制公务员，情形一：机关中不存在符合相关岗位要求的公务员；情形二：A 等级的职位如有需要，可以进行招聘，在政府驻外机构中，考虑到职位性质和机构需要，其他等级的职位也可进行招聘。这些招聘人员会签订一份合同，最长期限不超过 3 年，如果合同须延期，可很快更新一次合同。但这个最长可达 6 年的期限结束后，合同如须再延期，那就只能签订短期合同，失去了原来长期合同的效力。当行政机关想分配另一个公务员到这个职位上，原先的人员就不可再享受合同中规定的继续保留职位的权利。行政机关应遵循萨德龙女士在议会上提出的关于权力的一个基本原则：“在提出要任命一个新的官员到相关岗位，而不再任用依据短期合同招聘的合同制公务员之前，行政机关应重新调整当事人利益”②。

113. 高级公务员。高级公务员是唯一一支直接隶属于总理的干部队伍，在国家行政机关中行使“人事安排、领导、考查和监督”等高级职权③。在大多数部中，这些公务员构成管理中央行政机关的人力基础，他们均出自国家行政学院。在 A 类部门中有 8 年任职经历的

① 涉及公共职能的基本法律条例，一方面包括一些基本规定，如关于公务员权利与义务的 1983 年 7 月 13 日法律；另一方面还有对三大公共职能的特别规定：关于政府公共职能的 1984 年 1 月 11 日法律、关于地方公共职能的 1984 年 1 月 26 日法律、关于医院公共职能的 1986 年 1 月 9 日法律。

② 最高行政法院，2013 年 9 月 25 日，诉讼法庭第 365139 号文件，萨德龙女士案，参见《最高行政法院 2013 年判例汇编》。

③ 1999 年 11 月 16 日颁布的关于高级公务员队伍的特殊地位的第 99－945 号法令。

人员，也有可能会晋升到高级公务员队伍中去。最高级别的高级公务员是“行政总长”。

聚焦

法国国家行政学院（ENA）

1945年10月9日，戴高乐将军签署政令创立国家行政学院，“培养未来就职于最高行政法院、审计署、外交部门、省级部门、财政监察部门、民政部门以及其他国家机构的官员”①。

1993年，国家行政学院成立，校址定于斯特拉斯堡，由总理监管。

国家行政学院每年会公开举行3次入学竞争考试：一次是面向体制外的全社会竞考，主要由学生参加，提供最多60%的录取名额；一次是面向体制内官员及公务人员的考试；一次是面向在地方政府有至少8年工作经验或有8年任期的官员，录取占比为当年录取考生的5%到10%。

2014年4月16日颁布的决议第1条确立了国家行政学院入学考试的性质、持续时间以及考试程序。面向体制外的考试内容如下：

笔试部分

1. 公共法律笔试； 2. 经济理论笔试； 3. 关于公共权力机关及其与社会关系的基本问题； 4. 社会问题考试，根据所给材料写出自己的分析、见解及建议； 5. 公共财政考试，用概括性语言对若干简短问题作答，大多会涉及对文本及统计图表的解析及评论。

口试部分

1. 关于欧盟问题的口试； 2. 关于国际问题的口试； 3. 评鉴应试者性格、动机、阅历的交谈面试； 4. 无领导小组面试，通过观察考生在其中扮演的不同角色，来判定他们的行动力与人际交往能力（参见下

① 1945年10月9日颁布的关于官员的培养和招聘、不同级别官员的地位以及建立一个高级公务员管理机构与相关的常设委员会的第45－2283号政令，第5条。

文第 115 条目)；5. 英语口试，考生先阅读一段文章节选，并做一个约 600 字的评论，随后与考官展开交流讨论。

学制为两年，学生将围绕下列三大模块接受教育、开展实习：

- 欧洲方面：欧盟的职能和政策（在欧洲各种机构组织、国际组织或大使馆实习 17 周)；
- 本土方面：行政部门的职能及职能转变的管理（在省政府或其他地方政府实习 32 周)；
- 公共管理方面：采购、沟通、评估（在公司或协会组织实习 15 周)。

学校会通过学生在这三大模块（“教学与实习”）获得的分数以及两门外语所得的分数对其进行评估，并确定他们的毕业等级。学生须签字承诺自己会在与国家行政学院合作的国家机构中至少工作 10 年。

第五共和国曾有 3 位总统（瓦莱里·吉斯卡尔·德斯坦、雅克·希拉克、弗朗索瓦·奥朗德）和 7 位总理（雅克·希拉克、洛朗·法比尤斯、米歇尔·罗卡尔、爱德华·巴拉迪尔、阿兰·朱佩、利昂内尔·若斯潘、多米尼克·德维尔潘）出自国家行政学院。

114. **国家行政随员**。 法国政府招聘专门的行政随员来支持协助高级公务员进行工作。招聘主要面向地区行政学院（IRA）[①] 学生，同时也会以体制内外的选拔竞试作为辅助。这支部际队伍隶属于国家总理，他们“可能要参与讨论、制定和实施各部门内部以及跨部门的公共政策；可能要负责组织、考察、管理及领导行政单位；可能要承担干部职能；可能要在公职人员培训学校行使选拔、培训、指导或技术顾问的职能；可能要负责信息处理及公开事宜；也可能会被要求去构想或学习运用新的文档工具，并由此负责编辑、翻译以及出版发布

① 法国共有 5 个地区行政学院，分别在巴斯蒂亚、里尔、里昂、梅斯及南特。每个学院都会举行一场国家招聘。

等相关事宜；此外，他们还可能会被赋予次要支出决策人的职能[①]”。

115. **公务员的义务**。 公务员不仅享有权利和保障（尤其是言论自由权、工作报酬权、反骚扰权、司法保护权、职业培训权、参加工会权、罢工权），也要履行义务，比如把职业热情与精力完全奉献给任务使命，工作时尊重并严守职业秘密。 1983 年 7 月 13 日法律第 28 条规定，“所有公务员无论级别高低，都要对政府委派给他们的任务负责。公务员应遵照上级指示行事，除非上级下达的指令明显不合法且具有严重危害公共利益的性质。公务员不得以某些责任应由下属承担为由而推卸责任”。 1984 年 1 月 11 日颁布的关于国家公职相关条款的第 84 - 16 号法律第 66 条规定，如果公务人员犯错，可能会面临 10 类处罚。

最后，关于公共生活透明度的 2013 年 10 月 11 日第 2013 - 907 号法律第 1 条指出： 所有就职公共部门的官员，即所有国家公务人员，在行使职权的过程中都要坚持“严肃、廉洁、公正”的原则，此外还要注意“预防或及时终止所有利益冲突”。因此， 2014 年 1 月 31 日颁布的第 2014 - 90 号法令第 7 条第 2 款规定： 当公职人员认为自身陷入利益冲突时，应立即将相关情况向上级汇报。此后，“若上级认为有必要委派另一位下属处理该事件，那么该公职人员在此期间将不得参加任何会议或就此事发表任何意见”。

聚焦

对未来高官行动力和人际关系能力的鉴定

国家行政学院入学选拔考试——新型“集体互动测试”

举行集体互动测试是为了鉴定应试者的文化水平、人品及人际交往

① 2011 年 10 月 17 日颁布的关于国家行政专员这支跨部级队伍的特殊地位的第 2011 - 1317 号法令。

能力。应试者根据测试主题模拟场景，每个应试者将分别扮演 3 种角色，顺序随机：“阐述者”（提出一个观点）、“回答者”（参与讨论或与阐述者展开辩论），以及两次“观察者”（对小组交流进行分析总结）。

每一轮情景模拟中，应试者们被分为每 4 人一组（一个“阐述者”，一个“回答者”，两个“观察者”）。

本考试会选择一些存在争论点的主题，而这并不需要应试者具备某些专业技术知识。

作为能帮助年轻人实现高官梦想的学校，国家行政学院举办测试的目的是，检验这些应试者们是否具备处理人际关系的能力和良好的行动力。

除此之外，通过此项测试还可以考察应试者对主题要义与情景的理解能力、辩论能力、反应能力及倾听能力。

此项集体互动测试中，每组的总时长为半天。

在这半天时间里，所有应试者首先通过抽签决定各自的角色顺序；接着，候选人根据角色顺序进行分组，并需要确保自己在几个不同场景中将要扮演的角色不会重复。应试者在候场期间将被“隔离”，不得与其他应试者交流，亦不得与外界联系。

每一轮情景模拟均采用相同的组织形式。首先，“阐述者”随机抽取一个主题（内容是用公文措辞表述的），他将有 10 分钟的准备时间。“回答者”及“观察者”对主题并不知情。“阐述者”最多有 4 分钟时间去介绍主题、展开论点。阐述结束后，“回答者”将与“阐述者”展开讨论。“观察者”不参加讨论过程。除去准备时间外，每一轮情景模拟时长为 9 分钟。

每个候选人都要参加 4 轮情景模拟。每位应试者扮演过 2 次“观察者”后，考官会向其提问，内容关于其对 2 次交流讨论的分析，这个过程将持续 5 分钟。

本考试不设考试大纲。

来源：规定国家行政学院各项入学考试性质、时长及大纲的 2014 年 4 月 16 日决议（附件）。

116. 国家公务人员数据透视。截止到2010年10月31日，各部共招聘了1 990 825名公务人员，其中教育部917 000名，国防部292 000名，内政部285 000名。这些国家公务人员中，52%为女性。

国家公共职位共分为380类。其中A级（招聘本科学历人员）223类，B级（招聘硕士学历人员）91类，C级（招聘持专业技能文凭或持专业研究文凭的人员）66类。用于国家公共职位的支出占国家预算的39.8%。

国家公务人员的平均年龄为41岁；平均月净收入为2 459欧元；合同制公务员的占比增至15.8%。

参加职业选举的公务员的比重增至53%。

退休公务人员1 454 167名；平均每人每月可获得退休金1 997欧元①。

欧盟成员国的侨胞可在法国担任公务员，但他们“不得担任可行使国家主权的职位，亦不可担任可直接或间接行使公共权力的职位”②。比如，国家警察部门的在职公务员必须具有法兰西国籍③。

---

① 来源：行政管理与公共职能总司，参见2013年《关于2011—2012年政府公共职能的年度报告》。

② 2010年3月22日颁布的关于招聘欧盟成员国、欧洲经济协约国的侨胞在机构、管理职位或法国的公务员职位任职的第2010-311号法令，第1条。

③ 1995年5月9日颁布的针对在职国家警察部门公务员制定的公共实施章程，第95-654号法令，第4条，第1款。

第三章
部的规范职能

117. **法案、政令、法令、决议、通告**。 “方针政策在法律上的变化与行政人员紧密相关。通过行政人员，统治者的政治意愿得以从国家权力转变为法律文本[①]。”

各部中央行政机关协助部长制定和实施个人政治方案：部署并监督部门办事机构，确保其良好运转；确保对公用事业的法人代表的监管；在合理利用部门获得的人力、财力资源的前提下，确保所负责公用事业的正常运行；向公用事业受益者传达信息并解决需求……简而言之，要以保证国家机器的良好运转为宗旨，一个部的中央行政机关所做的决定最终要被转化为法律文本。

中央行政机关负责法律文本的筹备工作，尤其是法案的草拟；法律草案在呈交总理批准认可 [参见《马提尼翁[②]蓝皮书》（*bleu de Matignon*）] 之前，先呈交最高行政法院和部长会议，接着提交给议会进行辩论和采纳。根据最高行政法院的意见，中央行政机关对部长会

① 乔治·比尔多，《国家》，瑟伊出版社， 1970 年，第 68 页。
② 法国总理官邸，法国历届总理办公的地方。故后文提及“马提尼翁府”，意为“总理府”。——译者

议采纳了的法律草案再进行修正：2013 年，共颁布了 155 条法规和政令。

为明确法律执行的方式，或在相关法律空缺的情况下行使《宪法》授予行政机关的规章制定权，各部中央行政机关可以自主制定法令规章（2013 年共颁布 1 222 条）。为执行或解释某些法律法令，各部中央行政机关必须制定相关的决议草案、指令或通告，然后提交给部长或部长委托代表签字；在指令或通告里，必须将用于解释法律规章的部分（无须通过法院审核）与那些作为法律规章必要条款的补充的部分（可能受到行政法院质疑）区别开来[①]。

118. **单个部的决定**。 除自主制定规章外，各部的中央行政机关的另一个职能，就是下达若干个人决定（或集体决定），其中，大多数决定是关于对国家公务员（公务员的任免和职业生涯管理）和公共设施的管理，或是关于选派国家公职人员到不同的部门任职，或是关于在部门内组建一些特定的咨询机构。

案例

2014 年 1 月 15 日关于对斯特拉斯堡天文研究所所长的任职决议

根据高等教育与研究部部长 2014 年 1 月 15 日决议，任命埃尔韦·沃兹尼亚克先生为斯特拉斯堡天文研究所所长。

然而，当某部中央行政机关自己的决定干涉到其他部长的行政权，必须告知并请示对方。

例如：体育部部长批准创办一所附属于某个体育协会的培训中心[②]；文化部部长规定政

① 最高行政法院，2002 年 10 月 18 日，诉讼法庭第 233618 号文件，迪维尼涅尔夫人案，参见《最高行政法院 2002 年判例汇编》，第 463 页。

② 《体育法典》，第 L. 211－4 条；也可参考最高行政法院，2012 年 3 月 3 日，第 352959 号文件，尼斯排球协会案，参见《最高行政法院 2012 年判例汇编》，第 533 页。

府在私人文物公开竞拍时享有优先购买权[①]；司法部部长创办一所门槛较高的教育中心[②]；卫生部部长批准一位来自欧盟成员国的外国医生在法国行医[③]；财政部部长通过一项总额超过20万欧元的减免税政策[④]；农业部部长亲自任命和举荐农业勋章的获得者[⑤]；在执行治安法时所制定的大量政策（例如，内政部部长禁止任何可能扰乱社会治安的公民参与大型体育活动[⑥]；交通部部长下令停用可能对公民财产和人身安全造成威胁的飞机[⑦]）……

以上大部分决定以部长决议、“决定”，或有时以法令的形式出现。除关于维护国内治安的政策措施（其重要程度较低、数量越来越少，已不再需要审核）[⑧]外，其他“决定”的合法性则有待行政法院进行审核。

案例

关于向铁路运输企业颁发从业资格证书的2013年5月31日决议

法律编号：TRAT1313987A

生态、可持续发展与能源部部长下属负责交通、海洋与渔业部的委派部长，

根据2003年3月7日关于国家铁路网使用条例的第2003－194号法令第1、2编；

根据2003年5月6日关于颁发、冻结及撤销铁路运输企业营业执照的决议（修正案）；

---

① 《财产法典》，第R.212－291条。

② 2007年11月6日颁布的第2007－1573号法令，第23条。

③ 《公共健康法典》，第L.4111－2条。

④ 《税收征收法典》，第R.247－4条。

⑤ 1959年6月15日关于农业勋章的第59－729号法令，第7条。

⑥ 《体育法典》，第L.332－16－1条。

⑦ 《航空法典》，第R.133－15条。

⑧ 例如，司法部部长下令将某犯人从一所监狱调至另一所，在犯人基本权利得到保证的前提下，此类决定不会遭到最高行政法院的反对（参见最高行政法院，2009年6月9日，第310100号文件，布苏阿尔先生案，参见《最高行政法院2009年判例汇编》，第923页）。

根据2003年5月20日关于铁路运输企业申请营业执照应符合的社会资本、税务拖欠，以及社会捐税标准的决议修正案。

根据2013年5月16日EGENIE公司递交的申请。

决议：

第1条

根据上文所提2003年3月7日法令第1、第2编相关条款，向EGENIE公司颁发铁路运输企业营业执照，批准其从事铁路货运服务。

企业获得执照，但并不意味着其有权使用由欧盟统一管理的铁路基础设施。

第2条

根据上文所提2003年3月7日法令第12－II条，自本决议生效之日起6个月以内，相关企业即可开始从事符合本决议规定的铁路运输服务。

第3条

根据上文所提2003年3月7日法令的第6－9条，只要企业能持续满足相关条款规定的所有条件，营业执照便长期有效。自本决议生效之日起，企业每4年须接受一次执照有效性审核。

第4条

此决议将在《官方公报》上发表，由运输部门负责人负责执行。

铁路安全与监管支局局长　舍瓦利耶（由部长授权）

2013年5月13日

119. **规章性文本**。 无论是规章性法令，还是规章性决议，都具有普遍性、客观性与永久性的特点。由上述二者衍生出来的法规具有执行力，因为它们是国家权力的象征。

经济合作与发展组织（OCDE）曾在2012年着重强调，制定规章政策要以追求法律质量为基础：“规章制定对经济繁荣和社会安乐至关重要。国家开发制定规章政策是为了确保规章具有效用，并符合普遍利益。规章制定政策虽然属于比较年轻的政策，但实际上，这个政策早就以多种形式存在于经合组织的不同成员国，甚至世界上其他一些地方。尽管各国在这方面摸索前行的方式不同，却拥有着一致的目标。现如今，几乎每个经合组织成员国都已建立起了自己的规章制定政策，而10年前却寥寥无几。为解决社会发展中日益增多的普遍性难题，诸如社会财富分配均等、可持续发展等问题，政府越来越多地需要规章制定政策的帮助。为实现公共政策目标，需要规章制定政策作为实际有效的支撑，法国政府不能满足于现有的成绩。”① 法国于2013年公布了一份关于反对立法膨胀的任务报告②，揭示了法规激增的现象，而这一现象在环境保护领域尤为严重。

据政府总秘书处统计，截止到2010年10月31日，法国生效的规章性法令共有26 198项。

120. **提纲**。 本章主要介绍部的规范性职能。一方面介绍规章性文本的制定：简单法令的制定（第一节）、其他类型法令的制定（第二节），以及规章性决议的制定（第三节）；另一方面，介绍各部在法典编纂中的特定工作（第四节）。

第一节　简单法令的制定

121. **简单法令**。 根据《宪法》第21条规定， 简单法令由总理颁发，通常也被称为“法令”。从司法层面上讲，以下两种法令可以是简单法令：

1） 执行性法令：法律允许制定用于保证法律充分执行的法令。

---

① 经济合作与发展组织，《规章制定政策与行政管理、保持经济发展、为整体利益服务》， 2012年，第19—43页。

② 阿兰·朗贝尔与让-克洛德·布拉尔，《呈交总理的报告》，法国文献局， 2013年。

例如：2014 年 1 月 20 日为保障退休制度健康公正发展而颁布的第 2014 - 40 号法律第 10 条创建了专门负责失业赔偿金的基金管理机构。此外，该条款还明确规定："要制定一项法令以明确该基金管理机构的会计与财政制度"。

2）自主性法令：根据《宪法》第 37 条规定，凡法律范畴以外的一切其他事项，总理可自主制定法令。

例如：2014 年 1 月 23 日第 2014 - 52 号法令成立阿尔萨斯-摩泽尔地方法律委员会，负责研究与提议适用于摩泽尔省、下莱茵省、上莱茵省三省的地方性法律条款。

法令也可用于修改或废除某一现行法律条款。

一项法令不论是用于补充、修改还是废除某项规定，主管部长都要依照政府总秘书处颁布的《立法指导手册》① 来制定法令草案。在政府总秘书处，法律简化部门必须严格遵循《2013 年 7 月 17 日总理通告》的规定，即"制定一条新规章，必须废除或删减一条旧规章"。若部长办公厅不是法令草案的直接提议者，那么该部中央行政机关负责人必须向其报告草案制定的主要情况。

聚焦

2013 年 7 月 17 日总理关于实施规章冻结政策的通告

总理致各位部长及委派部长，

政府现在正致力于推行一项重大政策，即法律简化政策。此举涉及大量制定中的法律文本，以及现行的法律条款。这项工作的推行以多种协商对话方式为基础。

即日起，规章性文本草案都必须提前接受一项评估——关于草案将对地方政府和企业集团带来的影响的评估。此外，所有向地方政府提出限制性要求且无更高级别法律依据的规章均中止执行。最后，为加强此

① 可登录 www. legifrance. gouv. fr 网站浏览此手册。

次政策的有效性，落实行政制度现代化改革部际委员会的2012年12月18日和2013年4月2日的决定，以下条款将于2013年9月1日开始实施：

第一，规章冻结政策：制定一条新规章，必须废除或者删减一条旧规章

除依据更高级别法律而制定的过渡性文本或执行性规定之外，所有的新规章都将中止实施。同样，向地方政府、企业或公众提出了新要求的规章性文本草案须在拥有简化的替代版本的前提下，才予以通过。

这样的法律机制的目的不仅在于遏制法律规章过多的现象，也在于加快规章的简化工作。即日起，任何一条新规章，都必须对法律的简化工作起积极作用。

规章冻结政策取代了《2010年7月6日通告》提出的在地方政府实行的规章中止政策。

此政策由政府总秘书处领导执行，具体执行方式已刊登在政府网站专页上（https：//extraqual. pm. ader. gouv. fr）。

第二，规章性文本草案影响力评估的延伸与简化

草案的预先评估不会影响到专用于政府管理的法律（例如，关于政府的内部机构组织、财政以及关于某几位特定的政府公职人员的法律规章），而其他的用于地方政府、企业或公众（个人或协会）的整套法律体系都将受到影响。

影响力评估将考虑所有的法律适用者，然后总结出一条结论。该结论将检验以下规章制定政策（依据行政制度现代化改革部际委员会2013年4月2日条例）的实施情况：

不应将欧共体指示置于过高地位：任何一条由法国政府提出且带有更高要求的规章，应明确声明有效且得到法律认可。

必须加强司法安全，即日起，所有关于企业的法律规章应在法定公开日期（1月1日/4月1日/7月1日/10月1日）全面生效；同时，为让法律的适用群体适应新的规章制度，允许新规章整体上存在最短期限的

法律生效延迟期。

如果影响力评估是以法律文本及其影响的重要性为基准，那么财政影响评估就必须真实地反映情况，因为新的规章可能会增加某些特定意义的财政负担，但也有可能减免某些财政负担。

新的影响力评估的示范文本已在网站上公布（https：//extraqual.pm.ader.gouv.fr）。

第三，公布规章制定的成本和影响评估的结果

政府的政策以多种对话和参与方式为基础。和草拟法律一样，全体公民对规章草案可能造成的影响，尤其是财政影响，必须拥有知情权。规章发布时，影响评估结果也将同时公布。同样，规章草案在网络上公开接受公众咨询时，评估结果也会同时公布。此外，部门必须审核规章制定的成本，这也是落实新规章的延期执行政策。关于成本的调查结果将每 6 个月公布一次：2014 年 1 月 1 日将公布第一次成本汇总表。

盼各部长在部门内认真执行上述政策，并监督其落实情况。

让-马克·艾罗

2013 年 7 月 17 日于巴黎

来源：2013 年 7 月 18 日《官方公报》。

122. **梭伦（公元前 640—前 561 年）**。梭伦临终前说道："我或许未能制定出世上最好的法律。但我所制定的法律，足以让所有雅典人都接受。"法国波旁宫的神庙大厅和美国国会图书馆里的那些庄严的古雅典执政官雕像，是否能使当今两国的立法者们回想起梭伦曾制定出使用期长达 100 年的法律呢？答案是不确定的。相反，有些法国执政官则终日将梭伦挂在嘴边。谈及 2007 年由政府总秘书处实施的法律制定数字化系统（即"梭伦应用"），他们表示，所有的法律草案、规章性法令草案以及发布在《官方公报》上的规章措施，都是在线上规范操作组织系统——"梭伦应用"上通过的。

有了“梭伦应用”系统，部长办公厅、总理办公厅和政府总秘书处成员、最高行政法院行政分部以及《官方公报》负责人每年要直接起草、确认生效并公布30 000多个文本。

§1. 准备步骤

123. 修改或废除某法令条款。 简单法令可以修改或废除已由总理启动的简单法令条款，也可以修改或废除本应由总理签字但实由总统签字，且并未经部长会议审议的法令中的某一或某些条款；在后一种情况下，由于总理作为唯一的主管人，且拥有法令副署权，那么总统的签字实为无用之举①。不过除极特殊情况之外，简单法令一般不能修改已提交给最高行政法院或部长会议审议的法令（参见下文第二节）。

124. 修改或废除某规章性法律条款。 若议会在某法律文本中引入某条涉及规章制定权的条款，部长则无权通过简单法令来修改此条款。部长应草拟一份法令，提交到最高行政法院审议，然后再交由政府总秘书处决定（参见下文第152条目）。

此外，若某项法律条款是1958年后出台的，且未受到宪法委员会明确的降级决定（宪法委员会并未收到法律审理请求或在审理过程只是表达了不满态度），根据《宪法》第37条第2款规定，政府总秘书处在将此条款提交给最高行政法院审理之前，应建议总理向宪法委员会就此条款的法律性质进行咨询。

宪法委员会就某法律条款的法律性质给出决定时，通常会在该法的法律编号后面添加大写字母L，例如：第2014－218L号决定。

在这种情况下，只有宪法委员会通过决定承认该条款具有合规合法性，最高行政法院才能够颁布法令对其进行修改；若宪法委员会决定对某项法律条款进行降级处理，最高行政法院颁布的法令中必须对

---

① 最高行政法院，1962年4月27日，诉讼法庭第50032号文件，西卡尔案，参见《最高行政法院1962年判例汇编》，第279页。

其进行明确的引用。

案例

关于一项法律条款的降级

2014年1月16日第2014-243 L号决定，关于

《乡村与海洋渔业法典》第L. 621-5条第5款的法律性质

根据《宪法》第37条第2款的规定，总理于2014年1月9日向宪法委员会提出司法解释申请，后者应总理要求，对《乡村与海洋渔业法典》第L. 621-5条第5款的法律性质做出了解释。

宪法委员会，

根据《宪法》，尤其是《宪法》第34条及第37条；

根据关于宪法委员会的《组织法》，尤其是其第24、25、26条的1958年11月7日第58-1067号政令修正案；根据《乡村与海洋渔业法典》；根据关于创建法国支付结算管理局及法国农产品与海产品管理局的2009年3月25日第2009-325号政令第2条；根据关于农业渔业现代化的2010年7月27日第2010-874号法律第81条；

已听取报告人汇报；

1. 根据关于法国农产品及海产品国家级行政管理机构组织结构的《乡村与海洋渔业法典》第L. 621-5条第5款规定："负责农业与渔业的部长提名并任命行政委员会及专家委员会成员"；鉴于上述条款既不与《宪法》第34条中"各类公共机构的设置"相抵触，也不与《宪法》中关于法律制定的条款相抵触；因此，这些条款具有合规合法性。

决定：

第1条

《乡村与海洋渔业法典》第L. 621-5条第5款具有合规合法性。

第 2 条

本决定将通知总理，并在法兰西共和国《官方公报》上发表。

宪法委员会于 2014 年 1 月 16 日会议上进行了磋商。出席会议人员：让-路易·德布雷主席、雅克·巴罗、克莱雷·巴齐·马洛里女士、妮科尔·贝卢贝女士、居伊·卡尼韦、米歇尔·沙拉斯、雷诺·德努瓦·德·圣马克、瓦莱里·吉斯卡尔·德斯坦、于贝尔·埃内尔以及妮科尔·马埃斯特拉奇女士。

125. **创立或修改技术规范或标准**。 根据欧洲议会与欧盟理事会于 1998 年 6 月 22 日共同颁布的第 98/34/CE 号指示第 2 条及第 8 条规定，政府在发布法令以创立或修订某一技术规范（由某标准化组织机构批准通过的技术规范）或技术标准（品质，安全规定，尺寸标准，指定销售，术语，产品标签、包装、标记及储存规定）之前，应将法令草案递交给欧盟委员会评议。欧盟委员会将在 3 个月的期限内，向所有成员国通知技术标准的相关情况。

126. **设立国家援助**。 政府在发布国家援助法令之前，应将法令草案交由欧盟委员会审核。事实上，《欧洲联盟运行条约》第 107 条规定“在欧盟成员国中，任何由国家授意的或以某种形式利用国家资源，对个别企业或者个别产品进行可能或已经破坏正常竞争秩序的援助行为”都是与欧盟内部市场相冲突的。若欧盟委员会并未正式通知法国政府部门某援助手段与欧洲法律相适应，后者则不得通过法令实施相关援助[①]；如不遵从上述条件，相关规章性文本将被视为无效[②]。但该程

---

① 例如委员会认为， 2013 年 12 月 18 日，为筹备 2016 年欧洲足球协会联盟的活动，法国政府为 9 个体育场的建设与翻新所准备的资助章程（约计 10 亿欧元）有利于体育活动的推广，同时没有对市场竞争的公平性造成过多的损害。

② 最高行政法院， 1993 年 6 月 2 日，第 69726 号文件，欧盟国家农产品对外贸易协会和国家鲑鱼加工和批发联合会案，参见《最高行政法院 1993 年判例汇编》，第 164 页。

序不适用于小额资金援助①。

127. **起草影响环境问题的法规**。 2005 年，《环境宪章》被纳入法国《宪法》，《环境宪章》第 7 条提出了公众参与原则。这促使国家在做出对环境产生影响的决定前，必须广泛采集公众意见： 法令草案须经电子渠道向公众公示至少 21 天，以便公众通过电子邮件或邮政渠道反馈意见。相关部门须将公众意见汇总并公示，“在充分吸取采纳公众意见并进行意见汇总之前，政府不得提前通过草案”②。

§2. 草案编纂

128. **法律质量**。 期望开办公司但被政策误导的年轻人、认为我们的税收政策过于复杂的外国投资者、不理解签证和注册制度的外国大学生……这些人都有可能出于法律法规方面的原因放弃他们的计划。事实上，一条规定有时能简化办事手续，有时又会阻碍到办事手续。总理在关于法律质量的《2011 年 7 月 7 日通告》中向各位部长指出：“法律质量对我国的司法体系吸引力以及经济竞争力至关重要。我们的公民和企业时刻期盼着政府能够提高司法的安全性和法律的预见性，并及时简化更新法律法规。每项法律法规的新草案都要经受得住必要性、公平性、预见性和稳定性的考验。草案制定的过程，既是对修改某项法律法规的合理合法性进行重新审查的机会，也是对相应规章制度整体的严谨性进行再次检验的机会。”③

为了保证法律质量、增强法规效力，国家并不会立即在全国范围

① 无须通知欧盟委员会，国家即可获得认可的援助上限为 200 000 欧元，时限为 3 年，但对于商品道路运输活动，援助上限为 100 000 欧元（参见欧盟委员会 2013 年 12 月 18 日颁布的第 1407/2013 号《欧洲联盟运行条约》第 3 条第 2 款，该条约是对《欧洲联盟最低援助运行条约》第 107 条及第 108 条的具体实施）；在农业领域，每个受益人每 3 个税务性行为援助不超过 15 000 欧元（参见欧盟委员会 2013 年 12 月 18 日颁布的第 1408/2013 号《欧洲联盟运行条约》第 3 条，该条约是对欧盟在农业领域最低援助运行条约第 107、第 108 条的具体实施）。

② 《环境宪章》，第 120－1 条。

③ 这份通告发表于 2011 年 7 月 8 日《官方公报》，第 11835 页。

内推广某项新的措施办法。这也就解释了为何根据《宪法》第 37－1 条规定，规章性法令可以包括在一定的时限内试行的试验性条款[①]——这样政府部门便可以通过观察试行措施的实际效用来决定还有哪些方面需要改进。

129. **尊重基本规则**。 由部门下属某司局起草的文本应该有明确的标题，并且严格遵守法律规范的层次等级：草案的各项条款必须尊重《宪法》文本（尤其不能在法律层面僭越《宪法》）[②]、条约（尤其是欧盟层面的）、法律（尤其是涉及实施令的时候，既不能违背法律文本也不能违背立法者意愿）、最高行政法院的各项法令及政令；同样应该注意参考判例，尤其是其中的一些宪法性原则和法律基本原则。当某项法律表述不清或者写得不好时，该法律实施令的起草者可以根据议会讨论进行修改，或请宪法委员会做出“保留解释”。

例如，《学校未来指导规划法》第 29 条规定：“在毕业证书发放前，对毕业生学识的评估要做到公平公正。”宪法委员会认为，“由于条款表述过度笼统，导致了文本的意义模糊；而议会方面解释：‘做到公平公正’前瞻性地理解了机构间和谐性的法律条款；因此，根据这一保留解释，该法律第 29 条没有违背法律的明晰原则”。[③] 因此应当由实施令的制定者考虑该条款解释中的保留意味并澄清机构间和谐性的法律条款。

法律文本是法令存在的依据，法令中必将援引法律文本。为了遵从法律等级体系，法令将首先援引法律文本中的高级文本；随后，法令的主体将会以条例的形式介绍新法规，并尽可能做到一则条例对应一条法规；最终，法令可能将所有条例集结成章。

130. **尊重政府权威**。 总理是总理令的唯一发起人，这种法令对

① 2013 年 8 月 2 日颁布的关于地域性教育计划以及入学儿童课外活动试验的第 2013－707 号法令。

② 普通法层面主要由《宪法》第 34 条规定；然而其他《宪法》条例在这方面起到同等作用（参见第 13、66、72、72－1、72－2、72－3、73、74、77、88－2 条）。

③ 宪法委员会于 2005 年 4 月 21 日颁布的第 2005－512DC 号法令，《小学未来课程指导法律》，第 21 点。

整个政府具有约束力，须严格遵照“总理……决定……”的格式。不过鲜有法令不会引出预算问题，或内容不与某位部长的职权范围产生交集。要想草拟公布刑事处分的法令，听取司法部部长的意见是十分有益的；有时，当需要制定适用于海外领地的特殊条款时，向海外部部长进行咨询是极其必要的。

因此，就需要法令草案的发起部门通过“梭伦应用”平台将草案转达给其他相关部门。这些相关部门各自的办公厅会提出修改意见，陈述对草案赞成还是反对。从2009年起，如果对公务人员相关的任何法令草案有所疑问，可通过“专门窗口”向政府提问，公职部部长将连同预算部部长做出回应。如果其中一位部长对草案提出反对意见，那么该草案的发起部长可请求总理办公厅进行仲裁，同时应随申请附交一份关于该草案的财政影响的研究文本。总理办公厅会选择在某场部际会议结束后对草案文本进行表态：或叫停已被写进会议记录（会议记录又被称为《马提尼翁蓝皮书》）的修改方案，或对草案进行否决。

§3. 咨询

131. **尊重咨询规则**。涉及哪些领域的文本应该向哪些机关进行咨询，大量法令及法律对此都做了明确规定。尽管这种咨询动辄会引发意见不合，行政部门仍须遵守咨询规则。

132. **技术委员会**。在制定文本草案时，凡是有关行政部门、机构或部门的组织与运行的，有关编制人数、岗位及职能权限预管理的，有关职级系数、技术革新与工作方式相关法规与条例的，有关补贴政策、培训、就业、职业公正平等、反歧视的大政方针的，均应向相关行政部门的技术委员会[①]进行咨询。技术委员会成员包括职员代

① 2011年2月15日颁布的关于国家行政与公共机构技术委员会的第2011－184号法令，第34条。

表，由全体职员每4年选举一次产生。

133. **地方政府**。同样，当相关部门起草规章性文本草案以用于制定或修改适用于地方政府的规范准则时，应附带一份财政影响研究报告提交给法国国家规范评估委员会①。该委员会将就相关规范准则会产生的技术影响及财政影响发表意见。此外，一些地区性协会（如法国市长协会）经常会接受关于地方政府组织结构的文本咨询。

134. **科西嘉**。同样，当政府起草的法令中包含专门针对科西嘉的条款时，应向科西嘉议会进行咨询。议会通常必须在1个月的期限内给出反馈意见。如遇紧急情况，该时限可应科西嘉省长要求缩短至15天②。

135. **海外行政区**。同样，当相关部门起草规章性文本用于制定或修改适用于某些海外行政区域的规范准则时，应向这些行政区域的领导机关进行咨询。

例如，关于法属波利尼西亚自主管理条例的《组织法》规定：为引进、修改或废止某些仅适于法属波利尼西亚的条款或规定而制定规章性法令草案时，必须向法属波利尼西亚政府进行咨询；法属波利尼西亚政府应在1个月期限内（紧急情况下15天）给出意见③。

136. **经济、社会与环境委员会**。政府可就任何关于经济、社会或环境问题的法令草案向经济、社会与环境委员会征求意见④。不过，这项原则在实际操作中很少会被用到。

137. **专门化机关**。为响应社会需要，法国所有部都配备了问询机关，负责审查与本部门相关的规章性文本草案，并给出意见。

因此，凡涉及有关课程安排、考试、证书发放、修习期限的规章，或任何教育教学

---

① 《地方行政区总法典》，第1212－2条，第1款；该委员会由国家主管行政机关的9位代表、4位议员、23位从地方行政区选举出来的人员组成。

② 《地方行政区总法典》，第4422－16条。

③ 2004年2月27日颁布的第2004－192号《组织法》修正案，第9条，第2款及第6款。

④ 1958年10月4日《宪法》，第69条，第1款；关于经济与社会委员会的第58－1360号《组织法》，第2条，第2款。

方面关乎国家利益的问题，法国国民教育部部长应向国家教育高级委员会进行咨询①；而关于商船或海港方面的法令草案，负责海洋事务或负责交通事务的部长必须向商船高级委员会进行咨询②；当规章性文本草案关乎海外法国人利益或关乎法国在境外的发展现状，政府可能会向海外法国侨民大会咨询；③ 卫生部部长应向辅助医疗高等职业协会咨询有关培训、证书、辅助医疗从业状况、职业发展、医疗卫生专业人员互相合作的法令草案的相关问题④；社会事务部部长在制定任何有关互助会、协会和联合会运作方面的规章性文本草案时，应向互助共济高级委员会咨询⑤……鲜有文本草案的制定过程能够省略咨询环节。

138. **咨询争讼**。 进行合理咨询是保证中央行政机关草案具有合法性的要素之一；最终的法令文本应充分参考必须咨询的机关的意见，而相关意见则登记在“梭伦应用”系统中。在实际操作过程中，如有人以某项缺陷会影响规章性文本起草过程中的咨询程序为由，向法官提起诉讼，若法官判定这个缺陷“可能会对所做决定产生影响，或将会剥夺当事人的保障”，则会宣布文本无效。⑥

§4. 文本调整

139. **编纂**。 咨询程序结束后，如果需要根据相关意见对文本进行修改，中央行政机关会重新撰写新版本的草案。如果该文本（或文本中的某一项或某几项条款）应在日后生效，政府应在法令中（通常为倒数第 2 条）明确文本生效时间，有时还要规定在新规生效前应采取的过渡措施。法令中还应提及新文本出台后将废止哪些原有旧条款。

---

① 《教育法典》，第 R. 231－1 条。

② 2002 年 4 月 29 日颁布的关于商船高级委员会的构成、权限和组织的第 2002－647 号法令，第 2. 2 条。

③ 1982 年 6 月 7 日颁布的第 82－471 号《海外法国侨民大会》修正案，第 1 条，第 1 款。

④ 《公共健康法典》，第 4381－3 条。

⑤ 《互助法典》，第 411－1 条。

⑥ 最高行政法院， 2011 年 12 月 23 日，重罪法庭第 335033 号文件，克劳德 · 当托尼案，参见《最高行政法院 2011 年案例汇编》，第 649 页。

根据《宪法》第 22 条规定，法令最后一条应明确负责执行法令（这里所说的法令主要指政府机关的决议）的部长名单，这样文本才可发挥实际作用[①]；法令中还会规定其将在《官方公报》上公开发表。

140. 海外行政区。 规章性法令同样适用于瓜德罗普、圭亚那、马提尼克、留尼汪以及马约特（遵循“立法一致性”原则），然而根据《宪法》第 73 条第 1 款规定：“可依照这些地方行政区的特点和限制条件对法令条款进行适当的调整”。

圣巴泰勒米岛、圣马丁、圣皮埃尔和密克隆地方行政区也同样遵循上述原则。

在法属波利尼西亚、瓦利斯和富图纳群岛，表明国家主权（公务员身份、民族性）的法令完全适用；与此相反，在其他方面，“立法特殊性”原则只有在法令包含了明确提到这一原则的条款时才可生效。

在新喀里多尼亚，议会负责通过国家法律：一条法令只有在其条款严格进入国家权限而不是 1999 年 3 月 19 日新喀里多尼亚议会通过的《组织法》第 22 条中标明的权限时才能推行；在国家层面（见于同一《组织法》的第 22 条），对于新喀里多尼亚，法律适用性的提出快速通道对于与宪法性和司法性机关刊物相关的法令而言并非必要，对于关于国家性、防御性、反洗钱和国家公务员身份的法令亦然。

最后，在包括“外岛”领地和克利珀顿小岛的法属南半球和南极领地，规章性法令仅适用于快速通道，除非本区域立法制度特许。

141. 解释性概述。 依据 2011 年 7 月 7 日总理关于法律质量的通告，行政机关须为法令草案配上几行说明性文字。该说明“既非推广

---

① 最高行政法院， 1962 年 4 月 27 日，第 50032 号文件，西卡尔案，参见《最高行政法院 1962 年判例汇编》，第 279 页。执行部门为“能够署名或共同署名文件实施过程中必然包含的规章性或个别性措施的部门”。

媒介也非司法评论：其唯一使命是向文本直接受众群体传达通俗可靠的信息，使他们对文本中办法措施的性质及适用范围有所了解。从文本的起草阶段起，行政部门就尽力从受众角度出发；而文本的调整过程，恰好为行政部门提供了以受众视角评估新政效果的机会[①]。该说明将与法令同时公开发表在《官方公报》上；其中会阐述相关公众群体、法令目标、生效日期、（因文本而改变的）适用范围以及参考依据。

142. **向部长办公厅提出受理申请**。各部中央行政机关完成文本的准备工作后，便将其（通过“梭伦应用”系统）移交给部长办公厅以完成后续工作；办公厅（分管顾问、办公厅副主任、办公厅主任）经审核后认定其有效，之后将由部长签字同意。

§5. 总理签署

143. **联合副署**。文本发起部门与负责法令执行的其他部门通过各自的部长办公厅交流意见，并获得其他部门部长的联合署名。随后，发起部门的部长办公厅将带有所有联合副署的法令文本通过“梭伦应用”系统提交给政府总秘书处。

144. **马提尼翁府审查**。马提尼翁府对法令的审查分两个阶段实现：首先，政府总秘书处要核查文本在法律层面上的严密合理性；之后，总理办公厅（分管顾问、办公厅副主任、办公厅主任）再对其适时性进行表态。如果关于某个文本的讨论已被记录进“蓝皮书”，就可提交给总理署名；如果办公厅认为该文本并不具备必要性或并不适应时下的政治经济形势，可拒绝将文本提交给总理，并将此决定告知部长办公厅主任。

145. **发表**。一旦文本到达总理处，总理将行使其规章制订权并签署法令；总理本人拒绝署名的情况虽然极为罕见，但并不排除其可

---

① 2011 年 7 月 8 日颁布的关于法律质量的总理通告，发表于《官方公报》。

能性。经总理署名的法令将会通过“梭伦应用”系统发往政府总秘书处。总秘书处负责注明署名日期，并给予编号（年份—法律、政令、法令序号）；还须要求法律与行政信息管理处将该法令发表在《官方公报》中“一般文本”部分的“法律与法令”版块，并在法令之前附上解释性概述。

146. **生效**。 除非法令明确规定要延迟其生效日期，或某法令在紧急情况下须立即生效，否则，根据《民法典》第1条规定，法令将于《官方公报》上发表后翌日生效。法令将获得“执行力”，并将嵌入法国的法律体系当中。

自法令发布之日起（而非署名之日起） 2个月内，与法令存在利益关系的个人可向最高行政法院要求撤销该法令①。

§6. 简单法令的具体介绍

147. **行文格式**。 公布在法兰西《官方公报》上的法令必须包括以下内容： 文本起草的程序、具体条款以及负责执行政令的相关部长名单。下文将以一项公开发表于《官方公报》的法令为例（用黑体标示文本，旨在帮助读者更好地理解）：

法令格式的介绍

法令发布：《官方公报》期号，年份，日期，页码，文本编码

《官方公报》 0302期， 2013年12月29日，第21750页，第11号文本

标题，签署日期，年份，编号，文本性质

关于增加劳动补助收入（RSA）总额的2013年12月27日第2013-1263号法令

① 《行政诉讼法典》，第R. 311-1条，第1款及第R. 427-1条。

标准编号：部门，序列，文本性质

NOR：AFSA（社会事务与卫生部） 1330349D（法令）

解释性概述

受众群体：劳动补助收入（RSA）的受众。

目的：上调劳动补助收入（RSA）总额。

生效日期：此文本自 2014 年 1 月 1 日起生效。

概述：该法令旨在依据《社会与家庭法典》第 262－3 条规定，提高劳动补助收入年度补贴总额。其上调比率符合法国在财政法案中对 2014 年通货膨胀率的预测（1.3%），该数据在作为财政法案附件的经济、社会与财政报告中有所体现。

参考：本法令可在 Légifrance 网站上进行查询（http：//www.legifrance.gouv.fr）

法令文本

发起人

总理，

倡议部门

基于社会事务与卫生部部长的报告，

遵循法律等级体系，阐明法令起草所依据的文本

根据《社会与家庭法典》，尤其是第 L.262－2 条及第 L.262－3 条；

根据 2009 年 4 月 15 日颁布的关于劳动补助收入的第 2009－404 号法令，尤其是第 1 条；

根据 2013 年 8 月 30 日颁布的关于提高劳动补助收入基准的第 2013－793 号法令；

阐明强制咨询机构给出的意见

参考家庭补助国家管理署行政委员会于 2013 年 12 月 3 日给出的意见；

参考法国农业互助保险行政委员会于 2013 年 11 月 27 日给出的意见；

参考地方财政委员会（规范评估咨询委员会）于2013年12月5日给出的意见，

文本性质

法令：

条例

- **法令第1条明确规定法令生效的具体时间**

第1条

自2014年1月1日起，每月发放的劳动补助收入上调为499．31欧元。

- **适用地区**

第2条

该法令不适用于马约特岛。

- **关于法令执行的条款：由总理指定部长负责法令的施行**

第3条

经济与财政部部长、社会事务与卫生部部长、预算部部长、残疾人与反排外事务部部长，四人负责执行即将发表于法兰西《官方公报》上的法令。

日期

2013年12月27日

起草人签名

让-马克·艾罗

联合副署公告格式

总理：

由负责施行法令的部长联合副署

社会事务与卫生部部长　玛丽索尔·图雷纳

经济与财政部部长　皮埃尔·莫斯科维奇

经济与财政部分管预算的委派部长　贝尔纳·卡泽纳夫

社会事务与卫生部部长委派的分管残疾人与反排外事务的部长　玛丽·阿里耶特·卡洛蒂

第二节　其他法令的起草

148. **区别。** 简单法令的起草规则也适用于大部分其他类型法令，因而这部分只介绍除前者之外的特殊规则。

§1. 征询过最高行政法院意见的法令

149. **非强制性意见。** 这针对的是总理令。政府希望就其在法律方面遇到的困难征询最高行政法院意见，然而后者给出的意见并不能强加给政府。最高行政法院按照制定最高行政法院令的同等条件来给出意见（参见下文第153条目）。

150. **修正。** 征询过最高行政法院意见的法令，必须在其咨询机构名单末尾标注“经与最高行政法院商议”，但无须确切指出意见给出的日期。总理签署此法令。之后可用简单法令来修改征询过最高行政法院意见的法令。

例如：2012年5月16日颁布的关于修改公共财政总署二级会计做坏账一事意见相关条款的第2012－371号法令。

§2. 最高行政法院令

151. **最高行政法院。** （1799—1804法国的）执政府恢复了之前的枢密院，并在共和八年《宪法》第52条中做出了如下规定：“在执政官领导下，最高行政法院负责修正法案以及公共行政规章，着力解决在行政方面遇到的困难。”两个世纪之后，最高行政法院仍扮演着重要的顾问角色，并且拥有最高行政审判权。此外，最高行政法院负责管理行政法庭、行政上诉法院以及某些专门法院（例如难民权益法院）。作为国家第一大行政机构，法国最高行政法院下设有助理办案员[①]、审查

① 最高行政法院依据毕业考试名次从国家行政学院毕业生中挑选任命。他们之后也会成为审查官及常务推事。

官以及常务推事[①]。不过最高行政法院也招录来自其他体制内的国家高级公职人员：工作优秀的审查官以及在行政部门工作几年内表现优异的12名推事。每周的全体大会由最高行政法院副院长（国家一级公务员）[②] 主持召开；在特殊情况下可由总理代为主持（若总理缺席，则由司法部部长主持）。

聚焦

最高行政法院的咨询角色

摘自《行政司法法典》

第L.112-1条

最高行政法院参与制定法律及政令。总理将政府拟出的草案提交给最高行政法院审查。

如某项法律提案已被提交给国民议会或参议院，但还未经委员会审查，最高行政法院可应相关议会主席的请求对该法律提案给出意见。

如《宪法》条款或其他法律及规章有明确规定，最高行政法院必须依法依规对特定类别的法令草案或其他文本草案给出意见；最高行政法院也须对政府提交的一切草案给出意见。

在接受文本草案后，最高行政法院应给出相应意见，并提出其认为必要的修改建议。

---

① 尽管最高行政法院常务推事在诉讼部可行使审判官的职权，但他们并不是法官，而是在部长会议上依据总统令任命的公务员（依据《宪法》第13条第3款）。2/3的常务推事从审查官中推选，剩余的1/3来自圈外（非国家行政学院毕业的高级公务员）。另外如果行政上诉法院院长此前并未担任最高行政法院常务推事，也可接受此提名任命。每2年从行政法庭和行政上诉法院中挑选1名公务员担任最高行政法院常务推事。

② 从国家礼宾秩序上来讲，最高行政法院副院长仅次于宪法委员会主席，位居议会议员之上（1989年9月13日颁布的关于公共庆典、上座权、文职军职荣誉的第89-655号法令，第2条，第9款）。

此外，最高行政法院也会应要求筹备和拟定文本草案。

第 L. 112 – 2 条

总理或部长可就自身在行政方面遇到的困难向最高行政法院咨询。

第 L. 112 – 3 条

最高行政法院可主动建议权力机关进行符合整体利益的法律、规章或行政改革。

第 R. 123 – 2 条

最高行政法院下设行政部门分别为：

- 内政部
- 财政部
- 公共工程部
- 社会部
- 行政管理部
- 报告与研究部

第 R. 123 – 3 条

总理和掌玺大臣（即司法部部长）根据最高行政法院副院长的建议颁布决议，将事务分配给前 5 个部门处理。

第 R. 123 – 3 – 1 条

若权利捍卫人向最高行政法院递交法律提案或就其他草案发表意见，最高行政法院副院长将会把相关的审查工作交付给第 R. 123 – 2 条提到的前 5 个部门之一的部门负责。

第 R. 123 – 4 条

最高行政法院对新喀里多尼亚岛的法律草案及提案的审查需要以 1999 年 5 月 19 日颁布的关于新喀里多尼亚岛的第 99 – 209 号《组织法》第 99 条中相关条款为依据，总理及海外部部长颁布决议决定哪个部门负责审查哪些草案或提案。

最高行政法院将审查意见传达给相关权力机关（上文提到的《组织法》中第 100 条最后一款规定）、总理、海外部部长，以及其他相关部长。

第 R. 123－5 条

根据《行政司法法典》第 L. 112－3 条规定，最高行政法院须向众权力机关提出建议，这些建议均由报告与研究部负责起草；总理要求最高行政法院进行的调研或副院长自发提议的调研，其研究报告也由报告与研究部负责撰写。

依照现行《行政司法法典》第 9 卷中所述条件，若最高行政法院在对争讼作出判决时或执行行政法院决定时遇到困难，将由报告与研究部负责处理。

报告与研究部负责撰写最高行政法院的年度活动报告。报告将交由副院长与最高行政法院各分部负责人共同磋商，最后经全体大会通过。报告应明确提及最高行政法院希望政府在法律、规章以及行政层面进行哪些改革；此外，报告中还可包含最高行政法院提出的新建议，如有必要，还应明确最高行政法院在执行争讼判决或行政法院判决过程中遇到的困难。

报告将上交给法兰西共和国总统。

152. **将法令提交给最高行政法院的决定性条件**。 如遇以下情况，政府应将法令提交给最高行政法院：

（1） 该法令旨在制定某项法律或政令的适用法规，而这项法律或政令明确规定了在哪些具体情况下需要咨询最高行政法院（此原则尤其适用于所有涉及公共自由领域的法律；也适用于关于国家公职法定条款的 1984 年 1 月 13 日法律。根据该法律第 8 条规定，确立国家公务员群体特殊地位的法令就需要提交给最高行政法院）。宪法委员会认为，如果咨询最高行政法院的过程能够起到保障[①]作用，立法者可强制施行此类法令；

法国《地方行政区总法典》第 L. 5219－1 条第 5 款做了如下安排： 为了施行住房与住宿大都市计划，大巴黎首府开始进行各种规划与住房项目。它可要求国家通过最高行

---

① 宪法委员会于 1973 年 2 月 20 日颁布的第 73－76L 号决定，《关于城市规划建设条款法律》。

政法院令，赋予其一定的法律界限以外的特权，以便更好地开展并实现区域规划方案，并为其发放城市化许可。同样， 2014 年 1 月 20 日颁布的关于保障退休制度的公正性及其未来发展的第 2014－40 号法律，也规定了需要最高行政法院令予以支持的多种情形。例如，该法律第 10 条（依据本条款，在《劳动法典》中单独延伸出了《艰苦职业工时账户》一章节）做出如下安排： 最高行政法院令规定了将积分录入艰苦职业工时账户的条件，明确指出一个领薪职工在其职业生涯中可获得的最多积分，并且规定了从事具有多种风险工作的职工可获得积分；最高行政法院令在领薪职工了解其账户使用可能性这一方面做出了限制性规定，同时还确定了其账户内积分可被使用的条件，以及每次使用账户后的积分统计表。该章条款还同样指出： 对于到 2015 年 1 月 1 日满 52 岁的领薪职工，其艰苦职业工时账户积分获取统计表及账户积分的使用条件可依据最高行政法院令进行修改。若员工与其雇主就其工作风险（参见第 L. 4161－1 条）的实在性和充分性未达成一致，且造成纠纷，他就无法进行与其账户或积分录入有关的上诉，除非员工已提前在最高行政法院令所规定的几种条件下，将有争议处告知雇主并与之商议。如果雇主驳回此争议，管理部门在征询委员会意见后（其组成、运行以及管辖范围都经最高行政法院令确定），可对领薪职工的请求进行表态。最后，《劳动法典》这一章进行了如下总结： 除了与之相悖的条款，此章的实施准则都遵循最高行政法院令。

(2) 该法令旨在修改最高行政法院的某项法令；

(3) 尤其当政府在撰写草案时遇到法律方面的困难，或受限于某些条例规定时，希望通过最高行政法院令使其提案具有权威性；

(4) 该法令旨在修改现行法律中根据 1958 年《宪法》第 37 条第 2 款规定的具有规章性质的条款。若将被修改的条款是出自 1958 年之后的法律中的，并已受到宪法委员会的降级决定（参见上文第 124 条目），政府秘书长须将该法令提交给最高行政法院。

2013 年，共有 556 条规章性法令被提交至最高行政法院。

若某一项法令本应提交给最高行政法院审议，而实际上未被提交，如有人就此向最高行政法院的相关部门上诉，最高行政法院将宣布废除该法令；废除行为属依规办事，也就是说哪怕上诉人并未提出废除该法令的要求，最高行政法院仍然必须这样做[①]。

---

① 最高行政法院， 2010 年 10 月 11 日，第 312284 号文件，就业培训联合工会案，参见《最高行政法院 2010 年判例汇编》，第 611 页。

153. 最高行政法院受理。 像上文所述简单法令的起草那样（参见上文第123条目），在经历全部的强制性咨询程序后，法令的草案文本由草案发起部长的办公厅主任或该内阁部门中央行政机关的某位负责人通过“梭伦应用”平台提交给最高行政法院；最高行政法院一旦受理，政府总秘书处将会通过“梭伦应用”平台了解到相关情况。

政府总秘书处要求各内阁部门提交给最高行政法院的文件必须包含以下要素：

- 法令草案及其附件（如有必要）；
- 解释性概述；
- 阐述报告；
- 影响评估单；
- 强制性意见咨询统计表，其中还包括已完成或将要进行的咨询日期，以及收到反馈意见的日期；若无上述材料，则须提交受询机构的受理回执；
- 说明法令草案在海外领土的实施条件以及需要进行哪些相关咨询；
- 对其生效条件及过渡性措施进行合理论证；
- 若该法令草案对现行法律文本进行修改，则需要提交经修改后更为完善的法律文本，并标明改动之处；
- 如遇指示移植的情况，则须提交即将实施的欧盟法律条款与国内法律的对照表；
- 根据2006年关于具有咨询性质的行政委员会的创立、组成及运作的第2006-672号法令第2条规定，若草案旨在创立或改革某个咨询委员会，须提交必要性研究报告；
- 如有必要，还须提交带有日期和相关内阁部门签字的同意书或部际会议汇报；
- 若草案为某项法律或政令的实施细则书，须提交相关法律或政令复本；
- 如有必要，提交将要接受移植的欧盟指示的复本；
- 相关部长及国务秘书名单，以及有可能作为政府顾问被委任到最高行政法院就职的公务员名单。

此文件须同时提交纸质版与电子版。

154. 主管部门。 依据2008年6月4日由总理和司法部部长做出的关于最高行政法院5个行政部门事务划分的决议，法令文件会根据不同的法令目的被分发到最高行政法院下属的不同分部。

内政分部负责处理总理及司法部部长权限下的事务及以下方面：国内安全，公共自由，国土资源管理，海外省及地方行政区管理；庇护权；移民及外来移民融入；遣返回国；教育；高等教育与研究；青年、体育运动及体育锻炼，社团生活，文化，法语及法国方言；媒体与视听传播。

财政分部负责处理外交部部长权限下的事务及以下方面：法国经济竞争力和投资吸引力；工业战略方向以及对工业和服务业的关注；企业和手工业；投资，职工分红制，与货币、经济、国家和国际财政相关的事务；经济与财政状况预测；财税立法；企业竞争、消费及打压偷税漏税；统计学和经济研究；对外贸易；财政裁判权；海关和间接税；经济与财政监督；地方财政；银行和保险部门。

公共工程分部负责以下事务：可持续发展与环境；能源与原材料；工业安全与工业危险防范；工业材料；邮政与电子通讯；数字经济发展；旅游业；核安全政策的实施（包括民用可裂变材料及放射性物质的运输）；交通与交通基础设施；城市基础设施，城市化及土地治理；国土整治及发展，海洋和山川；太空；住房、建筑及城市政策；农业、农村事务、海洋养殖及渔业；林业；城市遗迹保护区。

社会分部负责以下事务：就业；青年及成年人职业培训；工作、社会关系、工伤及职业病防范；女性权利、工作机会均等及待遇公平；公共健康及医疗机构；医疗工作者及护理工作者；社会运动及反贫困运动；家庭、儿童、老年人和残疾人；社会工作；社会治安管理条例及补充条例、社会保障机构行政管理；退伍军人及战争受害者；公民及军人养老金、残疾人抚恤金；社保资金法律的起草及实施。

行政管理分部负责国防部部长权限下的事务及以下方面：国家人力资源统筹，地方政府、公共行政机构和公共住院医疗机构管理；公务员的权利、义务及地位，适用于其他公务人员的准则；行政部门内部社会对话；公共采购；公共财产；国家改革、国家及公共部门组织、权力委托及签字授权、权力下放部门及政府咨询顾问部门；非诉讼行政程序、政府部门和行政相对人关系的协调、行政手续的简化措施；公共人的类别划分。

最高行政法院下属分部部长在收到文件之后，会将其分配给一名部门成员。该成员将担任此法令草案的报告人。

155. **报告人角色**。报告人需要首先确认收到的文件是完整的，必要时可要求相关责任部门补全缺失的材料。接着，报告人会全面审查文件：确认已收集强制咨询机构所给出的意见，进而研究意见内容（法国国家信息与自由委员会采用私人数据自动化处理来给出意见，这有助于反映出部长忽略的某些问题，某技术委员会给出的意见往往会提出某机构在施行过程中会遇到哪些困难）；判定颁布某项新文本的利害关系（若某项法令与某法案均针对同一领域，但后者正在接受议会审议讨论，且二者所倡导的大政方针相悖，则没有必要对前者进行公布）；发现具体错误（尤其是条款编号）。报告人应确认草案标题及条款清楚明晰；报告人应依据欧盟判例、《宪法》判例及行政判例对法令条款进行深入审查，确保其在法律等级体系中的位置正确、其内容合法合理；报告人应考察过渡性条款和生效条件的合理性，及其在海外行政区域的适用性；若法令旨在对某法典进行修改，报告人则应对新条款安插的位置以及新条款的内容进行审查，确保修改后的文本更为完善。最后，报告人应考虑草案是否具有实际可操作性，以及它是否符合善政原则：政府有足够的预算和行政手段来实施此文本吗？政府会为了简化行政而放弃设立那些最终会导致“行政爆炸”的繁杂程序和机关吗？

156. **政府专员会议**。为议定文本，报告人会召集文本发起部长及联合副署部长所委派的公务员前来开会，这些公务员被称为“政府专员”[①]。各部中央行政机关负责人或其“智囊团”、文本发起部长办公厅成员或政府秘书长代表均有资格成为“政府专员”。报告人可在会议上提出任何关于政府意图或文本相关文件的问题，以便更好地了解文本的目的，并检验拟定的条款是否符合政府意图；报告人有权要求标注补充说明，用于解释文本中的章节片段。报告人尤其会将在文本中发现的司法和行政困难告知政府专员，并提出增加或删减建议或提议对某条款以另一种方式进行阐述；报告人就上述要点与政府专员进行探讨。报告人会将会议最后存留的同意或反对意见记录在案。

---

① 他们在行政部门和最高行政法院大会中代表政府，所以不能再将其与最高行政法院委员——即诉讼部的“政府专员”相混淆，因为后者自 2009 年 2 月 1 日起就被称为“公共报告人”了：公共报告人“完全自主公开地阐明自己对受理案件所涉及问题的看法，并提出解决意见”（《行政司法法典》，第 L. 7 条）。

经过会议讨论，政府专员可能会收到修订草案的申请。

157. **草案的拟定**。 会后，报告人会对法令草案做所有必要的修改：标题、立法依据、具体条款、参与法令联合副署的部长名单等。若文本过长，报告人可根据推荐提纲改编出全新的提纲。新版报告人草案递交给政府专员后，后者可随时做出反馈：即使报告人对法令草案的修订拥有最终主导权，且有权保留不同意见，但经过一系列沟通交流，法令草案的修订仍有可能成为一项集体性工作；鉴于此，报告人将其建议取消的条款与政府草案区分开来。报告人将最终草案向政府专员汇报。

158. **报告的拟定**。 报告人撰写一份信息详尽的报告给最高行政法院主管部门的成员。

第一部分，报告人介绍法令的目的、起草背景、包含的主要条款及其法律效力。报告列举已遇到的种种困难和报告人的立场及见解；尤其会指出报告人与政府专员间所存在的意见分歧；并于末尾阐明报告人对该文本的总体看法（赞成、对某些条款持保留意见的赞成、反对）。

第二部分，报告人介绍其最终确定的草案版本，内容包括法令的标题、立法依据、结构及各项条款；并对其在初始草案中所做的修改进行解释说明。

报告会议召开前，报告人草案、报告连同相关文献资料会被递交至主管部门成员手中。如报告人此前已指出过草案中的重大难题，需在主管部门会议之前将相关情况告知最高行政法院主管部门负责人。

159. **主管部门会议**。 政府专员出席此类非公开会议。在主管部门负责人的主持下，部门成员听取报告第一部分，并经全体讨论后就报告人提出的困难表明观点；主要困难可通过部门成员投票的方式解决。随后，报告人宣读报告第二部分，部门成员对报告人草案进行逐条审查；报告人和政府专员对部门成员提出的疑问进行回答。若最高行政法院分部未决定驳回此报告，文本草案将会得到通过。随后，草案的原本由报告人负责制定，并由部门负责人和报告人联合签署，最后通过“梭伦应用”平台交付至最初申请最高行政法院审议的发起部长手中。最高行政法院行政管理分部会应政府要求或出于自愿，向政府提交一份行政注解（由报告人提前负责准备，可在会议期间进行修改），用于解释分部立场，尤其是解释为何对某些条款要另行处理或为何对文本进行否决。

若部门会议过程中出现某个重大难题，部门负责人可申请通过最高行政法院全体大会解决；根据《宪法》第 37 条第 2 款规定，修改法律条款的法令从原则上讲都要接受最高行政法院全体大会审议。

全体大会由最高行政法院副院长主持，报告人在会上表明分部所持立场。经过磋商后，全体大会将决定最高行政法院最终采取何种立场，并告知政府。

最高行政法院副院长由掌玺大臣（即司法部部长）提名，并在部长会议上通过法令进行任命，是从最高行政法院各分部负责人和最高行政法院常务推事中选拔产生的①。自 1944 年起，最高行政法院已产生过 9 位副院长：勒内 · 卡森（1944—1960）、亚历山大 · 帕罗迪（1960—1971）、贝尔纳 · 谢诺（1971—1979）、克里斯蒂安 · 沙瓦农（1979—1981）、马克 · 巴尔贝（1981—1982）、皮埃尔 · 尼古拉（1982—1987）、马索 · 朗（1987—1995）、雷诺 · 德努瓦 · 德 · 圣马克（1995—2006）和让-马克 · 索韦（自 2006 年至今）。

160. 最高行政法院意见的落实情况。 政府如果对最高行政法院通过的文本表示同意，就会着手开始前文提到过的用于简单法令的一系列程序：相关部长联合副署、总理签字和发布。若表示反对，原则上来讲，政府要么重新采用初始草案（当最高行政法院认定初始草案中存在违反《宪法》或国际公约的条款时，就有可能引起争讼），要么对最高行政法院通过的文本进行修改；当然，政府也可以在保证整

① 《行政司法法典》，第 133－1 条。

体一致性的前提下，用两个文本中的某些条款原封不动地（否则法令失效）[①] 排列组合出新的文本。

把这两个文本结合起来或许是个冒险的举措。2007 年 1 月 10 日，最高行政法院在“全国性行业互助组织联合会”判例中决定废除一项法令：“鉴于由卫生与团结部部长归档的文件审查所得出的结论，即服从于最高行政法院意见的法令草案规定，《社会保障法典》第 L. 182－3 条设立的‘补充医疗保险组织全国联合会’采用 1901 年 7 月 1 日法律条款提及的协会形式。经社会安全部部长同意，该协会形式具有相关规章，并由一个委员会和办公厅进行管理；鉴于最高行政法院社会分部所采纳的文本没有规定创立这样一个法人，仅仅局限于规定‘补充医疗保险组织全国联合会’及其委员会的组成和会长的选举模式，以及明确指出该联合会受其委员会管辖；鉴于，如果受质疑的法令对最高行政法院所通过的文本进行修改，则会从中加入《社会保障法典》第 R. 182－2－12 条中的一些条款，而这些条款规定，‘补充医疗保险组织全国联合会’拥有相关规章和办公厅，且办公厅行使着联合会下放的某些职权；鉴于，在政府呈报给最高行政法院的方案中，一旦这些新条款（不过有个句子除外，该句指出，办公厅有权对加入申请进行裁决）修改了那些与办公厅组成和角色相关的内容，就会大肆修改最高行政法院通过文本中的一般经济条款。该文本没有规定联合会将拥有法人，且并不与政府所呈报的法令草案相符，因为政府的法令草案承认联合会在经许可的协会形式下可以拥有这样一个法人；鉴于，在上诉种种情况下，受质疑的法令不能如《社会保障法典》第 L. 184－1 条规定的那样，被视为已由最高行政法院通过；综上所述，若无须审查上述结论的其他辩护理由，那么如果要设立‘全国性行业互助组织联合会’，则必须整个废除该项法令。”[②]

161. **最高行政法院咨询后的批注。** 法令的“最后一道通行证”中，必须标明该文本已征询过最高行政法院意见。若意见是由最高行政法院下属某行政管理分部给出的，则批注为“经最高行政法院（某某部门）同意”，若意见是由最高行政法院全体大会给出的，则批注为“经最高行政法院同意”。不必标注给出意见的具体日期。

最高行政法院通过法令修改文本的某项法律条款时，必须以《宪法》第 37 条第 2

---

① 最高行政法院，1990 年 5 月 2 日，第 86662 号文件，若阿尼代案，参见《最高行政法院 1990 年判例汇编》，第 107 页。

② 最高行政法院，第 283175 号文件，参见《最高行政法院 2007 年判例汇编》，第 650 页表格。

款规定为依据；此外，如果被修改的法律条款出自1958年后制定的文本（参见上文第124条目），那么还必须以宪法委员会对法律条款的降级决定为依据。

162. **最高行政法院意见的发布**。 最高行政法院向政府呈交的关于文本的意见是非公开的。而实际上，最高行政法院的年度报告中会汇总下属各行政分部所给出的众多意见；但其中不包括总理要求不得公开的意见。

2012年度咨询活动报告中公布了众多意见，例如①：

● 依靠立法机关赋予的“规章制定权”，最高行政法院补充完善了有关未来教师职业的法令草案；最高行政法院认为，明确制定这类职业的规章（如规定工作者月薪及确定其工作时长等）是非常必要的。

● 最高行政法院要求监狱管理技术委员会就一项批准实施监狱内部条例的法令草案发表意见。

● 最高行政法院撤消了关于创新疗法药物的法令草案中的一项条款。根据该条款，国家药物安全局能够以递交材料不完整为由，驳回某机构实施任何有关创新疗法药物活动的申请；而实际上，关于在与行政部门关系中公民享有的权利的2000年4月12日法律（即“DCRA”法律）第19－1条规定，行政当局应要求申请人在规定期限内完善相关文件。因此，上文中被废止的条款与本规定相悖。

● 最高行政法院修改了关于非转基因系列食品标签的法令草案，因其认定其中一项条款的含义模棱两可，有可能衍生出违背欧盟指示的解读。

163. **最高行政法院令的修改**。 规定很简单：最高行政法院的法令只能由最高行政法院的法令修改，其他法令用来修改最高行政法院的法令是无效的。

尽管如此，最高行政法院的法令也有例外：当政府把一些属于最高行政法院令的条款以及另外一些属于简单法令的条款放在同一个法令里时，最高行政法院可通过法令规定：属于第二类的条款可以“被法令修改”，即可以被简单法令修改。

164. **对最高行政法院令的裁决**。 当最高行政法院的法令在最高行政法院内部受到质询时，参与裁决的最高行政法院成员既无权知道

---

① 最高行政法院，《2013年公共报告》，法国文献局，第196、228、242、249页。

最高行政法院对于此项法令的意见（在意见尚未公布之前），也无权了解最高行政法院下属分部报告人所持的相关资料文件[①]；参与意见商讨的分部成员不得再参与对法令的裁决。[②]

最高行政法院令摘录

“风险、环境、流动与规划”研究与鉴定中心（CEREMA）的

2013年12月27日第2013－2073号法令

编号：DEVD1323621D

概述

相关公共群体：设备技术研究中心（CETE），道路网、交通、城市化与公共建设研究中心（CERTU），河海技术研究中心（CETMFF），交通、道路及其规划研究中心（SETRA）的全体职员及合作者；生态、可持续发展与能源部公务人员；区域与住宅平等部公务人员。

法令目标：“风险、环境、流动与规划”研究与鉴定中心的组织和运行。

生效日期：该文本将于2014年1月1日起生效。

概述：2013年5月28日第2013－431号法律创建了“风险、环境、流动与规划”研究与鉴定中心，旨在协助负责可持续发展、城市规划和交通的相关政府部门实现科学技术网络的现代化。这个新的公共机构合并了8个设备技术研究中心，以及道路网、交通、城市化与公共建设研究中心，河海技术研究中心和交通、道路及其规划研究中心。本法令明确规定了新中心的组织及运行。新中心地址设于布龙（罗讷省）。

附注：本法令旨在实施2013年5月28日第2013－431号法律第9编内容，其中多项涉及基础设施建设及交通运输服务。

详情请咨询Légifrance网站（http：//www.legifrance.gouv.fr）。

① 《行政司法法典》，第122－21－3条。

② 同上，第122－21－1条及第121－21－2条。

法令发起者

总理，

发起法令的部长

根据生态、可持续发展与能源部部长以及区域与住宅平等部部长的报告，

所依据文本（按降级顺序排列）：法典（按字母顺序排列）、法律和法令（按颁布时间顺序排列）

根据《建筑与住房法典》；

根据《公法人财产通用法典》，尤其是其第 R. 2313－1 至R. 2313－5 条和第 R. 4121－2 条；

根据《科学研究法典》；

根据《道路系统法典》；

根据 1984 年 9 月 13 日修订的关于公共职务和公共部门中人员年龄限制的第 84－834 号法律，尤其是第 7 条；

根据 2013 年 5 月 28 日颁布的关于基础设施和交通运输服务相关条款的第 2013－431 号法律，尤其是其第 9 编；

根据 1992 年 7 月 20 日修订的关于公共机构组织预付款及入账管理的第 92－681 号法令；

根据 2006 年 7 月 3 日颁布的关于国家任职人员临时调配所产生费用的结算方式及结算条件的第 2006－781 号法令；

根据 2008 年 7 月 9 日颁布的关于生态、可持续发展与能源部，区域与住宅平等部中央行政组织的第 2008－680 号法令；

根据 2010 年 9 月 1 日颁布的关于领导任期和某些国家公共机构领导机关职能的第 2010－1035 号法令；

根据 2012 年 11 月 7 日颁布的关于公共会计与预算管理的第 2012－1246 号法令。

强制咨询机构（按时间先后排序）

根据 2013 年 8 月 27 日交通、道路及其规划研究中心技术委员会的意见；

根据2013年9月3日河海技术研究中心技术委员会的意见；

根据2013年9月5日生态、可持续发展与能源部，区域与住宅平等部技术委员会的意见；

根据2013年9月3日和11日道路网、交通、城市化与公共建设研究中心技术委员会的意见。

咨询最高行政法院

经最高行政法院（公共工程部门）同意，

决定：

文本共分为四编

第一编：一般条款

第1条

该公共机构名为“风险、环境、流动与规划”研究与鉴定中心，属行政管理机构性质，受可持续发展部、城市规划与交通部的共同监督。

其所在地设在布龙（罗讷省）。

第2条

在上文提及的2013年5月28日法律第44条所规定的使命任务中，该机构主要负责：

1. 密切与地方行政区的联系，共同加强对领土、海域的了解和监视，前瞻性考虑其暴露的风险和利害关系；

2. 将当地新兴的各个需求转化为主题研究、方法论思考、技术创新发展项目等形式；

3. 促进规范化、技术性条例以及国家、欧洲乃至全球层面技术规则的制定；

4. 主要通过培训、著作和调查出版等渠道，确保与其工作相关的工程研究、科学技术知识、方法论、技术标准与规则的资本化、传播及推广；

5. 促进交通基础设施财产的发展及管理。尤其是就国家公路、海运与河道交通网而言，使监控设施、控制设备及有助于交通安全的设备处于可投入使用状态，促进道路安全以及管理公众参与者的不动产。

(……)

第二编：组织和运行

第4条

该机构由理事会管理，由理事长负责领导。

战略委员会、国家和地区指导委员会以及科学技术委员会在其权限范围内协助理事长和理事会进行相关工作。

第二编共分为三章

第一章： 理事会

第5条

理事会由21个成员组成：

1. 6个国家代表

- 1个可持续发展委派部长
- 1个城市规划委派部长
- 1个交通委派部长
- 1个内政委派部长
- 1个财政委派部长
- 1个研究委派部长

上述人员各有一位候补，需遵循相同的选举条件。

2. 5个地方行政区代表和5个候补人员

- 1个法国市长协会推荐的代表
- 1个法国社区议会推荐的代表
- 1个法国省级议会推荐的代表
- 1个法国大区议会推荐的代表
- 1个中级城市联盟推荐的代表

3. 5个具有专业资质的人员，其中至少有2人来自于环境保护和公共事业协会。

4. 5 个机构职员代表和 5 个候补人员，由可持续发展部部长制定决议确定选拔规则。

(……)

第二章：理事长

第 9 条

理事长每届任期 4 年，可连任 2 届。

理事长：

1. 组建办事机构并确保其良好运转；

2. 统筹管理全体职员，并规定他们的权限；

3. 任命其他当权者（尤其是副理事长）无权任命的所有职务；

4. 在法律事务、公民生活、处理与第三方关系，以及国际关系中代表本机构；

5. 签署契约、协定、合同；

6. 制定理事会决议并确保其实施；

7. 是收入和支出的主要财务审核者，并有权任命次要审核者。

(……)

第三章：战略与科学决策机构

(……)

第 11 条

科学技术委员会是理事长的参谋和咨询机构，协助起草、实施并评估机构的科学技术政策。

理事长参与其各项会议。

科学技术委员会由 21 个成员组成，每 4 年重选 1 次：

1. 科学技术委员会会长人选由理事长推荐，经数位对该委员会有监督责任的部长联合发布决议对其进行任命；

2. 14 个具有专业资质的人员，经数位对该委员会有监督责任的部长联合发布决议对其进行任命，其中 4 人由负责研究事务的部长提名；

3. 从机构的全体职员中再选出 6 个代表和 6 个候补人员。

科学技术委员会成员无偿行使其职能。

现有条款的实施办法由对该委员会有监督责任的部长联合发布决议进行规定。

(……)

第三编：财政与会计条款

第 13 条

该机构必须遵循上文提到的 2012 年 11 月 7 日法令第一编和第三编的法律规定。

(……)

第四编：过渡性条款和最终条款

过渡性条款

第 17 条

理事会第一次会议之前，理事长应采取一切必要措施来维持理事会的正常运行。在内部条例尚未实施之前，理事长有权就应由内部条例解决的所有问题做出任何决定。

(……)

第 21 条

由于违反了第 7 条， 2014 年的预算执行被对该委员会有监督责任的数位部长与分管预算的部长通过联合决议叫停。

直至理事会第一次会议，最晚至 2014 年 4 月 30 日，理事长负责机构金融账户的管理、支出决策及账务清算。

有关日后通过简单法令修改本次最高行政法院令之个别条款的许可

第 24 条

第 1 条的第 2 款及第 11 条的第 3 款至第 6 款可通过法令进行修改。

废除无意义文本

第 25 条

废除以下法令：

- 1982 年 7 月 24 日第 82－642 号法令。该法令关于共和国专员对设备技术研究中心和区域间职业培训中心的权力，并遵照1982年5月10日第82-389号法令第3条和1982年5月10日第82-390号法令第3条加以实施。

● 1994年2月9日关于道路网、交通、城市化及公共建设研究中心的建立以及其他公共设施建设的第94-134号法令。

● 1998年11月2日关于河海技术研究中心的建立的第98-980号法令。

● 2008年7月9日关于具有国家权限的“交通、道路及其规划研究中心”的建立的第2008-678号法令。

生效日期

第27条

除第21条以外，该法令自2014年1月1日起生效。

负责本法令执行的部长名单

第28条

经济与财政部部长，区域与住宅平等部部长，内政部部长，生态、可持续发展与能源部部长，高等教育和研究部部长，经济与财政部委派的分管预算的部长和生态、可持续发展与能源部主管运输、海洋、渔业的国务秘书将各司其职，负责推动该法令的执行。该法令将在法兰西共和国《官方公报》上发表。

总理：让-马克·艾罗

由下列人员联合副署：

生态、可持续发展与能源部部长　菲利普·马丁

经济与财政部部长　皮埃尔·莫斯科维奇

区域与住宅平等部部长　塞西尔·迪弗洛

内政部部长　曼努埃尔·瓦尔斯

高等教育和研究部部长　热纳维耶芙·菲奥拉佐

经济与财政部委派的分管预算的部长　贝尔纳·卡泽纳夫

生态、可持续发展与能源部主管运输、海洋、渔业的国务秘书　弗雷德里克·古维利耶

2013 年 12 月 27 日

§3. 共和国总统令

165. 不受部长会议管制。 只有在国家元首提出要求的情况下，法令才可不必上呈部长会议而直接提交给总统。通常，这种法令是关于国防、情报、司法或外交事务等方面的，但也并不绝对。

在这种情况下，政府秘书长将文件呈给总统签字，但拥有章程制定权的总理的签字已经足够。当一项法令须经最高行政法院讨论之后交由总理签字通过时，自然必须事先将文件交予最高行政法院过目。

法令的呈交格式有所变动，文件要以“共和国总统”为开头，后面要提及“根据总理和某部长的报告（文件开头）”。该法令由总理和负责监督其执行的各部长联合副署。根据《宪法》第 21 条，当一条法令需由总理并已由总理签署通过时，总统的署名被视作多余，而总统此时无管辖权且他的署名不会对文件内容的执行产生任何影响①。

166. 总统令的修改。 由于总统签署的法令的真正负责人被认为是总理，即根据具体情况被视为一项简单法令或最高行政法院通过的法令，因此该法令可由总理通过同级别的法令予以修改或废除。

1958 年 12 月 22 日颁布的《组织法》暂行条例的第 2 条和第 3 条（与法官的地位有关）初步表明法官职权的确定权隶属于最高行政法院。为贯彻落实这两条法令，部长会议主席（即当时的政府首脑）签署通过了 1958 年 12 月 22 日最高行政法院令。 1993 年

① 最高行政法院， 1962 年 4 月 27 日，第 50032 号文件，锡卡尔案，参见《最高行政法院 1962 年判例汇编》，第 279 页。

1 月 7 日，该法令由总统签署的另外一条最高行政法院令所取代，并且未曾呈交部长会议审阅。自 1993 年至 1997 年，总统在相同的情况下 5 次签署通过 1993 年法令的修正案。 1998 年，改由总理[①]签署新的法令修正案，即 1998 年 4 月 2 日最高行政法院第 98 - 243 号法令。 从那时起，国家总理共 9 次签署通过 1993 年法令修正案[②]。

§4. 部长会议令

167. **该类法令产生的原由**。 在以下几种情况下，一项法令须交由部长会议审阅：

1） 已有先行法律或暂行政令对此做出规定，这种情况比较罕见；

2） 该法令对部长会议通过的其他法令做出修改或废除；

3） 应国家总统要求，该法令被呈于其任期内的所有部长面前，尤其是为了强调文件的重要性或欲就相关主题加强交流。在这种情况下，行政权不受任何约束[③]。

168. **时间表**。 政府秘书长在同各部长办公厅负责人进行商讨后，每半年向总理和总统提交审查部长会议令的预先的时间安排。

169. **法令的准备工作**。 该法令是在政府秘书长的严格监督下，由相关负责部长进行准备。在秘书长的推动下，总统将其提上部长会议的日程。而后，该法令出现在总理和相关部长的报告中。最后一道审批手续会提到“经部长会议通过”。

170. **国家总统的署名**。 根据《宪法》第 13 条第 1 款规定，总统应签署由部长会议审议通过的法令，即使是在没有任何文件对这种审

① 当时的政府与共和国总统共同执政。

② 2014 年 1 月 29 日颁布的关于金融检察院的职位的第 2014 - 66 号法令。

③ 宪法委员会于 2006 年 6 月 15 日颁布的关于《教育法典》条款法律性质的第 2006 - 204L 号决定。

议进行硬性规定的情况下①。根据《宪法》第19条，由总统签署的部长会议令须“有总理，必要时兼有相关部长的联合署名”。这些法令的准备和落实工作主要落在相关负责部门的部长身上②。总统、总理以及部长的联合署名的汇总工作由政府秘书长完成。

因此，就部长会议审议通过的法令而言，国家总统拥有规章制定权。

171. **法令的修改**。一项部长会议令只能通过总统签署的另一项部长会议令予以修改。但是以下情况除外；部长会议令中包含某条款用来明确指出后续可通过其他法令，即简单法令，进行修改完善。

可通过简单法令修改的部长会议令（示例）

2014年1月9日第2014－18号法令

关于设立负责青少年事务的部际代表

法令发起者

共和国总统，

总理和文本的发起部长

根据总理和体育、青年、公共教育与社团生活部部长报告

根据

根据1982年4月30日关于青年事务部际委员会的建立的第82－367号法令。

根据2012年5月24日关于体育、青年、公共教育与社团生活部部长权限的第2012－782号法令。

① 最高行政法院，1992年9月10日，诉讼法庭第140376号文件，梅耶案，参见《最高行政法院1992年判例汇编》，第328页。

② 最高行政法院，1966年6月10日，诉讼法庭第63563号文件，珀隆案，参见《最高行政法院1966年判例汇编》，第384页。

部长会议决议同意

经部长会议通过

颁布法令：

第 1 条

在 1982 年 4 月 30 日法令的第 3 条之后，再插入一个条款，内容如下：

“第 3 - 1 条

在负责青年事务的部门设立青年事务部际代表一职。

体育、青年、公共教育与社团生活部主任享有该职位职权，履行该职位职责。

该职位保证各项决议的准备工作，并时刻关注青年事务部际委员会的各项决定；协调不同部门为促进青少年成长发展所采取的措施，注意使各参与部门团结一致，相互配合；可以借助青年事务部际委员会的成员部门的力量来执行任务、完成工作。”

未来通过简单法令修改该部长会议令中某条款的可能性

第 2 条

第 1 条内容可通过法令进行修改。

第 3 条

总理和体育、青年、公共教育与社团生活部部长将各司其职，负责该项法令的贯彻落实。本法令将在法兰西共和国《官方公报》上发表。

共和国总统： 弗朗索瓦 · 奥朗德

由下列人员联合副署：

总理 让-马克 · 艾罗

体育、青年、公共教育与社团生活部部长 瓦莱里 · 富尔内隆

2014 年 1 月 9 日

§ 5. 最高行政法院兼部长会议令

172. **该类法令产生原由**。 在以下几种情况下，一项法令须听取

最高行政法院意见并交由部长会议审阅：

1） 已有先行法律[①]或暂行政令对此做出规定；

2） 该法令对最高行政法院兼部长会议的其他法令做出修改；

3） 应国家总统要求，该法令被呈于其任期内的所有部长面前，尤其是为了强调文本的重要性或欲就相关主题加强交流。

关于公共生活透明度的2013年10月11日第2013－907号法律的第2条，针对所有处在利益冲突状况下的公务人员提出了一套弃权机制。第2条的最后一款规定："由一项最高行政法院令确定本条的实施方式及其适用于政府成员的条件。"因此，这部法律并没有规定第2条法令的实施须通过部长会议的审议。然而，2014年1月15日在通过一项有关在部长间实施该法律的法令时，总统决定由总理将该法令提交给部长会议审阅。因此，2014年1月16日由总统签署的关于部长如何在行使职权过程中规避利益冲突的第2014－34号法令是一项最高行政法院兼部长会议令。因此，该法令只能通过同级别的最高行政法院兼部长会议令来修改。

有关部长职权的法令都是最高行政法院兼部长会议令（参见上文第58条目及第59条目）。

173. **法令制定**。 最高行政法院兼部长会议令的制定过程同最高行政法院令一样，处在政府秘书长的严格监督之下。秘书长亲临最高行政法院并与分部报告人一起出席相关会议，之后将草案的审查工作提上部长会议日程。

174. **格式和修改**。 此类法令的适用规则与上文所述部长会议令所遵循的规定是一致的。最高行政法院兼部长会议令先由总统签字，再由总理和相关负责部长联合副署。在最后的批准手续中会提到"经最高行政法院（某部门）通过"，后跟"经部长会议通过"。若该法令中的若干条款经政府评估，在将来没有必要向部长会议提交其修正案，会有具体条款对其加以确定并指明可通过最高行政法院令对其做出修改。

---

① 它甚至可以是宪法性质的法律：参见1958年10月4日《宪法》，第76条，第3款。

第三节 规章性决议的制定

175. **部长拥有有限的规章制定权。** 总理拥有国家规章制定权，但是各部长则不然。尽管如此，他们仍有权通过政府的一些规章性决议。原因有以下几个方面：

1）部长组建其办事机构并使之良好运转：参见加马尔案判例（参见上文第106条目）

2）为推动某法律条款的落实，议会已在某项法律中将规章制定权授予部长。

据《民法典》第102条规定："在法国注册的内地航行船舶上的船工及其他常驻船舶人员，如果没有上段条文所提到的法定住所，则必须从由司法部部长、内政部部长和公共工程、交通与旅游部部长联合制定的名单上选择其中一个市镇来安家定居。"《教育法典》第L. 521－1条指出："国家校历由教育部设定，期限3年。"《教育法典》第L. 632－1条规定："由高等教育部和卫生部的联合决议来确定医学研究和硕士研究的体制以及研究机构的组织。"《城市规划法典》的第L. 331－11条宣布，为了确定装修税的税基，建筑面积每平方米的价值在每年的1月1日都要根据最新建筑费指数由城市规划部进行修改。

3）已有法令条款做出明确规定：根据《宪法》第21条第2款，总理可将其部分权力下放给部长，可在某法令相关文本中赋予部级决议确立法令条款或对法令进行补充的权力。

《旅游业法典》第R. 342－23条对承担山地缆车工程的工程师的职责做出了相关规定，其中最后一款提到："实施本条的具体情况可酌情由交通运输部部长通过决议进一步明确。" 2012年5月3日第2012－631号法令第6条涉及国家公务人员候选人被选举资格和所需条件问题，根据该条规定，免考一级丙类国家公职职位数量由各部部长通过决议确定。

但是，当一项法律委托政府通过最高行政法院令来确定某些法规时，总理就不能单纯地将任务转而下达给部长[①]。

---

① 最高行政法院，2000年6月30日，重罪法庭第210412号文件，法国人权和公民权联盟案，参见《最高行政法院2000年判例汇编》，第253页。

若一项规章措施需要通过部长决议或部际决议加以确定，可由有权副署政府决议的部长所签署的法令代替之①。

176. **决议的准备工作**。 由自身发起，或应部长或部长办公厅要求，各部中央行政机关进行部级决议的草拟工作，但必须保证所在部部长被授予了相关的规章制定权②。在办事过程中，要按照法律等级体系（高级文本必须经签署得到同意）并向咨询机构就草案的拟定征求意见（这些意见也必须经过签署）。根据内容的重要性，经过调整的文本由部长、各部中央行政机关负责人或其受托人之一等不同级别的行政人员签署。有时，在颁布决议之前，部长办公厅可能被要求去批准相关的通告。

177. **部际决议**。 如果一项决议是两个或多个部长联合行使职权的结果，则该决议的规章性文本内容由各相关部门的中央行政机关草拟，并由各部长或其受托人联合签署。

178. **决议的颁布**。 各部部长的决议在各部《官方公报》上颁布。其中最重要的也会发布在法兰西共和国《官方公报》上。该报使得由政府总秘书处和总理办公厅负责的这些文本处于一定程度的监督之下。

部级规章性决议于预先确定的日期生效，如果没有事先确定，于颁布的次日生效。在紧急情况下，总理可通过法令使其在颁布当日生效。

2013 年 1 月 25 日关于非居民楼夜间照明的决议
——旨在减少光污染、降低能源消耗

决议发起者

生态、可持续发展与能源部部长

① 最高行政法院， 2004 年 11 月 10 日，第 250423 号文件，能源使用行业协会案，参见《最高行政法院 2004 年判例汇编》，第 554 页。

② 如果一项有关驾驶执照的法令授权交通运输部部长确定驾照的内容和形式，那么内政部部长则无权下达有关该主题的任何决议。

决议依据文件

《环境法典》，尤其是第 L. 120－1 条、第 L. 583－1 条到 L. 583－5 条以及第 R. 583－1 条到 R. 583－7 条。

《劳动法典》，尤其是第 L. 3132－25 条。

咨询机构

参考相关专业部门以及得到了环境部部长和全国市长代表协会认可的环保组织的意见；

2013 年 1 月 10 日参考了地方财政委员会（标准评估咨询委员会）的意见。

决议：

第 1 条

该决议针对非居民楼照明设备而定，既包括能照到室外的室内照明，也包括楼栋正面的外围照明。但对于用于探测设备，监视物体运动、防范不法侵入以保证财产安全的照明设备不具有约束力。

第 2 条

职业场所的室内照明在员工工作结束 1 小时后熄灭。

楼栋正面的外围照明最晚在凌晨 1 点熄灭。

商场橱窗和展柜照明最晚在凌晨 1 点熄灭，如果有商业活动开始时间较晚，可在活动结束后 1 小时熄灭。

第 3 条

商场橱窗和展柜照明从早晨 7 点开始，如果有活动举行时间较早，可在活动开始前 1 小时点亮。

楼栋外围照明在日落之前不可点亮。

第 4 条

在省长决议确定的节假日的前夕，在圣诞节之际或地方盛事期间，在《劳动法典》第 L. 3132－25 条所提到的人流量较大、文化活动频繁的旅游区，省长下令时可根据实际情况不受第 2 条最后两款条款的约束。

第 5 条

根据第 2 条到第 4 条的规定，当照明设备的运行情况出现规定以外的不正常现象时，有关当局应有所察觉并做出反应。《环境法典》第 L. 583 - 3 条具体提到了“有关当局”都有哪些。

推迟生效日期

第 6 条

本决议之条款将于 2013 年 7 月 1 日开始生效。

第 7 条

本决议将在法兰西共和国《官方公报》上发表。

署名和日期

德尔菲娜 · 巴托

2013 年 1 月 25 日

第四节　法典编纂

§ 1. 法国法典简史

179. **拿破仑的 5 部法典**。 路易十四统治时期，奥弗涅大区克莱蒙市法院的国王律师、法学家多马在其著作《论自然秩序中的民法》中，将现行（习以为常的）权利按照适用于人、物、义务或继承的规则分成四类。拿破仑在阅读多马著作时受到启发，编纂了《民法典》(1804)、《民事诉讼法典》(1806)、《商法典》(1807)、《刑事诉讼法典》(1808)、《刑法典》(1810)。这几部法典将可适用的法律依次按照章、编、卷的顺序分门别类。

180. **20 世纪**。 1922 年出台了《劳动法典》。法典编纂运动兴起于第四共和国。 1948 年 5 月 10 日法令宣布成立“高级委员会，用以研究法典编纂以及法律和规章性文本的简化问题”。该委员会先后制定了《森林法典》(1952)、《城市住房法典》(1954)、《乡村法典》(1955)、《家庭与社会援助法典》(1956)、《矿业法典》(1956)、《市镇管理法典》(1957)[①]。1898年9月12日的法令宣布将委员会重组为“法典编纂高级委员会”,主要负责“明确法典制定的方法论,以及发布总指示”[②]。在这个新成立的委员会的促进下,编写了《知识产权法典》、《消费法典》、《财政审判法典》、《公共领土法典》。得益于便利的信息工具,1996年5月30日颁布的有关法律和规章性文本编纂的法令再一次推动法典编纂进程。关于公民在与行政主体的关系中所享权利的2000年4月12日法律明确了法典编纂的目的:“按照法典的主题,收集整理所有现行有效的法律。”[③]于是编写出台了《行政法院法典》、《公民财产法典》、《外国人入境停留及收容法典》、《环境法典》、《货币财政法典》、《能源法典》(和《矿业法典》分开)、《交通法典》、《遗产法典》、《研究法典》、《运动法典》、《教育法典》、《国防法典》。除了这9部法典外,《商法典》、《劳动法典》、《城市法典》(区别于《城市住房法典》)、《乡村和海洋渔业法典》都进行了重新编写。2012年底,共有60多部法典生效,此外,还有几部针对海外规章制定的法典。

181. 2013年3月27日政府通告。 考虑到60%的法律和30%的规章性文本已被编入法典,总理向各部门颁布了一项新的法典编纂计划[④]:

- 编写2部新法典:《公共职能法典》、《行政机构和公民关系法典》;

---

① 1977年,《市镇法典》取代了《市镇管理法典》。

② 1989年9月12日颁布的关于法典编纂高级委员会的组成和职能的第89-647条法令,第1条。该机构由总理负责;其副主席由分庭主席或最高行政法院名誉分庭主席担任。

③ 2000年4月12日颁布的关于公民在与行政主体的关系中所享权利的第2000-321号法律,第3条。

④ 这则通告(5643/SG)可以在 www. circulaire. legifrance. gouv. fr 网站查阅。

• 重新改写 8 部法典：《消费法典》、《建筑与住房法典》、《选举法典》、《公用征用法典》、《战争伤亡抚恤金法典》、《邮政电信法典》、《城市法典》(第 1 卷)、《道路法典》；

• 完成其他 8 部法典的规章部分：《电影和动画法典》、《国防法典》、《教育法典》、《能源法典》、《遗产法典》、《交通法典》、《乡村和海洋渔业法典》(第 9 卷)、《国家安全法典》。

在这种情况下，法典编纂高级委员会的任务延长至 2019 年 2 月 28 日[①]。

§2. 原则

182. **法律的易接近性和可理解性**。 根据 1999 年 12 月 16 日的决定，宪法委员会要求编纂的法典文本要符合“宪法价值目标，使法律易接近、可理解；事实上，如果公民对适用于自身的法规没有足够的认识，那么《人权宣言》第 6 条提到的‘在法律面前平等’和第 16 条规定的‘权利保障’则毫无意义；这种认识在行使一些文本所保障的权利和自由时非常必要，比如根据宣言第 4 条，行使权利的限制只有法律可以规定，或者根据宣言第 5 条，‘凡未经法律禁止的行为即不得受到妨碍，而且任何人都不得被强制去从事法律所未要求的行为’”[②]。古老的格言“没有人敢无视法律”在《宪法》中找到了与之对应的句子！

183. **法典的一致性**。 法典编纂高级委员会负责使每部法典明晰易懂，避免法典的条款过于累赘，确保法典的适用范围不要太大，而是针对某一个确切的区域[③]，比如《电影和动画法典》。

184. **根据恒定法编纂法典**。 编纂法典所用条款均出自现行法律和规章性文本，法典出台之时，原文本即被废除。除非有专门的法律

① 2014 年 3 月 7 日颁布的关于法典编纂高级委员会任务延长的第 2014 - 312 号法令。

② 宪法委员会于 1999 年 12 月 16 日颁布的第 99 - 421 号决定，《政府依法通过政令决定采纳某些法典的法律部分》，第 13 条。

③ 法典编纂高级委员会的主要任务是“明确法典制定的方法论，发布总指示”(1989 年 9 月 12 日第 89 - 647 号法令，第 1 条)。

授权，编纂的条款不能更改现有的权利。最高行政法院认为法律授予政府通过政令来编纂恒定法的法律条款。“必要的修改权以确保尊重法律等级体系、文本编纂的结构性、法律的协调性，并修改可能存在的错误，废除没有根据的条款”为前提，但政府没有“权力用同样的法律条款、《宪法》价值的规定和原则，或者国际条约来纠正过去的误读”①。

185. **法律部分和提纲**。 法律部分总是最先制定的，通常有政令指示。它的提纲要包含方方面面，必要时，要能够先想到规章性条款的划分。《刑法典》第 6 卷（“违法”）里没有任何法律条款。提纲将法典依次按照卷、篇、章细分。如果一章包括了很多条款，那么它还可以按节划分，之后再按分节、段落划分。

法典编纂高级委员会要求法典编纂工作组注意各法律间的统一，避免将条款分散在一部法典的不同卷里。法典中也可以有一部分条款专门适用于海外省②。

186. **条例**。 法典最基本的构成就是条例，原则上，这些条例遵循唯一的规范。出自权力机关法律的条款在序号前要加上字母 L. O. ，而出自法律或政令的条款在序号前要加上字母 L. 。

比如，第 L. 411 条表示在一部法典法律部分第 4 卷、第 1 篇、第 1 章，第 L. 642 条表示在一部法典法律部分第 6 卷、第 4 篇、第 2 章。

一条条例可以由好几款构成。

§3. 法典规章部分的制定

187. **提纲**。 一部法典规章部分的提纲要与其法律部分的提纲在卷、篇、章上保持一致。对于法律部分的进一步划分，如果内容是受

① 最高行政法院， 2012 年 3 月 21 日，第 349415 号文件，法国自来水公司案，参见《最高行政法院 2012 年判例汇编》，第 96 页。

② 也包括阿尔萨斯-摩泽尔：《乡村和海洋渔业法典》，第 3 卷，第 2 篇，第 5 章；《社会家庭行为法典》，第 7 卷，第 6 篇，第 1 章。

法律支配，那么规章部分可以不包含任何条款；对于规章部分的其他条款，其提纲可以比法律部分分得更细，比如出现分节、分段。

《民法典》和《民事诉讼法典》没有规章性条款。

案例

两部法典的提纲

第一个案例：《选举法典》提纲节选

《选举法典》第2卷第4编（“参议员选举”）的法律部分有9章，规章部分有9章，其中只有第4、5、6、7章包含条例：

规章部分

第四篇　参议员选举

一、参议员选举（空缺）

二、被选资格条件和无被选资格条件（空缺）

三、不可兼任性（空缺）

四、宣布应试者（第R. 149－R. 153条）

五、宣传（第R. 154－R. 161条）

六、投票选举的准备工作（第R. 162条）

七、投票工作（第R. 163－R. 171条）

八、参议员换届（空缺）

九、争讼（空缺）

第二个案例：《环境法典》提纲节选

《环境法典》第2卷（“自然环境”）第2编（“空气与大气层”）第6章（“检查和处罚”）包括两节，法律部分共有5条条例，而规章部分将这一章的17条规章性条例分成两节，并把第2节分成10个分节：

法律部分

第二卷　自然环境

第二编　空气与大气层

第六章　检查和处罚

第一节　查证违法行为（第 L. 226 - 2 条）

第二节　处罚（第 L. 226 - 6 至第 L. 226 - 9 条）

规章部分

第二卷　自然环境

第二编　空气与大气层

第六章　检查和处罚

第一节　查证违法行为（第 R. 226 - 1 至 R. 226 - 5 条）

第二节　处罚（第 L. 226 - 6 至 L. 226 - 9 条）

第一分节　焚化、燃烧、加热设备的安装（第 R. 226 - 6 条）

第二分节　非公路的可移动引擎发动机（第 R. 226 - 7 条）

第三分节　保护大气层提纲（第 R. 226 - 8 条）

第四分节　锅炉的产量、设备和监督（第 R. 226 - 9 至 R. 226 - 10 条）

第五分节　对能源消耗产生影响的产品（第 R. 226 - 11 至 R. 226 - 12 条）

第六分节　在一些清漆、绘画以及车辆修饰物上使用有机溶剂来减少挥发性有机化合物的挥发量（第 R. 226 - 13 条）

第七分节　根据可挥发污染物的挥发量给建筑、墙面、地面等产品以及绘画、清漆等产品贴上标签（第 R. 226 - 14 条）

第八分节　监控一些公众建筑内部空气质量（第 R. 226 - 16 条）

第九分节　重犯错误（第 R. 226 - 16 条）

第十分节　对空气优先区域进行实验（第 R. 226 - 17 条）

188. **规章性条例的区别**。 条例前都有一个字母和一个数字，字母表示它来自的文本： R. * 表示条款来自最高行政法院和部长会议令， R. 表示条款来自最高行政法院令， D. * 表示条款来自部长会议令， D. 表示条款来自简单法令①， A. 表示条款来自某项决议。

189. 法律部分和规章部分的统一。 提纲的统一体现在条例的编号和涉及的问题相一致。

因此，在《城市法典》中，城市优先购买权制度被分成 211 条条例（第 2 卷“土地优先购买和储备量”，第 1 篇“优先购买权”，第 1 章“城市优先购买权”）。第 L. 211 - 1 至 L. 211 - 5 条明确了市镇可以设立城市优先购买权的条件；第 L. 211 - 1 至 L. 211 - 8 条规定了市议会做出决议并有义务向业主宣布售卖产业的条件；第 A. 211 - 1 条规定了建立宣言的表格范例。

190. 法令和决议的区别。 在大部分法典中，规章性条例被分成“法令”和“决议”两部分。一些法典（比如《教育法典》）没有“决议”部分。

特例：《电影和动画法典》只有规章部分，其中，法令和决议统一连续编号②：国家电影和动画中心的招聘规则和合同代理人的法规按照如下条例规定： R. 113 - 1, D. 113 - 2, A. 113 - 3, A. 113 - 4, A. 113 - 5。

191. 规章部分包含所有法令中的条款。 通常，按照法典编纂高级委员会的建议，包含条款的规章部分在收录法令时不会因为条款所来自的法令等级不同而有所区别（最高行政法院和部长会议令、最高行政法院令、部长会议令、简单法令）：所有条款都是按顺序编号。

例如：在《教育法典》中，申诉第二级机关纪律委员会的决定遵照如下条例：R. 511 - 49、 D. 511 - 50、 D. 511 - 51、 D. 511 - 52、 R. 511 - 53、 D. 511 - 54、 D. 511 - 55、 D. 511 - 56、 R. 511 - 57、 D. 511 - 58。

有 8 部法典例外，它们对来自最高行政法院令和其他法令做了区别，并专门设有“规章”部分来区分“法令”部分，其中有《民用航空法典》、《军事裁判法典》、《刑事诉讼法典》、《社会安全法典》、《邮政电信法典》。

例如：《刑事诉讼法典》由 4 部分组成：法律部分（条例前不加字母）和 3 个规章部分：最高行政法院兼部长会议令和最高行政法院令（R* 和 R），简单法令（D），决

① 这条法令听取了最高行政法院意见（第 149 条）。

② 这部法典保留的部分由法典编纂高级委员会宣布有效（2012 年 11 月 20 日）。

议（A）。

当政府向最高行政法院提交一部法典的规章部分，其中的条款来自最高行政法院令和简单法令时，最高行政法院主要审查带 R* 和 R 的条款，但也会检查带 D* 和 D 的条款。

§4. 法典的维护工作

192. **颁布**。 法典的法律部分由一项法律（或者一项被批准的政令）来颁布，而规章部分则由同样级别的文本颁布。

2013 年 12 月 4 日出台的关于《国家安全法典》规章部分（最高行政法院和部长会议令）的第 2013－1112 号法令，以及 2013 年 12 月 4 日出台的关于《国家安全法典》规章部分第 1、 2、 4、 5 卷（最高行政法院令和简单法令）的第 2013－1113 号法令被刊登在 2013 年 12 月 6 日《官方公报》上。

193. **法典的修改**。 一部法典的法律条文（L.）只能通过法律或政令进行修改或废除[①]。规章性条款只能通过同等级别的文本进行修改或废除： 标 R. * 的条款来自最高行政法院和部长会议令，标 R. 的条款来自最高行政法院令，标 D. * 的条款来自部长会议令，标 D. 的条款来自简单法令，标 A. 的条款来自某项决议。

194. **立法行为**。 如果行政机构要修改一部法典的规章部分，它要和制定法令（见上文第 121—174 条目）或决议（见上文第 175—178 条目）一样采取同样的步骤，且必须进行咨询工作。不同的是，文本编写者从一部法典的条例开始他们的立法工作。他们可以废除条例（最后让这个编号成为空缺项），删除句子，替换条款，就现存条款增加词语、句子、段落。如果要增加新的条款，他们需要把它插入适当的章节里，并给条例编号。行政机构要确保最后整篇文本（文本修改后的条款）完全符合法律易接受、可理解的《宪法》价值目标。

---

① 除非根据《宪法》第 37 条第 2 款，这项条款被认为是“不合法的”。

案例

法典的修改

2014 年 1 月 30 日关于政府国防部门顾问的第 2014－88 号法令，NOR：DEFX1330356D

相关人员：军队健康部和军队军需部的普通军官。

目标：放宽可以担任政府国防部门顾问一职的条件。

生效时间：出台第二天即生效。

概述：法令对《国防法典》第 R.*3311－2 条进行修改，是为了使军队健康部和军队军需部的普通军官增加担任政府国防部门顾问一职的任职资格。

附注：因这条法令进行修改的《国防法典》第 R.*3311－2 条可于修改后在 Legifrance（http：//legifrance.gouv.fr）上找到。

共和国总统，

总理和国防部部长，

参考《国防法典》，特别是第 R.*3311－1 和 R.*3311－2 条；

参考最高行政法院（行政部）意见；

经部长会议听证，

颁布法令：

第 1 条

《国防法典》第 R.*3311－2 条，在“中将或者上将，空军中将或者空军上将，海军中将或者海军上将，总工程师或者顶级总工程师”之后增加了“将军级医生或者超级特派员”。

第 2 条

总理和国防部部长各司其职，负责这项法令的实施，法令将在法兰西共和国《官方公报》上发表。

总统：弗朗索瓦·奥朗德

共和国总统授权，由下列人员联合副署：

总理　让-马克·艾罗

国防部部长　让-伊夫·勒·德里安

2014 年 1 月 30 日

195. **了解法典**。 在 www. legifrance. gouv. fr 上可以找到所有生效的法典；《官方公报》上也有“官方法典”全集。几个私人出版商每年出版带有评论的法典，其中不同条例的条款都用醒目字体表示，并附有判例解释。

第二部分

类部、部际和次部结构

196. **提纲**。 要了解法国国家行政机关，不能仅仅介绍各部中央行政机关。因此，结束了主讲政府各部的第一部分之后，本书第二部分将主要讨论类部、部际和次部结构：协助各部委工作的专业化行政机构呈现出“混沌状态”（第一章）；政府部门间的行政协作与政治推动力（第二章）；各部行政权力的下放（第三章）。

第一章
专业化行政机构的“混沌状态”

197. **“混沌状态”**。 许多国家机构介入了公共服务管理领域，通常由国家设立。自 19 世纪起，当政府想简单地设立一个机构，使其完全致力于某一目标，并用以更灵活地管理某些活动时，这样的机构就会应运而生[①]。根据公共服务适应性原则，同时为了响应“福利国家”的号召，此类机构在 20 世纪得到了发展。 21 世纪初，这些机构经历了新的成长期，当时政府确定了“战略型和效率型”[②] 的转型，旨在让中央行政机关主要负责大政方针的导向，并放手让其他机构负责国家公共服务管理。

既然中央行政机关既不该也不能包揽一切，某些属于国家公共服务的使命就不是或不再由政府部门来实现，而是委托给一些大多数具有法人资格的机构。这些机构数量多、增速快，有时又显得错综复杂，在国家行政机关内呈现出了一种类部的“混沌状态”。此外，政府部门和其他实体的这种共存关系带来了政治上的后

---

① 参见 1899 年 12 月 9 日权限争议法庭裁决中的“公共机构”概念。

② 雅克 · 阿塔里， 《法国解放与增长促进委员会报告》，法国文献局， 2008 年，第 82 页。

果：大型公共机构的领导者无论在法国还是在国外都常常身担重任；他们履行职责时，与各部长相比，较为独立。因此某些机构的领导职位，通常比中央行政机关负责人的职位更吸引人，甚至更有诱惑力。后者在公众舆论中普遍缺乏辨识度。不过，这种状况不会导致“国中国”产生。

198. **提纲**。**本章先对概念的多样性进行考察（第一节），再介绍各自主管理机构（第二节）及独立监管权力机构（第三节）**。

第一节　概念的多样性

§1. 多种机构和政府操作机构

199. **中央公共行政机关**。所有成员国都执行欧盟建立的一条准则。在法国，该准则由国家统计及经济研究所[①]执行。根据该准则，以生产非商业服务或以进行收入与国家财产再分配为主要职能的制度性单位的全体被称作“公共行政机关”。欧洲各国于2012年订立的《财政契约》规定：“公共行政的预算状况处于平衡或超支状态”[②]，该契约要求计算所有公共行政机关的账目总额，用以估算成员国的债务及赤字。

公共行政机关（APU）分为三类：中央公共行政机关（APUC）、地方公共行政机关（APUL）和社会保障行政机关（ASSO）。

200. **中央行政的多种机构（ODAC）**。法国国家统计及经济研究所与公共财物处共同在中央公共行政机关内划分出了一个特殊子类别——“中央行政的多种机构”。超过700所机构被命名为“中央行政的多种机构”，它们大部分由国家管理及资助，具有国家级别的专业化功能权限。

---

① 经济与财政部总指挥部门。

② 《欧洲经济联盟稳定、协调和治理公约》，2012年3月2日，第3条，第1款。

国家统计及经济研究所按照10种不同的职能对“中央行政的多种机构”进行了分类：

1）公共行政机关的一般服务：国家证书安全所、公共债务管理处、伤害强制保险保障基金会、巴黎审计局……

2）国防：国防视听产品与情报机构、国防高层研究院……

3）公共安全和秩序：不动产司法办事处、巴黎法院办事处……

4）经济事务：金融市场管理局（AMF）、国家手工船舶公会、法国煤炭公司、法国石油研究所、法国原产地名称管理委员会、国家工业产业研究所、国家海上救援所、法国航道管理局……

5）环境保护：瓜德罗普岛和马提尼克岛似几何图形的“50步”区域城市空间开发处，国家农机、农村工程、水和森林研究中心，滨海保护机构，国家野生动物及其栖息地监测所，国家公园……

6）住房与城市发展：国家居住条件改善局、国家城市革新局、国家工商业空间修缮和规划公司……

7）卫生：生化医疗管制局、法国兴奋剂抵制机构、地区卫生所、突发卫生事件应对与防治机构、国家健康与医学研究院、卫生管制研究所……

8）休闲、文化和宗教：法兰西学院、地区青年档案与信息中心、尚博尔国家领地、现代乐集、国家音像研究所、剧院（歌剧院，法兰西喜剧院，奥德昂剧院）、卢浮宫……

9）教育：法国欧洲教育培训处、瓦尔博纳国际学校、地区教育学文献中心、法国远东学院、地区行政学院、公立大学与公立高等专科学校……

10）社会保障：移民劳务人员社会保障中心、国防人力招募中心、国家住房支持基金会、国家卫生预防措施与教育研究所……

尽管“中央行政的多种机构”这个定义既有效也值得关注，但是它把一些与政府各部门使命大相径庭的实体纳入了“中央行政机构”名单：该定义因此逐渐被国家操作机构取代。

201. **政府操作机构**。预算局负责跟踪国家操作机构的活动与花销。

根据关于财政法律的《组织法》第27条第3款：“国库账目应真实、有规律，并忠实表现国家财富与财政状况。”因为要求真实性，预算局每年都在预算案附件内（黄色）介绍各机构状况。这些机构与政府联系紧密，它们执行由政府规定的公共服务使命，大多数由政府资助，并直接受其管理，被称作“政府操作机构”。操作机构名单每年都接受复审①。财政法律草案规定，每个公共操作机构都可得到一笔公共服务开支补助；每个机构都应该同政府商订目标与成果合同，制定一份长期的不动产策略纲要，并与法国国有财产管理局签订国有不动产使用协议②。国家操作机构被列入集中了国家预算项目的 31 项任务中。（参见下文第 528 条目）

2014 年财政法律统计出 550 个政府操作机构，并在其中投入 503 亿经费支出以及 443 708 个职位。一些项目中的预算支出几乎全部拨给了政府操作机构：170 号项目“气象局”被完全委托给法国气象局，193 号项目“太空探索”被完全委托给国家太空研究中心，197 号项目“海员退休与社会保障制度”被完全委托给国家海员残疾保险机构，102 号项目“就业与再就业”的 94%被委托给就业中心，334 号项目“文化产业与书籍”的 80%被委托给法国国家图书馆。

聚焦

高等教育与科研领域的政府操作机构

288 354 个岗位。在 2014 年财政法律中，150 号项目“高等教育与学术研究”94%的经费拨给了政府操作机构。为了实现“科研与高等教育”的使命，政府操作机构可雇用 288 354 名职员。

高等教育领域。数量最多的一类政府操作机构为科学、文化与职业性公共机构（EPSCP），其中包括 73 所综合大学。这些综合大学由许多部分组成：科研与教育单位（校长或院长由理事会选举产生）、内部学院（校长，特别是教育与教师职业高等学校校长由部长任命）以及研究所（所长，特别是技术专科大学所长由理事会选举产生）。“贝克莱斯”

① 政府操作机构清单可查阅网站 www. performance-publique. budget. gouv. fr。

② 2013 年 8 月 5 日关于 2014 年国家操作机构及国家公共机构的财务与预算框架的财政部通告，附件，第 9—11 页。

法[1]在预算、不动产和人力资源管理方面加强了综合大学的自主权。根据《教育法典》第712－1条规定："大学校长的决定、行政理事会的决议，以及学术理事会的决议与意见共同主导大学的行政管理。"

17所学院与综合大学外部研究院也隶属科学、文化和职业性公共机构（特别是国家应用科学研究所，里尔、里昂和南特的中央学院，贡比涅、贝尔福和特鲁瓦的技术大学）。

31个科学、文化和职业性公共机构取得了"重要机构"的身份，因此享有更多自主权：包括一些古老机构（法兰西公学院、法国国立工艺学院、国家自然历史博物馆、中央理工学院、国立文献学院、社会科学高等研究院、国立路桥学院、巴黎政治学院、法国矿业-电信学校联盟）、2所大学（巴黎九大、洛林大学）以及图卢兹国立综合理工学院。4所高等师范学院不属于"重要机构"，而属于特殊的科学、文化和职业性公共机构。

部分高等教育操作机构不具备科学、文化和职业性公共机构身份：法国驻外学校（维拉斯克斯学院、罗马法兰西学院）以及其他机构（如外省的政治学院、国立高等工程师学院）拥有行政性公共机构身份，著名的高等理工化工学院是一个巴黎市独立公司；高等电力学院（Supélec）是一个与国家签订合作合同的协会。中学毕业会考后的学习班（高等专业学院与高级技师学院预科班）由负责高等教育的部长掌管，隶属当地公立教育机构（属大区与大学区区长办公室）。

综合大学共同体与机构[2]是高等教育机构结成的联盟，属科学、文化和职业性公共机构。国家高等教育信息中心以及大学司法部属于行政性公共机构，负责管理1968年11月12日《高等教育方向指导法典》出台前大学获得的个人财产。科研及高等教育机构与公立大学互助所（AMUE）

① 2007年8月10日颁布的关于公立大学自由权与责任的第2007－1199号法律。

② 《教育法典》第L. 718－7条。自2013年7月22日第2013－660号法律（"菲奥拉索"法律）生效后，综合大学共同体与机构取代了科研与教育中心。

是一个公共利益集团（GIP）。综合大学校长会议（CPU）、高等专业学院会议（CGE）和法国工程师学院院长会议（CDEFI）均属于协会。

学生生活方面的问题（住房、就餐、奖学金等）交由大区大学及学校事务管理中心（CROUS）处理，学生在该公共行政机构董事会中占有重要席位；巴黎国际大学城是一个闻名遐迩的公益基金会，上百个国家的10 000名学生和研究者被安顿在大学城的40栋“公寓楼”里面。

高等教育书籍技术中心为行政性公共机构，和巴黎大区大学整治公共机构共同协助巴黎大区高等教育机构的工作。

多数机构仅由一位负责高等教育的部长监管，但他还会与另一位部长“协同”监管隶属其他政府部门的机构组织[①]：与生态环境部部长共同监管国立路桥学院（属“重要机构”）；与国防部部长监管综合理工学院（属公共行政机构）；与农业部部长监管巴黎高等农艺科学学院（属“重要机构”）；与文化部部长监管建筑学院、艺术学院以及国立文化遗产学院（属公共行政机构）；与体育部部长监管运动性能、测试和资源中心（属公共行政机构）；与科研、社会事务和卫生部部长监管公共卫生高等研究学院（属“重要机构”）……在设立了医学院和药学院的城市，当地地区医护中心与综合大学在保留其法人资格的同时，依照《公共卫生法典》第L. 6142－3条订立的公约，在大学医护中心（CHU）共同组织所有的服务活动。

科研领域。科研领域操作机构分为两部分，一部分为行政性公共机构（法国国家科研署、技术学术院），其中一些被称作科技性公共机构（EPST）[②]，如国家科研中心（CNRS）、国家健康与医学研究院（INSERM）、国家农业科学研究院（INRA）、发展研究所（IRD）……另一部分为工商性公共机构，如放射性废料管理局（ANDRA）、国家太

① 《教育法典》，第L. 123－1条，第2款。

② 《科研法典》，第L. 311－1条及第L. 321－1条。

空研究中心（CNES）、国家原子能中心（CEA）。

科研机构的协作结构①有以下几种形式：被称作工业技术中心的公益事业机构、依照规定设立的基金会、公共利益组织、经济利益组织及欧洲经济利益组织。一些公共或私营机构及组织（其中至少有一个公共高等教育与研究机构）可组成科学合作基金会。该基金会属非营利性私法法人，遵守公益事业公认的基金会准则，根据其身份（已经决议批准），学术院大学区区长（即大学负责人）对基金会行使政府专员职能。

作为公共利益集团的国家教育与科研网络（RENATER）聚集了国民教育、高等教育与研究部，大学校长会议，国家原子能中心，国家信息与自动化研究所（INRIA），国家太空研究中心，国家农业科学研究院，国家健康与医学研究院，航空航天研究中心（ONERA），农业发展研究中心（CIRAD），农业与环境科技研究所（IRSTEA），发展研究所，地质矿产调查总局（BRGM）。

负责科研事务的部长独自（如国家科研中心）或与其他部长联合（例如发展研究所）处理涉外事务，（国立人口研究中心涉及社会事务，国家信息与自动化研究所涉及工业，地质矿产调查总局涉及环境与工业，国家海洋开发研究院涉及农业与海洋）对这些机构进行监管。

§2. 办事处

202. **起源于英国**。“办事处（Agence）”这一概念源于英国，带有强烈的行动意愿，如全球知名的美国联邦办事机构：中央情报局（CIA）、食品药品监督管理局（FDA）、国家航空航天局（NASA）。后被欧盟政府机关沿用（欧洲药品管理局、欧洲食品安全局、欧洲防务局、欧洲环境署等），自20世纪起在法国发展起来；两所高级国家机构对办事处的发展进行了关注，但给出的定义并不

① 《科研法典》，第3卷，第4章。

相同。

203. 最高行政法院研究报告。 在2012年度研究报告《办事处：一种新的公共管理？》一文中，最高行政法院提出了政府办事处的定义。按照其观点，满足以下两个条件的政府机构就是政府办事处：

- 自主管理。由政府挑选办事处领导，并监督机构的管理，按照《宪法》第20条规定，这样能使办事处更好地协助“国家政策”的实施①。但是中央行政机关很少介入这些机构的事务，因为它们或拥有法人资格，或以“国家级权限机构”的形式出现。
- 在国家政策实施中承担构建责任。表现在“它担负规范、财政管理及鉴定职责，或者仅仅因为办事处是公共政策的独立操作机构甚至是支配机构”②。

根据上述定义，最高行政法院认为，许多国家操作机构不属于该意义上的办事处，比如地区卫生局、高等教育机构办事处和国家公园办事处均属特殊情况，它们地域活动范围受限，并且不承担国家政策实施的全部责任。最高行政法院因此将101个机构定性为办事处，意味着总数为3 300亿欧元的预算以及144 700个职位。

研究报告将办事处分为六类：

- 服务业及产品办事处，数量最多：就业中心、企业国际发展署、国库署……
- 公安与管控机构办事处：国家森林局、国家药品与保健品安全局……
- 鉴定处：国家食品、环境及劳动卫生安全局，核安全与核射防护研究所……
- 融资处：国家科研署、国家城市革新局……
- 互助处：高等教育机构与公立大学互助所、国立博物馆联盟……
- 协作网络推动处：国家共促自主基金、国家电影中心……

最高行政法院强调，办事处在提高公共政策效率上产生了积极作用，并建议政府对办事处与中央行政机关的关系，以及办事处与领土国家之间的关系进行更好地定义。最高行政法院为此提出了25个

---

① 最高行政法院，2012年度研究报告，《办事处：一种新的公共管理？》，法国文献局，2012年，第57页。

② 同上。

建议。

204. **金融总监察部（IGF）报告**。 在 2012 年《政府与政府办事处》报告中，金融总监察部把遵守下列两条准则的政府实体定性为办事处：

- 行使非商业性公共服务使命；
- 根据一系列指标，这些实体由国家管控。

为了建立办事机构名单，金融总监察部对以下机构名单中的所有实体进行了统计：政府操作机构、中央行政的多种机构、配有公共会计的实体（特别是公共行政机构）、国家权限机构、行政权力机关以及独立公共权力机构。删去重复部分后，金融总监察部认为，有 1 244 个实体符合上述两条办事处的定性准则，包括 1 101 个拥有法人资格的实体（2/3 为公共行政机构）、 42 个独立行政权力机关、 101 个国家权限机构[①]。

金融总监察部对办事处花销的上涨，以及监管组织结构的松弛表示担忧；它强调，在一些政府部门中（文化、体育、城市部），部分重要的办事处承担了大量职责，导致中央行政机构被明显削弱。金融总监察部提出了 35 个建议，特别提出了未来对办事处定性的各条准则。

第二节　自主管理机构

205. **身份的多重性**。 法国地方行政区各个层级的重叠造成了“法国行政千层饼”现象。尽管某些机构仅被政府授予了少量权力，因其身份的多重性，也会受到质疑。其中一部分是中央行政机关（如国家烈士与老兵办公室），其他的则与中央行政机关相去甚远（如巴

① 金融总监察部，《政府与政府办事处》，第 2011 - M - 044 - 01 号报告， 2012 年，第 5—6 页。

黎交响乐团）。《行政法典》将介于这两种极端情况之间的此类机构分成了几大类，除了这几大类之外，还存在掌握权力但独立的个人。此外，一些机构发展并改变了身份，另一些由行政法官重新定性。

因此，我们创建了一份无特定排序的清单。

聚焦

经议会同意由共和国总统任命的公司及机构领导人

（落实《宪法》第 13 条第 5 款规定）

- 巴黎机场董事长兼总裁
- 法国运输基础设施融资机构董事会主席
- 法国开发署首席执行官
- 环境与能源控制署董事会主席
- 国家放射性废料管理局局长
- 国家城市革新局局长
- 法国银行总裁
- 信托局局长
- 国家航天局董事会主席
- 国家科研中心主席
- 国家原子能中心董事长
- 罗讷河国家公司董事会主席
- 法国电力公司董事长兼总裁
- 法国国家彩票公司董事长兼总裁
- 国家农业科学研究院院长
- 国家健康与医学研究院院长
- 核安全与核射防护研究所所长
- 就业中心主任
- 法国气象局董事长兼总裁

- 法国难民与无国籍者保护局局长
- 国家森林局局长
- 公共投资银行（集团）股份有限公司总经理
- 法国邮政董事会主席
- 巴黎大众运输公司董事长兼总裁
- 法国国家铁路公司董事会主席
- 法国国家航道管理局董事会主席

§1. 行政性公共机构

206. **实例**。 科技学院、生化医疗管制局、公共住房管理局、国家住房署、国家科研署、国家司法系统房地产服务社、国家养老保险金管理局、国家古迹中心、国立图书中心、国家私营业务安全理事会、法国血液机构、法国气象局、法国移民局、国家烈士与老兵办公室、文化不动产规划及遗产操作部、国家公园、就业中心、法国国家航道管理局。

207. **特征**。 行政性公共机构具有明显的专业性，使它们参与管理其负责的公共部门的能力受到了限制。行政性公共机构还具有显著的自主性，为它们的介入行为赋予极大的自由①。所有行政性公共机构都受一个或多个部监管。由政府代表、资审通过的个人及员工代表组成的机构董事会负责制定战略路线。机构行政负责人（董事长、经理或董事长兼总经理）由政府任命，任期原则上为 3 年②；负责人落

① 所有行政法著作中都介绍了公共机构的制度： 参见贝尔纳·斯蒂恩和扬·阿吉拉，《法国与欧洲公法》，巴黎政治学院和达洛兹出版社联合出版， 2014，第 75—95 页；另见奥利维耶·迪格里和吕克·萨伊德，《国家公共机构》，法学和判例出版社， 1992。公共机构也是最高行政法院 1971、 1987 和 2009 年的研究对象。

② 2010 年 7 月 1 日颁布的关于部分政府公共机构领导人任期与管理部门运转的第 2010-103 号法令，第 2 条。

实理事会决议，管理预算与职员①，并担任技术委员会②主席，该委员会与员工代表共同处理组织工作的问题。在任职结束前，如果机构行政负责人“违背部门人员利益”③，将会被撤职。公共会计师经监管部门与预算部门的共同决定任命并被指派到机构中。

聚焦

行政性公共机构的使命

法国农作物与海产品办公室

海洋渔业与农村法规第 621－3 号条例

1. 熟悉市场；

2. 在保障消费者利益的情况下，促进市场运转，以此保证不同部门的操作人员能够得到合理的专业人员工作报酬以及正常工作环境；为此，该机构要：

—优化生产者以及各部门不同职业间关系的组织安排；

—鼓励国家与国际级别的运作安排，参与关于竞争环境改善、消费者调查及资助措施的制定与执行；

3. 提高各部门经济效率，尤其在执行可持续发展政策与优质政策时；

4. 实施其使命范围内的欧洲共同体政策；

5. 收集与评估一切有可能损害该机构所负责部门利益的风险信息；

6. 出现危机时，向政府发出预警，为应对危机提供意见，并协助实

---

① 行政性公共机构的职位应由公职人员担任，但是法律允许出现例外情况。法令规定了可雇用公权合同工的机构名单：1984 年 1 月 18 日法令确定了由 1984 年 1 月 11 日颁布的第 84－16 号法律第 3 条第 2 款规定的行政性政府公共机构名单，见其附录。

② 2011 年 2 月 15 日颁布的关于行政机关与政府公共机构内技术委员会的第 2011－184 号政令，第 7 条与第 34 条。由员工代表出席的劳动卫生、安全和条件委员会协助公共机构领导人与总领导人的工作（1982 年 5 月 28 日颁布的关于公职中劳动卫生、安全及医疗预防的政令，第 35 条，第 1 款）。

③ 最高行政法院，1989 年 12 月 22 日，重罪法庭第 82237 号文件，莫兰案，参见《最高行政法院 1989 年判例汇编》，第 279 页。

施政府出台的解决措施；

7. 确保商业智能地运转，促进国际合作的开展；

8. 为了执行其使命，将必要的经济数据递交给食品利润空间与定价审计机构；

9. 向跨行业组织、研究所、技术中心、介入农渔及水产养殖领域的公共机构提供关于各部门、市场及公共政策执行的数据。

在第 3 条使命的范畴中，该机构能够促进蔬菜与动物疾病的预测，并保证食品的公共卫生。

此外，按照关于国家海洋渔业与农产品机构使命的 2013 年 12 月 27 日颁布的第 2013 - 1229 号法律规定，法国农作物与海产品办公室负责对法国参加 2015 年米兰世博会（意大利）的必要活动进行财务与行政管理。

§2. 工商性公共机构

208. **实例**。 法国环境与能源控制署、法国开发署、法国外资署、法国企业国际发展局①、国家城市革新局、法国高等教育署、原子能源署、法国国际鉴定处、法国文化中心、国家森林管理办公室、法国铁路路网公司、大巴黎公司。

铁路运输管理充分表现了介入机构的多样化：法国国家铁路公司，1937 年创立时为合营企业， 1983 年变成工商业公共机构。公司集团主席在部长会议上经共和国总统法令任命，前提是国民议会与参议院的交通促进委员会对该任命无异议。法国国家铁路公司围绕“法国铁路公司公共机构”创建了“法国铁路公司集团”，下设 5 个分支：“SNCF 基础设施建设”（基础设施建设）、“SNCF 短途”（市区、市郊及地区客运）、“SNCF 旅行”（旅行社、高铁、欧洲之星、国际高速列车……）、“SNCF 乔达公司”（货运物流）、“火车站与连接站”（火车站建筑更新）； 2012 年， 250 000 名工作人员任职于 SNCF，公司生产总值达 338 亿欧元。 SNCF 保证了火车在铁路路网中的运行，而路网则由属于工商业公共机构的法国铁路路网公司管理，共 19 家铁路公司借用该路网。铁路

① 法国外资署和法国企业国际发展局这两个机构被要求合并，其领导人同为被委派负责国际投资的大使。

活动调节机关与独立公共权力机构共同保证了交通竞争组织的良性运转。同时，属于行政性公共机构的铁路安全公共机构负责发放火车运行许可安全证书，并跟踪证书的使用情况。铁路安全公共机构还负责与他国共同运作欧洲铁路路网，并落实欧洲铁路局铁路信号与安全规范建议。最后，环境与可持续发展总理事会还建立了一个交通服务质量机关。

209. **特征**。 工商业公共机构比行政性公共机构具有更强的商业性——这意味着它们主要实施私法法规；它们的目标变成了物资或服务的生产与商品化，同时，其大部分资源来源于公共服务使用费。最高行政法院诉讼会议提醒行政机关，“公法人负责进行必要的活动以保证公共服务使命的实现，为实现其使命，公法人被赋予了公共服务权力并从中受益；（……）此外，如果公法人不顾及这些使命，打算进行经济活动，那么只有在尊重工商业自由与竞争法的前提下，它才可以合法地开展此项活动[①]”。工商业公共机构领导人由政府任命。

在 20 世纪，“尽管二者的区别显而易见，但仍然遭到了曲解”[②]：行政性机构与工商性机构制度间细微的差别，或是行政法官对某些机构进行的重新定义都可作为佐证。此外，一些国有企业（法国国家铁路公司、巴黎大众运输公司）保留了工商性公共机构身份，因此可以享受一定的国家财政保障与支持，但与欧盟关于欧盟内部市场的法规存在矛盾[③]。

工商性公共机构

国家太空研究中心数据

1961	成立国家太空研究中心
2 015 000 000 欧元	年度预算总和，包括法国向欧洲太空局投入的 755 000 000 欧元
4 个中心机构	总部（巴黎）、图卢兹太空研究中心、火箭发射部（巴黎-多梅尼）、圭亚那太空研究中心（库鲁）

① 最高行政法院， 2006 年 5 月 31 日，重罪法庭第 275531 号文件，巴黎律师公会律师命令案，参见《最高行政法院 2006 年判例汇编》，第 272 页。

② 居 · 布雷邦与贝尔纳 · 斯蒂恩，《法国行政法》，收录于政治学出版物，达洛兹出版社，第 7 版， 2005，第 136 页。

③ 欧盟法庭第六分庭， 2012 年 9 月 20 日， T－154/10 案。

续 表

2 406 名雇员	主要由工程师和管理人员组成，分布在 4 个中心机构：巴黎总部（187）、巴黎-多梅尼（228）、库鲁（268）、图卢兹（1 723）。
63.7%/36.3%	男/女比例
5 大实施主题	进入太空；土壤、环境、气候；公共应用；国防与安全；太空科学与未来准备

来源：国家太空研究中心网站，2011 年度报告。

§3. 荣誉军团委员会

210. 国家第一勋章管理机构。荣誉军团勋章由十年花月 29 日（即 1802 年 5 月 19 日）法律创立，是法国的最高荣誉勋章。国家荣誉军团勋章由特殊的公法人——荣誉军团委员会根据《荣誉军团与军功奖章法典》的相关规定进行管理。在政府预算中，荣誉勋章经费属于“政府工作协作”项目。

211. 委任令的准备与执行。主事大臣接受共和国总统即军团长的直接领导，来管理这个由国家公务人员组成的行政部门。荣誉军团委员会的会计员由审计法院负责。

主事大臣主持荣誉军团委员会的活动，该委员会审议关于勋章预算与被提名者身份的问题，并管理荣誉军团勋章教育机构。荣誉军团委员会接收部长办公厅准备的文件，对部长就国家荣誉军团勋章提出的提案进行审查。

随后，荣誉军团委员会将会准备关于委任与晋升的法令草案，并交由总统签署；委员会还会推动法令草案的执行，并负责授勋典礼的礼仪规范。如果一名荣誉军团勋章获得者后来犯有罪行，可对其进行处罚。①

当部长会议内容涉及国家荣誉军团勋章时，共和国总统可邀请主事大臣列席。

另一个国家勋章管理机构——国家第二勋章管理机构（戴高乐将军经 1963 年 12 月 3 日法令创立）的管理也委托荣誉军团委员会负责。

---

① 荣誉军团委员会的处罚意见由共和国总统令颁布，被处罚者可向最高行政法院提起申诉，对处罚意见提出异议。

§4. 法兰西学院

212. 特殊的身份。 1635年，法兰西学术院由黎塞留创建。法兰西学院根据督政府时期的共和三年《宪法》第298条设立。几个世纪以来，这些著名机构从未得到法律上的定义，但人们普遍认为，它们类似于行政性公共机构。按照2006年4月18日法律规定，法兰西学院和法兰西学术院、法兰西文学院、法兰西科学院、法兰西美术院、法兰西人文科学院获得“受共和国总统保护的特殊身份公法人”身份[①]。法兰西学院与其下设的5个学术院为非营利性机构，以完善文学、科学、艺术并扩大其影响作为使命，其成员即学院院士由其同僚选举产生。

213. 自由管理。 法兰西学院由学院主事进行管理[②]，学术院由常任秘书领导，实行自由管理制度。这些机构的决定无须预先许可即可开始生效，享受财政自主，仅接受审计法院的审查。法兰西学院的行政管理机构由行政部、财政部和会计部门组成，其职员为国家公务员或合同雇员。法兰西学院与其下设的5个学术院不必服从由2012年11月7日法令公布的预算与公共会计管理规定[③]。

§5. 公共利益集团（GIP）

214. 实例。 民事服务机构，国家基因科技园，国家癌症研究院，保罗-埃米尔·维克多研究院，“法律与正义”研究任务处，法国毒品毒瘾检测中心，科学技术评估中心，国家教学、研究和应用科学电信网络。

215. 特征。 公共利益集团是具备行政与财务自主权的公法人，由多个公法人组成，或由一个或多个公法人与一个或多个私法人共同

---

① 2006年4月18日颁布的关于科研项目的第2006－450号法律，第35条。

② 主事的选举须得到共和国总统的批准（参见2007年5月11日颁布的关于法兰西学院与学术院总体规章制度的第2007－810号法令）。

③ 2012年11月7日颁布的关于公共预算与会计管理的第2012－746号法令，第5条。

组成：例如，民事服务机构由国家促进社会团结与机会平等处、国家青年与民众教育研究所以及法国志愿者协会组成。公共利益集团的成立协议须由国家批准[1]。待协议许可文件公布时，公共利益集团可享有法人身份。

公共利益集团创办人通过集中必要的实施手段，在集团内部进行非营利的致力于集体利益的活动。对每个加入公共利益集团的人来说，这种互助互惠关系的建立，一般都源于经济因素。集团职员服从公法或者私法章程规定。集团账目的支配与管理原则上遵守私法规定：公共利益集团以政府、接受政府的经济与财政监督的机构，或仅接受政府的财务管控的机构为内部成员，经济与预算部部长可以命令其服从政府的经济与财政监督。当政府是公共利益集团成员时，可以指派一名特派员，负责监督该集团的各项活动与管理；政府特派员有权对任何有关集团运转与生存的决定提出异议。

案例

批准公共利益集团成立协议的 2014 年 2 月 3 日决议

“企业合法广告门户（www. pple. fr）”

2014 年 2 月 3 日，经总理、司法部部长、经济与财政部部长、文化与新闻部部长以及经济与财政部委派的分管预算的部长代表决定，公共利益集团成立协议——“企业合法广告门户”获得批准，摘要见后文。

附录：公共利益集团成立协议“企业合法广告门户”摘要。

命名 由名为“企业合法广告门户”的公共利益集团成员组成。

目标 公共利益集团“企业合法广告门户”旨在建立一个完善用户

① 2011 年 5 月 17 日关于法律简化与质量优化的第 2011 - 525 号法律，第 98 - 117 条；2012 年 1 月 26 日关于公共利益集团的第 2012 - 91 号法令。

获取企业、协会、商人合法信息途径的电子门户。该门户在 www. pple. fr 网站可用，保证了对以下网站可用信息的获取： www. infogreffe. fr；www. bodacc. fr； www. actulegales. fr。

公共利益集团在全国范围内开展活动。

成员 公共利益集团由政府机关组成，如行政与法律信息管理处 (DILA) （巴黎，德赛街 26 号）；国家商务法院书记官委员会 (CNGTC) （巴黎，丹尼尔-卡萨诺瓦街）；报业促进经济透明协会 (APTE) （巴黎，美国广场， 17 号）。

集团总部 集团总部选定在行政与法律信息管理处所在地，即巴黎德赛街 26 号。

协议期限 集团的建立期限不定。

管理模式与财务 集团服从公共财务制度规定，实行 2012 年 11 月 7 日颁布的关于预算管理和公共财务的第 2012 - 1246 号法令第 1 与第 3 章规定，但不包括其中的第 215—219 条。

集团职员任用制度 集团职员由借调干事组成，任其成员调用，并为职员提供报酬。

成员内部与对第三方责任规则 每个成员都必须通过支付现金与/或提供实物的方式提供实际的资金支持，投入到集团存在期间的运转中去。每个成员都必须按其权力标准，支付公共利益集团的开支。集团成员分担的债务根据其所占资产的比例决定。集团成员对第三方没有连带负责。

审议部门内的资产构成与投票权分配 规定集团原始资产为 10 000 欧元。 50. 1%分配给政府，其他每个成员获 24. 95%。所有成员通过指派代表人，参与集团大会的审议。每个成员拥有 1/3 的投票权。

§6. 信托局

216. **“公共团体”**。 1816 年 4 月 28 日财政法律设立了信托局：要使法国摆脱大革命与第一帝国期间累积的债务，必须求助于贷款，路易十八希望建立一个“特殊机构”，让其负责妥善保管私人资金，并接受“国家立法机关的保障与监督”。其分支机构[1]参与市场竞争。根据2008年8月4日《经济现代化法典》第151条规定，信托局与其分支机构组成了“一个为总体利益与国家经济发展服务的公共团体”。

217. **使命**。《货币与财政法典》第L. 518－2条对信托局的使命进行了明确规定。信托局负责信托管理、大众储蓄保护、社会住房投资以及退休机构管理。

如今，信托局内存放了：债务人委托给该机构的所有款项、被强制进行保障的个人资金（被执达员扣押的资金或无人继承的钱款）、无效的银行账户存款，以及以A种储蓄和可持续发展储蓄名义所征集存款的60%。

借助这些资金，信托局可对当地或国家的经济发展进行投资，特别是在以下领域：就业、城市政务、对抗银行与金融排斥、可持续发展与企业创新。信托局是个长期的投资者，能够参与市场竞争；在尊重其遗产利益的前提下，对企业发展进行投资：信托局因此持有国家投资银行50%的股份（参见下文第223条目）。在经济领域内，信托局首先相当于国家的财政臂膀。

218. **强大的监事会**。信托局由局长领导与管理，局长通过部长会议令进行任命，只要国民议会和参议院的财政委员会对该任命无异议。局长向监事会进行汇报，监事会由3名国民议会议员、2名参议员、3名资格审核通过的个人（其中2人由国民议会主席任命，1人由参议院主席任命）、国务委员、2名审计法院法官、法兰西银行总裁及国库总司负责人组成。监事会监督储蓄基金的管理与信托局的组织，规定集团与其成员的投资策略，核实资金状况并确保账目管理状况良好。信托局的账目同样接受审计局的监管。

§7. 法兰西银行

219. **中央银行**。为了推动法国经济发展与发行货币，拿破仑于

---

① 2014年：法国国家投资银行旗下的Qualium投资基金及国家人寿保险公司。

1800 年（八年雨月 24 日法律）创立了公共银行，1945 年法律决定将其收归国有，法兰西银行由一名管理特殊身份公务人员的总裁领导。1993 年 8 月 4 日法律规定，该总裁负责确定与实施旨在稳定物价的货币政策。

220. **法国欧元银行**。2002 年欧元创立后，法兰西银行的使命被重新定义："法兰西银行属于中央银行欧洲系统的一部分，该系统由创建欧洲共同体的条约建立，法兰西银行须履行条约所规定的使命，尊重条约为其规定的目标。在该框架内，并且在不妨碍稳定物价这一主要目标的前提下，法兰西银行为政府的总体经济政策提供支持"①。其独立性得到法律的保障："在履行中央银行欧洲系统规定的使命时，法兰西银行（其总裁或副总裁）不能请求或者接受政府或任何个人的指示"②。法兰西银行总裁为欧洲中央银行总裁委员会成员：该委员会负责规定欧元区的货币政策，并确定商业银行向国家中央银行贷款的利率。

221. **行政管理**。法兰西银行总裁由部长会议令任命，只要国民议会与参议院的财政委员会对该任命无异议。法兰西银行总理事会包括：法兰西银行总裁与 2 名副总裁、由国民议会主席任命的 2 名成员及由参议院主席任命的 2 名成员、部长会议上任命的 2 名资审通过的个人、法兰西银行雇员中选举出的 1 名代表、金融审慎监管局副主席。总理事会对预算及银行活动的管理进行审议，并规定职员的各种身份。这些身份须获得经济与财政部部长及预算部部长批准。

法兰西银行总裁主持金融审慎监管局的活动，该监管局为独立行政权力机关，负责批准并管控银行与保险机构（参见下文第 231 条目）。

---

① 《货币与财政法典》，第 L. 141－1 条，第 1、2 款。

② 同上，第 3 款。

§8. 国有公司

222. **海外省人员流动局（LADOM）**。 海外省人员流动局是一个国有公司，负责筹措人员流动过程中职业培训所需的资金，促进领土间的延续性以及办理“留学型人员流动”护照；该机构为海外行政区侨民，以及生活在本土的海外省本地人服务。其身份经 2006 年 7 月 21 日多部共同决定批准。按照其身份，海外省人员流动局拥有经商资格，并在商业名单中注册。该公司安排了 2 名审计员，由经济与财政部部长以及海外部部长的决议进行任命。此外，公司接受政府的经济与财政监管。

§9. 股份有限公司

223. **工商性公共机构的转型**。 巴黎机场、法国邮政、法国电信局（现为 Orange 股份有限公司）都曾是工商性公共机构。 21 世纪初，欧共体竞争法规定，这些机构转型为股份有限公司，并对股东开放其中一些公司的资本。因此，这些公司仍然保存过去的公共机构特征，或者由政府任命其领导人，或者依旧保留部分职员的公职身份。为了方便企业的融资与发展，由 2012 年 12 月 31 日第 2012－1559 号法律创立的国家投资银行属股份有限公司。该公司资产与投票权被工商性公共机构、国家投资银行商业集团（前身为工商性公共机构“创新署”）及信托局（参见上文第 217 条目）均等持有。接下来，我们将关注法国邮政的身份。

224. **法国邮政的历史**。 法国邮政在法国首创时为私有性质， 13 世纪末，巴黎师生同业工会（索邦大学）雇用了一些信使，将学生们的信件送上门。后来，路易十一创立了最初的一批邮政驿站，路易十三设立了邮政总监职位。从法兰西第三共和国开始，法国邮政由 1 名同时负责电报与电话局（PTT）的部长管理：该部长在政府内拥有自己的行政机关（邮政总局）及公职人员（电报与电话局的公职人员），这些公职人员的身份有别于国家公务人员及非正式公务人员。1991 年，电报与电话局拆分为两个工商性公共机构——法国邮政与电信局；从 1997 年起，由负责工业的部长对邮局实施监管，政府内部不再设立邮政部部长职位。

225. **2010 年邮政法**。 在施行欧洲法律规定的同时，所有以国内与跨境书信寄送为业务的邮政服务行业都有可能获得在法国从业的许可。关于邮政公共企业与邮政活动的 2010 年 2 月 9 日第 2010－123 号法律将“法国邮政”改组为股份有限公司，其资产由国家、多数股权股东以及其他公法人（信托局）持有。小部分资产可被员工持有。

226. **全球邮政服务**。 此次股份有限公司改组并未改变法国邮政的国有公共服务性质。 2010 年 2 月 9 日法律第 2 条规定了法国邮政的四项公共服务与总体利益使命：

- 全球邮政服务。法国邮政提供全球邮政服务，直至 2025 年 12 月 31 日①；这项服务包括，例如，一单法国本土内的邮政寄送与一单往来海外省书信寄送，两者的首重价格相同；全球服务还包括所有工作日上门揽件与派件的服务；
- 法国邮政的成就。建立了由至少 17 000 个联络点组成的邮政网络，推动了领土整治与发展。
- 在法国邮政的特殊制度范围内，进行报刊的运送与派发。
- 通过其分支机构“邮政银行”，实现银行的存取性质。

法国邮政负责全球服务职责，补偿基金会为其提供所需的净成本。最后，法国邮政还负责发行带有“法国”标志的邮票。

227. **法国邮政的管理**。 董事会主席由部长会议令进行任命，只要国民议会与参议院的经济事务委员会对该任命无异议。董事会主席负责法国邮政的总体管理，统领电报与电话局（附属于邮局）的公职人员（保留其原有身份）② 以及法国邮政的合同雇员。法国邮政董事会主席与政府共同制定并签署公司合同，确定 4 个总体利益以及公共

① 《邮政与最高行政法院法典》，第 L. 2 条。

② 1968 年 3 月 21 日颁布的关于电信行业管理人员特殊身份的第 68－268 号法令。

服务使命的多年期目标。

聚焦

国家股东

国家除了直接监管股份有限公司外，还是众多企业的股东。国家通过国有资产监管署（直接归属财政与经济部的国家权限机构）执行该使命。国家入股的实体，名单如下（收录于2004年12月9日第2004-963号法令附录）：

科技信息传播局（ADIT）、巴勒-米卢斯机场、巴黎机场（ADP）、由国家负责的外省机场、法航荷航集团、阿海珐集团、法国Arte电台、国家投资银行集团、国家高速公路信托局、艾克斯莱班赌场、国家采煤公司（CDF）、公民与政治会议、国家人寿保险公司、金融与航运总公司（CGMF）、国有船舶制造企业（DCNS）、国际防务理事会、德克夏银行、法国电力集团（EDF）、埃赫曼矿业集团、投资与改组公共机构（EPFR）、欧洲宇航防务集团、阿尔卑斯群山跨模式交通政策发展促进会（FDPITMA）、法国媒体世界、法国电视台、苏伊士燃气集团、法国地面武器工业集团、国家印刷局、法国分馏与生物科技实验室（LFB）、法国博彩、巴黎铸币厂、法国邮政、国家社会观察所（ODAS）、法国电信局、自主管理港口与大型航运港口、标志雪铁龙集团、法国广播电台、巴黎大众运输公司（RATP）、雷诺公司、法国铁路路网公司、赛峰集团、塞马利斯管理公司、法国勃朗峰道路隧道开发与建造特许公司、地方金融公司（SFIL）、担保与参资管理公司（SGGP）、航空参资管理公司（SOGEPA）、卢森堡铁路公司、法国广播投资公司（SOFIRAD）、法国先进系统输出公司（SOFRESA）、法国弗雷瑞斯道路隧道公司（SFTRF）、摩泽尔国际公司、法国国家铁路公司、国营火药炸药公司（SNPE）、国营科西嘉地中海航运公司（SNCM）、国家参资公司（SPPE）、地产与房产评估增值公司（SOVAFIM）、泰勒斯集团、圣尔德运输公司（TSA）。

国家以参资名义获得的股息构成了记入国家预算的非税收收入。2013年国家所得股息达32亿欧元（2012年45亿欧元）。

§ 10. 协会与经济利益集团

228. **协会。** 国家可参与协会的融资，并对协会活动进行监督，享有裁决权。如青年信息中心、国家马戏艺术中心、法国电影资料馆、高等电力学院。关于协会合同的1901年7月1日法律第1条将协会定义为“通过协约，将认识与活动长久地联合在一起的不以营利为目的的双方或多方”。

因此，根据“法国电影资料馆”的协会身份，国家在董事会内任命5名资格审核通过的个人，并由政府特派员（国家影视动画中心主席）与财务检查员代表国家出席董事会。

229. **经济利益集团。** 经济利益集团是一个私法人，其目标是“方便与发展成员们的经济活动，促进活动成果的增加，而不是实现自己的利益”①。与协会不同，经济利益集团以营利为目的。

因此2009年7月22日颁布的关于旅游服务发展与现代化的第2009-888号法律第7条创建了经济利益集团“法国旅游发展署（Atout France）”。负责旅游业的部长联合国家代表与旅游业专业人员主持发展署大会。该集团的使命在于响应“法国旅游业促进的三项目标，实现旅游业的工程合同管理，实施竞争力政策及行业公司质量政策”②。

聚焦

英国的分类方法是否更简单呢?

230. 英国的行政管理把自治机构（非政府部门的公共组织）分成三大类别，并更新了机构名单。

1）非部管理的部门，有23个：主要起调控与监管作用。包括食品标准局、慈善机构监管委员会、森林委员会、统计管理处、打击犯罪处等。

---

① 《商贸法典》，第L. 251-1条。

② 《旅游业法典》，第L. 141-2条。

2) 行政办事机构与公共组织，有341个。

● 行政办事机构以提供其监管部长所设规章范围内的服务为目标：包括驾驶证管理署、路政署、海岸警卫队、宇航局、伦敦国家美术馆等。

● 其他公共组织分四类：

公共行政组织：环境局、农业与园艺发展办公室、拉库罗讷地产局等；

咨询性公共组织：艺术与人文科学研究理事会、水务消费者委员会、残疾人交通咨询委员会、行政法院诉讼委员会；

司法权公共组织：竞争法庭、警务纪律法庭等；

独立公共组织：监狱监察员、警务控告委员会、边界与移民监察员等。

3) 公共同业工会，有11个：英国广播公司（BBC），英国广播公司世界新闻（BBC World），建筑师行业监督办公室，民用航空管理局，石油与输油管道局等。

第三节　独立监管权力机构

231. **使命的移交。** 根据《宪法》第20条的规定，“支配行政”的政府通过建议立法机构设立独立的权力机构，不再让其下属的行政机关执行使命。事实上，政府与议会认为，由集体负责的权力机关做出的决定更加公平公正；如果把一些国家使命移交给这些权力机关，这些使命能更好地为总体利益服务。这意味着部长不再介入由这些权力机关处理的事务当中。由此产生了30多个独立权力机构。

232. **独立性。** 独立权力机构有3个主要特点：由不可撤职的人员领导[①]；不能接受政府的指令；免去财务管控。一些权力机构甚至可以违背国家公职身份的规定，按照该规定，机构内的永久职位须由公职人员出任[②]。

独立行政权力机关与独立公共权力机构的团体成员应制定一份财产状况声明以及利益声明[③]（参见上文第69条目）；成员不可兼任任何选举出的职位、公共职位或同时参与其他职业活动。在行使其职能时，团体成员应处理好身处的利益冲突：如果一个团体成员（非主席）认为参与决议可能会使自己陷入利益冲突，当意识到该局面之时或之后，可以书面形式在商议存疑事务的会议中将自己的意见告知主席。主席会把这一情况或自己也受牵连的利益冲突告知团体内其他成员。决定弃权的成员不能参与任何会议，也不可发表任何与存疑决议相关的意见[④]。

233. 规章制定权与处罚权。在法律文本与规章性文本做出了相关规定的情况下，针对一些属于其能力范围内的主题，政府可向独立权力机构进行咨询[⑤]。公共或私有组织请求进行属于独立权力机构领域内的活动时，独立权力机构可予以批准或同意[⑥]。但是，除了咨询与批准的使命，独立权力机构还拥有规章制定权与处罚权。

尽管规章制定权属于总理（参见上文第121条目），法律仍允许独立权力机构颁布国家规定。实际上，宪法委员会认为，立法机构可以授权独立行政权力机关规定保障法律实施的法规，“只要这项授权

---

① 最高行政法院，1989年11月7日，第56627号文件，奥尔多诺案，参见《最高行政法院1989年判例汇编》，第161页。

② 1984年6月14日第84-455号法令，第1条，附录：金融市场管理局、国家自由与信息委员会、最高视听委员会。

③ 2013年10月11日颁布的关于公共生活透明度的第2013-907号法律，第11条，第6款。

④ 2014年1月31日颁布的关于由2013年10月11日第2013-907号法律第1-4条实施的公共生活透明度的第2014-90号法令。

⑤ 例如，负责经济与能源的部长必须就天然气出售价格的问题咨询能源监管委员会。

⑥ 例如，审慎监管局发放银行与保险行业公司许可（《货币与金融法典》，第L.612-1条）。

仅涉及适用范围受限或者内容受限的措施”①。

在宪法委员会规定的情况中，法律同样可以授予独立权力机构处罚权：“权力的分立原则以及任何具有《宪法》价值的原则或规定都不能阻碍行政权力机关行使处罚权。当一个可能已判定的处罚的内容不包括剥夺自由权，并且在确保《宪法》规定的自由与权利的措施出台后，使处罚权的实施得到保障时，行政权力机关才能在公共权力特权的范围内行使处罚权。”②

234. **法官的管控**。独立权力机构的决定接受行政法官的管控，但竞争管理局的决定除外，可在巴黎上诉法院对竞争管理局的决定提出异议。

235. **介入领域**。独立权力机构主要介入自主权保护领域（参见下文第三部分第一章）及经济管控领域。本节将介绍管控性独立权力机构。

聚焦

由共和国总统在征询议会意见后进行任命的
社会经济领域的独立权力机构主席

（执行《宪法》第13条，第5款）

- 科研与高等教育评估署
- 竞争管理局
- 机场噪音危害管控局
- 金融市场管理局
- 会计准则委员会

① 宪法委员会于1989年1月17日颁布的第88-248DC号决定，《1986年9月30日颁布的关于通信自由的第86-1067号法律修正案》，第15点。

② 宪法委员会于1989年7月28日颁布的第89-260DC号决定，《金融市场安全与透明法律》，第6点。

- 铁路运营监管局
- 核安全管理局（ASN）
- 能源规划局
- 消费者安全委员会
- 最高视听委员会
- 法国医策会

§1. 独立行政权力机关

236. **由政府管理**。 独立行政权力机关由政府领导，并为其员工提供报酬，支付他们的房租与不动产费用。

下面将对 4 个介入监管领域的独立行政权力机关进行介绍。

237. **竞争管理局**。 竞争管理局根据《商法典》第 4 卷第 6 编的决定建立，由 17 名成员组成。管理局主席经共和国总统令任命，只要国民议会与参议院的主管委员会对该任命无异议。除了咨询权（通过法令建立一种制度以对从事职业或投入市场的行为进行定量的限制，或者在销售条件与价格方面强制使用统一的实施办法。在制定上述法令的草案时，政府必须咨询竞争管理局），管理局的权力还可以作用于经济部部长或一个会导致恶性竞争的公司，特别是有垄断行为的公司；管理局可行使处罚权，罚款总额不可超过该公司所属集团全球营业额的 10%。最后，它能够勒令有关公司与机构终止受到质控的反市场竞争行为。

自 2008 年 8 月 7 日《经济现代化法典》施行起，竞争管理局有权批准最重要的一些并购操作。

案例： 2014 年 1 月 22 日，竞争管理局批准了 Altice six 公司对电信运营商 Numéricable 集团的收购①。

---

① 关于竞争性权力机构的第 14 - DCC - 09 号法令。

238. **电信与邮政监管局（ARCEP）**。电信与邮政监管局由一个7名成员的团体组成：通过共和国总统令任命其主席，只要国民议会与参议院的经济事务委员会对该任命无异议；其他2名成员由总统指派，2名由国民议会主席选定，剩下2名由参议院主席任命。对涉及邮政服务或电信领域的法律规章草案，电信与邮政监管局接受外界的咨询。监管局有权预审并发放邮政服务行业从业许可，并批准建立以国内及跨境书信寄送业务为基础的邮政业务，限期15年，可续期；监管局在法国授权批准了33个邮政运营商。在迅猛发展的电信领域内，监管局规定了适用于网络开发商与电信服务供应商的一般义务①，并对已查明的过失进行处罚。2013年7月5日宪法委员会认为，电信与邮政监管局过去的处罚制度未理解公正原则的真正内涵，该制度没能保证机构内部起诉职能与审判职能的分离②，因此，关于数字经济的2014年3月12日政令第2编规定了新的处罚制度：处罚只能由一个小型组织来宣判，该组织由监管局内部最新任命的3名成员（不包括机构主席）组成，他们不可行使诉讼与预审权③。

案例

拒绝终止电信与邮政监管局许可

最高行政法院紧急审理法官，2013年7月11日

第369267号移动网络公司（Free Mobile）案

根据2013年6月11日在最高行政法院诉讼部秘书处登记，由位于巴黎艾维克市街16号的移动网络公司在任董事长作为代表提出的要求；申

① 《电信与邮政法典》，第L.36－5条至第L.36－13条。电信与邮政监管局认为，2012年该领域的操作机构在法国实现了70亿欧元的投资，拥有2 500万网络订户。

② 宪法委员会于2013年7月5日颁布的关于合宪性优先问题的第2013－331号决定。

③ 2014年3月12日关于数字经济的第2014－329号决议：《电信与邮政法典》，第L.36－11条与第L.130条。

请方企业向最高行政法院紧急审理法官提出请求：

1）根据《行政诉讼法典》第 L. 521－1 条规定，下令终止电信与邮政监管局 2013 年 4 月 4 日第 2013－0514 号决定的实施。该条决定对 2009 年 11 月 5 日第 2009－0838 号决定做出了修改，后者批准布依格电信公司使用 900 MHz 与 1 800 MHz 波段，以建立与开发向公众开放的无线电网络；

2）根据《行政诉讼法典》第 L. 761－1 条规定，电信与邮政监管局应承担一笔 5 000 欧的款项。

(……)

1. 鉴于《行政诉讼法典》第 L. 521－1 条第 1 款条例，“如果申请撤销或者更改一项行政决定，哪怕是一项否决性决定，当情况紧急且该决定的合法性存在重大可疑之处时，受理该申请的紧急审理法官可勒令终止实施该决定或终止其部分影响”；

2. 鉴于《电信与邮政法典》第 L. 32－1 条第 2 款条例，“在其各自的职权范围内，管理电信的部长以及电信与邮政监管局会在客观透明的环境下，采取合理、均衡的措施以期达到各自的目标，并保证若有可能，所有技术类型与所有电信服务类型都能在可用服务波段中使用”；根据 2011 年 8 月 24 日决议第 59 条第 2 款条例规定，“无线电频率使用许可在当前决议颁布前已颁发，自 2011 年 5 月 25 日起至少 5 年内有效。该许可的持有者可在 2016 年 5 月 24 日前，向电信与邮政监管局申请复查使用频率限制。频率限制由《电信与邮政法典》第 42 条第 1、 3 款批准。监管局按照法规着手进行复查，仅保留必要的使用频率限制”；

3. 鉴于布依格电信公司 2012 年 7 月 19 日通过信件，根据上文援引的 2011 年 8 月 24 日政令规定，向电信与邮政监管局请求复查该公司所享有的 2009 年 11 月 5 日频率使用许可；当时，布依格电信公司处在一个只开发了“全球移动通讯系统（GSM）”标准的网络中，希望放宽该许可内 1 800 MHz 波段中频率使用的限制；根据 2013 年 4 月 4 日的决定，电信与邮政监管局批准布依格电信公司自 10 月 1 日起，可在 1 800 MHz 波段已授予该公司的频率中使用“GSM”标准以外的其他标准，尤其是“LTE”标准，以更好地开发4G网络。监管局还要求该公司在规定期满时，即从2013年9月30日至2016年5月24日，复原该波段内的频率，以使得这些频率在需要时可供其他电信运营商使用；移动网络公司请求终止实施该决定；

4. 鉴于，根据申请方企业，该许可批准布依格电信公司自10月1日起可在1 800 MHz波段内开发“4G”网络。然而，如果今天没有得到该波段内的频率，布依格电信公司不能在合适情况下自行在全国范围内开发此类网络，应等到2015年7月1日之后，再进行操作；

5. 鉴于，如果申请方企业坚持，存在争议的这项决定可能会导致一部分“4G”服务市场丢失，也因此会造成近期内一部分用户的流失；那么，由于该公司缺乏面对财务与经济困难的经历，根据上述《行政诉讼法典》第L. 521－1条规定，此潜在危害可能会使该公司发生紧急情况；

6. 鉴于，当存在争议的决定造成了违反竞争且可能会对市场（这里所涉及的为整个移动电话市场）的竞争结构造成长久影响的后果，那么可能会导致如本案一样的紧急情况；

7. 鉴于，一方面，假设自10月1日起至其他运营商也能以同等条件在1 800 MHz波段内自行开发“4G”网络之日，布依格电信公司在移动电话市场将拥有明显的竞争优势，这种优势其实并非仅由该争议决定直接造成，它同样是近年来移动电话运营商策略、技术和经济选择的结果。此外， 1 800 MHz波段使用限制的放宽已经在近年来《电信与邮政法典》第L. 32－1条提及的技术中立原则实施的过程中被提上议程。

8. 鉴于，另一方面，除布依格电信公司以外，如今移动网络公司和其他两家移动电话运营商拥有的在1 800 MHz波段之外的波段能够允许它们向相当一部分群体提供“4G”科技。并且，移动网络公司可于近期，先在太过密集的区域之外，开拓1 800 MHz波段中既未受到使用限制影响又足以收到成效的市场，而后逐渐进入密集区域；

9. 鉴于有必要对该申请的可受理性以及移动网络公司提出的合法方式进行裁定，综上所述以及基于《行政诉讼法典》第 L. 761－1 条，驳回对电信与邮政监管局 2013 年 4 月 4 日第 2013－0514 号决定的终止请求；与此相反，应让移动网络公司支付布依格电信公司要求的 3 000 欧元款项；

颁布政令：

第 1 条：驳回移动网络公司的请求。

第 2 条：按照《行政诉讼法典》第 L. 761－1 条规定，移动网络公司将要向布依格电信公司支付一笔 3 000 欧元的款项。

第 3 条：当前政令将告知移动网络公司、电信与邮政监管局以及布依格电信公司。

239. **线上博彩类游戏监管局（ARJEL）**。该机构由一个 7 人团体领导：首脑及 2 名成员由共和国总统令任命，2 名由国民议会主席任命，另外 2 名由参议院主席任命。

关于开放竞争以及博彩与线上博彩行业管制的 2010 年 5 月 12 日第 2010－476 号法律授予线上博彩类游戏监管局博彩行业监管权：监管赛马博彩、体育博彩和牌类游戏的线上博彩行业，并负责预审与颁布运营许可；确保运营商遵守各自的义务，监督线上博彩行业，整治非法网站与欺诈行为，审批线上博彩软件，限制向参赌人提供红利的商业服务，整治欺诈与洗钱行为。线上博彩类游戏监管局在其网站上公布了获得许可的运营商名单。

240. **核安全管理局**。该机构通过关于核透明与核安全的 2006 年 6 月 13 日第 2006－686 号法律创建，由一个 5 名特派员团体组成，其中 3 名由共和国总统令任命，1 名由国民议会主席选定，1 名由参议院主席选定。特派员在行使其职能时，须“保持绝对的公正、客观，既不接受来自政府的审查，也不接受其他任何个人机构的审查”①。

核安全管理局参与核安全与核射防护管控，以及负责提供该领域的公共信息。该机构批准投入使用的核能基础设施。在机构主席的领导下，其行政部门组成了8个管理处：核电站管理处负责监督核电站开发过程的安全以及发电反应堆未来规划的安全；交通与原料管理处负责监管原料来源与放射性材料的运输；环境与紧急情况管理处主管关于检查、环境和经济情况管理的问题；通信与公共信息管理处负责在核安全与核射防护领域内实行该局的信息与通信政策；废料及核燃料循环与研究管理处负责管理拆除中的核研究设施、遭污染的工地与放射性废料；致电离辐射与卫生管理处负责监督卫生领域致电离辐射的使用；核压力设备管理处负责监管核基础设施中压力设备领域内的核射安全；最后是国际关系管理处。核安全管理局公布了一系列关于核射防护规章的文本。在出现重大与紧急危险的情况下，如有必要，核安全管理局可采取临时保护措施，如中断设备的运转，并立刻将该情况告知负责核安全的部长。

2014年1月16日，核安全管理局责令法国电力公司遵守诺让-塞纳河发电站2012年2月7日决议所规定的义务。考虑到发电站情况与规定要求之间存在差距，核安全管理局还勒令估算这种差距对员工、公众以及环境保护与安全带来的潜在影响，并防止放射性物质产生危害。

241. **其他主要的几个介入监管领域的独立行政权力机关。** 机场危害监管局，审慎监管局以及能源监管委员会。

§2. 独立公共权力机构

242. **法人。** 独立权力机构获得法律授予的法人身份后，成为独立公共权力机构；获得该身份后，该机构将享有较独立行政权力机关更大的自主性，可独立管理员工、办公地及其动产。另外无须服从

---

① 《环境法典》，第L. 592－7条。

2012 年 11 月 7 日预算与公共财务管理法令提出的预算与公共财务管理规定。①

该部分将介绍 3 个介入监管领域的独立公共权力机构。

243. 金融市场管理局。 2003 年 8 月 1 日由关于金融安全的第 2003－706 号法律创建，服从《货币与金融法典》规定。金融市场管理局理事会由 16 名成员组成： 主席经共和国总统令任命，只要国民议会与参议院财政委员会对该任命无异议； 3 名成员分别由最高行政法院副院长、最高法院院长和审计法院院长任命；另外 3 名成员分别由参议院主席、国民议会主席以及经济、社会和环境委员会主席任命； 1 名由法国中央银行总裁选定的央行代表；会计准则委员会主席； 7 名由经济部部长任命的成员。

《货币与金融法典》第 L. 621－1 条明确规定，金融市场管理局“负责保护第 L. 421－1 条第 2 款②所述投入金融工具与资产中的存款，这些金融工具与资产会引发公开集资，或者引发在受管制的市场内以及其他公开场所中交易的进行。该机构还负责监控投资者信息以及第 L. 421－1 条第 2 款所述资产与金融工具市场的运作。同时协助监管欧洲与国际市场。在完成其使命的过程中，金融市场管理局还要考虑整个欧盟金融稳定的目标（……）”。

金融市场管理局的惩罚委员会成员不属于理事会，可对违反《货币与金融法典》规定的法人进行业务上的制裁或处以罚金，金额不得超过 1 亿欧元或者其可能实现的利润总额的 10 倍③。该机构可以处罚违法行为，“根据法人所从事的活动、其所属的行业及从属的机构，法人须履行相应义务，参照这些义务”④，可对违法行为进行定义。

---

① 2012 年 11 月 7 日颁布的关于预算管理与公共会计的第 2012－746 号法令，第 5 条。

② 特别是温室气体排放额度契约。

③ 《货币与金融法典》，第 L. 621－15 条。

④ 最高行政法院， 2011 年 2 月 18 日，第 322786 号文件，奥赛银行案，参见《最高行政法院 2011 年判例汇编》，第 788 页表格。

聚焦

金融市场管理局（2012年）

预算：9 400万欧元

员工：461名办事人员

储户信息：金融市场管理局储蓄信息服务处处理了9 604份档案；公布了17份警告。

调解：金融市场管理局调解处处理了695份档案。

金融运营与金融报告：金融市场管理局发放了614个企业融资交易许可；18个泛欧交易所与泛欧交易所创业板市场的上市许可；存放并登记342份背景文件。

市场与资产管理：11 894个集体投资机构服从其监管；604个证券投资与管理公司；459投资服务提供商。

调查、监管与惩罚：对88 700万桩交易进行了监督，对进行投资的咨询与金融机构实施了47项监管，进行了80个开放调查。

惩罚：完成21个制裁程序，58名（法人或自然人）受到处罚。

交易：7项交易协议得到惩罚委员会批准。

来源：金融市场管理局，2012年。

244. **法国反兴奋剂机构（AFLD）。** 法国反兴奋剂机构受理事会领导，理事会由9名成员组成：3名代表最高法院的成员（1名国务委员担任机构主席，2名最高法院法官），3名科学家（由医学科学院、药学科学院和自然科学院的院长任命），2名运动员（由法国国家奥林匹克运动委员会主席任命，其中1名须为高级运动员）以及1名由国家伦理顾问委员会主席任命的法人。

法国反兴奋剂机构与世界反兴奋剂机构一同合作，确定与实施反兴奋剂行动。根据《体育法典》第L. 232－5条规定，该机构负责确定每年的检查计划，负责在体育赛事期间敦促检查的进行，特别是负责建立高级运动员及有测定义务的“预备运动员”的生物简况档案①。当涉及兴奋剂问题时，负责开展研究及进行控告。该机构可行使惩戒权，针对未获得体育联合会比赛许可的运动员，在联合会不作为的情况下也针对获得比赛许可的运动员。

2013 年，法国反兴奋剂机构对 63 项体育项目进行了 11 040 个抽样调查。同年间，该机构获取或受理了 151 份处罚档案。该机构提出审理请求的理由分为如下几类： 40 个官方审理请求，针对无比赛许可运动员； 18 个官方审理请求，大部分是由于联合会处罚部门的无作为行为； 89 个对联合会决议的变更决定，以及 4 次将联合会的处罚扩大为其他处罚。 2013 年 12 月 31 日截止，总计有 9 份档案无后续行动， 15 份档案属无罪开释， 101 份档案属受处罚情况， 26 个案件悬而未决。

245. 最高视听委员会（CSA）。 2014 年 1 月 1 日，独立行政权力机关最高视听委员会成为了独立公共权力机构②。该委员会主席由共和国总统令任命，只要国民议会与参议院的文化事务委员会对该任命无异议。最高视听委员会的另外 6 名成员分别由国民议会主席与参议院主席，在与文化事务委员会取得一致意见后，各任命 3 名成员。成员应与任何视听、影院、出版、报刊、广告及电子通讯公司无关联。作为独立公共权力机构，最高视听委员会享有独立的预算与财务管理权③。

该机构最重要的使命是召集候选人，选拔并任命法国电视集团、法国国家电台以及法国媒体世界（负责法国对外视听传播工作）领导人，任期为 5 年。最高视听委员会还负责发放波段使用许可，以进行陆上无线电或者数字模式陆上无线电的广播传输服务，此外，还负责发放无线电资源使用许可，以进行数字模式陆上无线电的电视传播服

---

① 《体育法典》，第 L. 232 - 15 条及第 R. 232 - 67 - 15 条。

② 2013 年 11 月 15 日颁布的关于公共视听独立的第 2013 - 1028 号法律，第 1、 33 条。

③ 2014 年 3 月 28 日颁布的关于最高视听委员会组织与运作的第 2014 - 382 号法令，第 8 - 21 条。

务，使用期限均不可超过10年。为此，最高视听委员会以16个地方视听委员会的鉴定为依据①。

最高视听委员会还应保障视听通讯的自由权，保证电视和广播节目中思想与观点的多元化表达，保证节目的质量与多样性及国家视听节目与作品的发展，并对法语进行保护。最高视听委员会可以对视听媒体提出建议，以促进法国社会的多样性；该委员会对关于竞选活动的节目安排与播放规则进行规定，适用于公共性视听企业。最高视听委员会还可根据要求，处理广播、电视或视听传媒服务出版商与发行商之间突发的纠纷。

若违反最高视听委员会所确立的规定，则由该委员会进行处罚，但起诉过程以及对违规行为的预审交由与此委员会无关的报告人负责。该报告人隶属行政法院，由最高行政法院副院长进行任命②。

案例

最高视听委员会2013年12月18日决定

全体大会

委员会指出，2013年12月1日电视一频道播放了左翼党两主席之一——让-吕克·梅朗雄的访谈。该节目为直播，并与“为了税务革命”游行一起穿插播送，其中使用了2013年11月30日“反对种族主义”游行的图片充当2013年12月1日游行的画面。另外，同样的图片也在Canal+电视台2013年12月3日“要闻播报”节目中出现。

委员会认为，播放错误图片对游行活动进行报道构成违规行为，违反了电视一频道协议第2-3-8条与Canal+电视台协议第17条条款的严格的信息处理义务。

① 2011年6月24日颁布的关于由1986年9月30日第86-1067号通信自由法律第29-3条建立的科技委员会的第2011-732号法令。

② 2013年11月15日颁布的关于公共视听独立的第2013-1028号法律，第6条。

该委员会介入 Canal + 集团，要求该集团尊重协议的规定。

发布日期：2014 年 1 月 5 日

246. **介入监管领域的其他主要独立公共权力机构。** 最高卫生权力机构、账目总署最高委员会、铁路活动监管机构。

第二章 行政协调与推进

247. **部际问题**。 仅由 1 名部长全权处理某一政治或行政问题的情况并不常见：批准或禁止开采页岩气的问题涉及工业部部长与生态部部长，批准学生升入医科二年级的决定涉及高等教育部部长与卫生部部长，公务员工资指数点的确定涉及公职部部长与预算部部长，艺术与文化教育涉及文化部部长与国民教育部部长……在众多政府部门与类部机构构成的行政组织内部，国家统一性原则既要求部门间进行长久协作，也要求各部门具有持久的政治动力，以推动改革的进行。

248. **技术协作**。 诚然，已有两个政府机关在技术层面上进行了这种协作。一方面，预算部领导每个月都会召集“金融事务领导人理事会”，对政府部门及其附属机构的管理进行评判。另一方面，行政与公职总领导人每两个月都会在“人力资源分配委员会”内召集各个政府部门的人力资源领导人，与他们共同研究各行业与公职人员的合法变动，预测社会环境的变化趋势。

249. **政治动力**。 但是，政府部门间最主要的协作由两个最高国家权力机关执行，由它们选择部长人选并赋予其政治动力——共和国总统与总理。通过总统和总理的大政方针及国家的目标要求，确定政府部门与其他机关的行动计划。这种制度性实践导致政府首脑在协作方面担负更加长久与直接的责任，而国家元首负责对最高职位进行任命，则有资格赋予这些职位政治动力。

250. **提纲**。本章将先对由总理进行的协作与赋予的政治动力进行研究（第一节），再探讨由共和国总统执行的协作与赋予的动力（第二节）。

第一节　总理：主要的国家行政权力机关

251. **政府首脑**。第三共和国《宪法》文本并未提及政府首脑的存在。然而，自麦克马洪元帅晋升总统后，有一位部长负责内阁会议主席这一额外的职责，历任会议主席的职责均由各部负责。加斯东·杜梅格决定在马提尼翁府设立内阁会议主席的办公机关[①]，自 1935 年起该地成为了政府首脑的府邸。23 年之后，1958 年 10 月 4 日《宪法》将政府首脑确定为“总理”，委托其领导政府活动。政府负责决定与引导国家政策，掌握国家行政与军事力量[②]。在关于财政法律的《组织法》范围内，总理的使命是“领导政府活动”。

252. **国家行政首脑**。《宪法》第 21 条规定总理担任国家行政首脑：“保证法律的实施。根据第 13 条条款，总理行使规定的权力并对文职与军职人员进行任命。也可以将自己的部分权力授予各部长。”众部长应与之联合副署并实施行动[③]。因此，总理可以根据第 21 条条款，“以通告的形式向政府成员与行政机关发布指令，规定它们向一

① 1934 年 12 月 24 日财政法律第 23 条：“负责主持内阁会议的部长主管以下部门：内阁会议行政部门、阿尔萨斯-洛林服务总管理处、国防高等委员会总秘书处、国家经济委员会、国家劳动力委员会、法国总体统计处。”

② 1958 年 10 月 4 日《宪法》，第 20、21 条。

③ 同上，第 22 条。

确定方向进行行动，或者采纳对现行规章与法律的某一阐释”①。总理在给每个部门秘书长的使命信中规定高层公务员应对部际工作做出的贡献。此外，总理可以主持最高行政法院大会②并就“行政方面出现的难题”③ 向最高行政法院进行咨询。国家行政学院接受总理的监管④。

案例

2014 年 6 月关于国家行政学院 2014 年 12 月
毕业生的职位分配的决议

总理，

鉴于 2002 年 1 月 10 日关于录取情况与国家行政学院培训制度的第 2002－50 号法令修正案规定，

决议：

第 1 条

国家行政学院 2014 年 12 月毕业生职位分配情况如下：

最高行政法院助理办案员： 5 个职位。

审计法院助理监察： 5 个职位。

财务监察员： 5 个职位。

---

① 最高行政法院， 2012 年 12 月 26 日，重罪法庭第 358226 号文件，“解放小姐”协会案，参见《最高行政法院 2012 年判例汇编》，第 501 页； 2012 年 2 月 21 日总理通告规定，政府成员及省长须向下级行政部门下令，让其尽量将法律文件汇编及信函中的“小姐”一词替换为“女士”。

② 《行政司法法典》，第 L. 121－1 条，第 2 款： 大会拥有协商权，但是不以协商为目的。

③ 《行政司法法典》，第 L. 121－2 条。

④ 2002 年 1 月 10 日颁布的关于国家行政学院使命、管理与财务制度的第 2002－49 号法令。

行政监察员：2个职位。

社会事务监察员：4个职位。

行政法庭与行政上诉法院顾问：7个职位。

地区审计局顾问：4个职位。

外交顾问：4个职位。

高级公务员（45个职位）：

- 生态、可持续发展与能源部，区域与住宅平等部：4个职位；
- 国民教育、高等教育与研究部：2个职位；
- 财务与公共账户部，经济、生产振兴与数字部，权力下放与公职部：15个职位；
- 社会事务与卫生部，劳动、就业与社会对话部，女性权利、城市、青年与体育部：8个职位；
- 国防部：2个职位；
- 内政部、海外部：10个职位；
- 文化与交流部：1个职位；
- 农业、食品与林业部：2个职位；
- 信托局：1个职位。

巴黎行政部门主管官员：3个职位。

第2条

当前决议将发布于法兰西共和国《官方公报》。

曼努埃尔·瓦尔斯

2014年6月30日

来源：2014年7月2日，《官方公报》。

253. **国家法定权力的掌握者。** 根据《宪法》第21条规定，总理是法国法定规章总制定权的掌握者。因此，总理有权颁布法令（参见上文第121条目）；当一项法律的实施令未能在合理期限内决定时，总理可应有意采取行动的起诉人之要求，接受最高行政法院令，在由行政法院规定的期限内颁布法令。此外，最高行政法院认为，对法律领域进行了规定的《宪法》第 34 条并没有收回政府首脑在第五共和国之前就行使的一般治安权。因此，总理有权采取国家整体治安措施，例如制定道路安全规章①。

254. **向部长授权**。《宪法》第 21 条第 2 款批准总理可以向部长授权，首先涉及总理身边的国家秘书与部长。职权法令明确指出，他们要“通过总理的授权”来行事。总理的授权还涉及“全权”部长，其职权法令规定他们有处理部际问题的权限：因此，内政部部长主持道路安全部际委员会②；文化部部长应总理要求，负责关于国家城市规划与建筑物大型活动的改造与建筑工程协调工作③；在国家管理的重要领域内，通过接受总理的授权，同时对总理在国家高级干部方面的权限予以保留，公职部部长行使 1983 年 7 月 13 日与 1984 年 1 月 11 日关于公共职务的法律授予的职权④；同样，负责政府发言人职责的部长通过接受总理的授权行使其职权⑤。

最后，在部际职能的行使过程中，为了贯彻关于防止利益冲突的 2014 年 1 月 16 日法令（参见上文第 63 条目），如果总理“认为自己在行使某些职能时，处于利益冲突的情况之中”，则应该把这些权力委托给政府二把手⑥。

---

① 最高行政法院，2013 年 9 月 25 日，第 363184 号文件，“Rapid é pannage 62”公司案，参见《最高行政法院 2013 年判例汇编》。该决定符合传统的法律原则（最高行政法院，1919 年 8 月 8 日，第 56377 号文件，拉博纳案，参见《最高行政法院 1919 年判例汇编》，第 737 页）。

② 2014 年 4 月 16 日颁布的关于内政部部长职权的第 2014 - 408 号法令，第 2 条。

③ 2014 年 4 月 16 日颁布的关于文化与交流部部长职权的第 2014 - 411 号法令，第 4 条。

④ 2014 年 4 月 16 日颁布的关于权力下放、国家改革与公职部部长职权的第 2014 - 410 号法令，第 1 条，第 3 款。

⑤ 2014 年 4 月 16 日颁布的关于政府发言人职权的第 2014 - 413 号法令，第 1 条。

⑥ “在关于组建政府的法令中首先任命的部长”为政府的二号人物。1959 年 1 月 22 日第 59 - 178 号法令，第 2 条。

255. **高级行政干部管理。** 总理与相关部长联合，就担任政府决策职位者的任免问题，向共和国总统提供建议。至于其他政府高层职位，如果并未由总统通过文本决定任命，则由总理任命正式任职者。

任命文件为任命书，由总理令宣布并经负责实施的部长副署，部分发表于《官方公报》：任命书概要会指出，该任命“经法令”确定①。

案例

2014 年 2 月 7 日任命令

（社会事务总监察员）

经 2014 年 2 月 7 日法令规定，二级社会事务监察员保罗·热梅尔戈先生自 2014 年 1 月 1 日起任一级社会事务监察员。

总理负责管理高级公务员，并与相关部长联合副署行政部门首脑、副局长、项目领导或各部高级专家的任命令（参见上文第 107 与 110 条目）。通过 2010 年 1 月 10 日的通告，总理要求众部长“促进高级干部职务间阻隔的消除，简化获得最高级别行政职务的多样化条件”②。

同时，总理还介入地方行政职务的选择（比如省长副手）：总理任命并管理大区事务秘书长（参见下文第 323 条目）；管理部际的大区与省级领导（参见下文第 325 与 371 条目）。

案例

2014 年 1 月 29 日任命令（大区事务秘书长）

——勒韦雄先生（西尔万）

经 2014 年 1 月 29 日总理决议规定，森林、水泽和桥梁管理部门首席

① 由共和国总统签署的任命令发表时，须以“经共和国总统令”开头。

② 2010 年 2 月 10 日颁布的关于政府领导干部的通告。

工程师勒韦雄先生（西尔万）自2014年3月1日起任中央大区区域事务秘书长助理，任期为3年。

为了行使对国家办事人员管理的职能，总理拥有公职与行政总管理权。

§1. 总理办公厅

256. **组成**。 办公厅成员由总理的决议任命，与部长办公厅的构成程序一致（参见上文第67－73条目）。须注意3个要点：除左右共治时期（国家元首与议会多数派分属对立的政治派别）外，总理办公厅主任的选择须得到共和国总统的批准，因为办公厅主任要与总统进行频繁的对话，并在一定程度上与总统办公厅秘书长共同担当国家机器的副驾驶员；总理作为“国防负责人”，其身边共事的军事办公室首脑负责提供国防方面的建议①；从19世纪80年代初期开始，总理办公厅覆盖了政府活动的所有领域，内部成员数量介于40人至60人之间，机构设置较为庞大。

257. **角色**。 除了与部长办公厅的传统角色相似之外（参见上文第74－78条目），总理办公厅还承担许多任务：

• 联系共和国总统的协作者以及国民议会与参议院主席的协作者，联系多数派执政党的主要负责人、国外政府首脑的协作者、工会与企业主组织负责人；并与反对党主要领导人进行往来。

• 跟进政府成员的活动与通信。为此，总理办公厅主任每周一主持一次部长办公厅主任会议，来往频繁②；总理办公厅主任要确保即将确定与公布的决定符合政府首脑制定的政策；并与部长保持长期联

① 1958年10月4日《宪法》，第21条，第1款；《国防法典》，第L.1131－1条。
② 特别是通过部长与主任专用的电话网的“部际”形式进行沟通。

系，向总理汇报其交流情况；向总理推荐担任部长的人选，该部长专门负责回答国民议会与参议院议员提出的实事问题。总理办公厅顾问每天都会跟进其负责领域的一位或多位部长的活动，并向总理办公厅主任汇报正在进行的主要项目、立法进展、改革进度、遇到的问题以及中央行政机关与自主公共组织要职的任命情况；

• 民意状况研究（通过民意测验的方式）、选民代表或新闻界的联系、各部的实地视察报告，以及与文化、科学、经济、社会或社团生活领域的个人进行的非正式谈话。“PM”[①]的协作者与中央行政机关负责人、省长或重要的国家机关领导人进行直接谈话的情况也并不鲜见。

258. **仲裁**。 总理办公厅最重要的职责在于解决部长之间的纠纷：在法律草案或法令制定、职务任命中产生的纠纷，或者有时仅仅是因为一份文件中坚持的政治立场不同而产生的纠纷。跟踪相关领域的总理办公厅顾问有义务召开部际会议[②]，产生纠纷部门的部长顾问或副主任与会；除左右共治时期之外，会议的召开须告知总统办公厅[③]。政府总秘书处出席该会议，并整理会议报告，发布会议所做的决定（该报告因印于蓝色纸张上而被称为“蓝皮书”）。若存在重大纠纷，则总理办公厅主任将主持会议，召集相关部长办公厅主任参加。此类会议亦可在以法律草案作为主题的议会辩论期间进行，旨在定义政府对该草案所持的立场；要采用这种方式，就需要一份由负责与议会联系的政府成员办公室出具的鉴定书作为依据。

§ 2. 政府总秘书处

259. **组成**。 政府秘书长是政府最重要的职位之一，传统上在最

---

① 当办公厅成员及主任提到总理时，称呼其为“PM”（“PM”为“总理”的法文首字母缩写——译者）。

② 在中央行政用语中，此类会议被称为“RIM”。

③ 与之前的执政者不同的是，在萨科齐执政时期（2007—2012），爱丽舍宫顾问经常会出席此类会议。

高行政法院成员中选定，由部长会议根据总理的建议进行任命；其任职时间一般远远超过一届政府的任期。政府首脑一经任命，就会通过决议授予政府秘书长签名授权书，使之有权以总理的名义签署除政令之外的所有文件、决议、政府通告和决定。2名主任作为助手协助政府秘书长（其中1名负责简化行政手续），此外还有项目官员（一般为高级公务员或行政上诉法院与行政法庭的成员）一起协助政府总秘书处的工作。总秘书处设于马提尼翁府。

聚焦

第五共和国时期政府秘书长

罗歇·贝兰，1958—1964

让-多纳迪厄·德·瓦布尔，1964—1974

雅克·拉尔谢（代理），1974

马索·朗*，1975—1982

雅克·富尼耶，1982—1986

雷诺·德努瓦·德·圣马克*，1986—1995

让-马克·索韦*，1995—2006

塞尔日·拉斯维涅，2006年10月3日起

260. **组建政府**。总理一经任命，就立刻与政府总秘书处进行联系，后者将协助总理组建政府。政府总秘书处为政府组建做准备，并在各部长受任后，分配他们的办公地点：为传统各部进行分配不难（外交部位于奥赛码头，财政部位于贝尔西），新创立的部门则必须立刻找到合适的办公地点安置其部长与办公厅；政府总秘书处还应负责安排政府的值班与通信联络事务①，并负责快速发布并调整职权法

① 政府总秘书处要保证，无论在夏季假期还是节日期间，政府及总理办公厅必须有成员待在巴黎。

令；应提醒部长履行其职业道德义务（不得兼任其他职务、面对利益冲突坚定立场、发布利益与资产声明）并遵守由总理订立的规章制度——针对部长办公厅的组建及部长在国内外的出差事宜；政府总秘书处应与总理办公厅负责人保持联系，一同安置总理办公厅成员、派至与总理共事的国务部长以及国务秘书，并为其配备工作所需人力物力资源。

261. **组织政府工作**。根据总理或总理办公厅主任颁布的指令，政府总秘书处组织所有的部长正式会议（部际主题委员会、专门会议、政府讨论会）、部长办公厅每周例会、由总理顾问召集的部际会议以及众多跨政府机关召开的会议。总秘书处对提交至共和国总统或总理的任命令进行合法性审查。每6个月制定一次部长会议预期日程表；每周先向总理，再向总统呈递一份按部长会议召开顺序整理的档案，并在会谈之后，准备部长会议召集通知。秘书长列席部长会议，整理、发布会议公共报告，并将关于会议辩论及总统立场的记录进行归档。

262. **跟踪法律法规文本**。为了协助政府制定高质量的法律、政令和法令，秘书长通过“梭伦应用”平台参与到法律法规文本制定的所有阶段，从最初的起草到最后写入法国法律网 *légifrance*：组织仲裁会议，审查咨询结果[①]，必要情况下在最高行政法院与部长会议上对法律法规文本进行阐释，对签署与副署进行汇编，以及在《官方公报》上发布法规。在制定法律时，应增加对议会辩论、投票情况及大会之间往来的跟踪，如有必要，还须跟踪在宪法委员会中，受攻击法律文本的辩护情况。司法顾问提请总理注意，某些草案会面临遭到废除的风险。

总秘书处还对已投票通过的法律实施情况进行跟踪：保证优先制

① 特别是经济、社会及环境委员会的咨询结果，或者海外行政区领导机关就某一文本接受咨询时的咨询结果。

定法律实施令以及对欧盟指示的执行措施；撰写政府观察报告并递交宪法委员会，依照《宪法》第61－1条，当“法律条款确实侵犯了《宪法》所保障的权利与自由”时（合宪性享有优先权），总秘书处须接受公开听证。政府总秘书处接收由宪法委员会与行政法庭宣布的法律条款废除决定，对法律文本进行更新，并为必要的修改做准备。考虑到最高行政法院的决定，总秘书处负责告知各部长哪些行政方式须放弃或修改。

最后，总秘书处保证议会向部长提出的所有书面问题均会在合理期限内得到答复。

263. **政府的总组织**。 政府秘书长身处政府机器运转的中心；在财政法律范畴内，他负责129项目“协调政府工作”与308项目“保护权利与自由”①。定期召集各部秘书长，与他们一起对关于政府改革以及中央行政机关与权力下放部门等机构组织的主题进行跟踪。政府秘书长很少与大区主席身边的大区事务秘书长共同举办旨在研究地方政府行政部门运行问题的部门秘书长联合会议。

因此，当政府总秘书处依据关于省级顾问的2013年5月17日法律，对地方地图的改革进行跟踪时，应提醒司法部总秘书处对司法地图进行修改：基层法院的管辖区是根据地方地图建立的。

264. **总理行政部门的管理**。 政府秘书长其实也是总理办公厅秘书长。他推动“马提尼翁府”的运转，并享有以下权利：

- 总理财政与行政部门的管理，包括3个下属部门（人力资源处、财务规划处、权力下放部门领导处）、2个司（后勤与遗产司、信息系统司）、1个总务办公室、1个服务质量考察团以及1个金融共享服务中心②；

---

① 该项目集中了多个组织的经费：国家自由与信息委员会、监狱维权检察机构、行政信息查询委员会、国家生命与健康科学道德咨询委员会、国家人权咨询委员会、国家安全监听监控委员会、国防机密咨询委员会。

② 2011年2月11日关于总理行政与财务服务管理处的组织的总理决议。

• 公共行动现代化总秘书处（参见下文第 545 条目），包括旨在促进公共行动现代化的部际管理处以及政府通信与信息系统部际管理处①；公共行动现代化秘书长经部长会议任命，在财政法律范畴内，负责 401 项目“政府的数字化转变与公共行动的现代化”；

• 法律与行政信息管理处，“负责：发表于《官方公报》的法律、政令、法令、其他类型文件或行政文书的出版与发行；议会辩论的公布；利于财政、经济和组织生活透明化的信息公布；对公众公开数据，方便公众获得权利”②。政府总秘书处在财政法律范畴内，负责附属的预支费用“正式出版物与行政信息”，其中包括 623 项目“出版与发行”以及 624 项目“出版物发展工作与领导”。

此外，政府总秘书处还负责保障附属于总理的机关与部门的行政管理，以及各机构间的相互协调。

聚焦

“塞居尔政府中心”草案

为了减少在巴黎建立的总理行政部门的数量，政府总秘书处预备自 2016 年起于 15 区塞居尔大道 20 号重新集合以下部门：行政与法律信息管理处、金融与行政部门管理处（DSAF）、政府信息处（SIG），还有一些总理的下属机关：经济分析委员会（CAE）、退休改革咨询委员会（COR）、就业指导委员会（COE）、因占领时期实行排犹法规而遭掠劫的受害者赔偿委员会（CIVS）、领土整治暨地区行动代表处（DATAR）、男女平等观察所（OPFH）、部际打击毒品与吸毒行为任务办公室（MILDT）、警惕与取缔邪教活动任务部（MIVILUDES）、海洋总秘书处（SGMer）。

① 2012 年 10 月 30 日颁布的关于创建公共行动现代化总秘书处的第 2012 - 1198 号法令。

② 2010 年 1 月 11 日颁布的关于法律与行政信息管理处的第 2010 - 31 号法令。

此外，若干独立权力机构也会设立在塞居尔中心：权利捍卫人机构、行政信息查询委员会（CADA）、国家生命与健康科学道德咨询委员会（CCNE）、国防机密咨询委员会（CCSDN）、国家人权咨询委员会（CNCDH）、国家安全监听监控委员会（CNCIS）、国家自由与信息委员会（CNIL）。

265. **权力下放部门的联合互助管理**。 政府秘书长负责管理840位在全国范围内执行部际任务的国家干部：大区事务秘书长、其副手和项目官员（参见下文第321及324条目），部际省级领导（参见下文第371条目）及其副手；在财政法律范畴内，秘书长负责333项目“权力下放部门的联合互助方式”。该项目不仅管理职位，还管理房租及大部分权力下放部门（部际部门管理处、大区文化事务管理处和省政府）的日常运转（联合互助进程、机动车保有量等）。

§3. 国防与国家安全总秘书处

266. **国防与国家安全总秘书处（SGDSN）**。 前身为通过1906年4月3日法令创建的国防高等理事会，旨在协调国防工作与外交政策。国防总秘书处创立于1962年，自2010年1月13日起成为国防与国家安全总秘书处[①]。

从1962年到1988年，总秘书处由一名高级军官领导；自1988年起，转由部长会议任命的高级公务员担任领导人（2004年起为国务委员弗朗西斯·德隆先生）

267. **使命**。 秘书长协助总理解决国防与国家安全问题。秘书长须通过包括特工处在内的机构来搜集情报，旨在对国家面临的危险[②]

---

① 2009年12月24日颁布的关于国防与国家安全委员会及国防与国家安全总秘书处的第2009－1657号法令。

② 或者是公共卫生危机（大规模流行性感冒）。

进行估计，尤其是恐怖袭击，并向最高政治权力机构就危机解决办法提出建议，与此同时，须始终保证政府机关有能力应对危机。国防与国家安全总秘书处致力于提高国家弹性能力，保证“关系国家命脉的服务领域，如国防、能源供给、食品供给以及通信领域能够在严重危机过去后，立刻或尽快重新开始工作”[①]。

国防与国家安全总秘书处准备并执行由总统主持的国家安全与国防会议做出的决定；该秘书处提出、发布国防机密保护措施，推动其实施并进行监督[②]。

聚焦

国防与国家安全秘书长权限

《国防法典》最高行政法院兼部长会议令第 1132－3 条

1. 推动并协调关于国防与国家安全的部际工作，以及相关辅助性公共政策的实施；

2. 联系相关部的各个部门，对在国防与国家安全方面影响法国利益的国际冲突与危机的发展状况进行跟踪，并研究将采取何种准备。介入涉及国安与国防的国际会议及谈判，参与会议的准备与开展，并获取会议结果。

3. 建议、发布国防机密保护措施，推动措施的执行与监管。准备国防与国安方面的部际条例，负责条例的发布并跟踪其实施情况；

4. 依靠国家情报工作协调者的支持，推动规定情报部门活动的法律系统，增强该系统适应性，协助策划相关的操作手段，整合部际情报并组织部际分析团队；

5. 制订部际国防与国家安全计划，保证计划的实施，指挥为施行计

① 弗朗西斯·德隆，《韧性：国家安全的关键》，收录于《国防》，2013 年 7—8 月，第 162 期。

② 2011 年 11 月 30 日颁布的关于国防与国家机密保护的第 1300 号部际总预审许可的总理决议，《官方公报》，2011 年 12 月 2 日。

划而进行的部际演练。协调由多个部负责准备与实施的国防与国安措施，协调发生重大危机时的军事与非军事预备措施。

6. 保证总统与政府具备国防与国安方面必要的电子通信与指挥手段，并保障其运转；

7. 向总理建议并实施信息系统安全方面的政策。设有国家级权限部门“国家信息系统安全署”；

8. 保证国防与国安科技项目及科学研究政策实施的严密性，协助保护该领域内的国家战略利益。

268. **实施手段**。 国防与国家安全总秘书处的办公处设于荣军院，由两个管理部门和一个国家级权限部门组成：

- 科技、策略和国际事务管理处，专门负责反对核扩散以及作战装备出口的批准问题；
- 国家安全保护管理处，制订并修订“维京海盗反恐计划”；
- 国家信息系统安全署为国家级权限部门，负责处理网络防卫问题，保障国家以及重要利益领域企业（如法国电网输送公司）的利益。该部门下设政府通讯中心，用来管理“兰波”① 网络和部际通信网络，这两个通讯网络能够在重大危机情况下保持运作。

两个行政性公共机构——国防高等研究院（IHEDN）以及国家安全与司法高等研究院（INHESJ）受国防与国家安全总秘书处监管，负责推动各自领域内的研究工作，传播该领域的实用知识。

根据2014年《经济法典》 129项目“政府工作协调”，预计向国防与国家安全总秘书处提供2亿4 510万欧元的财政拨款。

---

① 该部际网络具有坚实的基础，拥有4 000个订户，建立起了境内所有拥有加密电话的国家文武负责人间的联系。

聚焦

2014 年维京海盗反恐提纲（plan Vigipirate）

维京海盗反恐计划是一个应对恐怖行动的政府警戒、预防和防御计划。可在国土内、海上实施反恐措施，当法国的侨民、代表和国家利益在他国受损时，也可在国外采取反恐行动。该计划由总理倡导。

维京海盗计划通过由总理决定的警戒与防御总部署来实现。恐怖威胁评估与各个领域的脆弱性分析结合构成该计划的运作方式。该计划对安全战略与目标进行定义，以便根据威胁的程度来评估和安排。规定长期措施的实施方式，在必要情况下，依据弹性与适度原则，启用补充措施。计划的实施方式须定期接受评估，每当威胁或脆弱性出现明显变化时，也须进行重新评估。

来源：国防与国家安全总秘书处。

§4. 欧洲事务总秘书处

269. **欧洲事务总秘书处（SGAE）**。前身为欧洲经济合作问题部际委员会总秘书处，由 1948 年 6 月 25 日关于法国加入欧洲复兴计划（美国的马歇尔计划）事宜的行政部门组织的法令创立。自 2005 年起，该委员会总秘书处成为了欧洲事务总秘书处①。经总理提议，秘书长通过部长会议令任命。

2014 年 4 月 9 日，共和国总统的欧洲事务顾问菲利普·莱格利斯-科斯塔，被任命为欧洲事务秘书长。因此加强了爱丽舍宫对欧洲事务总秘书处的控制。

270. **使命**。欧洲事务总秘书处受总理领导，其使命是保证法国在欧盟及经济合作与发展组织内立场的严密与一致性，但不包括共同外交与安全政策方面的立场——这属于外交部部长的权限范围；拥有

① 2005 年 10 月 17 日颁布的关于欧洲事务部际委员会与欧洲事务总秘书处的第 2005-1283 号法令，第 2、4 条。该法令发布于对决定建立欧洲《宪法》条约进行公投失败后的几个月。

仲裁职能，可以避免欧洲事务部部长在欧盟立场方面与其他部长——尤其是财政部部长观点之间的许多分歧，同时，还可以确定法国在不同欧洲谈判中的优先权或交流的主题。

欧洲事务秘书长保证欧洲事务部际委员会的运作；一旦总理在会议结束后确定了立场，秘书长就要将政府的指令传达至法国在欧盟的常设代表处。如果秘书长动员各部长，请求他们负责即将在布鲁塞尔或斯特拉斯堡讨论的议题，那么就继续由各部长与其他欧洲国家进行谈判、商议。总秘书处向欧洲会议中的法国议员提供法国政府在谈判中的立场记录。欧洲事务总秘书处与政府总秘书处保持联系，保证《宪法》第 88－4 与 88－6 条①规定的程序在国民议会与参议院内得到很好地执行，并保证法国在规定期限内适应欧盟的指示。同样，当总理内阁成员要在文件中采用欧盟的观点，以及当总统的协作者要为欧盟理事会会议做准备时，都必须要向欧洲事务总秘书处申请鉴定书；此外，在由法国任轮值主席国时（如 2008 年下半年），欧洲事务总秘书处要确保得到欧盟部长理事会主席的协助。

欧洲事务总秘书处还负责向公民提供信息，发布由欧盟委员会组织的咨询会的信息及布鲁塞尔行政部门的招聘启事；该秘书处作为“SOLVIT”网络交易争议处理中心的法国联络处，负责在至少 10 个星期内，处理公民与企业关于公共行政机关对欧共体权利使用不当的投诉。

最后，欧洲事务委员会还负责准备《食品法典》——联合国粮食及农业组织（FAO）与世界卫生组织的共同项目，旨在出版促进食品卫生安全的建议与标准集册。

271. **实施手段**。 根据《财政法》 129 项目“政府工作协调”，

① 第 88－4 条，“政府须立即将欧洲立法文件草案、其他草案或欧盟文件提案提交给国民议会与参议院，一旦这些文件被转交至欧盟委员会（……）”。第 88－6 条，“国民议会或参议院可以就欧洲立法草案是否符合辅从性原则发表阐明原因与动机的意见（……）”。

2014 年向欧洲事务总秘书处发放的财政拨款升至 1 600 万欧元。欧洲事务总秘书处的行政部门设立于柏歇斯路，近马提尼翁府。部门内大概有 200 名办事人员：其中，3 名副秘书长负责跟踪欧洲事务总秘书处下属的 20 个工作部门。

欧洲事务总秘书处的 20 个工作部门

部门	工作领域
ADMIN	行政总管与后勤
AGRAP	农业、食品、渔业
CIAA	农业与食品部际委员会（总秘书处）
COOP	海外省及海外领土；发展合作
EURATOM	欧洲原子能联营集团条约相关问题
FIN	经济与财政问题
ITEC	工业-电信、邮政、信息企业-环境-能源-竞争-研究
JUD	欧洲司法领域
JUR	制度、法律和诉讼问题
LCP	人员自由流动
MICA	欧盟内部市场、消费者、竞争、国家援助、军备
OCDE	经济合作与发展组织处理的问题
PARL	国家议会与欧洲议会
PIF	法国在欧盟机构内的参与度及影响
POLEST	西巴尔干地区的扩大、欧洲睦邻政策（东部地区）
PROCOORD	协调、未来发展、现代化、交流
RELEX	欧洲对外政治与贸易关系
SEC	欧洲区域安全
TESC	劳务、就业、社会政策、卫生、教育、文化、视听和体育
TREG	交通、区域政策

§5. 海洋总秘书处

272. **海洋政策**。 黎塞留曾为自己设立了航运总监的职位，柯尔贝尔又通过1681年政令对航运管理机构进行了改组，他们两人构想了将法国建设为海上强国的蓝图。今天，法国凭借自己的海外行政区，拥有了仅次于美国的全球第二大海上领地（1 100万平方千米），遍及四大洋。

海事问题关系到多个部：环境、交通、能源、农业与渔业、外交、海外、研究、内政、国防、司法等，因此，1972年政府创立了海上行政活动协调部际组织；1978年，又在该组织基础上建立了部际海洋任务处；根据1995年11月22日法令①，该任务处被海洋总秘书处取代，受海洋秘书长领导，秘书长经部长会议令进行任命，接受总理的领导。

273. **海上政府**。 除了准备与实施海洋部际委员会的决议之外，海洋总秘书处还要主持政府海事政策制定工作。总秘书处接受总理的领导，协调中央级别的海上政府行动——尤其在发生海难的情况下（如1999年12月的埃里卡油船事件）——以及海军军区司令与海外行政区政府代表的海上行动。根据其海岸巡防的职能，制定执行政策。海洋总秘书处负责海上安全与海上营救，打击非法运输与海上劫掠，在联合国大陆架边界委员会上维护法国的大陆架划分利益。海洋环境与海洋生物多样性保护也成为了海洋总秘书处的主要使命之一。

274. **实施手段**。 海洋总秘书处规模较小，大概拥有20名职员，主要由海洋事务管理人员组成。

---

① 1995年11月22日颁布的关于海洋部际委员会与海洋总秘书处的第95－1232号法令。

聚焦

2012 年 12 月 28 日颁布的规定海洋事务管理人员行业特殊身份的第 2012－1546 号法令（节选）

第 1 条

海洋事务管理人员组成了国家海军职业军官行业。

海洋事务管理人员在国家、国际和欧共体的决策机关内部参与海洋公共政策，特别是以下相关政策的设想、制定及实施过程：1. 政府海洋行动框架内的海事活动安全与保障。2. 资源、交通往来、海洋与沿海空间的可持续发展。3. 相关专业领域中的科研、教育、培训、保护以及社会倡导。

海洋事务管理人员参与国防与国防海运的总体组织过程。

在其领土区域内，海军军区司令通过法令向海洋事务管理人员授权，令其出任军区司令代表。按照授权规定，他们代表国家海军，在负责海事的部长与国防部长规定的情况下接替海军的工作。

第 3 条

海洋事务管理人员属二级管理人员，从海事行政学院的学生中选拔，这些学院的办学条件必须符合海事部部长与国防部部长联合决定中的规定。

§6. 投资总署

275. **未来投资**。2009 年 12 月，总统创立未来投资项目（《2010 年 3 月 9 日财政法律修正案》规定，为该项目投入 350 亿欧元，2014 年修正案又新增 120 亿欧元），项目管理权交给隶属于总理的投资总署署长，而非各个部长。署长负责就哪些方案可以享受该项目的支持提出建议：萨克莱未来科学校园计划，研究生物能利用的医学与农艺学项目援助，未来车辆与船舶研究，竞争、科研及发展中心，卡尔诺研究所，能源转换研究所，智能用电网络，创新企业启动基金会等都是具有代表性的出色方案。

聚焦

2010 年 1 月 22 日颁布的关于投资总署的第 2010－80 号法令

总理，

根据经济、工业与就业部部长，预算、公共账户、公职与国家改革部部长的报告，

根据《宪法》，特别是《宪法》第 37 条的规定，

决定：

第 1 条

投资总署负责在总理领导下协调国家投资政策。

根据这一规定，该署特别行使以下职责：

1. 该署负责为政府的决定做准备，当该决定涉及国家与未来投资基金管理机构两者之间的合同时；

2. 协调招标细则的准备，确保在未来投资与公共政策改革中，招标细则与政府行为保持一致；

3. 协调投资项目的指令，明确表达见解与主张；

4. 负责投资前后的评估，特别是对其收益进行评估；

5. 制定项目实施年度总结。

第 2 条

由一名副手协助署长，并在需要时代替署长进行工作。

署长及其副手通过法令进行任命。

第 3 条

创立未来投资监督委员会。

阿兰 · 朱佩与米歇尔 · 罗卡尔先生共同主持该委员会的工作。

此外，委员会内还包括：

• 2 名国民议会议员与 2 名参议员，分别由国民议会主席与参议院主席选定；

• 6 名资审通过的个人，通过总理令选定。

监督委员会制定年度报告以呈现投资项目的执行情况以及评估结果。为此，投资总署署长会将相关信息送交监督委员会。报告会呈送给总理及各个大会。

监督委员会可就既定主题，向雇主与雇员组织代表以及委员会认为有价值的个人进行咨询。

第 4 条

经济、工业与就业部部长，预算、公共账户、公职与国家改革部部长，各自在其职责范围内负责该法令的执行，该法令将发布于《官方公报》。

总理：弗朗索瓦 · 菲永

由下列人员联合副署：

经济、工业与就业部部长　克里斯蒂娜 · 拉加德

预算、公共账户、公职与国家改革部部长　埃里克 · 韦尔特

2010 年 1 月 22 日于巴黎

《2010 年 3 月 9 日财政法律修正案》第 8 条要求投资总署向议会提交其年度报告。在施行瓦尔斯政府《宪法》期间，经济、生产振兴与数字部部长于 2014 年 4 月获得投资总署的领导权（参见上文第 59 条目）。因此，该署可能会逐渐失去其部际职能，成为由经济财政工业部领导的经济政策工具。

§ 7. 信息交流与智囊机构

276. **政府信息服务部门**。 前身为信息流通部际联系处（SLII），由信息部部长阿兰 · 佩尔菲特于 1963 年创建。政府信息服务部门领

导人经法令任命，上百名办事人员协助其工作。该部门负责“分析公共舆论与媒体的报道内容；向选民代表、媒体和民众发布政府活动信息；与省长和大使进行联系，在地区服务的框架内，在全国范围内展开总体利益部际信息行动；向公共行政机关提供技术援助；协调信息交流政策，特别是信息战及舆论研究方面的政策”[①]。该部门建立了政府主页（www. gouvernement. fr），并推出了政府的苹果手机与平板电脑应用软件。

277. **战略与远景总署**。 前身为计划总署（由戴高乐将军于 1946 年创立，委托让·莫内管理）和战略分析中心（在 2006 年取代了计划总署），战略与远景总署经 2013 年 4 月 22 日法令建立。负责就以下三方面的决定向总统提供协助：国家未来的重要导向，经济、社会、文化和环境发展的中期与长期目标，以及改革的准备措施。该署由部长会议令任命的署长进行领导（自 2013 年起，由经济学家让·皮萨尼-菲利任署长）。

278. **退休改革咨询委员会**。 该委员会由 2003 年 8 月 21 日《退休金改革法典》（菲永法）建立，其负责人通过部长会议令任命，由 39 名成员组成：国民议会与参议院代表，最具代表性的专业机构、工会组织、家庭组织和社会机构代表，以及相关各部的部门代表。退休改革咨询委员会还特别负责评估实行强制退休制度的时期保证经济活力所需的条件，并就这些制度的融资状况进行反思，跟踪资金筹措的进展状况[②]。

279. **其他智囊机构**。 除了退休改革咨询委员会，以下机构也隶属于总理，同战略与远景总署进行联络并协同工作：经济分析委员会、就业指导委员会、高级家庭委员会、未来医疗保险高级委员会、社会保障资金高级委员会、社会展望与国际信息研究中心、国家工业委员会。

---

① 2000 年 10 月 18 日颁布的关于政府信息服务的第 2000－1027 号法令。

② 《社会安全法典》，第 L. 114－2 条。

聚焦

联邦总理府的组织

280. 在德国，受总理领导并具有特殊权限的联邦部长为联邦总理府首脑：他负责协调各部长的行动，保证议会与联邦州的联系。确定部长会议的议程，并负责会议的召开。机密部门直接归其领导，每周的国家安全问题例会也由其主持。

联邦总理府首脑身边，设置了 3 名副部长，分别负责：行政以及与联邦州的关系；文化与媒体；移民、难民及种族融合。

总理府包括以下 6 个行政部门：

- 部门 1：后勤与国内政策；
- 部门 2：外交、安全与发展政策；
- 部门 3：卫生、劳动市场、基础设施与社会政策；
- 部门 4：经济与财政政策；
- 部门 5：欧洲政策；
- 部门 6：联邦情报服务，联邦情报机关协调。

480 名职员供职于联邦总理府：其中 450 名职员在首都柏林，其他 30 名在波恩（旧都）。

§8. 部际代表团与任务处

281. **创建**。在法国的行政系统中，部际职务的分配并未表现出很强的协调性。

部际代表团的创建总体上满足了高层行政负责人对各部进行领导的需要，使其有权以总理的名义发表意见。在青年与体育部内，青年、大众教育和社团生活处处长作为青少年事务部际代表，负责推进青少年政策的协调。与此同时，大型体育设施部际代表（不担任该部中央行政机关负责人，而是被安排在其身边）负责法国境内重大国际体育赛事的接待与组织：世界马术比赛（2014）、欧洲杯（2016）、世界手球锦标赛（2017）以及莱德杯高尔夫球赛（2018）。内政部部长身边设置了道路交通与安全代表，同时也是道路安全部际代表以及抗击种族主义与排犹主义部际代表①；能源部部长身边安排了核电站关闭与费森埃姆核电站（上莱茵省）二次开发部际代表；其他部际代表仅隶属于总理：地中海部际代表、共和国平等与民族融合部际代表、法国海外地区机会平等部际代表、经济情报部际代表②。有时，总理不指定部际代表，而是任命对应部际委员会的秘书长：伤残委员会部际秘书长、犯罪预防委员会部际秘书长。

282. **领土平等总署**。领土整治暨地区行动代表处于 1963 年创建，旨在通过推动平衡型大都市与新兴城市的建设，重新平衡土地发展。自 2009 年起，代表处更名为“领土整治与地区吸引力部际代表处”。2014 年 3 月 31 日第 2014－394 号法令颁布后，则变为领土平等总署。从 2015 年 1 月 1 日起，该署兼并了通过 2006 年 3 月 31 日《机会平等促进法典》创立的社会团结与机会均等处（ACSé）。

领土平等总署对国家领土平等政策（特别是城市政策）的设计与各省长对政策的执行进行协调。该署引导中央与地方合同以及城市合同的制定，协调合同的执行，进行跟踪并保证行动与合同的一致性。该署是法国负责协调欧洲结构性基金与投资的权力机关。

署长的工作得到 3 名分别负责城市与和谐都市、领土战略，以及领土潜力发展的主任协助。保证对国家城市革新局的监管。

最后，领土平等总署是总理主持的领土平等部际委员会会议，以及城市部际委员会会议的准备与执行机关。该署负责全国领土平等会议、全国城市会议及全国山区会议的秘书处职务。

283. **部际任务处**。警惕与取缔邪教活动部际任务处由 2002 年 11 月 28 日法令创建，负责观察与分析那些损害人权与基本自由权或者

---

① 自 2000 年起，奥赛码头也设了 1 名人权促进大使，与其他国家共同负责二战时期纳粹屠犹、掠夺历史事件的处理及反思。

② 2013 年 8 月 22 日颁布的关于经济情报部际代表的第 2013－759 号法令。

对公共秩序造成威胁的宗教运动；该任务处还须向公众告知这些宗教偏激现象带来的后果及危险，并协助对受害者的救援工作。任务处主席经法令任命，任期为 3 年。

2012 年，警惕与取缔邪教活动部际任务处接收了 2 783 份司法委托书。

反毒品与反成瘾行为部际任务处（MILDCA）同样隶属于总理。《公共卫生法典》最高行政法院法令第 R. 3411－13 条委托该任务处负责推进与协调“国家通过抑制供需来对抗精神性物质滥用与成瘾的行动。为此，该任务处特别介入了观测、调查及预防领域，负责减少卫生风险与社会损失，打击非法交易，并进行相关研究与培训”。

行政性公共机构——扣押及没收财产管理与追回处对不法商贩的财产进行变卖并扣押其现款（2012 年总共 895 847 欧元），以作为反毒品与反成瘾行为部际任务处协助基金的资金来源。

§9. 部际委员会

284. **组织**。 在总理的领导下，各部际委员会召集众多政府成员，就一明确的主题召开会议，制定规划并做出决定。会议的准备工作由与会的政府秘书长负责。总理可在任何时候召开此类委员会。但是一些经政令创建的部际委员会须定期召开。有时总理会委派 1 名部长主持此类委员会。

285. **定期召开部际委员会会议**。 主要的定期召开会议的部际委员会有：女性权利与男女平等部际委员会、城市部际委员会、海洋部际委员会、可持续发展部际委员会、家庭部际委员会、领土平等部际委员会、紧急人道主义行动部际委员会、预防犯罪部际委员会、反毒品与反成瘾行为部际委员会、工业重组部际委员会、 公共行动现代化部际委员会、青少年部际委员会、民族融合部际委员会、欧洲事务部际委员会、卫生部际委员会、道路安全部际委员会、海外部际委员会等。

部际委员会会议经讨论形成决定，由各部长贯彻执行。如果设立了部际代表，则由部际代表在后续会议中对决定的执行情况进行总结。

案例

2009 年 11 月 6 日颁布的关于创建伤残部际委员会的第 2009－1367 号法令

第 1 条 创立伤残部际委员会，由总理或委托负责残障人士的部长领导该委员会。

伤残部际委员会由负责以下领域的部长构成：残障人士、团结互助、家庭、青少年、教育、高等教育、研究、劳务、就业、职业培训、消费、经济、卫生、社会安全、社会事务、老年人、住房、交通、文化、通信、体育、旅游、司法、地方行政区、城市、公职、预算、海外、外交与欧洲事务、国防与退伍军人。

根据议程的安排，可召集其他政府成员出席部际委员会会议。

第 2 条 伤残部际委员会负责定义、协调和评估国家针对残障人士执行的政策，以及根据《社会行动与家庭法典》第 L.114－1 条的规定实施行动。

委员会采纳《社会行动与家庭法典》第 L.114－2－1 条确定的报告。

第 3 条 伤残部际委员会的秘书长协助总理的工作，并由总理对其进行任命。

秘书长列席委员会，为委员会的工作与磋商会议做准备，负责常务秘书一职。

秘书长负责协调与跟踪委员会决定的贯彻执行情况。

第二节　共和国总统：国家行政权力机关

286. **埃里判决**。第三共和国时期，最高行政法院在著名的埃里判决中承认了共和国总统行政权力机关的身份。法院认为，“根据 1875 年 2 月 25 日《宪法》第 3 条的规定，共和国总统处于法国政府之首，负责保证法律的实施；自此，应由总统保证法律规章所确立的公共服务在任何时候都能保持运转，并保证战争引起的困难不会造成市场瘫痪”[①]。埃里判决40年后，设置总理职位，管理政府行动并负责国家行政，但总理并未从第五共和国的国家元首手中取得全部的行政管辖权。

287. **第5、13、16和38条**。根据《宪法》第5条规定，共和国总统的主要使命之一是“通过行使仲裁权，保证公共权力机关的正常运转以及国家的延续性”，该使命促使总统在危机时期执行第16条，“针对当时情况的要求采取措施”[②]。第13条则把国家元首定义为一个行政权力机关，一方面授予其部分规章制定权（总统“签署部长会议商议的法令与政令”），另一方面授予其任命“国家文武官员的权力”。在政令方面，最高行政法院过去认为，总统具有行政权力机关的身份，不仅因为他根据第38条[③]的规定签署授权议会的政令，还因为他签署政令以授权民众参与全民公决[④]；因此，可在权力滥用审判官面前对这些文件（如总统令）提出异议。

288. **政治背景**。共和国总统与行政机关的关系首先取决于国家元首的个人性质；以下4人均为重要部门成员，在参与总统选举之前，供职于行政机关：乔治·蓬皮杜任职于最高行政法院，瓦莱里·吉斯卡尔·德斯坦任职于金融总监察部，雅克·希拉克与弗朗索瓦·奥朗德任职于审计法院。总统与行政机关之间的关系还与政治局势有关：在左右共治时期，总理毫无疑问是行政机关的唯

① 最高行政法院，1918年6月28日，第63412号文件，埃里案，参见《最高行政法院1918年判例汇编》，第651页。

② 总统在贯彻第16条期间采取的措施相当于来自一个行政权力机关，因此，可在权力滥用审判官面前对这些措施提出异议（最高行政法院，1962年3月2日，重罪法庭第55049号文件，吕班·德·塞尔旺案，参见《最高行政法院1962年判例汇编》，第143页）。

③ 最高行政法院，1961年11月24日，重罪法庭第52262号文件，国家警察工会联合会案，参见《最高行政法院1961年判例汇编》，第658页。

④ 最高行政法院，1962年10月19日，重罪法庭第58502号文件，卡纳尔案，参见《最高行政法院1962年判例汇编》，第552页。

一首脑，尽管在部长会议任命职位时，须获得总统的同意；自从总统任期从 7 年缩减为 5 年后①，总统为了实现他的规划，越来越多地介入到政府事务中，自然也就介入到了行政机关的运转与协调之中。

案例

共和国总统对道路管理通告提出申诉

蓬皮杜总统致雅克·沙邦-戴尔马的一封信

我尊敬的总理，

出于偶然，我得到了设施部的一份道路与道路交通管理通告，我给您传送了一份通知复印件。

对于这份通知，我有两点思考：第一，最高行政法院讨论着提高部分公务人员 3.5 法郎补贴的问题，而重要的决定则被一些政府管控之外的各部的相关部门来处理。

第二，我曾在部长会议中表达了自己的意愿，要保护“各处的”树木。这项通知无视了共和国总统的意见，因为以保障安全作为借口砍伐沿街树木的现象将会愈演愈烈。要注意，人们只在研究法国电力公司的电线杆迁移措施时才会认真考虑保护树木的问题。事实上，尽管有许多负责保护工作的行政机关，但是除我以外，没有任何部门对这些树木予以保护，好像它们根本就无关紧要……

我要求您抵制这条通告，并立刻将其推迟。我还要求您向设施部部长下达指令，无论出于何种借口（树木老化；盲目并无视美学的市政府提出的请求；树木养护与枯枝修剪带来了财政负担），都不能继续执行这些一开始就该摒弃的措施，这是我最基本的要求。

---

① 2000 年 10 月 2 日颁布的第 20064 号宪法性法律，于 2002 年 5 月开始施行。

乔治·蓬皮杜

1970年7月20日

来源：乔治·蓬皮杜，《书信、记录和肖像/1928—1974》，罗贝尔·拉丰出版社，2012年，第439—441页。

§1. 共和国总统府总秘书处

289. **爱丽舍宫秘书长。** 共和国总统入住爱丽舍宫的典礼结束后，第一个通过决议任命的就是爱丽舍宫秘书长。实际上，总统任期开始时，被选中担任该高层职位的人自选举开始到权力交接完成期间就已经加入了过渡小组，在政府总秘书处提供的场所办公；共和国总统府秘书长是国家元首最直接的协作者。法国民众会看到他在电视上宣布政府的组成；秘书长是总统的第一个协作者，也是其所有协作者的首脑。他负责联系总理、总理办公厅主任以及议会大会主席，并与外国政府及首脑身边的主要同级官员保持联系。秘书长向总统推举总秘书处团队的任命人选，由一至两名副秘书长协助其工作，负责多名顾问之间的协调工作。共和国总统的所有协作者都必须制定一份财产状况声明与一份利益申报①。

自奥朗德执政起，共和国总统协作者的总数约为50名。

聚焦

第五共和国时期的共和国总统秘书长

戴高乐执政时期

1959—1962：若弗鲁瓦·德·库赛尔，大使

1962—1967：埃蒂安·布兰·德·罗齐耶，大使

① 2013年10月11日颁布的关于公共生活透明度的第2013－907号法律，第11条，第1款，第4点。

1967—1969：贝尔纳·特里科，国务委员

乔治·蓬皮杜执政时期

1969—1973：米歇尔·若贝尔*，审计法院首席顾问

1973—1974：爱德华·巴拉迪尔**，最高行政法院审查官

瓦莱里·吉斯卡尔·德斯坦执政时期

1974—1976：克劳德·皮埃尔-布罗索莱特，财政监察员

1976—1978：让·弗朗索瓦-蓬塞*，全权公使

1978—1981：雅克·华尔，财政监察长

弗朗索瓦·密特朗执政时期

1981—1982：皮埃尔·贝雷戈瓦**

1982—1991：让-路易·比安科*，国务委员

1991—1995：于贝尔·韦德里纳*，最高行政法院审查官

雅克·希拉克执政时期

1995—2002：多米尼克·德维尔潘**，全权公使

2002—2005：菲利普·巴斯*，国务委员

2005—2007：弗雷德里克·萨拉·巴鲁，最高行政法院审查官

尼古拉·萨科齐执政时期

2007—2011：克劳德·盖昂，省长

2011—2012：格扎维埃·穆斯卡*，财政监察长

弗朗索瓦·奥朗德执政时期

2012—2014：皮埃尔·勒内-勒马斯，省长

从2014年1月16日开始：让-皮埃尔·儒耶***，财政监察长

* 后任部长。

** 后任部长及总理。

*** 曾任国务秘书。

290. **办公厅主任。** 其首要职责是管理人事、爱丽舍宫以及总统

居所，并与宫内的军事指挥官、后勤总管、财务与人事部门负责人、礼宾司以及邮政服务处协同工作。

总统府的经费预算写入了财政法律 501 项目。 2014 年，经费预算达到 1.1 亿欧元。 2008 年 7 月 23 日《宪法》修改了规定最高司法委员会机构设置的第 65 条： 共和国总统不再主持该机构的工作。因此，最高司法委员会也不再设于总统府。

此外，办公厅主任一般负责偏向政治性的问题：《宪法》改革、司法、与地方政府的关系、安全、与宗教权威人士的关系。跟踪国家荣誉军团勋章的颁布情况，因为勋章军团长由总统出任。收集安道尔公国的国家事务信息，因为总统担任该国大公[①]。保证国家元首出席一些官方活动，并担任传统上受其保护的机构的代表人。

瓦莱里 · 吉斯卡尔 · 德斯坦执政时期还未设置办公厅主任： 其传统职能由秘书长与办公厅厅长分担。弗朗索瓦 · 密特朗上任后，爱丽舍宫的机构组织内才设置了办公厅主任一职。

291. **私人参谋长**。 《宪法》规定总统担任军队统帅[②]，其私人参谋长由将官出任，协助其工作，就国防问题为总统提供咨询。共和国总统的私人参谋长与陆军、海军和空军高级军官共事。爱丽舍宫的（军）医与其共事。私人参谋长须在军事负责人与军事行动的选择上，向总统提供建议；为总统准备国防与国安会议的材料，确保总统在任何时候都有能力做出重要的军事决定，包括下令动用核力量的决定。与巴黎军区司令协作，确定 7 月 14 日国庆典礼上的军队干部。

292. **外交顾问**。 总统的外交顾问建立了一个由专家顾问团队组成的“外交中心”，用以关注世界各大重要地区，协助总统确定其外交立场，以及维护与各国元首或政府的双边关系，为总统的外事访问及会晤各国元首做准备。外交顾问须与各国驻巴黎的大使保持联系。

---

① 1993 年 4 月 28 日安道尔公国《宪法》第 43 条第 2 款：“……是共有领主权及其历史演变建立的制度，由乌赫尔地方主教与法兰西共和国总统共同出任安道尔大公”。

② 1958 年 10 月 4 日《宪法》，第 15 条。

作为“外交中心”的成员之一，外交顾问同时也是“七国/八国集团（G7/G8）最高级会议筹备官员”[1]，因此，他与世界八大国家领导人身边关系最密切的协作者保持着直接联系。礼宾司协助外交顾问，负责在国书递交仪式上迎接新任驻法大使；外交顾问负责确定接见外国政府与国家元首的规格——属于非正式访问、工作访问、正式访问还是国事访问。外交顾问应与外交部保持长期联系，并与总统私人参谋长共同协调国防问题。

293. **办公厅厅长**。 办公厅厅长负责跟进总统的行程表，还要经常跟进总统与他过去的选区之间的关系。与共和国总统卫队指挥官协作，保障国家元首的安全。负责准备总统与三军副官的出行，其中一人须一直陪同总统。

294. **顾问**。 顾问们跟踪一个或者多个部的下属部门，因此，须与总理的协作者以及各位部长办公厅主任协同工作。总统府顾问的主要使命在于向秘书长提供其负责领域的情况，他们负责监督，准备“PR”[2]（共和国总统）与重要人士的会谈，向总统提议，监督政府对决定的执行情况，草拟总统发言稿，并向总统提供应对国内与国际重大事件的建议。

奥朗德执政时期，总统府顾问分设于“经济与财政”中心（竞争、工业、财政与行业政策、经济融资与欧元）、“公共政策”中心（教育、文化、科研、农业、环境、住房、海外领土、卫生……）、“外交”中心、“内阁”中心，以及“公关”中心。

其中一名经济顾问或副秘书长，为“二十国集团（G20）最高级

① 由瓦莱里·吉斯卡尔·德斯坦发起，1975年在朗布依埃举办的“六国集团（G6）”峰会曾是世界六大强国首脑一年一度的会面。如今，“七国集团（G7）”峰会聚集了美国、法国总统，以及德国、加拿大、意大利、日本及英国的政府首脑；俄罗斯联邦总统被邀请加入该集团后，成为“八国集团（G8）”。每位领导人都会派出一名顾问（“最高级会议筹备官员”），与同事协同准备并列席年度峰会。

② 部长办公厅成员及办公厅主任一般用法语首字母称呼共和国总统。

会议筹备官员”①。

§2. 部长会议

295. **会议主席**。 根据《宪法》第9条规定，共和国总统主持部长会议会务。总统根据政府秘书长的提案决定会议议程。如果政府举荐了各位国务秘书，则由总统决定是否邀请他们出席。会议议程的确定至关重要，因为总统在制定议程的过程中，通过要求登记各项草案或者接收任命书，来调节政府与行政活动的节奏。左右共治时期，总统府与总理府之间在协商议程时会出现分歧。

296. **会议的开展**。 按照传统，部长会议每周三早上在爱丽舍宫穆拉特会客厅召开。共和国总统府秘书长与政府秘书长需要出席会议，并且两位秘书长席位靠后。各部长根据礼节，按其资历入座。会议包括A、 B和C三个部分。在行政机关协调时期，由于所有部长都出席会议，总统可以利用此次机会重新确定政府活动的框架。

297. **会议A部分**。 对法律、政令以及规章性法令（部长会议中产生的法令）的草案进行审查（参见上文第167及第172条目）②。各部长会在前一天收到有关的法律法规文本。相关部长将草案呈送至会议当堂。少数情况下，总统会对草案进行评论，其他政府成员也会对草案提出问题。极少数情况下会进行议会辩论；须先批准通过一个法律法规文本，才能对后一个文本进行审查。

经会议通过的法律草案须递交政府总秘书处；总理通过线上规范操作组织系统“梭伦应用”平台，颁布法令；将草案移交至议会两院中的一个，并命令1名部长主持法案的讨论工作。至于那些经批准通过的政

---

① “二十国集团（G20）最高级会议筹备官员”是负责准备年度经济峰会而选出的代表。自1999年起，有19个国家（南非、德国、沙特阿拉伯、阿根廷、澳大利亚、巴西、加拿大、中国、韩国、美国、法国、印度、印度尼西亚、意大利、日本、墨西哥、英国、俄罗斯、土耳其）和欧盟领导人参加该峰会。

② 特别是由最高行政法院兼部长会议令规定的部长职权。

令与法令，政府秘书长须先呈递给总统，经总统签署，总理与主管部长[①]联合副署后，再通过“梭伦应用”平台颁布。根据《宪法》规定，联合副署意味着政府[②]对总统签署的法律法规文本承担政治责任；需要补充的是，政府承担了责任，就必须应对反对意见，譬如这种情况：由政府支持，经总统签署的政令与法令受到最高行政法院的攻击[③]。

298. **会议B部分**。审查已经获得总统与总理批准的国家行政机关最高职位任命令草案。除了推举提名者的部长之外，其他部长先阅读会议上的资料，熟悉被提名者姓名。主管的部长须对被提名者的资历进行简短介绍。根据《宪法》第13条第3款规定，部长会议上一方面会任命国务委员、荣誉军团委员会主事大臣、审计法院首席顾问以及将官，另一方面还须对政府指定的职位进行任命：省长、国家在海外领地的代表人、学术院院长以及中央行政机关的负责人。自1958年《宪法》生效开始，该任命列表已经补充完整（参见下文第305条目）。

任命令须经共和国总统签署，总理与责任部长联合副署[④]之后，通过“梭伦应用”平台发表于《官方公报》；其中会提到，任命令经部长会议通过。但要指出，法国驻外大使的任命令会在部长会议数周后发布：外交部长须要先获得驻地国政府的同意。

此外，《荣誉军团与军功奖章法典》中最高行政法院决议第34条规定，授予荣誉军团勋章时，如果勋位升至高等骑士、大军官以及大十字骑士，须通过部长会议令进行颁布；国家功勋勋章授予时，若提升勋位，也遵循这一程序[⑤]。

299. **会议C部分，其政治性大于行政性**。这部分主要就国际形

---

① 1958年10月4日《宪法》，第18条。

② 同上，第20条，第3款：“在第49与50条规定的情况下，并且按照其规定的程序，政府是议会上的负责人。”

③ 《行政司法法典》，第R.311-1条：“最高行政法院有权在初审与终审中掌握以下情况：1. 反对共和国总统政令与法令的上诉；（……）。”

④ 海外部部长须联合副署海外高级公务人员及军事领导人的任命文件（2014年4月16日颁布的关于海外部部长职权的第2014-415号法令）。

⑤ 1963年12月3日颁布的关于创立国家功勋勋章的第63-1196号法令。

势问题与外交部部长交换意见；此外，当一位部长提出社会热点问题（学校开学、夏季旅游行业总结、经济形势等）或呈递了一项改革的总结时，须与其他部长进行交流。

萨科齐总统在其任期的第一年，建立了会议“D”部分（各部长就时事热点问题展开辩论），但未取得明显成效；因此该部分在2008年末取消。

300. **其他决定**。 其他问题将根据部长会议的议程安排进行讨论：

- 涉及政府与国家其他权力机关关系的授权许可： 授权总理在国民议会中承担政府的职责，行使对金融或社会安全投资法草案的投票权，或者行使每次会议只能使用一次的对其他法律草案或提案的投票权①；授权一名部长以证人身份在司法法官面前作证②；

- 危急时期（超出第16条条款规定）颁布法令，宣布进入最长为期12日的戒严③或紧急状态④，并对行政治安制度进行修改。第一种情况，他国发动战争或者国内武装起义造成了危急状况，颁布法令并宣布进入戒严状态，同时要求非军事机关在涉及治安与秩序维护问题时，将手中的权力移交给军事机关⑤；第二种情况，颁布法令并规定进入紧急状态的地区，这些地区的省长将会得到更大的权力： 有权通过发布决定禁止人员或车辆在规定时间与地点内流通，或者禁止任何企图阻碍公权行动的个人在该省所有或部分区域逗留⑥。

德维尔潘政府时期， 2005年发生了郊区危机。部长会议曾经颁布2005年11月8日法令，决定进入紧急状态。议会延长了该紧急状态，超出了规定的12日⑦。

- 根据内政部部长的提议，讨论用以结束地方政府严重运作不良

① 1958年10月4日《宪法》，第49条，第3款。
② 《电信与邮政法典》，第652条。
③ 1958年10月4日《宪法》，第36条。
④ 1955年4月3日颁布的关于紧急状态的第55－385号法律，第2条。
⑤ 《国防法典》，第L. 2121－1条及第L. 2121－2条。
⑥ 1955年4月3日颁布的关于紧急状态的第55－385号法律，第2、 5条。
⑦ 2005年11月18日第2005－1425号法律；根据2006年1月3日第2006－2号法令规定，结束紧急状态。

情况的法令（必须阐明动机）。如果市长与委员会之间存在争执，阻碍预算的通过①，部长会议可以宣布解散市政委员会②；部长会议同样可以在总委员会③、地区理事会④或者科西嘉大会⑤“表现无能”的情况下，宣布将其解散。如果市长面对该市恶化的经济状况却无所作为，并且无视省长的意见与地区审计局的建议⑥，部长会议甚至有权撤除市长的职位⑦。

301. **会议报告**。 由政府秘书长撰写部长会议报告，会议结束后发布于爱丽舍宫网站及总理网站。

§3. 由共和国总统主持的其他会议

302. **国防与国家安全委员会**。 共和国总统主持该委员会的工作，成员包括总理、国防部部长、内政部部长、负责经济事务的部长、负责预算事务的部长以及外交部部长，如有必要，其他部长经总统召集后也可出席该委员会。国防与国家安全总秘书处负责委员会各项会议的准备工作（参见上文第 267 条目），并与会。根据《国防法典》最高行政法院令第 R. * 1122－1 条规定：“国防与国家安全委员会负责制定以下工作的大政方针：军事项目、军事威慑、外交活动指导、重大危机的应对计划、情报工作、经济与能源安全、促进国家安全与打击恐怖主义的国土安全规划，并确定各项工作的优先级别。”除日常工作会议之外，如果发生重大国际性危机事件或有必要准备并进行对外军事干预时，也须召开委员会。

在 2013 年 12 月 5 日的国防会议上，共和国总统决定展开“红蝴蝶（Sangaris）”行

---

① 最高行政法院， 2007 年 6 月 4 日，第 295296 号文件，卡尔塔贝洛塔先生案。

② 《地方行政区总法典》，第 L. 2121－6 条。

③ 同上，第 L. 3121－5 条。

④ 同上，第 L. 4132－3 条。

⑤ 同上，第 L. 4422－14 条。

⑥ 最高行政法院， 2010 年 2 月 2 日，第 328843 号文件，达隆热维尔先生案，参见《最高行政法院 2010 年判例汇编》，第 65 页。

⑦ 《地方行政区总法典》，第 L. 2122－16 条。

动，对中非进行军事干预。

国防与国家安全委员会设立了两个专业组织，由共和国总统组织其工作：

• 国家情报工作委员会，与会者包括总理、内政部部长与国防部部长、情报专业化服务处主任以及国家情报协调员；

• 国家核武器委员会，与会者包括总理、国防部部长、军队参谋长、军备总代表以及原子能与替代能源委员会的军事应用主任。

303. **部际委员会**。 共和国总统有权召开部际委员会，总理与会，会上召集各位部长对某个特殊或紧急问题进行研究。总统可以以非正式或局部会议的形式（如“讨论会”）召开这些“小范围”委员会，或者与此相反，将这些委员会制度化，变成直接的政府工具，委员会上取得的决定将下达各部长。

总统可邀请一些高级公务人员出席部际会议：2008 年财政危机爆发期间，国库主任与法国银行总裁均参加了一些小范围委员会。

案例

2014 年 1 月 22 日颁布的关于公共开支战略委员会的第 2014－46 号法令

共和国总统，

根据总理、经济与财政部部长、经济与财政部分管预算的委派部长代表三者的报告，

参考《宪法》，特别是《宪法》第 37 条规定，

决定：

第 1 条

创建公共开支战略委员会。该委员会负责提出并跟进结构性经济实施项目，该项目列入法国稳定项目的框架。负责改善国民收入状况，保证经

济增长并促进就业。

委员会的决定交由政府执行，目的是让这些决定能够在呈交给欧洲权力机关的公共财政多年项目中得到落实。必要时，还要在《公共财政项目法》草案与3年期预算中落实。

第2条

共和国总统主持公共开支战略委员会的工作。

其成员包括：

1. 总理；
2. 经济与财政部部长；
3. 经济与财政部分管预算的委派部长；
4. 社会事务与卫生部部长；
5. 劳动、就业、职业培训及社会对话部部长；
6. 权力下放、国家改革与公职部部长；

如果其他部长对议程中的某个问题感兴趣，可以被共和国总统召集出席委员会。

共和国总统还可以邀请公共开支组织代表人以及任何资审通过的个人。

委员会秘书处由政府总秘书处负责。

第3条

本法令将在法兰西共和国《官方公报》上发表，由总理负责执行。

总统：弗朗索瓦·奥朗德

由下列人员副署：

总理　让-马克·艾罗

2014年1月22日

§4. 任命令

304. **“执政，就是进行任命”**。法学家保罗·巴斯蒂用这句格言概括了西哀士在大革命时期提出的一条重要政治活动原则①，这句话完全适用于第五共和国：根据《宪法》第 13 与第 21 条规定，政府高层职位（无论文职还是军职）的任命都要通过“共和国总统的法令”或者（总理的）“法令”进行宣布，但是派遣国家公务人员出任议会行政部门办事人员时除外②。

任命令发表于《官方公报》，法律与法令版块，“任命办法”部分。

305. **部长会议上的任命决定**。在部长会议上通过法令进行任命：

• 贯彻执行《宪法》第 13 条规定：国务委员、荣誉军团委员会主事大臣、大使与特使、审计法院首席顾问、省长、国家在海外领地的代表人、将官、学术院院长、中央行政机关负责人；根据贯彻 1984 年 1 月 11 日第 84－16 号法律第 25 条的 1985 年 7 月 24 日第 85－779 号法令第 1 条规定，还须应政府的决定要求，对其他高层职位进行任命（参见下文第 306 条目）；

• 《组织法》中涉及国家文职与军职的任命。根据 1958 年 11 月 28 日第 58－1136 号《组织法》实施令第 1 条规定，职位包括了：最高法院检察长、审计法院检察长、上诉法院检察长。该实施令还规定，公共机构、公共企业及国营公司内“重要”领导职位的任命须在部长会议上进行决定；职位清单见 1959 年 4 月 29 日关于某些公共机构、公共企业及国营公司领导职位任命的第 59－587 号（部长会议）法令附录（并非随时更新）。该清单内包括：

——重要文化机构的领导人：巴黎歌剧院，法兰西喜剧院，卢浮宫，蓬皮杜艺术中心，法国国家图书馆，城堡、博物馆及凡尔赛国家领地公共管理机构……

——重要科研机构领导人：地质矿产调查总局、国家太空研究中

---

① 保罗·巴斯蒂，《西哀士及其思想》，巴黎，1939 年（斯拉金纳出版社再版，日内瓦，1978 年），第 441 页。

② 其身份由国民议会与参议院的内部规章决定，其职务取决于各议会办公室的需求（1958 年 11 月 17 日颁布的关于议会运转的第 58－1100 号政令，第 8 条，第 3 款）。

心、国家科研中心、国家海洋开发研究院（IFREMER）、国家健康与医学研究院、国家农业科学研究院……

——重要交通与基础设施机构的领导人：巴黎机场公司、法国航空公司、法国国家铁路公司、巴黎大众运输公司、港务局、法国国家航道管理局……

——重要院校的校长：国家行政学院、国立法官学校、巴黎综合理工学院……

——重要社会安全与卫生机关领导人：巴黎公立医院管理局（AP-HP）、地区卫生局、家庭补助国家管理署、医疗保险和养老保险管理局……

——重要经济与金融机构领导人：法兰西银行、信托局……

案例

2013 年 11 月 13 日巴黎公立医院管理局局长任命令

共和国总统，

根据总理和社会事务与卫生部部长的报告，

根据《宪法》，特别是《宪法》第 13 条规定；

根据《公共卫生法典》；

根据 1986 年 1 月 9 日第 86－33 号法律修正案中关于医疗公共职位的条款；

根据 1959 年 4 月 29 日第 59－587 号关于某些公共机构、公共企业及国营公司领导职位任命的法令；

经总理会议批准，

决定：

第 1 条

马丁·希尔施先生取代米雷耶·福热尔女士，出任巴黎公立医院管理局局长。

第 2 条

本法令将在法兰西共和国《官方公报》上发表，总理和社会事务与卫生部部长分别在各自领域内负责本法令的执行。

总统：弗朗索瓦 · 奥朗德

经总统批准，由下列人员联合副署：

总理 让-马克 · 艾罗

社会事务与卫生部部长 玛丽索尔 · 图雷纳

2013 年 11 月 13 日

306. **由政府任命的职位**。1984 年 1 月 11 日法律第 25 条中关于国家公职的条款规定了一类“由政府任命的高层职位”，并且指出对这些职位的任命“基本上都可以撤销”。由政府任命的职位清单见 1985 年 7 月 24 日第 85－779 号（最高行政法院兼部长会议）法令第 1 条，该法令贯彻执行了 1984 年 1 月 11 日法律第 25 条规定：清单内包括政府秘书长、国防与国家安全秘书长、中央行政机关秘书长与负责人、省长、大使、学术院院长、直接受部长领导的委派部长及部级代表，以及行政总监察部与金融总监察部部长。这些职位都与政府政策的实施密切相关，其任命均在部长会议上进行决定（B 部分）。由政府决定的职位有 3 个特征：

第一个特征，政府及共和国总统拥有很大的选择自由，甚至可以指定一名非公务人员出任此类职位①；但这种自由并非是绝对的，选择时还必须同时考虑被提名者的能力，并满足性别平等的要求。

事实上，宪法委员会与最高行政法院认为，尽管 1984 年法律第 25 条规定政府在高级公共职位任命中拥有很大的发言权，但是政府不

① 但此种任命不会使非公务员在公职系统中正式任职。

能因此否认1789年声明第6条的规定。根据该条规定，“所有公民（……）都可以出任任何要职、岗位及公共职位，仅根据其能力、品德及才能进行选择，其他差别不纳入考虑范围”，因此，政府进行任命时，须考虑其是否具备该职位所要求的能力①。

在这一点上，应该指出，在任命大使时，尽管政府拥有选择的自由②，但是不能任命身份满足该职位却不符合条款规定的公务人员：因此，按照其外交与领事的特殊身份，外交顾问能够担任大使的职位③，只要他在A类行业中从业至少10年，其中至少3年在国外，而且表明自己具有“履行干部职责”的从业才能。最高行政法院认为，共和国总统顾问的职责如果包括主持与协调各个国家行政机关，那么其职责就与干部职位不相吻合。由此推断，如果没有承担此类职责的经验，即使2名外事顾问曾在外交领域工作，任命他们出任大使也不合法④。同样地，如果政府有选择学术院院长的自由，则必须任命有领导科研工作资格的个人⑤。

此外，自2013年起，每个部的下属部门都要遵守“男女平等”的要求：政府决定的人选须符合关于公职高层干部平等任命条款的2012年4月30日第2012-601号法令的规定。从2018年算起，新任命的公职高层干部中两性员工应至少各占40%；2013年与2014年新任命的职位中，该比例为20%，从2015年到2017年要求达到30%。

由政府决定对职位进行任命的程序，这样一方面有助于总统对行政机关最高层公务人员进行直接领导；另一方面也加强了就任者的权力：其任职合法性由部长会议商议后确认。

根据关于公共生活透明度的2013年10月11日法律第11条第1款第7点规定，由政府决定任命的职位，其就任者须建立一份财产状况声明及利益声明，呈递给其

---

① 最高行政法院，2012年7月11日，重罪法庭第348064号文件，内政部行政监察员及总监察员的独立工会案，参见《最高行政法院2012年判例汇编》，第275页。

② 在夏多布里昂之后，第五共和国政府可以任命作家或记者出任大使职位。

③ 1969年3月6日第69-222号法令。

④ 最高行政法院，2012年7月23日，第357157号以及第359387号文件，外交部工人民主联盟案，参见《最高行政法院2012年判例汇编》，第803页表格。

⑤ 至少80%的职位如此，《教育法典》，第R.* 222-13点。

部长以及公共生活透明促进高等机构主席[1]。

第二个特征，政府任命的职位具有脆弱性：部长会议可以随时撤销就任者的职务。然而，如果被撤职者能够成功申请对其档案进行审查，并且在商讨撤销其职务的部长会议上发表自己的意见，那么共和国总统就不能宣布撤销其职务[2]；此种情况确实存在。

第三个特征，对于经政府决定任命的职位，任职期满时，可以延长其任期。事实上，根据2011年5月31日颁布的关于此类职务任职者在职时间超出限制的第2011-606号法律，“在特殊的、符合行政机关利益并且获其同意的情况下”，高级公务员可以继续留任，最长不可超过2年。该决定经部长会议颁布法令通过，该法令规定了准确的延期期限。但是，仍然可以在延期期限到期之前，解除其职务。

307. **体制外人员的任命**。部长会议可以将其选定的个人安排到大多数监察与国家监管行业高层（“监察长”）。但是，最多只能将空缺职位的1/5交给来自体制之外的个人[3]。一般情况下，任职者年龄不得低于45岁；法律不要求任职者必须为公职人员。由管理相关行业的部长呈递至部长会议的任职者提名一般由总统或者总理举荐。但是，如果最高行政法院接收到上诉，反对该任命令，那么它可以展开调查，确定任职者是否具备此职位所要求的能力和政府有没有犯下明

---

① 宪法委员会认为，行政机关对政府的从属规章（见《宪法》第20条）并不妨碍法律要求国家高级公务人员向独立行政权力机关声明其公共及私人利益，也不妨碍该行政机关监督其声明的确实性，并将可能出现的利益冲突告知相关部长：宪法委员会于2013年10月9日颁布的第2013-676DC号决定，《关于公共生活透明度法律》，第62点。

② 最高行政法院，2014年2月26日第364153号文件，德巴施先生案。

③ 大多数情况下，总监察员级别的职位须进行五轮任命：四轮体制内任命，以及为体制外人员设立的“第五轮任命”。但是财政总监察部及长期行政总监察部则进行六轮任命：四轮体制内任命，将监察员升为总监察员；一轮专门任命已经担任过高级职位，因此具备执行总监察使命所需能力的个人；一轮任命体制外人员。

显的判断错误[1]。为了避免任人唯亲的情况，1984 年 9 月 13 日颁布的关于公职与公共领域年龄限制的第 84－834 号法律第 8 条规定，要求政府收集关于被提名者相应职务执行能力的意见：

- 在财政总监察部、行政总监察部及社会事务总监察部的体制内，由体制内部领导人提供被提名者能力意见；
- 在其他机构内（文化事务总监察部、国民教育管理与科研总监察部、农业总监察部、可持续发展管理总监察部、青少年与体育总监察部、经济与财政总检察处等），由委员会提供被提名者能力意见。该委员会结合相关人员过去的任职经历，评估其执行监察长或检察长职务的能力。当事人可要求查阅委员会意见。但是，政府不受负面意见的约束。

领导人或委员会的意见将与任命令同时发布于《官方公报》[2]。体制外的非公务人员经任命后成为公务人员，甚至直接进入“高级公务人员”行列。只要其任职能力获得体制内同事的认可，那么他们将给从业机关注入一股重要的“新鲜血液”。

案例

2013 年 1 月 3 日（社会事务总监察部）任命令
——（弗朗索瓦·）谢雷克先生

共和国总统，

根据总理、社会事务与卫生部部长，劳动、就业、职业培训与社会对话部部长的报告，

---

① 最高行政法院，1988 年 12 月 16 日，重罪法庭第 71862 号文件，行政文员总会／迪帕维永决议案，参见《最高行政法院 1988 年判例汇编》，第 450 页；最高行政法院，2011 年 12 月 23 日，第 346629 号文件，经济与财政部中央行政机关巴黎工会决议案，参见《最高行政法院 2011 年判例汇编》，第 655 页。

② 当一个任命得到批准并颁布后，如果法官认为选定个人并不具备该职位要求的能力，那么最高行政法院可以取消该任命。

根据 1983 年 7 月 13 日颁布的涉及公务人员权利与义务的第 83－634 号法律修正案，以及 1984 年 1 月 11 日颁布的涉及国家公职条款的第 84－16 号法律的规定；

根据 1984 年 9 月 13 日颁布的关于公共领域与公职年龄限制的第 84－834 号法律修正案，特别是其第 8 条规定；

根据 1994 年 6 月 28 日颁布的关于国家公职的一些任命方式以及公职人员或前公职人员进入非公职领域方式的第 94－530 号法律修正案，特别是其第 2－1 条的规定；

根据 2011 年 8 月 1 日颁布的涉及社会事务总监察部机构特殊身份的第 2011－931 号法令；

根据社会事务总监察部部长持赞同意见；

经部长会议批准，

决定：

第 1 条

从 2013 年 1 月 7 日起，弗朗索瓦 · 谢雷克先生出任社会事务总监察员（第五轮）。

第 2 条

本法令将在法兰西共和国《官方公报》上发表，总理，社会事务与卫生部部长，劳动、就业、职业培训及社会对话部部长分别在各自领域内负责法令的执行。

总统：弗朗索瓦 · 奥朗德

由下列人员联合副署：

总理　让-马克 · 艾罗

社会事务与卫生部部长　玛丽索尔 · 图雷纳

劳动、就业、职业培训与社会对话部部长　米歇尔 · 萨班

2013 年 1 月 3 日

得到机构领导人的意见之后，对体制外人员的任命也可以经共和国总统令颁布：最高行政法院审查官级别（从审查员晋升三级后，由体制外人员出任的检察官），审计法院公投顾问级别（从审查员晋升三级后，由体制外人员出任的公投顾问）；经部长会议兼共和国总统令颁布：国务委员级别（从检察官晋升两级后，由体制外人员出任的国务委员），审计法院首席顾问级别（从公投顾问晋升两级后，由体制外人员出任的首席顾问）。

308. **对一些由议会进行评估的职位进行任命**。2008 年 7 月 23 日《宪法》修正案在《宪法》中新增了第 13 条第 5 款，制定了一套特殊的程序，使议会参与一些职位的任命，“因为议会在保证自由权或国家的社会与经济生活方面具有重要地位”。

2010 年 7 月 23 日颁布的第 2010－837 号《组织法》规定了须议会参与任命的职位清单，只有《组织法》有权修改该清单。当立法机构决定将某个职位加入到该任命程序中时，宪法委员会将检查该职位是否符合《宪法》第 13 条规定的标准；因此，宪法委员会认为，最高视听委员会主任这一职务不符合该标准，不能将此职位纳入须议会参与任命的职位清单中①。

科研与高等教育评估署	署长
法国交通基础设施融资署	行政委员会主席
法国发展署	署长
环境与能源控制署	行政委员会主席
国家核废料管理局	局长
国家城市革新局	局长
竞争管理局	局长
机场噪音危害管控局	局长

① 宪法委员会于 2013 年 11 月 14 日颁布的第 2013－677DC 号决定，《关于公共视听独立性的〈组织法〉》，第 10 点。

续　表

金融市场管理局	局长
会计规范管理局	局长
铁路运营监管局	局长
电信与邮政监管局	局长
核安全管理局	局长
法国银行	总裁
信托局	局长
国家太空研究中心	行政委员会主席
国家科学研究中心	主任
国家生命与健康科学道德咨询委员会	会长
原子能与替代能源委员会	主任
能源规划局	团队主席
消费者安全委员会	会长
国家公众评议委员会	会长
区域划分委员会（《宪法》第 25 条最后 1 款规定）	主席
罗讷河国家公司	董事会主席
最高视听委员会	主任
监禁处所维权总监察长	监察长
法国电力公司	董事长兼总裁
法国博彩	董事长兼总裁
生物技术最高委员会	会长
公共生活透明促进高等机构	主席
医策会	团队主席
国家农业研究院	院长
国家健康与医学研究院	院长
放射性防护与原子能安全研究院	院长
就业中心	主任
法国气象局	董事长兼总裁
法国难民与无国籍者保护局	局长

续　表

国家森林局	局长
国家投资银行集团股份有限公司	总经理
法国邮政	董事会主席
巴黎大众运输公司	董事长兼总裁
法国铁路路网公司	董事会主席
法国国家铁路公司	董事会主席
法国国家航道管理局	董事会主席

来源：关于贯彻《宪法》第13条第5款内容的2010年7月23日颁布的第2010－837号《组织法》。

议会参与任命这些职位的程序将在下文第494条目中介绍。如果议会委员会中的大多数成员未对提名提出异议，那么先由政府秘书长准备任命令，再呈递至部长会议。

案例

2011年12月15日就业中心主任任命令——让·巴塞尔先生

共和国总统，

根据总理和劳动、就业与卫生部部长的报告，

考虑到2008年1月13日颁布的关于就业公共服务组织改革的第2008－126号法律，尤其是第2条规定；

考虑到2011年12月2日就业中心行政委员会的意见；

考虑到2011年12月7日国民议会与参议院常设委员会的意见；

经部长会议批准，

决定：

第1条

让·巴塞尔先生从2011年12月19日起，出任就业中心主任。

第 2 条

本法令将在法兰西共和国《官方公报》上发表，总理和劳动、就业与卫生部部长分别在各自领域内负责本法令的执行。

总统：尼古拉 · 萨科齐

由下列人员联合副署：

总理　弗朗索瓦 · 菲永

劳动、就业与卫生部部长　格扎维埃 · 贝特朗

2011 年 12 月 15 日

但是，一些机构的身份特殊，其领导人无须在部长会议上任命，而是由共和国总统直接颁布任命。

案例

2013 年 12 月 19 日法国气象局首席执行官任命令

——（让-马克 · ）拉卡夫先生

2013 年 12 月 19 日共和国总统令宣布，桥梁、河流和森林总工程师让-马克 · 拉卡夫，自 2014 年 1 月 1 日起，出任法国气象局首席执行官。

从该程序可以看出，政府的选择及议会的许可是此类职位任命的关键。

309. **由共和国总统令颁布的任命**。 一些职位由于威望高，其任命令可不必呈递至部长会议，由共和国总统而非政府进行颁布。包括以下机构职位等级最高和第二高的成员的任命：最高行政法院（助理办案员与审查官）与审计法院（审查员与公投顾问），司法秩序法官的任命（先获得法官高等委员会的任职意见），行政法庭与行政上诉

法院机构成员的任命，高等教育机构教授的任命，总监察处的高级别成员任命，海陆空三军军官的任命。在部长会议决定之前，共和国总统任命令就可以概述的方式发表于《官方公报》；与总理任命令的区别在于，此类法令出处标注："出自共和国总统。"

案例

2014 年 1 月 30 日（法官）任命令

2014 年 1 月 30 日共和国总统令宣布，考虑到 2014 年 1 月 28 日法官高等委员会会议上的任职意见，巴黎上诉法院代理检察长埃利亚内 · 乌莱特女士出任最高法院代理检察长，行使巴黎大审法院的共和国财政检察官职能。

此外，以下人员进入各自机构内从业时，须通过共和国总统的法令进行任命：某些通常由国家行政学院负责职员招聘的机构成员（如高级公务员与外交顾问），专区区长，由巴黎综合理工学院负责招聘技术性机构的一部分工程师（矿产、桥梁、军备、电信及保险监管行业工程师，国家统计与经济研究所管理人员），以及大学医疗中心主任。

案例

2014 年 2 月 6 日（行政总监察部）任命令

2014 年 1 月 6 日共和国总统令宣布：

马克西姆 · 阿尔魏勒女士，毕业于国家行政学院，自 2014 年 1 月 1 日起出任行政总监察部二级行政监察员。

加布里埃尔 · 莫兰先生，毕业于国家行政学院，自 2014 年 1 月 1 日起出任行政总监察部二级行政监察员。

最后，共和国总统还任命独立权力机构的部分成员或者国家公共机构的领导人。

案例

2014 年 2 月 5 日巴黎国立高等建筑学院校长任命令
——（弗朗索瓦·）布鲁瓦先生

2014 年 2 月 5 日共和国总统令宣布，高级公务员弗朗索瓦·布鲁瓦先生出任巴黎国立高等建筑学院校长。

310. **安排退休**。 通过颁布共和国总统令，安排以下人员退休：经部长会议任命的公务人员、最高法院审判官与检察官，以及上诉法院检察长与首席庭长①。安排退休的法令不必呈递至部长会议。法令将发表于《官方公报》。

案例

国家警察部队业务局局长——（克里斯蒂安·）罗蒂翁先生

2013 年 10 月 12 日共和国总统令宣布，国家警察部队业务局局长兼司法警察总署署长克里斯蒂安·罗蒂翁先生达到退休年龄，自 2014 年 1 月 1 日起，安排退休。

§ 5. 授勋法令

311. **国家勋章**。 荣誉军团勋章奖励“在军事或者其他领域为国

① 1979 年 2 月 27 日颁布的关于安排公务人员及法官退休的第 79－156 号法令，第 3 条。

家作出的杰出贡献”[①]；国家功勋勋章奖励“卓越的功勋”[②]。

各部长的举荐提案须接受每个勋章委员会的审议，受委员会的严格管控：各部长对荣誉军团勋章的提案，每年都有近15%无法通过。

共和国总统担任国家勋章军团长，将勋章管理权交给荣誉军团委员会主事大臣，他也是国家功勋勋章大臣（参见上文第211条目）。总统通过法令任命荣誉军团勋章骑士与军官勋位获得者，以及国家功勋勋章的各级勋位得主。

除了特别杰出的功绩（如获得奥运会金牌）之外，授勋法令统一颁布各项功勋，并对各部挑选的人选进行分级。文职受勋者中，有超过1/3都为公务人员：政府可以通过颁发勋章，对行政机关公务人员的工作进行表彰。

荣誉军团勋章：文职受勋者的勋位晋升令会在1月1日、复活节的周日及7月4日公布于《官方公报》，预备役军人的勋位晋升令会在4月中旬发布，现役军人的勋位晋升令在7月初发布。国家功勋勋章：文职人员的勋位晋升令在5月15日与11月15日发布，军人的勋位晋升令在5月1日与11月1日发布。

法令草案由荣誉军团委员会主事大臣审查。[③] 如以上两类国家勋章获得者后来犯有罪行，最高行政法院可通过法令，对其采取惩戒措施，终止其荣誉或予以除名；总统甚至可以通过法令，拒绝授予某人荣誉军团勋章，此人因此也就不是勋章获得者（因为曾犯有严重罪行，后被查出）[④]。

案例

荣誉军团勋章——2014年1月1日晋升令

2013年12月31日委任与晋升令

---

① 《荣誉军团与军功奖章法典》，第R.2条。

② 1963年12月3日颁布的涉及国家功勋勋章创立的第63-1196号法令，第2条。

③ 最高级荣誉称号（参见上文第298条目）的被提名者由部长会议上的各部长推举。

④ 最高行政法院，1998年11月6日，第191155号文件，莫兰案，参见《最高行政法院1998年判例汇编》，第892页表格。

由2013年12月31日共和国总统令宣布，根据总理与各部长的报告，经荣誉军团委员会主事大臣审查，荣誉军团委员会声明此次勋位委任与晋升符合法律、法令及规章，以下人员从相应勋位授予日起，获勋或升勋：

海外部部长

- 军官勋位

(拉斐尔·若瑟尔·)贝罗阿尔女士：作家、(马提尼克岛)口译者；1999年10月28日获骑士勋位。

- 骑士勋位

(雅克·)邦古先生：妇科医生、皮特尔角(瓜德罗普岛)市长；任职36年。

(吉尔伯特·)卡纳巴迪·姆蒂安先生：农业家、(留尼汪岛)公司总裁；任职58年。

(萨米·皮埃尔·)谢纳尔先生：医生、(留尼汪岛)社会医疗行业的某公司主席；任职24年。

(约瑟夫·安托万·)多德曼先生：(圣皮埃尔和密克隆群岛)国家海上救援协会救生舰舰长；任职61年。

(埃尔莫阿纳·雷吉斯·詹姆斯·)埃斯塔尔先生：(法属波利尼西亚)银行总经理；任职35年。

(普努·热拉尔·)博阿迪亚先生，新喀里多尼亚议会主席；任职25年。

拉乌勒女士，本名(拉拉乌·雷蒙德·)雅梅：社会心理学家，(法属波利尼西亚)经济、社会及文化委员会成员；任职43年。

维拉卡乌丹女士，本名(尚塔尔·安德烈·)塔伊勒·马尼孔：前任高中校长、(留尼汪岛)协会负责人；任职36年。

312. **学术机构**。共和国总统担任学术院保护人，但是不负责管理学术院(参见上文第212条目)。以下学术机构院士的选举须经过共和国总统令的批准：法兰西学院的5个学术院——法兰西学术院、法兰西人文科学院、法兰西科学院、法兰西美术院、法兰西文学院，以及国家药学科学院、科技研究院、法国农业科学院、法国兽医研究院等学术机构。

1959 年，戴高乐将军曾向法兰西学术院表示，他不会同意任用保罗·莫朗，因为此人担任过维希伪政府大使； 1968 年他投出了反对票。莫朗当选后，总统一反传统，拒绝在爱丽舍宫接见这位新任院士。同样，蓬皮杜总统也反对贝当元帅的律师——雅克·伊索尔尼的当选。

案例

2014 年 1 月 21 日法兰西人文学院选举通过令
——（伊夫·）戈德梅先生

由 2014 年 2 月 21 日共和国总统令宣布，经法兰西人文学院批准，伊夫·戈德梅先生接任阿兰·普朗泰，当选学院立法、公权及法律解释科正式成员。

313. **先贤祠**。 根据关于先贤祠的 1885 年 5 月 26 日法令第 1 条规定：“值得国人纪念的伟人，其遗体将供奉于此。”共和国总统颁布法令，由总理与文化部部长联合副署①，选择做出非凡贡献、值得享有这一殊荣的伟人。

案例

将皮埃尔·居里与玛丽·居里骨灰移入
先贤祠的 1995 年 3 月 8 日法令

1995 年 3 月 8 日共和国法令宣布将皮埃尔·居里与玛丽·居里的骨灰移入先贤祠。

---

① 此类法令可能会因滥用权力而遭到上诉：最高行政法院紧急审理法官，2002 年 6 月 4 日，第 247241 号文件，维莱科特雷市案，由于未达到紧急级别，法官驳回维莱科特雷市终止 2002 年 3 月 26 日批准的将亚历山大·仲马的遗骸移入先贤祠的法令的请求。

§6. 其他共和国总统令

314. **回顾**。除了部长会议通过的规章性法令和（无论是否由部长会议通过的）任命令，共和国总统作为行政权力机关，还签署其他法令，特别是部长级代表或者国务秘书的职权法令（参见上文第 82 条目），总统代替总理签署的规章性法令（参见上文第 165 条目），以及宣布创立一项使命或为总统建立咨询组织的法令。

315. **批准一项协议或条约的法令**。批准一项协议或条约的法令由共和国总统签署，根据《宪法》第 52 条规定，总统有权批准并在《官方公报》上发布各项条约[①]。但是，《宪法》第 53 条明确指出，重要条约只能由法律批准或同意[②]。该情况下，公布令中须援引该法律法令。公布令由总理与外交部部长联合副署。

如果有人在最高行政法院上对法律未批准的条约公布令提出异议，那么最高行政法院须保证遵守《宪法》第 53 条的规定；如果条约十分重要，确实须要法律的批准，则撤销该公布令。与此同时，最高行政法院无须对以下问题表态——条约或者由法令发布的协议是否符合《宪法》或其他国际契约[③]。此后，在决定实施协议或条约时，“若行政法官认为一项有异议的决定所实施的条款与另一个国际条约或协议的条款不符，那么行政法官须就采取何种手段避免两种条款的不兼容进行表态”。[④]

---

① 关于批准和公布法国签署的国际契约的 1953 年 3 月 14 日第 53－192 号法令。

② 比如：关于和平的条约、关于贸易的条约、关于国际组织的条约或协议、关于国家财政的条约、修改具有法律性质条款的条约、关于人员身份的条约，以及涉及土地换让、交换或扩展的条约。

③ 最高行政法院，2010 年 7 月 9 日，第 327663 号文件，国家自由思想联合会案，参见《最高行政法院 2010 年判例汇编》，第 268 页。

④ 最高行政法院，2011 年 12 月 23 日，第 303678 号文件，爱德华多 · 乔西 · 康德利纳 · 德 · 布利多 · 佩瓦先生案，参见《最高行政法院 2011 年判例汇编》，第 623 页。

案例

2014 年 6 月 3 日第 2014 - 574 号法令：公布大西洋东北部海岸与水域保护及污染防治合作协定的附加协议（2008 年 5 月 20 日签订于里斯本）

共和国总统，

根据总理、外交与国际发展部部长的报告，

考虑到《宪法》，尤其是第 52 - 53 条；

考虑到 1993 年 4 月 21 日颁布的批准大西洋东北部海岸与水域保护及污染防治合作协定的第 93 - 804 号法律；

考虑到 1953 年 3 月 14 日颁布的关于批准与发布由法国签署的国际契约的第 53 - 192 号法令修正案，

决定：

第 1 条

2008 年 5 月 20 日签订于里斯本的大西洋东北部海岸与水域保护及污染防治合作协定的附加协议将在《官方公报》上发表。

第 2 条

本法令将在法兰西共和国《官方公报》上发表，总理、外交与国际发展部部长分别在各自领域内负责本法令的执行。

附录：大西洋东北部海岸与水域保护及污染防治合作协定的附加协议

葡萄牙共和国、西班牙王国、法兰西共和国、摩洛哥王国及欧洲共同体，下文统称“缔约组织”；

意识到保护自然环境，特别是海洋环境的必要性；

意识到大西洋东北部由碳氢化合物及其他有害物质造成的污染对海洋环境与沿海国家的利益造成了威胁；

考虑到有必要尽快推动 1990 年 10 月 17 日签订于里斯本的大西洋东北部海岸与水域保护及污染防治合作协定的生效，下文统称该协定为“里斯本协定”；

商定了以下条款：

第 1 条

里斯本协定的修正

1990 年 10 月 17 日签订于里斯本的大西洋东北部海岸与水域保护及污染防治合作协定（“里斯本协定”）第 3 条的条款，修改为：

“c）南部，水域南部边界属于任意一个缔约国家的主权或司法权范围。”

第 2 条

里斯本协定与附加协议的关系

该附加协议包括根据上一条款对里斯本协定进行的修正。对缔约组织来说，协定以及附加条款将作为唯一正本以进行统一翻译与执行。

第 3 条

批准生效

1. 该协议须获得缔约组织的批准、接受或同意，各国的文书正本须呈递至葡萄牙共和国政府。

2. 葡萄牙共和国政府接收到批准文书日起，该协议开始生效。

3. 根据第 22 条规定，任何未提前或者同时签订里斯本协定的国家不能签订该附加协议。

4. 该附加协议开始生效后，根据第 23 与 24 条规定，只要加入里斯本协定，就默认赞同该附加协议。缔约组织同意里斯本协定的内容，包括根据该附加协议第 1 条规定的修正内容。

下列签署人，经正式授权，在本协议下方签字，以昭信守。

2008 年 5 月 20 日于里斯本，文本语言：阿拉伯语、西班牙语、法语、葡萄牙语。存在争议时，参照法语版本。

共和国总统：弗朗索瓦 · 奥朗德

由下列人员联合副署：

总理　曼努埃尔 · 瓦尔斯

外交与国际发展部部长　洛朗 · 法比尤斯

2014 年 6 月 3 日

第三章
行政权力下放

316. **“宏观统治，微观管理”**。内政部大臣维克多·德·佩尔西尼公爵1852年3月25日在提交给拿破仑三世有关强化省长权力的报告中如是说。同一个时期，托克维尔在分析旧制度的机构组成时，曾经描述过这样的情形，“所有内政事宜几乎都交由一位大臣处理。省内所有的政务也都交由一位官员”①。

在今天统一了的法兰西共和国，虽然《宪法》第1条规定“法律面前，人人平等”，但是部长们知道，他们所做的决定在实施时很难做到处处平等，尤其是当政策落实到各部下属部门的时候。这就是为什么《宪法》第13条规定了高级公务员应由部长会议提名。这些高级公务员包括外交官、省长、大区区长以及根据《宪法》第74条任命的海外省和新喀里多尼亚的政府代表，他们必须确保政府政策的实施。

317. **《权力下放宪章》**。1992年7月1日第92－604号法令第1条声明了以下原则：“权力下放是权力分配的总规则，也是国家不同行政级别财政分配的总规

① 《旧制度与大革命》，1856年，第2卷，第5章。

则。”该法令第 1－1 条将处于国家层面的任务（这些任务的执行无法被委派给地方政府）委托给中央政府，并补充道，“其他任务，尤其是牵涉到国家与地方行政区二者关系的任务时，必须交由权力下放的行政部门”。

318. **指令与通告**。对于法律、法令和中央已颁布的决议，各部必须将其实施办法告知权力下放部门，使他们注意到一项新的改革的意义，并确保改革在全国范围内有序展开。通常，部长会发通告来阐释实施办法，但这并不是强制性的，尤其是当通告“只是一味地老调重弹”① 的时候。指令是法律文本的另一种形式的实施方法：可以“规定总的方向”② 而不用增加新的规定。指令允许权力下放部门在通过中央审查之后，全权、独立地做出决定。一份通告可以包含多项指令。在行政法官面前，通告只有在其内容包含强制性条款时才受到攻击。

聚焦

法官对通告的监督

行政机关有义务推行法律法规，并以通告或指令的形式做出解释；如果这些解释不具备强制性，那么它们对任何法律都不会造成侵害，因而在法官面前，行政机关不会被控越权；反之，如果行政机关发出的通告或指令中含有强制性的条款，且拒绝废除，那么行政机关应当被视为滥用职权；如果这些条款，在法律规定之外确定了一项无效的新规定，或者有充分的法律依据表明它们是不合法的，那么即便规定已经自动生效，反对这些条款的上诉仍应被受理；如果条款无视所要阐明的法律规

① 最高行政法院，2000 年 12 月 8 日，第 209287 号文件，萨瓦邮局职工工会案，参见《最高行政法院 2000 年判例汇编》，第 1141 页。

② 最高行政法院，1970 年 12 月 11 日，诉讼法庭第 78880 号文件，法国土地信贷银行案，参见《最高行政法院 1970 年判例汇编》，第 750 页。

章的意义和范围或与上级的法律相悖，针对该条款的上诉也应被受理；(……)

来源：最高行政法院，2002年12月18日，第233618号判例，杜维尼埃尔夫人案，参见《最高行政法院2002年判例汇编》，第463页。

各部通告激增（仅2013年第一季度就发出了3 500页通告）导致总理不得不要求部长们限制通告数量。从2013年9月1日开始，发表的通告不得超过5页并应专门用于“推行有助于政策实施的指令”①。通告的标题为《政府指令》，由部长署名，秘书长发出，并在总理的网站“circulaires. gouv. fr”上发表，特殊情况下在部门网站上发表。如果缺少这些程序，通告则被视为无效。②

2014年5月28日，区域与住宅平等部部长发出了“城市规划和建设特许住房发展”的政府指令。该指令面向各省省长，要求他们在1 158个相关市镇具体说明2013年10月3日第2013－889号有关住房建设发展条例的实施方式，以及2013年10月3日第2013－891号旨在促进住房建设的政令的实施方式。该指令要求省长在2014年9月30日，向居住、城市规划与城市景观署做有关指令推行的首次汇报。

因为限制了通告数量，部长们不得不使用部门内部网“向省长们和权力下放部门传递活动建议、活动解释和必要细节的信息。这也为信息的分级、组织和适当的整合提供了可能性”。总理接着说：“推行一项法律或一项政策所必要的、详细的技术或方法便能通过这种方式得到传播。此外，也应该使用一些互动的方式，例如：问答形式、交流论坛或者汇集了中央行政机关专家和权力下放部门专家的合作平台。”③

---

① 2013年7月18日《官方公报》，2013年7月17日关于行政机构精简和权力下放部门关系的总理通告。

② 2008年12月8日颁布的有关指令与通告刊登条件的第2008－1281号法令，第1条。

③ 2013年7月18日《官方公报》，2013年7月17日关于行政机构精简和权力下放部门关系的总理通告。

319. **提纲**。 本章一方面将介绍大区级别（第一节）以及大区以下级别国家内部权力下放的行政管理（第二节），另一方面将介绍法国之外的权力下放行政管理（第三节）。

第一节　法国大区行政管理

320. **国家地方行政管理改革方案（RéATE）**。 从拿破仑时代以来，法国国内的行政管理以省制为基础；之后第四共和国摹画了国家关于大区行动规划的框架：设立 8 个具有特殊职能①的行政管理督察长，由国家设计大区经济规划②。第五共和国首先计划由各省省长③协调每个大区的行动规划和土地整治规划，之后建立了 21 个从属于中央④行政机关的大区。1964 年 3 月 14 日的法令设立"大区区长"⑤，它的作用随着大区地方行政区⑥力量的增强而增强。今天，法国区级规划包括多个省级区域⑦，并与大区议会所管理的地方行政区范围一致。

在公共政策总修正案的范畴内（参见下文第 542 条目），政府在 2010 年至 2012 年间推出了国家地方行政管理改革方案。该方案明确指出，要提高大区的行政级别并扩大大区区长的权力范围。

---

① 1948 年 3 月 21 日第 48－471 号法律第 3 条：行政管理督察长的特殊职能初期指维护社会秩序，后来延伸到经济领域。

② 1955 年 6 月 30 日颁布的关于大区行动纲领制定的第 55－873 号法令。

③ 1959 年 1 月 7 日颁布的旨在推行大区行动纲领的法国本土行政区划统筹协调的第 59－171 号法令，第 2 条。

④ 1960 年 6 月 2 日颁布的关于行政区划统筹协调的第 60－516 号法令。1970 年科西嘉岛从蓝色海岸行政区划中分离出来，从而成为第 22 个行政大区（第 70－18 号法令）。

⑤ 1964 年 3 月 14 日颁布的关于大区行政区划内政府机构的组织形式的第 64－251 号法令，第 1 条。

⑥ 从 1986 年起，大区议会直接由普选产生。

⑦ 4 个海外区级规划，只包括一个省级区划。（参见下文第 356、357、359、360 条目。）

§1. 大区区长

321. 大区首府所在地的省长。 大区首府所在地的省长（参见下文第 367 条目）兼任大区区长，例如： 大西洋卢瓦尔省省长也是卢瓦尔河大区区长。因此，大区区长通常在个性坚毅并在多个省份有就职经验的人中仔细挑选；他们中的许多人也曾在中央或各部任职，在处理与各部以及当地民选代表的关系时，这一经历能赋予他们更多的权威。

部长会议令提名大区区长，同时任命他为首府所在地省长。大区区长建立一个办公厅，并为之指定一个负责人。大区区长拥有一位大区事务秘书长，秘书长由总理任命，并协助大区区长处理大区事务。

322. 大区区长的权力。 2010 年 2 月 16 日法令将大区区长提升为地方政府真正的“老板”。他成为了“大区中紧密协调国家行为的保证人”，并且他的权威高于省长。① 大区区长负责大区内政府政策的执行： 省长应该根据大区区长发出的指令做出决定。此外，大区区长可以通过颁布决议，在一定期限内， 代替行使省长的部分或所有权限，以便协调大区事务；在这种情况下，大区区长代替省长做出相应的决定。大区区长因而完全可以推行他认为优先的国家政策。

某些不在省长管辖范围内的机构（参见上文第 203 条目、第 204 条目）会推行一些地方自主政策，这往往给人一种“国中国”的感觉。为了杜绝这种现象， 2012 年 4 月 18 日法令②任命大区区长为国家居住署、国家城市革新局、环境和能源控制署、国家体育发展中心、国家农作物和海产品办公室等机构的大区代表。其他规章性文本也在很多领域限制了省长的权力而扩大了大区区长的权限。

---

① 不涉及省和市镇级别的地方行政区合法性的监督、公众秩序、外国警察等方面。参见 2010 年 2 月 16 日颁布的旨在修订 2004 年 4 月 29 日关于大区政府和省政府的行动、组织和权力的第 2004－374 号法令第 2－1 条的第 2010－146 号法令。

② 2012 年 4 月 18 日颁布的旨在贯彻落实 2004 年 4 月 29 日关于大区和省政府行动、组织和省长权力的第 2004－374 号法令第 59－1 条的第 2012－509 号法令。

大区区长始终与大区议会主席联系，并保持与议会议员、省议会主席、大城市市长的频繁联系；此外，也经常会有大区当地政府成员就大区的发展问题向他求助或者给他提供支持。大区区长确保大区议会行为的合法性（参见下文第371条目）。

大区区长由部长召集，有时也由总理召集，以便接受有关国家首要问题和国家-大区计划合同的政府指令。①

案例

自由 · 平等 · 博爱

法兰西共和国

南部比利牛斯大区区长

南部比利牛斯大区农业、食品和林业管理局

大区食品办事处

关于在大区范围内开展必要的集体防治有害生物的决议

南部比利牛斯大区区长

上加龙省省长

荣誉军团勋章军官勋位获得者

国家功勋勋章军官勋位获得者

根据《农业与海洋捕捞法典》第2卷预章节和第5章节，尤其是第L. 251-8条；

根据2004年4月29日关于省长权力、大区政府和省政府机构与组成的第2004-374号法令；

① 2013年11月15日总理对大区区长下达的关于国家-大区计划合同准备工作的第5689/SG号通告。

根据第 2010－146 号法令（该法令是 2004 年 4 月 29 日第 2004－374 号法令于 2010 年 2 月 16 日修订的版本），尤其是第 2 条；

根据 2000 年 7 月 31 日关于编制对植物、植物果实及其他作物有害的、必须防范的生物名单的决议；

根据 2010 年 7 月 20 日关于大区区长代替行使省长权力的通告；

根据 2010 年 12 月 13 日关于 2010 年 2 月 16 日政令实施情况的通告；

根据地方行政委员会于 2014 年 1 月 16 日给出的意见；

鉴于有序实施有害生物防治措施的必要性；

鉴于通过决议授予大区区长部分或全部权限的相关条件已经完备。此举旨在更好地协调大区事务。

根据农业、食品和林业局局长给出的意见，

决定：

第 1 条 自 2014 年 1 月 1 日至 2014 年 12 月 31 日，南部比利牛斯大区区长代替省长，负责执行关于筹划有害生物防治措施的决议以及 2000 年 7 月 31 日关于编制对植物、植物果实及其他作物有害的、必须防范的生物名单的部的决议。

第 2 条 上条所提及的决议的制订都是基于农业、食品和林业局（地方食品管理部门）下属公职人员开展的植物检疫检查的结果。必要时，这项工作交由某公共卫生组织的工作人员负责。根据《农业与海洋捕捞法典》第 L. 201－13 条的规定，该公共卫生组织具有监管职能。它还负责划定常见有害生物的防治区域，必要时，还要细化相应的防治措施。

第 3 条 关于防治有害生物的省决议若制定于本决议之前，则可通过大区决议予以废除。

第 4 条 大区事务秘书长，农业、食品和林业局局长，省长，上加龙省政府秘书长，各省国土资源局局长及社会保障局局长在各自管辖范围内负责执行本决议。本决议将发布在《大区政府行政文件汇编》中。

大区区长

亨利-米歇尔·科梅

2014 年 2 月 10 日于图卢兹

来源：2014 年 2 月 17 日公布在《南部比利牛斯大区政府行政文件汇编》中的第 2014－041－0002 号决议。

323. **大区事务秘书长的职能**。大区事务秘书处下属于大区区长。他可能是专区区长，或就职于另外某个机构（尤其可能是桥梁，水利和林业工程师）。据 2009 年 5 月 25 日颁布的关于大区事务秘书长职能的第 2009－587 号法令第 1 条，大区事务秘书长负责如下工作：

- 领导大区行政部门的工作，并确保大区行政部门与省行政部门的有效协作；
- 协调与大区相关的国家政策以及欧盟政策的实施工作，并负责其中某些政策的执行；
- 推动中央各部驻大区的下属机构在教育、评估、通信及信息技术使用等方面的工作；
- 配合政府信息部门，落实与大区公共政策相关的国家信息及通信工作；
- 带动并协调中央各部驻大区的下属机构间的相互合作与配合；
- 筹备并组织部际人力资源管理平台的建设工作。

案例

关于未来瓜德罗普国家-大区计划合同的战略性草案的公开问询

瓜德罗普大区及省政府就未来瓜德罗普国家-大区计划合同的战略性草案（CPER 2014－2020）发起公开问询。此外，该草案还附带有介绍性说明。

基于中央各部驻大区的下属机构与大区议会“伙伴式”的工作关系，该文本力求确立一项全球性战略。该战略从对区域需求做出的判断出发，对新合同优先适用的领域进行概述。

该战略内容主要围绕六大主题：

- 基础设施与公共基础服务，土地与人口的脆弱性
- 可持续性城市规划
- 能源与环境资源管理（能源转型及生态转型）
- 开展研究，推动创新，发展优势产业
- 社会团结与就业
- 经济可持续性发展（包括数字经济）

除此之外，还补充了两个具体方面（即关于多种流动性的投资优先权和享有政策“先行试点权”的区域）并附两份文本：关于领土整治数字化的区域协调战略和关于就业、择业指导及职业教育方面的战略。

2014 年 1 月 30 日之前，公众可在此次公开问询中查阅所有文件。

来源：2013 年 12 月 30 日，大区事务秘书长，《瓜德罗普大区政府通报》。

324. **大区事务秘书长（SGAR）团队**。在大区政府中，大区事务秘书长管理一个由其助手以及各部门特派员组成的团队。大区事务秘书长的主要职能之一就是起草并执行国家-大区计划合同，这就意味着他必须具备以下能力：与省长保持联系；向大区议会发起倡议并与之协商；与政府部门（即总理直属机构和中央各部）及区域平等总署一同协作开展评估工作。此外，大区事务秘书长负责处理与欧洲规划相关的事务，这就要求它对欧盟的公务有足够了解。大区事务秘书长的特派员必须关注大区战略和国际合作等方面的问题，以及确定中央各部驻地方下属机构的哪些领域的工作需要由大区事务秘书长进行协调。他还应密切追踪未来投资计划、未来就业，尤其是援助合同规划

这三个方面的事务。大区科研委员会（负责科技文化与创新）和女性权利大区代表处一并归入大区事务总秘书处。大区事务总秘书处还下设有负责预算和掌管政府财政拨款的机构。

325. **大区行政机构**。2010 年的改革结束了权力下放政策下公共服务机构冗杂的局面。在这之前，几乎所有政府部门在地方均设有派驻机构，这些机构有时可以更改指令，而无须担心这会影响到大区区长的工作。改革之后，仅留有 5 个大区行政机构，并且"在大区行政范围内，大区区长领导中央驻地方机构的负责人、代表或是联络人，这与他们职务的性质以及任期无关"①。派驻机构的负责人由各部部长提名，但必须经大区区长考评。派驻机构一般设在大区首府或省会。

2012 年，国家地方行政管理改革方案规定：在各大区共设置 112 个行政机构，在各省共设置 238 个部际行政机构；共有 100 000 名公务员在这两类机构中工作，听命于省长②。2012 年 4 月 30 日的法令秉着平等的目的，呈报了国家地方行政管理负责人的职位（参见上文第 111 条目）。这些负责人可被提升担任省长一职。

在 5 个大区行政机构中，农业、食品和林业局以及文化事务局都隶属于相应的国家政府部门，即农业部和文化部；另外 3 个机构，即地区环保、整治与住房管理局，青年、体育与社会融合管理局以及公司、竞争、消费、劳动与就业管理局，则同属于多个政府部门。

326. **农业、食品与林业局（DRAAF）**。该机构推动并领导关于以下方面政策的实行：农业经济、农村发展、农业教育、农业发展、林业木材、农业岗位③等。该局局长听命于大区区长，但就农业教育和农业数据方面的问题，他可直接向农业部汇报。

---

① 2004 年 4 月 29 日关于大区区长职权、中央各部驻大区和各省的下属机构的组织及工作的第 2004－374 号法令。

② 行政总监察部与金融总监察部，国家行政区域改革的宗旨都是实现预算管理办法以及人力资源管理办法的最优化，参见 2013 年第 2012－M－009－01 号报告。

③ 2010 年 4 月 29 日颁布的关于农业、食品和林业局组织及职能的第 2010－429 号法令。

聚焦

《农业与海洋捕捞法典》

第 L. 112-2-1 条《关于发展可持续性农业的大区计划》在考虑了土地特点以及生态经济、社会和环境等方面可能遇到的挑战的基础之上，确定了农业，农产食品加工业和农工业政策方针的大方向。

该计划明确列出优先享有国家扶助的项目。

大区区长领导该计划的拟订工作。地方行政区，相关农业工会以及有代表性的农业工会组织均可参与其中；在拟订过程中，大区区长必须对以下内容给予重视：河流治理的指导性方案，大区生态和谐方案，以及从土地治理和可持续性发展指令中衍生出的方针。

为了能使公众参与其中，该计划将以各种形式，尤其是电子格式，进行为期至少 1 个月的公示。在此之后，省长可按最高行政法院令规定的要求，正式宣布该计划。

327. **地区文化事务管理局（DRAC）**。该机构负责领导国家文化政策在大区及各省的实施。2010 年 6 月 8 日[①]颁布的关于地区文化事务管理局组织及职能的法令第 3 条对其职能进行了明确的规定：提议经费使用计划；推动表演艺术和造型艺术领域内的艺术创造与传播；规范与演艺公司和电影院建设相关的事务；颁发培训和教育（均从属于文化部）文凭；促进国家文化政策对地区发展规划、艺术文化教育、高等教育和研究、培训和就业以及城市政策和反排外运动等方面的扶持；协调与受保护产业，建筑、城市、景观遗产保护区以及历史遗迹周边环境相关的研究工作，重视保护区的防护工作；规范对纪念性遗产、考古学及建筑的管理；与其他地方权力下放部门合作，共同推动有关环境、城市化以及城市规划改造的规章制度的实施；重视可

① 2010 年 6 月 8 日颁布的关于地区文化事务管理局组织及职能的第 2010-633 号法令。

持续性发展在建筑及自然景观建设方面遇到的挑战。

聚焦

《遗产法典》

第 R. 621 - 54 条，在征求大区遗产与遗址委员会的意见后，大区区长通过决议宣布将某一建筑收录于历史古迹名录。

328. **地区环保、整治与住房管理局（DREAL）**。该机构负责处理以下问题：能源与气候，基础设施和道路安全，资源、生物多样性（包括植物和海洋生物），景区开发，风险预防，空气质量，住房、规划以及可持续性发展①。需要指出的是，地区环保、整治与住房管理局负责管理道路建设工作，11 个省际道路局则负责非特许经营道路及国家②管辖道路的管理、开发及维护。

聚焦

《建筑与住房法典》

第 L. 301 - 3 条，地方行政区及其下属组织对以下方面的工作给予补助：公租房建设、购买、重建及拆除，私人住房翻新，房屋租赁和购买，旅社建设。

在征求过大区居民委员会意见后，大区国家代表可分配国家拨款，并将此告知跨市镇合作组织，这项参与分配的行为必须遵守与国家缔结的协定。

---

① 2009 年 2 月 27 日颁布的关于地区环保、整治与住房管理局的组织及职能的第 2009 - 235 号法令。

② 2006 年 5 月 16 日颁布的关于省际道路局创建及组织工作的法令。

地区环保、整治与住房管理局在地方行政区领导实施《21 世纪议程》，并落实《格勒内尔环境协议》，尤其是要让公民参与到环境草案的制定中来。

案例

布列塔尼洪水预警机制

在布列塔尼大区，“维莱讷河及沿海地区”洪水预报中心隶属于地区环保、整治与住房管理局。“洪水”预警服务将提前 24 小时向当地政府及公众发布可能发生的洪水灾害，并根据颜色预警信号（蓝、黄、橙、红）指示洪水级别。它是法国气象局气象预警的补充。这两类预警系统有利于当地政府，尤其是省长和市长以及公众在危险来临时，采取恰当的应对措施，在更好的形势下处理警报和局势。

布列塔尼大区的 10 条河流均在“洪水”预警的监测范围之内。它们在警示地图上由 12 个区段表示（其中维莱讷河被分为 3 个区段）。

- 乌斯特河、维莱讷河、伊勒河、墨河、塞克河、布拉韦河属于洪水缓慢上涨的河段；
- 莱塔河、奥代河、奥尼河、莫尔莱河属于洪流急湍的沿海河段，都会受到海水因素的影响。

数个观测点对河道的水平面和水流量进行实时监控。这类观测站（布列塔尼设有大约 180 个水文观测站，其中 95 个观测站用于预测洪水）借助水中传感器获取（通过无线电）自动发送的数据，进行水文测量和洪水预报服务。这些水文测量装置负责整个测量网络的良好运行及维护工作。“实时监控”的高水位数据、最近几天或几小时内的水位变化在洪水预警网（Vigicrues）上均有介绍。随后，洪水预报模型工具会把这些数据整合起来，其中还包括一些补充数据：气象数据（雨、风、海平面、潮汐系数……）及大坝等水利工程开发测量的相关数据。

气象预报专家正是基于这些数据的整合结果，才得以制定出整个大区的预警通告。这类通告对每个监测网点设置了预警等级（蓝、黄、橙或红）。每个区段标注的预警颜色根据该区段各监测站所显示的最高等级预警颜色决定。

来源：地区环保、整治与住房管理局——布列塔尼。

329. **大区公司、竞争、消费、劳动与就业管理局**（DIRECCTE）。该机构由3个中心组成[①]：就业政策中心，公司、就业与经济中心，以及竞争、消费、反欺诈与计量中心。大区所包含的各个省都设有该机构的办事处。

聚焦

《劳动法典》

第R.5423-15条 求职者若通过参与培训，掌握了第L.6314-1条法律所规定的技能或取得了一份被认定为有招聘门槛的职业，就有权在培训结束时获得津贴。

大区区长根据招聘数据以及就业指导网站的求职申请，以决议的形式列出这类有招聘门槛的职业清单。

在工业问题上，大区公司、竞争、消费、劳动与就业管理局局长必须与每个大区的生产振兴部部长所任命的专员合作。

330. **大区青年、体育与社会融合管理局**。该局一般由5个中心组成[②]：

- "社会融合、青年、社团生活"中心：它囊括了青年、大众教

---

① 2009年11月10日颁布的关于大区公司、竞争、消费、劳动与就业管理局组织及职务的第2009-1377号法令。

② 2009年12月10日颁布的关于大区青年、体育与社会融合管理局的组织及职务的第2009-1540号法令。

育、社团生活的部际政治活动，促进机会平等的政治活动，及城市政策、保护、融入并接待弱势群体的社会活动；

- “培训与认证”中心：负责青年、体育（有关青年、大众教育和体育的培训及认证）及其相关领域（辅助医疗社会培训）。在青年、大众教育和体育的培训方面，大区青年、体育与社会融合管理局受部长直接管辖；
- “体育”中心：涵盖了大区体育政策、高等体育、体育健康保护、预防并抵制兴奋剂（与法国反兴奋剂委员会合作）等相关活动的组织与支持服务。该中心要确保与各体育联合会的体育技术顾问保持联系；
- “辅助职能”中心：总体负责人力资源，信息系统，后勤，以及预算、金融、财务管理和流通领域；
- 社会管理、监察与监督的“横向战略职能”中心：它的职能与金融督导，审查与管理控制，省级部门的活动组织与评估等职能密切相关。

聚焦

《社会行动与家庭法典》

第 R. 411－3 条 若欧洲共同体（……）成员国的侨民未持有法语国家社会服务助理文凭，但希望在法国从事社会服务助理工作，则必须持有由社会事务部部长颁发的从业资格证书（……）；

大区区长负责职业资格审查及相应的补偿工作。

该区的国家代表核查从业者的法语水平，以确定其是否具备从业必备的语言知识。

331. **大区行政委员会（CAR）**。每月召开的大区行政委员会会议由区长负责主持。各国家民政负责人均要出席会议。大区行政委员会是大区级别的部际会议。该会议由“预备大区行政委员会”负责筹备，由大区事务秘书长负责主持。国家大区负责人代表及各省政府秘书长出席会议。

聚焦

大区行政委员会的构成

大区行政委员会由大区区长负责主持，其主要成员有：

1. 区内各省省长； 2. 大学区区长； 3. 大区公共财政局局长； 4. 大区首府所在省政府秘书长； 5. 大区事务秘书长； 6. 大区食品、农业、林业局局长； 7. 大区环保、整治与住房管理局局长； 8. 大区青年、体育与社会融合管理局局长； 9. 大区公司、竞争、消费、劳动与就业管理局局长； 10. 大区文化事业负责人； 11. 必要时，还包括区际海域负责人。 大区卫生局局长是大区行政委员会委员。

如有必要，大区区长还会跟国家服务部门与公共机构负责人展开合作，这些机构要么其中心设在该区，要么其活动跨该区展开。区长有权举荐法院院长参与大区行政委员会的工作。他有权邀请任何有资格的人参与工作。

大区事务秘书长负责大区行政委员会秘书处。

来源： 2004 年 4 月 29 日法令第 35 条。

332. **大区行政委员会职能**。 大区行政委员会向区长提供重要咨询，协助其制定国家在该区的拨款分配及使用标准。作为国家预算拨款的辅助审核者，区长要对同一个预案内部的拨款进行具体分配。大区负责人及大区事务秘书长在对这些拨款分配项目进行审查的过程中，某些省长往往会进行激烈的讨论，这实际上是国家在该区所确立的战略方针被一致拒绝之前的集中体现。事实上，大区行政委员会也负责各省间国家投资的分配工作，它有权决定让医疗保险互助会来承担部分费用。它证明国家与大区间的所有协定，尤其是国家-大区的计划合同以及各项程序的个性化操作均有效；大区行政委员会的决议表明了国家面对省议会和大区议会议长时所采取的立场。大区公共财政局局长通过阶段性资产负债表，向大区行政委员会汇报国家在本区的拨款及省长所支配的拨款使用情况。

§2. 大学区区长

333. **教育机构的管理**。 拿破仑一世曾希望给公立教育配备一个相应的“教育机构”，该“教育机构”具有强制性的“特殊职责”，并设立专门的政府部门加以管理：帝国大学。因此，他放弃了由省长管理全省教育的想法。这就是为什么 1808 年 3 月 17 日有关大学组建的皇家法令第 4 条规定，“帝国大学以上诉法院辖区为单位划分学区”，第 94 条规定，“大学区区长遵照国家最高掌权者的直接命令，对学区进行管理，掌权者从学区官员中选拔大学区区长，每个大学区区长的任期为 5 年”。第 97 条规定大学区区长的职务之一是，“大学区区长要求各学院院长、中学区区长和高中学区区长汇报各个机构的情况；大学区区长，尤其在严格纪律和财务管理方面，领导机构的管理”。

334. **大学区区长的任命**。 第五共和国时期，《宪法》第 13 条规定，大学区区长经部长会议令任命。该任命由国家教育部部长或负责高等教育的部长推荐，必须满足其所有的能力要求，遵守政府有关就业平等决议的宗旨（参见上文第 306 条目）。就能力而言，拿破仑三世时期公共教育部部长福托儿曾通过 1854 年 8 月 22 日法令规定，大学区区长必须持有帝国大学博士文凭。这条采用了新术语的规定一直有效，因为大学区区长必须具有科研资格； 2001 年 3 月 21 日及 2010 年 7 月 29 日颁布的法令扩大了招聘范围，允许政府以 20%的候选人额度在在编员工中选拔大学区区长，这些候选人一方面必须持有博士文凭且具有 10 年以上的教学、培训或研究经验，另一方面必须要有 3

年以上的部门秘书长或中央行政机关负责人的任职经验①。如果候选人是公务员，那么这位由部长会议令任命的大学区区长仅在其任期内担任大学区区长一职，任期结束后即重返其原属机构（一般来说，即大学老师或类似的职业），因为不存在为大学区区长特别设立的机构。

法兰西第五共和国时期，拿破仑以上诉法院辖区为单位划分学区的规则已被废除。自1962年起，学区区域原则上必须与地区行政挂钩②；也存在例外情况，如普罗旺斯-阿尔卑斯-蓝色海岸地区以及罗讷-阿尔卑斯地区分别拥有2个学区，法兰西岛则拥有3个学区。

335. **学区当权者**。 区长和省长均无权干涉“教育活动内容”与“相关机构和法人的管理”③。这就是为什么大学区区长，即学区当权者，“决定在这方面参与到教育部部长和高等教育部部长管辖的领域中”④。

作为国家教育部的代表，大学区区长直接负责管理学校教育（小学、初中、高中）⑤，并对国家各学校校长发号施令。而军事、海洋、农业高中校长均不受其管辖。作为部长权力下放的若干法令、决议受益人，在实际操作中，大学区区长负责签署将近95%有关该学区行政、教育人员招聘和管理的文件：他实际上是大区的招聘总管。根据国家教育部的方针政策，大学区区长在学区项目中制定学校体系的总体教学目标，将“公立初等教育”、“公立中等教育”、“学生生活”、“私立教育”、“政治教育辅助”等项目预算执行中的拨款和投资金额分配给各个学校机构。大学区区长负责考试的组织和国家文凭的签署。

大学区区长在大学中同样也代表了高等教育部部长。他负责中学

---

① 《教育法典》，第R.*222-13条。

② 1961年12月12日颁布的关于修改法国本土学区区域的第61-1355号法令，第1条。

③ 2004年4月29日法令修正案，第33条，第1款。

④ 参见《教育法典》关于区长可以受到同级大区行政法院质询的第R.*222-25条决定。

⑤ 高中、初中和专门教育机构属于“地方公共教育机构”（《教育法典》，第L.421-1条）。

毕业生的高校入学申请系统。同时，对于招生名额有限的专业，他负责监管其选拔学生程序的规则性。对于“大学研究和高级培训”项目中不动产施工的拨款，尤其是国家-大区计划合同中的拨款，大学区区长向大区行政委员会提出财政拨款的分配建议。他负责主持学校事业方面的大区中心行政议会，管理高等教学的奖学金。作为该学区的大学内务总管，他确保大学的合法性及预算审查工作的进行，按照2007年8月10日关于重点大学责任和自由的法律规定，大学校长要接受其审查。大学区区长还要参照《教育法典》第L. 718-7条，对联盟、机构、大学团体的活动进行上述同样的审查。大学区区长领导司法部的公立机构，司法部在1968年《就业法典》颁布之前，掌管大学缴纳的资产。

国家教育部部长和高等教育部部长每月都会召集大学区区长开会，旨在传达政策方针并做出相应指示。

336. **联合行动**。 在工作中，大学区区长对于有可能涉及自身工作内容的、处于大区区长或省长管理之下的相关问题决不能掉以轻心，例如：安全问题，青年问题，体育项目，城市政策，文化活动，医疗卫生，就业问题，民众服务，道路安全，女性权利，国家投资，科研活动①等。因此，其自主行为必须与大区区长、地区领导以及各省长的行为活动相协调配合，这些人将在大区行政委员会里与之同席共事②。此外，大学区区长还应与法国高等法院的检察官保持联系，最主要的目的是保证国民教育在预防犯罪的领域积极展开。随着地方行政区域，尤其是大区，担负的职责越来越重要（职业培训、研究活动和学校地产管理方面），维持教育部部长代表和地方行政部门之间越来越规律、越来越深入的联系便成为必要。

337. **学区教育管理部门**。 在扩大大区区长权力的法令颁布两年

---

① 地区科研代表同时也是大学区区长的技术与研究顾问，服从大区区长的领导（2009年5月25日第2009-589号法令，第2条）。

② 2004年4月29日法令修正案，第35条，第2款。

后，国家教育管理在区级层面得到进一步加强。为了贯彻国家教育部方针，在重新建构学区组织方面，2012年1月5日法令[①]指出，大学区区长有权敲定学区职能性组织和地域性组织的建立，有权决定其管理下的国家教育省级部门和学区部门的权限。根据管理规定，该法令还赋予大学区区长某些属于督学的管辖权，比如在小学教育阶段，大学区区长的作用形同督学。因此，大学区区长便有了“副手”从旁协助：学区秘书长和学区督学。在省内，这两者均属国民教育局的领导层。

根据2012年4月30日法令（参见上文第111条目），学区秘书长、国民教育局局长和副局长的任命须遵循男女比例平衡的原则。

在学区首府，大学区区长的首要共事者是学区秘书长，大部分情况下，学区秘书长是一名高级公务员，是国家教育、高等教育和研究工作的管事人。学区秘书长由国家教育部部长和负责高等教育的有关部长下达的部长令所任命，就一些部门机构的组织建立向大学区区长提出建议。这些部门的设立须与大学区区长担任的大学内务总管以及学校行政主管的职位相符合。作为日常对话者，这些部门与高等教育机构、教育工作者，以及几乎从未接触过国家行政机关的学校有频繁的对话交流。秘书长保证学区教育管理部门与大学区区长技术顾问（继续教育培训的专业代表、信息通告与就业辅导部部长、区域设备工程师、顾问医生等）之间关系的维持，同时也负责联络大学各部门的总干事以及公共财政的区级负责人。此外，他与地方行政区域的教育部门长期保持联系。

大学区区长可自由组建小型团队（大学区区长办公室），其主要任务是注意日程安排（出差、听证会、演讲、部长访问），负责邮件收发，处理预约事务（与省长办公厅、被选举人之间的联系，授予勋章），关注对外交流。

2012年1月5日法令的颁布促使大学区区长在学区教育管理部门和省级教育管理部门中采取一切组织措施，将自身肩负的某些职责分摊给以上两种部门或其中某一种部

① 第2012-16号法令，参见帕特里克·热拉尔，《学区和学区区长——为了纪念皮埃尔·格雷戈里》，埃斯卡出版社，2013年，第353—380页。

门。与大区区长和公共财政的大区负责人不同（参见下文第 339 条目），大学区区长在担任区级职位的情况下不兼任省级职位（4 个海外学区除外）。

338. **国民教育局局长**。 在每个省，包括大区首府所在省，学区督学由总统任命，是其所代表的大学区区长的助理。经由大学区区长授权，学区督学行使国民教育局局长职权，领导国家教育省级行政部门，管理辖区内所有大学、中学、公立学校和合约私营学校，并向大学区区长述职。他是负责初级教育阶段管理与教学的国民教育督导的上级。学区督学可进入学区指导委员会，参与学区整体教育发展战略的制定，并推动该战略在本省学校和相关教育部门的贯彻落实。

案例

自由 · 平等 · 博爱

法兰西共和国

格勒诺布尔大学区区长

关于设立负责检查初级中学法案合法性的省际部门的第 2012 - 40 号决议

根据《教育法典》第 L. 421 - 11 至第 L. 421 - 14 条，以及第 R. 421 - 54 条和第 R. 421 - 55 条；

根据《教育法典》第 R. 222 - 19 条、第 D. 222 - 20 条和第 R. 222 - 36 - 3 条。

决议：

第 1 条 自 2012 年 9 月 1 日起，在格勒诺布尔学区内设立一个省际部门，负责监察学区内各初级中学法案的合法性。

第 2 条 该部门对学区内公立初级中学与教育活动有关的法案的合法性具有监督控制权，相关法案由理事会、理事会常务委员会以及初级中学校长联合制定。

第 3 条 该部门接受德龙省国民教育局局长的直接领导。

第 4 条 德龙省国民教育局局长被授予署名权，局长有权将该权力授权给局内秘书长。

第 5 条 该部门建于德龙省国民教育局附近，其行政工作人员由大学区区长指派。

第 6 条 部门活动须与管理章程框架下的既定目标相一致，以确保在对初中和高中法案的合法性进行检查时，可以做到协调一致，同时方便区内各省国民教育局局长了解相关信息。

第 7 条 德龙省国民教育局局长应从速联系其他四省（阿尔代什、伊泽尔、萨瓦、上萨瓦）教育局局长，将发给初级中学各校长的考察报告信的副本发至 4 位局长手中，后者根据各省具体情况各取所需。

第 8 条 学区秘书长负责跟进该决议的执行情况。

第 9 条 罗讷-阿尔卑斯大区政府和相关省政府的《行政法案汇编》出版后，本决议自 2012 年 9 月 1 日起正式生效。

格勒诺布尔大学区区长　奥利维耶·奥德乌

2012 年 8 月 23 日于格勒诺布尔

来源：第 2012－2360006 号决议，收录于罗讷-阿尔卑斯大区政府《行政法案汇编》，2012 年 8 月 28 日。

§3. 大区公共财政负责人

339. **财政总督（首席会计）**。法国公共会计法的法规部分的第一行便提及支出决策者与会计人员相分离的原则。经 2012 年 11 月 7 日法令第 9 条[①]再次确认，该原则规定各省省长，即国家开支的二级决策者，不得参与以下相关任务：公共开支的结算；国家收入和国税的收回以及税基的确定；产业估算；有关国有财产转让、管理、运营

① “决策者和公共会计的职务不可兼任”（2012 年 11 月 7 日颁布的关于公共预算和公共财物管理的第 2012－1246 号法令）。

的金融条款的制定；公共账户的管理；统计表建立方式的确定[①]。该原则促使皇帝于 1865 年 11 月 21 日下发皇家法令，决定在各省分别设立财政总督、国家会计、国库会计等职位。其中，国库会计是所有税务员的上级领导。

2009 年，税务主管部门和国库管理部门的合并导致公共财政主管[②]这一职位的诞生，该职位服从财政部首席公共财务官的领导，且渐与财政总督这一职位实现一体化。公共财政主管官员的高层，即公共财政总管，可进入大区公共财政负责人的权责范围。参照财政部部长的建议，由总统令下达对这些高层的任命书。财政部部长在进行举荐时必须遵守 2012 年 4 月 30 日法令所确立的男女比例平衡的原则（参见上文第 111 条目）。

340. 大区公共财政管理局（DRFP）。公共财政的大区负责人对国家区级的公共支出进行监督和清算，并查核公款的使用情况。在大区的管辖范围内，他负责国家地方行政单位的财政控制、公共投资的经济性鉴定、面向企业的经济行为、对区级会计师的秩序监管。同时，大区公共财政负责人充当大区区长的财政顾问，参加大区行政委员会会议，并在会上就公共开支的用项作报告。他可以向地区部门负责人提议进行审计，推荐风险评估程序。协同法国国有财产管理局，大区公共财政管理局承担国家房地产政策的相关职责，督察由公共部门和国家机构负责的房地产战略长期计划（SPSI）的制定和实施。

大区公共财政负责人同时也是大区首府所在省的省负责人[③]，他可以调配在区内活动的其他公共财政省负责人或省际负责人。

---

① 2004 年 4 月 29 日颁布的第 2004－374 号法令（修正案），第 33 条，第 3 款。

② 2009 年 2 月 20 日颁布的关于公共财政主管官员的特殊地位的第 2009－208 号法令。

③ 2009 年 6 月 16 日颁布的关于地方公共财政管理部门的第 2009－707 号法令，第 3 条，第 1 款。

案例

利穆赞大区公共财政管理局和上维埃纳省公共财政管理局的三大职权

税收管理：

整合相关税务，旨在：

- 明确税法和税制；
- 计算、征收国家的、地方行政区域的以及所有国家机构的税收收入；
- 检查纳税人是否履行纳税义务，打击偷税漏税行为；
- 处理税务纠纷；
- 保证完成地形测量、地籍测绘、土地登记等任务。

该方面的事务由两部分构成：

- 个人和专业人士的税收、罚金、土地和遗产的分配、欠税的收缴；
- 税务的监察、专利权使用费、相关法律事务、有关税收基数的争议。

公共管理：

管理国家和地方行政区域的账户，主要任务有：

- 监督和执行国家公共开支；
- 管理国家账户；
- 管理地区账户，实施金融操作，以建议和引导地方行政区域和公共机关单位；
- 征收地方特产税；
- 管理公益现款基金；
- 向国家和经济的积极参与者提供金融专业知识和理财建议；
- 负责国有财产的经营管理。

该方面的事务围绕四个方面展开：

- 地方行政区域和法国国有财产管理局；

- 经济行为和金融专业知识；
- 公共财务和其他国家活动；
- 国家开支。

引导作用和资源管理：

负责与以上管理任务相关的辅助工作：

- 对员工进行管理和培训；
- 管理预算、物流和房地产资源；
- 引领网络的发展并对其进行评估；
- 构建信息辅助服务系统（与利摩日信息部门的建立相辅相成）。

该方面的任务围绕共享服务中心（CSP），分三部分展开：

- 人力资源与培训；
- 预算、物流和房地产；
- 发展战略、管理控制、服务质量以及与信息部门领导层的联系。

§4. 大区卫生局局长

341. **卫生与医疗保险**。 根据2009年7月21日关于医院改革、病人、卫生、区域的第2009－879号法律第118条，立法人员把大区级和省级的卫生与社会事务管理机构、大区住院部、负责卫生与社会医疗政策的大区医疗保险基金组织合为一体，成立大区卫生局。每个大区有一个卫生局，负责公共卫生（预防、信息宣传、卫生监督）并管理医疗护理服务机构（医院、诊所、专门为残疾人或老年人设立的机构等）。这些卫生局共管理3万家卫生组织和部门[①]。

342. **公共行政机构**。 跟大区区长、大学区区长一样，大区卫生局局长在部长会议上任命。虽然他有时被称为“卫生长官”，但其职位并没有被列入由政府决定的职位表中，相反，他是由卫生部部长根

① 医院和卫生组织的高级行政人员是由公共卫生高等研究院培养，该研究院位于雷恩。

据管理能力选择的。因此，和大区区长相比，大区卫生局局长并不完全自治。他需要向监事会汇报卫生机构的活动，监事会隶属于大区区长，负责批准卫生机构的预算。每年，卫生局局长向监事会提交“一份财政报表，其中包含卫生局管辖区域内的大区支出，医疗保险制度支出，国家互助独立基金在卫生政策、社会医疗、护理方面的支出”①。大区卫生局的监事会由大区代表、当地医疗保险机构理事、地方行政区域代表、病人代表、老年人代表及残疾人代表组成。

343. **大区卫生草案**。根据法律，每个大区卫生局局长要制定一项大区卫生草案，其中要明确“未来几年大区卫生局在其管辖范围内的行动目标以及实现这些目标的措施”②。这项草案由以下文件组成：

- 一份关于大区卫生的战略性计划。
- 三份方案：一份大区预防方案（SRP），一份大区医疗护理管理方案（SROS），一份大区社会医疗管理方案（SROMS）。
- 一份未来几年大区风险管理章程（PPRGR），该章程由大区卫生局和每项医疗保险制度的大区代表及其补充机构一同制定，并且每年对其进行修订。

大区医疗护理管理方案“根据居民需求，在每个卫生区域内，做出如下规定：1. 通过考量护理活动及重型机械设备，制定医疗护理的供给目标，其量化方法由法令确定；2. 建立或取消护理活动，发明或淘汰重型机械设备；3. 改造、重组卫生机构以及机构间的合作；4. 公共部门的任务由卫生局或《公共卫生法典》第 L. 6112 - 25 条提到的人员来进行确保；5. 供给监狱的医疗护理目标和方法。

大区卫生局局长根据 2、3 颁布的许可要和大区医疗护理管理方案规定的目标相一致。在《公共卫生法典》第 L. 6222 - 2 条规定的情况下，局长可以根据医用生物学的供给目标，反对开启医用生物学实验室或医用生物学实验室网站”③。

---

① 《公共卫生法典》，第 L. 1432 - 3 条。
② 同上，第 L. 1434 - 1 条。
③ 同上，第 L. 1434 - 9 条。

案例

洛林大区卫生局公告

经过与当局（曾参与大区卫生规划讨论）为期 2 个月的协商， 2013 年 7 月 8 日，洛林大区卫生局总负责人签署了决议，旨在修订大区医疗护理管理方案的“重型机械设备”和“癌症治疗”部分。

这项修订大区医疗护理管理方案（2012—2017）的决议，旨在考虑增加新的设施来改善重型设备的可使用率，同时确保设备在区域内分布更加均匀。

洛林大区安装 26 台设备，即每百万居民享有 11 台，这一比率低于癌症计划案中的目标（每百万居民享有 12 台）。新的方案计划增加 12 台，其中 6 台用于骨关节病理学。这些补充设施可以：

- 减少预约等候期限（2011 年，洛林大区的平均期限是 23 天，包括住院病人）；
- 改善设备使用率（用于癌症和骨关节病理学的器械）；
- 满足核磁共振检测的高需求；
- 提供更多非辐射性检测。

洛林大区总共计划拥有共 38 台核磁共振设备。

在 CT 机方面，洛林大区也在弥补差距（2010 年的设备率为每百万居民 1.29 台，国家计划率是 1.43 台）：通过扩大停放面积，增加停放处可以达到 1.45 的比率。此外， 2 台设备也将在默尔特-摩泽尔省使用， 2 台在摩泽尔省， 1 台在孚日省。一共要在洛林安置 39 台 CT 机。

发布时间： 2013 年 7 月

344. **任务**。 在大区卫生草案确定的范围内，由大区卫生局局长确定卫生区域：这里指适合开展卫生机构的公共卫生、医疗护理、设施等活动，各类开支活动，社会医疗补充活动，以及急救医疗活动的地理范围。大区卫生局局长咨询大区区长、大区卫生自主管理会议、省议会主席后，根据法令确定医院间的合作模式。

确保有一位卫生监督员向大区区长和选民代表汇报所有对居民卫生造成危险或有可能扰乱公共秩序的卫生事件。

卫生局局长可以向政府签约的卫生专员、卫生中心、卫生活动场所、卫生组织、老年人收容机构、卫生所、社会医疗所提议签署文件，以改善医疗护理合作质量，并根据目标的完成情况给予财政补偿①。同样，可以和同意在"医疗匮乏区"落户的全科医生签订合同。

此外，大区卫生局局长要确保紧急医疗救助服务部（SAMU）全程值班。

聚焦

奥弗涅大区卫生局局长确定的适宜卫生领区决议

2010 年 10 月 22 日决议，在奥弗涅大区确立 4 个级别的卫生领区：

- 123 个近距离医疗卫生服务中心（卫生领区为其周边地区）；
- 15 个中等距离医疗卫生服务中心（卫生领区更大，可为距服务中心中等距离远的民众提供卫生服务）；
- 4 个省级卫生领区；
- 1 个负责政策规划、战略、合作的大区级卫生领区。

§5. 国家大区区际行政

345. **区际管理局**。 有些国家行政部门会将它们的公务下放给区际事务管理局。

因此，附属于可持续发展部和海洋部的区际海洋管理部门负责"海洋可持续发展、海洋资源管理、海洋活动调节等方面的国家政

① 《公共卫生法典》，第 L. 1435－4 条。

策，确保海洋及沿海地带实行的活动政策彼此协调”[①]。该部门听命于大区区长和海军军区司令，大区区长可以让区际海洋管理部门领导人参与大区行政委员会会议（参见下文第351条目）。

4个区际海洋管理部门分别位于勒阿弗尔（东英吉利海峡-北海）、南特（北大西洋-西英吉利海峡）、波尔多（南大西洋）、马赛（地中海）。在每个管理部门，海军军区司令和“沿海地区协调”长官要制定一份海岸战略性公文，明确海洋和沿海地带的国家性战略方针[②]，同时还要制订一份海洋区域行动计划[③]。

附属于交通部的民用航空安全机构由9个区际民用航空安全管理部门组成：7个在法国本土，2个在海外省。

司法部的2个中央行政机关附属的9个区际青少年司法保护管理部门[④]和9个区际监狱管理部门（管理拘留所和刑罚机构）自2010年起负责相同的领区。而关税与间接税管理总局拥有10个区际管理部门。

国防部部长关闭了82个军事单位，把47个单位改组成10个由区际代表团或大区代表团组成的国防重组部门。该部门和地区事务秘书长一同共事。

陆军由5个“陆军军区”[⑤] 组成，每个军区包含多个行政大区。

最后，一些大区管理部门可以根据总理颁布的决议，在其他大区行使特定的权限。

例如，勃艮第大区劳工局对葡萄种植、酿酒、烈酒、芳香型葡萄酒以及可以用于制造的产品和材料进行调查时，可以将权力延伸至罗讷-阿尔卑斯大区和弗朗什-孔泰大区。

346. **协调长官**。 当国家保护的自然遗产超过了一个行政大区的辖地

---

① 2010年2月11日关于区际海洋管理部门组织与任务的第2010－130条法令，第3条，第1款。

② 《环境法典》，第R.*219－1－7条和第R.*219－1－8条。

③ 同上，第R.*219－10条。

④ 司法部2012年11月14日决议对2010年3月17日决议（该决议明确了区际青少年司法保护管理部门的管辖领区）做出了修订。

⑤ 《国防法典》，第R.*1212－4条。

范围，法律或规章条款由一个长官确保协调工作："盆地协调长官"①、"高原协调长官"②、"地区自然公园协调长官"③、"国家公园公共设施政府委员"④、"自然保护区（Natura 2000）协调长官"⑤。

通常，"当一项政策涉及多个大区时，总理会通过有明确期限、必要时可更新的决议，将一项区际的协调任务交给其中一个大区区长"⑥。辅助大区协调长官的大区事务秘书长负责跟踪区际任务。

因此，中央大区区长是卢瓦尔-布列塔尼盆地的协调人，南部-比利牛斯大区区长是阿杜尔-加龙河盆地的协调人，奥弗涅大区区长是中央高原的协调人，普罗旺斯-阿尔卑斯-蓝色海岸大区区长是阿尔卑斯山脉的协调人。2012 年任命，任期 5 年：罗讷-阿尔卑斯大区区长任阿尔代什山（奥弗涅和罗讷-阿尔卑斯大区）自然公园的协调人，阿尔萨斯大区区长任北孚日省（阿尔萨斯和洛林大区）自然公园的协调人，上诺曼底大区区长任"东英吉利海峡-北海"的沿海地区协调人。

347. **防御安全区长官**。在区际领域内，防御安全区长官要准备、执行国内安全和经济安全措施，以促进国家安全。国家安全的目标并不仅是应对公共秩序危机（城市流氓），也包括自然危机（地震、洪水）、气候危机（污染）、卫生危机（流行病）等。经济防御特别要保护重要设备，确保信息系统安全，避免信息破坏，保护控制核能物质，确保邮政和电信的公共服务，建立石油战略储存。根据《国防法典》第 L. 1311－1 条，防御安全区长官"拥有控制非军事力量的权力，遵照优先权，实现民事和军事服务机构的互助，以确保公民防御和领区内的安全"。

基于此，区域操作中心在区长的指挥下持久运作。此外，《国家

---

① 《环境法典》，第 L. 213－7 条。
② 1985 年 1 月 9 日关于山区发展与保护的第 L. 85－30 号法律，第 7 条。
③ 《环境法典》，第 R. 333－5 条，第 1 款。
④ 同上，第 R. 331－43 条。
⑤ 同上，第 R. 414－8 条。
⑥ 2004 年 4 月 29 日第 2004－374 号法令，第 66 条，第 1 款。

安全法典》第 L. 122－4 条规定，防御安全区长官负责协调这个区域内各省长的行动，“来预防或应对扰乱公共秩序的事件”：在省长的要求下，防御安全区长官加派额外的增援警队，在防御安全区内准备预防、保护、求救措施，确保居民生命财产和生活环境的安全，并在区域内确定“地区的求救”计划①。

348. **防御安全区**。包括巴黎在内，法国本土被分成 7 个区域。防御安全区内的首府级大区的区长就是该区域长官。

防御安全区长官分布如下：北部地区是北部-加莱海峡大区区长；西部地区是布列塔尼大区区长；西南地区是阿基坦大区区长；南部地区是普罗旺斯-阿尔卑斯-蓝色海岸大区区长；东南地区是罗讷-阿尔卑斯大区区长；东部地区是洛林大区区长②。

为了辅助区域长官工作，在其身边安排了省级人员——*防御安全区区长代表*，以确保防御安全区各部门间的领导工作、信息通讯系统区域服务工作、大区信息中心工作和公路协调工作③。

349. **区域防御委员会**。区域防御委员会协助地区行政长官工作。除了防御安全区区长代表，该委员会还包括大区区长、省长、总司令、安保区高级军事长官、大区财政局局长及安保区特派员。法院院长，大学区区长，地区环保、整治与住房管理局局长，负责公司、竞争、消费、劳动与就业管理局的局长以及地方卫生局局长等防御安全区特派员作为国家民政部门的主要负责人，皆在地区首府供职。在所辖区域处理危机时，地方行政长官做出权威决策，所有下级政府负责人遵照该决定在地方行使职权。

各政府机构都应委派一个“防御安全区通信人”，代表所在部门协助防御安全区特派员工作。区域防御委员会有权组建一个有经济防御使命的限制性组织。

---

① 《国家安全法典》，第 L. 741－3 条。

② 《国防法典》，第 R* 1211－4 条。

③ 《国家安全法典》，第 L. 122－14 条。

350. **内政部秘书长**。 2014 年 3 月 6 日颁布的法令[①]设立了这一新职位，并规定该职位由防御安全区区长代表担任，其办公地为防御安全区首府。政府也为该秘书长配备了副职官员。总秘书处是内政部的下设部门，该部门负责对防御安全区内各省的人事及安全措施进行行政管理：制定并部署经费的运转及分配、招聘及管理公务员、为各部门派遣警力与宪兵队，并为各省提供后勤援助及必要的技术支持，同时，总秘书处负责组织国家警察的演习作战，维护信息系统的安全及良好运转，以及促进防御安全区内政部各部门之间的有效沟通。

内政部总秘书处下设分管行政、财政、人力资源、设施与后勤、不动产、信息交流系统及监察的部门。

351. **海军司令**。 共和八年花月 7 日（1800 年 5 月 7 日）颁布了有关海军建制的规章，据此，法国执政官设立海军司令一职。这一职位负责“维护港口安全、保护海岸、巡查海轮及其停泊地”。 20 世纪发生的两次海洋灾害（1999 年的埃里卡号漏油事故； 2000 年的威望号漏油事故）迫使政府加强了对海洋的管理。进入 21 世纪，依照行政长官的设置范例， 2004 年 2 月 6 日颁布了海洋管理机构相关法令，委任海军司令代表政府管理海洋（……）。该司令由政府委派，并成为了“总理及各政府成员的直接代表”[②]。海军司令的职权下派给海军军官。由于海军司令在国家海军中也担任海军指挥官，因此该职权是一项民事兼军事职权。

3 位海军司令分别是： 瑟堡的芒什海峡及北海海军司令、布雷斯特的大西洋海军司令、土伦的地中海海军司令。

海军司令与陆军司令的职权范围依据海岸线的走向划定。陆军司令管辖陆地，海军司令的管辖范围从海洋一直延伸到海岸线。在从海岸线延伸到法国主权范围内的海域，海军司令行使其权力，但其对港

---

① 2014 年 3 月 6 日颁布的关于内政部总秘书处并旨在修订《防守法典》与《国家安全法典》多项条款的第 2014 - 96 号法令。

② 第 2004 - 112 号法令，第 1 条，第 1 款。

口没有行政管理权。然而各省省长应通告海军司令可能会对海洋造成不良影响的事务及决议。

海军司令组织并协调海洋管理活动，接受海事秘书长的指令（参见上文第272条目），并负责监督法律以及政府规章决定的实施。肩负着基本治安的职责，他负责在各领域落实政府对海洋的管理活动，尤其在涉及国家主权、民族利益、公共秩序维持、人身及财产保护、环境保护、制止违法行为方面；他采取各种治安手段致力于维护社会安全、稳定与健康，特别在防治海洋污染方面（船舶拖带、制裁……）；他有权动员力量打击海盗与不法商人[①]。海军司令负责应对危机和紧急情况，他可以启动海洋方面的救助计划（ORSEC）[②]，协调开展干预海域污染的计划（POLMAR）[③]。

案例

在瓦萨尔海滩附近公海的（塞特-埃罗省）第二次扫雷活动

2014年1月20日至2月3日，国家海军潜水扫雷小组在瓦萨尔海滩附近的公海开展了一场新的扫雷活动。

自2013年8月初在瓦萨尔海滩发现炮弹之后，紧接着，地中海海军司令部组织了一个潜水扫雷小组，开展了导弹识别以及具体定位工作。2013年9月30日至10月3日为第一阶段，被派遣的潜水扫雷员在水下鉴定位置并识别弹药。在此期间，他们已局部处理两个雷区，挖掘出50多个历史遗留的炮弹。那些炮弹随后被运至公海销毁。

与第一阶段一样，第二阶段的扫雷工作从周一开始，一直持续到2月3日。在扫雷工作开始之前，采取了一些措施先把海洋哺乳动物及鸟

① 第2004－112号法令，第1条，第2款。

② 《国家安全法典》，第L.741－4条。

③ 2006年1月11日颁布的关于通过干预海域污染条例的总理指令，参见2006年1月13日颁布的《官方公报》。

类惊走。

根据在海军司令部可查阅的 2014 年 1 月 13 日颁布的关于海军司令的第 004/2014 号决议，将实施一些航海管制措施以确保水域安全。此外，颁布了两项市镇级决议：一项是由塞特镇于 2014 年 1 月 15 日颁布的第 A-2014-001 号决议；另一项是由马赛朗镇于 2014 年 1 月 16 日颁布的第 2014-22 号决议，基于安全考虑，该决议禁止无关人员进入扫雷场地。

来源：地中海海军司令公告，2014 年 1 月 17 日。

为了高效地完成任务，海军司令可向各地区的海洋局局长、地区环保、整治与住房管理局局长发布一些指令，并参与区域防御委员会的会议讨论。

在环境保护方面，海军司令扮演越来越重要的角色：地中海海军司令领导了由 50 个自然保护区组成的联合管理委员会，并参加了克罗港岛、狮子湾、马赛-卡西斯峡海湾 3 个公园的管理会议。

§6. 巴黎大区的行政管理

352. **特别之处。** 作为拥有行政权及立法权的首都，巴黎是法国历史上主要政治事件发生地、外交使馆所在地及各国领导人频繁往来之地，因此，需要特别的安全措施防护。此外，2014 年，巴黎周边居民人口的发展规模已达到 1 300 万。较本国其他地区而言，该地区对城市规划、交通提出了更为迫切的要求。巴黎大区由巴黎、塞纳-马恩省、伊夫林省、埃松省、上塞纳省、瓦勒德马恩省、塞纳-圣但尼省、瓦勒德瓦兹省这 8 个省份组成。该地区的政府机构组织与其他地区有所不同，身居高位、手握重权的官员都是中央政府的重点提拔对象，甚至，他们有可能会被共和国总统亲自挑选出来担当大任，还有一些因经常担心所作所为产生不良媒体影响的部长常常暂时被调离中央职位，参与到巴黎及巴黎大区的相关管理工作中。

353. **巴黎警察局局长**。共和八年获月12日（1800年7月12日），根据执行官决议设立了巴黎警察局局长职位，该职位经政府决定任命，接替了于1667年设立的警务专员。由于国家警察局局长及国家宪兵局局长都没有负责巴黎治安的职权，因此由部长会议提名产生的该警察局局长是内政部部长日常工作最直接的协助者，也是继巴黎大区区长之后的第二个共和国长官，这二者都是政府在巴黎的代表。

作为行政管理秘书长，省长办公厅主任协助并配合巴黎警察局局长的各项工作。因此，巴黎警察局局长就是内政部在巴黎的中心机构①。

首先，巴黎警察局局长负责维护所辖地区的公共秩序及巴黎居民安全。即使2014年1月27日颁布的法律②赋予了巴黎市长一些特权，然而他依然没有治安管理权。巴黎警察局局长采取各项措施来维护社会的健康稳定、保障公共安全，从而履行警察在治安管理方面的天职。该局长有权指导各省制定有关居民保护的方针政策③；他特别着手关闭了一些在夜间存在安全隐患的机构；为保护国家机构及外国大使馆，他制定了在某条道路或某些路段的通行及驻留规则，并禁止相关机动车辆及行人通过④。他领导着46 000名官员，其中有包括法警在内的30 000名警官。

其次，巴黎警察局局长在巴黎周边一些较小的省份中（上塞纳省、塞纳-圣但尼省、瓦勒德马恩省）负责维护公共秩序，尤其是捍卫人身及财产安全。在居民安全方面：他领导着公安部门⑤及巴黎各

---

① 第2004－374号法令，第74条。

② 关于地方公共行动的现代化与首府认定的第2014－58号法律，即《地方行政区总法典》，第L.2512－14条，第1款。

③ 2010年6月24日颁布的关于巴黎大区及大区内各省份政府机构的组建及其使命的第2010－687号法令，第24条。

④ 《地方行政区总法典》，第L.2512－14条，第2款。

⑤ 参见2009年7月24日颁布的关于巴黎警察局在一些地方部门及机构行使职权的第2009－898号法令。

省宪兵部队的各项行动，并与各市长联合通过“由市级警察及政府安保力量协调介入”的协定。他统管着 8 500 名巴黎抢险特警队员，并且为了在巴黎周边一些较小的省份更好地开展工作，他有权向上述省份派遣警力。

第三，巴黎警察局局长是巴黎大区委员会的执行主席：他必须向选民介绍“特别预算”，并让选民对此预算以及警察局职位种类和职责分配进行投票。“特别预算”由国家、巴黎市、法兰西岛内环各市镇以及预算使用者共同出资。巴黎警察局局长同时也负责把控巴黎市市长和法兰西岛内环各市市长所做出的有关警察局的决定。

第四，巴黎警察局局长是巴黎防御安全区的区域负责人。因此，他在法兰西岛的 8 个省中行使职权。

作为巴黎防御安全区的区域负责人，巴黎警察局局长由巴黎防御安全区区域秘书长协助工作。该区域秘书长配合区域参谋部工作，但无权在内政部行使秘书长职权，因为这项职权被委任给了巴黎警察局行政管理秘书长。①

354. 巴黎大区区长。 巴黎省省长也就是巴黎大区区长。这项职务责任巨大。尽管位列共和国区长之首，且常被其他区长选为区长协会主席，但巴黎大区区长没有权力管理警察，也不是巴黎防御安全区的区域负责人。

过去，巴黎大区区长常常担任内政部办公厅主任一职。

除地区负责人和大区区长所承担的一般职能外，当国土治理与发展部际委员会在就有关巴黎大区事务进行商议时，大区区长还必须与相关部门联系，为商议做准备。大区区长在巴黎大区领导方案②的制定中起着至关重要的作用。领导方案涵盖了所有关于国土协调的方案以及关于城市规划所支配地区土地的地方计划。大区区长同时也是法国“欧洲迪士尼”计划的部际代表。他必须跟进不同任期的政府对巴黎城区和郊区的改造草案：

---

① 2014 年 3 月 6 日颁布关于内政部行政管理秘书处的第 2014－296 号法令，第 6 条。
② 《城市规划法典》，第 L. 141－1 条。

• 大巴黎草案。该草案特别包括：为游客开辟一条公共交通通道，基础设施费用由国家承担；在萨克莱建立一个科技中心①。

• 完成法兰西岛市镇间版图的构建："巴黎大区 1 名国家代表提议，在埃松省、塞纳-马恩省、瓦勒德瓦兹省和伊夫林省制定市镇间区域合作纲要"；②

• 共同主持大巴黎城市建设项目的前期工作③。2016 年 1 月 1 日将出台政策，建立一所市镇间合作的公共机构，该机构拥有特殊的税法制度："大巴黎都市"包括巴黎市以及上塞纳省、塞纳-圣但尼省、瓦勒德马恩省的所有市镇。这所市镇间合作的公共机构在所有成员市镇中行使以下方面的职能：治理，地方住宅政策，城市政策，经济、社会及文化的发展和管理，环境的保护和重视，生活环境政策④。

在巴黎大区，国家地方行政部门的几个特点：

第一，巴黎大区区长（即巴黎省省长）管理以下行政部门：由"巴黎省秘书长"领导的、负责巴黎省省级职能的行政部门；由"巴黎大区区域事务秘书长"领导的、负责巴黎大区区级职能的行政部门。

第二，由于国家通过颁布法令规定，在巴黎大区要实行特殊方案；因此，除地区文化事务管理局和大区公司、竞争、消费、劳动与就业管理局以外，巴黎地方各局的运行方式均有别于其他地区⑤。

• 巴黎大区青年、体育与社会融合管理局，与通常情况相反，它不负责为无家可归者或者居住条件困难者提供留宿。

• 巴黎大区农业、食品与林业局是一个建立于巴黎省、上塞纳省、塞纳-圣但尼省和瓦勒德马恩省之间的省际部门。

---

① 2010 年 6 月 3 日颁布关于大巴黎的第 2010 - 597 号法律，第 1 条。

② 2014 年 1 月 27 日颁布关于国土公共行动的现代化及大都市认证的第 2014 - 58 号法律，第 114 条。

③ 《地方行政区总法典》，第 L. 5219 - 1 条，第 1 款。

④ 同上，第 L. 5219 - 1 条，第 2—6 款。

⑤ 2010 年 6 月 24 日颁布关于巴黎大区各省行政职能组织的第 2010 - 687 号法令。

• 巴黎大区有3个特有的地方行政部门。其中2个特别服务于巴黎市和巴黎大区内环的3个省：巴黎设施与规划大区及省际管理局(DRIEA)、巴黎住房与接待大区及省际管理局；另一个服务于巴黎大区的8个省：巴黎环境与能源大区及省际管理局。

巴黎设施与规划大区及省际管理局局长由8位助理协助工作：负责行政部门统筹与财产管理的助理、负责可持续发展与能量革新计划的助理、负责交通安全防御的助理、道路局局长（负责巴黎大区道路的省际局长）、巴黎国土局局长、上塞纳国土局局长、瓦勒德马恩国土局局长、塞纳-圣但尼国土局局长。以上的国土局局长负责：参与收集数据和了解国土情况；参与有关管理局职责的政策制定（环境、治理、住房供应的发展、交通、建筑、道路安全和教育……），并将制定的政策落实到各省；在有关可持续治理与住房供应（地方性城市建设规划、技术的社会化建设、办公及业务许可、土地政策）的文件编写中，应确保体现国家职能；对部分土地的使用许可权进行预审，管理城市建设维护税，统计建设相关的数据；主持群众代表座谈会；参加安全委员会，参与建设条例的审核；确保道路安全教育的正常进行，配合省内道路安全措施的实施。

第三，在每一个需要与中央行政机关商议的问题上，在总理和相关部长同意的情况下，巴黎大区区长有权成立工作小组。小组成员包括部的代表、在地区内开展工作的行政部门代表、团体代表以及机构代表。

聚焦

法兰西岛大区行政委员会的构成

第2004－374号法令第69－4条（之后2010年6月24日颁布的第2010－687号法令第34条创立）。巴黎大区区长，即巴黎省省长，主持法兰西岛大区行政委员会。法令第35条涉及大区行政委员会的构成，但法兰西岛大区行政委员会属于例外情况，它包括：1. 大区内的各省省长；2. 巴黎省总秘书；3. 巴黎大区区域事务总秘书；4. 大学区区长；5. 地区公共财政局局长；6. 大区公司、竞争、消费、劳动与就业管理局局长；7. 大区青年、体育与社会融合管理局局长；8. 地区文化事务管理局局长；9. 巴黎住房与接待大区及省际管理局局长；10. 巴黎设施与规划大区及省际管理局局长；11. 巴黎环境与能源大区及省际管理局局长；12. 省际及区际农业、食品与林业局局长；13. 地区卫生局局长。

第2004－374号法令，第73－1条。警察局局长参加法兰西岛大区行政委员会或由他人代为参加。

355. **巴黎学区长**。在巴黎，与其他国家行政部门一样，学区行政部门有其独特性：巴黎聚集了全国数量最多的大学生、大学、大学团体以及研究机构。巴黎学区长由1名巴黎副学区长协助工作。副学区长除了负责管理大学、大学团体和机构之外，还负责巴黎大区中学毕业会考通过者进入高等教育的注册工作。学区长也是巴黎大区大学公共行政管理委员会的主席；[①] 此外，他还负责索邦大学的维护和安全工作。巴黎教育局局长管理学校教育的行政部门，是巴黎学区长的助理，也是国家教育行政部门在巴黎省的负责人。在由巴黎学区长主持的法兰西岛学区长委员会[②]中，巴黎学区长应当协调巴黎学区与克雷泰伊学区、凡尔赛学区之间的教育政策和大学政策。依照惯例，首都学区长位列所有学区长之首。

§7. 法国海外行政管理

356. **马提尼克省**。马提尼克省省长也是马提尼克大区区长（单一的省结构）、安的列斯群岛防御安全区区域负责人[③]、安的列斯群岛海域[④]的国家海上代表。

---

① 其他地区不存在此机构。

② 《教育法典》，第R. 1681－2条。

③ 《国防法典》，第R. 1681－2条。

④ 2005年12月6日颁布的关于国家海外事务机构的第2005－1514号法令，第1条。

马提尼克省总秘书的两位助理分别是：负责社会融合与青年的专区区长代表；负责国土治理的代表。省长办公厅主任也是安的列斯群岛防御安全区的秘书长。马提尼克学区长承担该省教育局局长的职责。

357. **瓜德罗普省**。瓜德罗普省省长也是瓜德罗普大区区长（单一的省结构）。

除了办公厅主任、大区事务总秘书、巴斯特尔总秘书兼副省长的协助外，瓜德罗普省省长还由 1 位负责安全工作的省长级代表以及 1 位负责社会融合与青年的专区区长代表协助工作。瓜德罗普学区长承担该省教育局局长的职责。

358. **圣巴泰勒米岛和圣马丁岛**。瓜德罗普大区的区长是圣巴泰勒米岛、圣马丁岛这两个行政区域的国家代表。由驻圣马丁岛的省长代表协助其工作。

省分局负责接待圣巴泰勒米岛的民众。在这两个行政区域中，国家教育权限由瓜德罗普学区区长行使，圣巴泰勒米岛和圣马丁岛教育部门的主管做其副手。

359. **圭亚那**。圭亚那省的省长也是圭亚那大区（单一的省结构）的区长，同时也是圭亚那防御安全区区长以及圭亚那海域的国家海上代表。

除办公厅主任、大区事务总秘书和马罗尼的圣洛朗区区长外，还由负责内部市镇的专区区长及负责社会融合与青年的区长代表协助圭亚那省省长的工作。省长办公厅主任也是圭亚那防御安全区的总秘书。圭亚那学区区长履行省教育局局长的职能。

360. **留尼汪**。留尼汪省的省长也是留尼汪大区（单一的省结构）的区长，以及南印度洋（留尼汪、马约特岛、法属南部和南极领地）防御安全区的区长。同时，他也是南印度洋海域和法属南部和南极领地周边海域的国家海上代表。

除办公厅主任、大区事务总秘书和 3 个专区区长外，还有一位负责社会融合与青年的区长代表协助留尼汪省省长的工作。省长办公厅主任也是南印度洋防御安全区的总秘书。留尼汪学区区长履行省教育局局长的职能，由国家教育部门学区副主任协助其工作。

361. **马约特**。 马约特省的省长行使区长和省长的职权。

教育部门由大学区副区长领导，受省长管辖。

362. **圣皮埃尔和密克隆**。 圣皮埃尔和密克隆群岛不在防御安全区内，但是，省长是群岛周边的法国主权海域和法国所辖海域的国家海上代表。

海事部门由布雷斯特的大西洋海军司令领导；国家教育部门由卡昂学区区长领导，卫生部门由省长领导。

363. **瓦利斯和富图纳群岛**。 该领地的国家代表是高级行政长官，有省长头衔，是领地的首脑。他主持领地议会，领地议会的3个副主席分别是位于瓦利斯的乌伟阿、位于富图纳的阿洛和锡加韦3个王国的国王。他同时也是领地议会的执行主席。

教育部门由学区副区长领导，受高级行政长官管辖。

364. **法属南部和南极领地**。 法属南部和南极领地由5个专区组成：克罗泽群岛、凯尔盖朗群岛、圣保罗和阿姆斯特丹岛、阿德雷地和法属印度洋诸岛（光荣群岛、新胡安岛、欧罗巴岛、位于莫桑比克海峡的印度礁和位于留尼汪北部的特罗姆林岛）；这些岛上没有常住人口。

法属南部和南极领地的高级行政长官享有省长头衔，其驻地为留尼汪的圣但尼；5个区的首脑是其助理，高级行政长官要为科学考察团进入该领地提供便利。该领地为法国带来了2 500 000立方千米的专有经济区。如果当选的领地议会缺席，就由法属南部和南极领地的参议会协助高级长官的工作，参议会就预算、草案、科学活动的监测以及法属南部的国家自然保护区的管理方案提出意见。高级行政长官可召集留尼汪省省长下设的地方民政部门的长官协助其工作。

365. **新喀里多尼亚**。 国家在新喀里多尼亚的管辖权（对外关系、移民和外来者的管控、货币、国库、国防、国家公共职能、公民秩序和安全的维护、高等教育）① 由驻新喀里多尼亚的共和国高级专员行使。在新喀里多尼亚机构（包括议会、政府、参议院、经济社会理事会和日常理事会）面前，高级专员代表共和国政府。高级专员负

---

① 1999年3月19日颁布的关于新喀里多尼亚的第99－209号法律。

责管理新喀里多尼亚的防御安全区，该安全区包括了瓦利斯和富图纳；他也是新喀里多尼亚海域的国家海上代表。

2011 年 10 月 18 日，共和国高级专员和新喀里多尼亚政府主席签署的协议规定，学区副区长也是新喀里多尼亚的教学总干事，要受高级专员管辖。学区副区长分配高等教育奖学金。对于新喀里多尼亚大学，高等教育部部长直接行使校长兼训导长的职能。

366. **法属波利尼西亚**。 驻法属波利尼西亚的共和国高级专员代表国家对波利尼西亚群岛（向风群岛、背风群岛、土阿莫土群岛、甘比尔群岛、马克萨斯群岛、南方群岛）以及克利珀顿岛进行管理。在法属波利尼西亚机构（包括主席、政府、议会和经济、社会及文化理事会①）面前，高级专员代表共和国政府。高级专员负责法属波利尼西亚的防御安全区。他是法属波利尼西亚海域的国家海上代表，也是克利珀顿岛周边的法国主权海域和法国所辖海域的国家海上代表。

教育归法属波利尼西亚政府管辖；学区副区长受高级专员管辖。自 2012 年 4 月 4 日关于教育的国家-领地协议签订以来，学区副区长保留了对法属波利尼西亚教员进行评级和提拔的权限以及对国家 C 级公务人员的管理权限。学区副区长分配高等教育奖学金。对于法属波利尼西亚大学，高等教育部部长直接行使校长兼训导长的职能。

第二节　大区下辖区域的行政管理

§1. 省级行政管理

367. **省长**。 十年动乱扰乱了国家秩序，为了重振秩序和信心，波拿巴决定恢复古罗马省长头衔②。省长是省内的国家代表。在共和八年雨月 28 日（1800 年 2 月 17 日）颁布的法律中，第 2 条涉及共和国领土的划分以及行政管理的部署，“每个省都设有一位省长，一个

① 2004 年 2 月 27 日颁布的关于法属波利尼西亚独立地位的第 2004－192 号组织法。

② 《法兰西学术院词典》，法亚尔，第 9 版：“行政长官：1.（古罗马）指负责管理既定部门或既定行政区域的行政长官。 收成长官，主管农业产量的长官，负责罗马的粮食供给； 市政长官，负责罗马的治安； 审判庭长官，是皇家警卫队的长官，其权限已经逐渐扩展到司法领域，在后罗马帝国时期，是一个省的省长； 高卢长官。在拜占庭帝国时期，君士坦丁堡的省长享有总督头衔。”

省级参事院和一个省议会”；第3条规定，“省长只负责行政管理”。为了捍卫法律草案，内政部部长让·安托万·沙普塔尔想起了他在巴黎综合理工学院化学教学工作中的一些内容，他在立法议会前宣称：“省长主要负责执行，将命令传达给专区区长，再由专区区长传达给市长、乡长和村长；以确保执行链不间断地从部长传至下级，如同电流一般，迅速将政府的法律和命令传达到社会等级的最低一级。”①

1958年《宪法》保留了这一等级链：其中第72条提到：“在共和国地方行政区，国家代表，即每个政府成员的代表必须维护国家利益，进行行政监管并尊重法律。”省长是中央政府在该省②的委托人③，地方行政部门的长官受省长管辖。根据《宪法》第13条，省长由部长会议令任命和更换，省长在政府决议中占有席位（参见上文第306条目）。代表整个政府的各省长与掌管省级行政机构的内政部部长有更为特殊的关系，而国家海外省代表，则与海外部部长有更为特殊的关系④。

除巴黎外的其他省的省长作为国家代表，在公开典礼⑤上居首要位置；在重要仪式上，省长须穿制服。

368. **省级人员编制**。专区区长在毕业于国家行政学院并在内政部工作的高级公务员中选拔，并被派遣到专区工作。专区区长要和其他职位的公务人员接触：邮政和通信部门的行政人员、国家统计与经济研究所的行政人员、地方卫生局的行政人员和警察分局局长、司法机构的行政官员或地方行政人员；这些公务人员都有可能正式进入专

---

① 参见格雷古瓦·比戈，《法国行政管理、政治、权利和社会》，1789－1870年，收录于《律商联讯》，2010年，第156－157页。

② 国家省级区域的划分与称之为“省”的地方行政区域划分的范围一致，罗讷省除外，参见下文第374条目。

③ 2004年4月29日颁布的关于省长的权力、国家部门在省和大区的组织和作为的第2004－374号法令，第1条。

④ 2014年4月16日颁布的关于海外部部长权限的第2014－415号法令，第1条。

⑤ 1989年9月13日颁布的关于公开典礼、优先权、荣誉和军事的第89－655号法令，第3条。

区人员编制。此外，政府可以自主任命专区区长，包括非公务人员，但要经过委员会对候选人资格进行审核①。专区区长被派往省政府担任办公厅主任或项目负责人；专区区长也可以成为某个区的首脑（参见下文第375条目），其中，最有经验的专区区长被任命为省政府秘书长或大区事务秘书长（参见上文第323条目）。

对省长的选拔，最为常见的是从有资历的专区区长中选出。但是，其他机构的公务员甚至是非公务员，经政府决议，也都可担任这一职务。省长在行使职权时，必须要忠于政府，同时应当具备威信、组织能力以及沟通能力，在处理与选民代表的关系时张弛有度、有政治意识。被任命担任省长职务的人，1年后可在相关机构正式任职。省长会被分配到地方岗位，但负责政府公共服务工作的省长（其数量不得超过10人）除外②。省长分成普通省长和特级省长两类，其中特级省长能够进入重要省份省政府工作。

国家地方行政最高委员会由正式任职的省长（曾担任过地方职务）组成，受内政部部长的直接管辖，主要工作是：为在地方任职的省长及专区区长提供建议与支持；由委员会主席负责省长及专区区长的评估工作③。为做到公平公正，省长同大部分国家行政分权机关一样，在其任职的省内无参选资格，直至其卸任④。

1974年，第一位女专区区长被任命，1982年，第一位女省长被任命。2012年4月30日颁布的法令规范了对省长及专区区长的任命工作，使其符合社会平等的目标（参见上文第111条目）。

卸任后的省长不在编，负责执行其他任务。同时，省长可被派遣

---

① 1964年3月14日颁布的关于专区区长的身份的第64-260号法令，第8、9条。

② 1964年7月29日就制定适用于省长的规章条款而颁布的第64-805号法令，第1条。

③ 2006年11月29日颁布的关于国家地方行政最高委员会的第2006-1482号法令，第4条。

④ 无参选资格涉及议会选举（《选举法典》，第L. O. 132条）、地方议会选举（《选举法典》，第L. 340条）、省级议会选举（《选举法典》，第L. 195条）以及市镇议会选举（《选举法典》，第L. 231条）。

至中央行政机关或国家公共机关中任职，或是服从部长安排在部长办公厅工作。

369. **省长团队**。 根据关于省长职权的2004年4月29日法令修正案第13条，“省长在行使其职权时，应受到秘书长、民事行政分权部门主任、办公厅主任、专区区长的协助，如有必要还可接受一位或多位任务负责人的协助”。省长在省内专区区长的任命事宜上，要接受内政部部长的审查。

在罗讷河口省、诺尔省、罗讷省、埃松省、塞纳-圣但尼省以及瓦勒德瓦兹省，负责保障机会均等的省长代表应在社会团结、机会均等、反歧视斗争方面，协助省长落实政府政策①。

370. **办公厅主任**。 办公厅主任应当协助省长完成任务，安排省长的工作行程，负责联系议会议员、省议会主席以及选民代表，安排总统和部长访问并确保访问取得成功。为了将国家长治久安的目标落实到位，办公厅主任应确保一天24小时都有省政府成员在省内，因为通常是在夜间或周末发生一些惨剧（交通事故、暴风雨、人质劫持……）②，周末还会出现一些抗议集会。办公厅主任必须非常了解省内的政治生活，成为部长办公厅的对话员，接受部长办公厅在任何时候就任何工作方案的提问。

办公厅主任应当确保省长完成其首要任务，即“负责维护公共秩序、保障居民安全”③的任务。因此，安全问题的监督和协调须交由省长负责，此类安全问题涉及省级公共安全主任④、省宪兵队指挥

① 2005年12月22日颁布的关于负责保障机会均等的省长代表的第2005-1621号法令。

② 如有必要，省长可发起“地区的求救”计划（《国家安全法典》，第L.747-2条）。

③ 2004年1月29日颁布的关于省长在地方及省内组织和执行国家工作的权力的第2004-374号法令，第11条。

④ 省级公共安全局“负责管理所有公共安全工作以及管理其内部职员，同时，在公共安全以及地方情报工作方面，担任省长顾问；协助制定和执行治安工作的预算方案”（2008年6月27日颁布的关于公共安全局权力下放部门的第2008-633号法令，第2条，第1款； 2014年5月9日颁布的第2014-466号法令第3条对上述法令进行了修正）。

官、省级国土安全主任[①]、共和国检察官、消防员、民事安全部门、海关、边防公安。办公厅主任可建议省长“采取有关保障公共秩序、治安、安全以及卫生的措施，而这些措施的实施范围不仅限于市镇”[②]。办公厅主任同共和国检察官商议后，可制定犯罪预防方案，该方案由省长审核确定[③]。办公厅主任要将省内的紧张局势告知负责防护和治安工作的省长代表。

办公厅主任务必要确保省长能够及时将要事向政府汇报，确保省长向不同部门的部长呈交重大问题的记录（同时向内政部部长呈交一份副本），确保作为国家象征的省政府大楼在示威游行活动中受到保护。

聚焦

加缪小说中展现的省政府决定

首先，省长对车辆往来和粮食供应采取了一些措施：限制粮食买卖，实行汽油配给，甚至还规定节约用电。只有生活必需品可通过陆运和空运运往奥兰。

来源：《鼠疫》，阿尔贝·加缪，1947年，七星文库出版，第1281页。

办公厅主任要负责为省长接见来访者以及为省长参加重大会议准备好相关文件，如为省长参加大区行政委员会做准备；为省长同省议会主席的会面或是议会发言做准备；为了省长同区域防御委员会、内

① 省级国土安全主任相对较为独立：直接接受国土安全总司司长的管理，仅在“需要受理的范围内”，向省长汇报其行动（2014年4月30日颁布的关于国土安全总司的工作和编制的第2014－445号法令，第4条）。

② 参见《地方行政区总法典》，第L.2215－1条，第3点；当市长未行使其市镇治安的权力时，省长有权取而代之（《地方行政区总法典》，第L.2215－1条，第1点）。

③ 《刑事诉讼法典》，第39－2条，第3款。

政部部长及其他部长一同参加的每月会议做准备；为了省长同中央行政机关负责人、部长办公厅主任的会面做准备……并且，办公厅主任还须管理省政府中的信件以及通讯。最后，办公厅主任必须认真审定参与评选国家级或部级荣誉称号（如：艺术与文学、农业功勋、海事功勋、一级教育功勋）的提案文件。

法国国家行政学院的学生在办公厅主任的手下进行“省政府实习”，因此，学生可以了解到地方行政管理的运行机制以及国家和地方当局之间的联系。

371. **省政府秘书长**。省政府秘书长是专区区长，其职能包括两方面：省政府所在专区的区长以及省级部门的协调员。

如果一省是大区首府所在地，那么该省的省政府秘书长也是大区行政委员会的成员（参见上文第 331 条目）。

在大多数省政府当中，秘书长主要围绕以下三个方面来安排省长的工作：

一是负责处理公民身份和公民自由的问题：选举、结派联盟、身份证以及驾照、外国公民的相关问题；

二是负责处理和地方行政组织之间的关系：提出建议，管理国家及欧洲的财政援助，审查地方行政组织（省、市镇、国际公共机构、省级以及市镇级公共机构）的决议以及地方权力机关的文件（对地方官员的管理，有关城市规划及公共市场的决定……）的合法性；

《宪法》第 72 条最后 1 款规定：省长应负责行政管理，同时必须遵守法律。合法性审查工作涉及某些地方行政组织的文件①，此类文件应被移交至省长手中；此外，合法性审查也可要求地方行政组织对其他无须移交的文件进行汇报。如果省长认为文件非法，可向地方机关提出评定意见，并要求其对文件进行修正。如果地方机构未做出修正，那么省长可向行政法庭提起诉讼，请求撤销这一文件。省长可在其诉讼中附加上一份中止文件的请求②。

三是负责人力资源及预算。

---

① 市镇文件：《地方行政区总法典》，第 L. 2131－2 条。

② 《地方行政区总法典》，第 L. 2131－6 条。

聚焦

对地方行政组织文件的审查

2012年，省政府接收了5 202 165份地方行政组织的文件，其中有951 834份文件是关于地方人事管理， 1 281 061份文件是关于建造许可以及其他的城市规划决定， 664 830份文件是关于公共采购。省政府总共要对1 177 874份文件进行审查。并且省长要对29 507份移交文件（占总文件数的0.8%）做出评定并寄出意见信，最后向行政法庭对804份文件（占移交文件数的0.001 4%，同时占省长给出评定意见但未经修正的文件数的2.72%）提起诉讼；在369个诉讼案件中，省长都附上了中止文件的请求。同年，行政法庭撤销了677份文件（省长诉讼成功率：88%）。

2012年，在预算控制方面，省政府接收了442 701份预算文件：由于市镇拒绝接受省长的评定意见，因此在1 106项失衡预算中，有132项预算（占12%）被起诉至地方审计法院。

2012年，负责审查文件合法性的省政府以及专区政府官员人数达到了857人； 2008年，该人数达到了1 350人。在法国20个省中，省长安排省级区域管理部门来负责城市规划文件合法性的审查工作。

来源： 2010年、 2011年、 2012年呈交议会的政府审查报告，该报告由政府代表就地方行政组织的文件进行汇报； 2014年，该报告改由地方行政组织管理部门进行汇报。

此外，省政府秘书长负责协调省内部际行政机构①。源于国家地方行政管理改革方案的部际行政机构负责实施由政府制定的政策，而这些政策的导向工作则由区级部门协助大区区长进行。

在人口超过40万的省中，省级部际行政机构分为三类：

- **省土地局**（DDT）必须确保有关城市规划、环境、交通、住房

① 2009年12月3日颁布的关于省级部际行政机构的第2009-1484号法令。

条件、农业及林业政策的实施；在沿海省份，省土地局又被称为省土地和海洋局（DDTM），负责确保海洋、沿海地区、海洋渔业及海洋养殖业相关政策的实施，但无权干涉省际道路局的道路管理工作。（参见上文第 328 条目）；

总理可以授予省土地（和海洋）局，在相关省长的监管下，在多个省份实行专有权限的权力：根据 2012 年 1 月 12 日的总理令，涅夫勒省土地局有权负责以下河流公共水域的管理、运输及治安工作：尼韦内运河（71）、罗昂-迪关运河（56）、卢瓦尔河旁支运河（45）、布里亚尔运河（03）、约纳河的阿姆斯海峡-欧赛尔河段（18）、卢万运河（89）、卢瓦尔河（42）及阿利埃河（77）。

• **省社会融合管理局**必须确保有关青年、运动、社会和谐、社团生活和人民教育政策的实施，并负责移民人口的社会融入及寻求庇护者的接待收容工作；

• **省居民保障局**必须确保消费者保护政策和消费者安全政策的实施（尤其在食品领域，例如监管屠宰场），必须做好污染、工业风险及环境危害的预防工作，必须警告民众，处理危机，扶持居民安全保护机构。

在人口少于 40 万的省份，秘书长应协调以下两个部际行政机构之间的工作：省土地局（在沿海省份又被称为省土地和海洋局）和省社会融合管理局与省居民保障局。

总理在省长建议的基础上，下令任命省级部际行政长官。省长在总理指示下，参考行政长官的建议，决定省内部际行政机构的组成。但省长应当预先向大区行政委员会提交相关方案并获得大区区长的同意。

372. **行动和决定**。 省长是国家民政部门省级行政单位的二级管理者。他是辖区内官员的上级长官，承担行政机构负责人的评级工作；但是省长的权限范围并不涉及国家教育（国家教育行政机关受学区督学或国家教育部门学区长官的监管）、公共财政（由省公共财政局局长负责）以及大区卫生局局长的职权内容。

当某一政策涉及若干个省份时，省长的职权范围可相应扩张：根据 2014 年 4 月 29 日法令第 69 条，总理可赋予省长跨省协同工作权。比如，上马恩省省长可协同处理香槟-勃艮第段运河内河航运治安问题，吉伦特省省长可协同管理自然保护地“吉伦特港湾”（位于吉伦特省和滨海夏朗德省之间），芒什省省长可协同落实圣米歇尔山海湾（位于芒什省和伊勒-维莱讷省之间）古迹及周边古建筑保护工作。

在选举期间，省长须遵守审慎发言的义务；而在非选举期，省长有权介入省内政治和行政工作：他每天会收到部长和大区区长的指令，主持开展委员会议，制订方案和计划。这个“政府的省级代表”行使法律及法令赋予他的各项权力，做出有关工作实施的个人决定，任命公务人员，解读国情并快速应对突发事件。

例如，如果省内贩卖的食品不符合公共卫生标准且危害消费者健康时，省长必须下令在市场上停止销售该食品，并将其回收、召回和销毁①；如果因技术故障而阻碍了“保护残疾人进入室内的权利”规章的实施，省长应批准这一特殊违例情况②；如果外籍人士行为异常，省长可下令将其驱逐③；如果一市镇根据市镇规划文件④批准通过了土地建设法规，或重新利用建筑和建筑遗产时⑤，省长应予以批准；如果有人使用枪支进行狩猎，省长应当限定狩猎期⑥；如果城市内社会住房大量不足（不满常住人口的20％或25％），省长可对该集体性缺乏进行评估，并投入政府财政资金⑦。省长可发表有关环境保护分级装置的指令⑧；为了发展公共事业，省长可通过决议的形式声明对财产的预先征用⑨。

省长、省政府办公厅主任、副省长及国家行政机构长官做出的决定均发表在《行政文件汇编》上，由省政府出版，并可在网上进行浏览。此外，省政府做出的决定可能受到行政法庭的问责。

省长应当遵守行政法院和司法法院相分离的原则。如果省长认为属于司法法院职权范畴的案件应受行政法院裁决时，他应当向法国省级法院检察长提出不承认司法法院对

---

① 《消费法典》，第 L. 218－4 条。

② 《建筑与住房法典》，第 R. * 111－18－3 条。

③ 《外籍人士管理法典》，第 R. 522－1 条。

④ 《城市规划法典》，第 L. 124－2 条。

⑤ 《国家遗产管理法典》，第 L. 642－3 条。

⑥ 《环境法典》，第 L. 512. 8 条。

⑦ 《建筑与住房法典》，第 L. 302－9－1 条。

⑧ 《环境法典》，第 L. 512－8 条。

⑨ 《公共事业征用法典》，第 L. 11－2 条和第 R* 11－1 条。

该案件具有审理权。若司法法院在其权限范围内对该案件进行裁决，省长可以通过“争议决议书”来提出反对：收到争议书后，司法法院须延迟裁决行为，省级法院检察长将相关文件移交给司法部部长。司法部部长随后将案件提交给争议法庭审理，争议法庭会对该案件审理权的归属做出最终判决①。

373. **法国人民的福祉**。省长定期主持开展“行政机关领导会议”，该会议召集省行政机构成员、国家行政机构省级行政单位领导以及其他负责人：省公共财政局局长、学区督学、国家教育部门学区长官、大区卫生局地方代表团及大区行政机构（如大区公司、竞争、消费、劳动与就业管理局，和大区文化事务管理局）省级行政单位负责人。

省长须了解国家政策走向，接收地方行政区域报告，并熟悉地区文化传统，这样他行动起来才有判断力，才能让自己的省份服从国家意愿，并向政府报告国家政策的执行情况。

吕西安·波拿巴曾要求省长为“法国人民创造福祉”。

作为首席执行官胞弟的吕西安时任内政部部长，他在写给法国第一批省长的信件中指出：“你们的工作就像旅行家一样，在几个月内要走遍自己的省份，这样人民就能温情地说道：‘治理这块土地的是个好人。’”②

374. **巴黎、里昂、马赛、科西嘉**。

巴黎：巴黎城同时也是一个省份。巴黎省省长无权行使治安权，该项权限由巴黎警察局局长承担，其职权范围包括巴黎“小郊区”：上塞纳省、塞纳-圣但尼省和瓦勒德马恩省（参见上文第353点）。巴黎警察局局长同时有权管理巴黎省居民保障局。此外，巴黎省社会融合管理局（职能上隶属于省长）、法兰西岛大区政府办公厅主任和巴黎省政府都无权干涉巴黎住房与接待大区及省际管理局的权限③。

---

① 1828年6月1日颁布的关于处理法院和行政机构之间职权冲突的政令，第6条。

② 内政部部长给省长的信件，法兰西共和九年6月21日。

③ 2010年6月24日颁布的关于法兰西岛大区级和省级国家行政部门组成及使命的第2010－687号法令，第24条。

里昂：从 2015 年 1 月 1 日起，罗讷省省长在特定的领土范围内代表国家，因为国家行动区“罗讷省”是两个地方行政区域[①]的结合：一是“里昂大都会”，行使里昂城市共同体及罗讷省议会[②]的职权；二是“罗讷省”行政区（新地理范围缩小至博若莱地区），对其进行行政管理的罗讷省议会在里昂大都会范围内不再行使任何职权。

马赛：2012 年 10 月 15 日法令[③]设立了“罗讷河口省治安省长”，他负责安全问题，管理警察及宪兵队，罗讷河口省省长也因此失去了所有的治安权。罗讷河口省省长，即普罗旺斯-阿尔卑斯-蓝色海岸大区区长，是法国南部防御安全区的区长：罗讷河口省的警察局长是区域防御委员会委员；南部防御安全区秘书长同时也是内政部负责南部地区的行政秘书长（参见上文第 350 条目），由副省长而非省长代表担任。2012 年 10 月 15 日法令设立了省长代表，为省长服务并负责马赛-普罗旺斯大都会草案。

科西嘉：上科西嘉省省长和南科西嘉省省长下设安全助理行政长官。虽然科西嘉省属于南部防御安全区，但“当南科西嘉省和上科西嘉省的公共秩序受到损害或严重威胁，需要特殊手段介入时”[④]，内政部部长可要求科西嘉大区区长，也就是南科西嘉省省长，负责配合国家行动。

科西嘉大学区区长无权向学校分派国家资金：资金的分配由科西嘉议会决定，它同时承担制定科西嘉初高中整体教学格局的工作。

375. **专区区长**。截至 2014 年 1 月 1 日，法国共有 238 个区[⑤]。上莱茵省（省会：科尔马）有 5 个区：阿尔特基克、盖布维莱尔、

---

① 2014 年 1 月 27 日颁布关于国土公共行动现代化及大都会确认声明的第 2014 - 58 号法律，第 26 - 40 条。

② 《地方行政区总法典》，第 L. 3611 - 1 条。

③ 2012 年 10 月 15 日颁布的关于罗讷河口省国家行政机关组成及行动的第 2012 - 1151 号法令。

④ 第 2004 - 374 号法令，第 79 条。

⑤ 共有 342 个区，因为省会所在的区由省秘书长管辖。

米卢斯、里博维尔以及坦恩。北部省同样也有5个区：阿韦讷、康布雷、杜埃、敦刻尔克以及瓦朗谢讷。最近成立的专区是吉伦特省的阿卡雄，成立于2006年。审计法院①倡导的精简专区数量的改革未能如期实现。

有时候，几个专区共同拥有一个专区区长（如：上维埃纳省的贝拉克和罗什舒阿尔，下莱茵省的阿格诺和维桑堡），有3个专区的领导人不是专区区长，而是一位内政部议员。很多省的省长也兼任专区区长，既负责专区事务，也负责省一级的事务：在摩泽尔省，蒂永维尔专区区长负责可再生能源，萨兰堡专区区长负责邮政和农村教育，福尔巴克专区区长负责经济情报和跨国界关系。

专区区长在所在区代表国家：他要与当选者、经济的重要参与者（企业、行业集团或商业集团）、对地区投资最多的组织进行对话。2004年4月29日法令第14条对其行政职能进行了详细的规定。他的首要工作就是督促法律规章的实施，维护公共秩序和社会治安：在警方执行公务而市长缺席的情况下，省长（或省长委托的专区区长）可替代市长②；专区区长与警方和宪兵共同保障大型体育及文艺活动的开展。当在维护公共治安过程中遇到困难时，专区区长则向省长办公厅负责人报告。其次，专区区长——通常有一个专区秘书长作为副手——配合专区③及区里的政府事务；负责发放身份证、驾照、护照④和居留许可证，以及对协会发放收据。第三，专区区长配合省级部门领导的重要活动：公共住房的建设和重建、影响环境项目的社会调查；参与市镇重组或制定市镇城市化的相关政策文件，并与省长共同对这些项目进行分析。第四，专区区长常常是小市镇的市长十分重视的顾问。

自2011年开始，93个省的专区不再合法控制地方行政区的活动，而是统一由省政府领导：专区接收活动申请，但根据国家和省的优先权进行筛选，然后再转交给省政府。

① 审计法院，《专区》，收录于《2012年公开年报》，2012年2月，第709—739页。

② 《地方行政区总法典》，第L.2215－1条。

③ 40个专区的公务人员少于10个（让-马克·勒比埃、让-皮埃尔·韦斯，《国家地方政府结构五年战略》，收录于《2013年公开年报》，第97页）。

④ 大多数专区的“接待窗口”正在消失。

总体来说，专区区长比省长更易接触，也更灵活，可以向省长提供关于政治、经济和社会形势的信息和建议。

聚焦

专区区长在农村

专区区长先生出巡了。车马在前，随从在后，坐着专区的四轮马车威严地前往仙女谷参加地区竞赛。区长先生为了这个大日子，穿上了他华丽的绣花上衣，戴上了小礼帽，还穿了缀了银边的紧身裤，配上镶着珍珠的节庆宝剑……压花的大公文包放在他膝盖上，他正忧伤地看着它。他琢磨着一会儿要在仙女谷的居民面前发表的重要讲话——“先生们，亲爱的乡亲们”，但他徒劳地捻着他最喜欢的棕色丝绺重复了二十几遍，“先生们，亲爱的乡亲们”之后的内容却怎么也想不起来了。

来源：阿尔丰斯·都德，《专区区长在农村》，摘自《磨坊信札》，夏庞蒂埃出版社，1887年，第165—166页。

§2. 国家市镇行政管理

376. **市长**。区县曾在很长时间里作为专区的下一级单位；如今区县不再有行政权，只作为省议会的选区而存在。市镇是国家行政区划的最基础单位。很多市镇公务员承担国家干部职责：警察局长或宪兵队长官、教育机构负责人、公共财政长官。

需要注意，市镇中的某些职务也属于国家行政系统。比如公证员，是由司法部部长提名的公职人员，根据1945年11月2日关于公证员的政令第1条规定，“为需要或希望获得合法性证明的活动或合约进行公证”；根据《海关税务法典》第568条及相关法律，烟草零售商负责法国本土烟草制品的垄断经营。

有一种国家代表存在于法国的所有36 552个市镇中，那便是市长。市长由市议会选举产生，不仅是地方行政区的负责人，也是市镇所属范围内的国家代表。《地方行政区总法典》第L. 2122－27至L. 2122－34条说明了市长的部分职责。

377. **受省长管辖**。 市长受所在省的省长或专区区长管辖，负责选举名单，组织选举并宣布选举结果。他保障法律的公布和执行，采纳决议以便“再次公布治安法律法规，并督促市民遵守”。市长负责统计年轻人人数，召集他们参与国防与公民义务日①；确认签名合法性；对于不在市镇地图或城市地图上的地区，市长可以国家名义进行城市化建设②。市长向省长提供省长需要的信息③。当国家通过公约委托市镇行使某些权限时，这些权限“以国家名义”行使④： 因此当省长委托市长以改善住房条件的特权时，市长是以国家名义行使这些特权⑤。

若市长作为国家公职人员，却拒绝履行法律规定的义务或玩忽职守，省长或专区区长在勒令市长履行义务之后，可强制其执行⑥。

然而，市长并非以国家名义行使警察权力，而是按照《地方行政区总法典》第L. 2212－1条关于秩序、稳定、安全和公共卫生的条款行使该权力；尽管如此，在市长缺席的情况下，省长可代替市长行使权力⑦。市长做出的关于警方的规章性或个人性决定（关于交通和停车场的决定除外）都应递交省长以确认其合法性⑧。

378. **受检察官监督**。 市长及其副手是受国家检察官监督的公职人员⑨： 他们根据民法和关于公民身份的相关规定，掌管公民身份登记表，主要负责登记出生、改名、结婚、兵役、离婚及死亡信息；市长及其副手负责主持在市政府举行的婚礼，并立即进行登记。

婚礼时，市长以国家和法律的名义宣布夫妻双方的权利和义务，得到双方的同意并宣布婚姻生效。若出现异议，市长则在国家检察官在场的情况下采取相应措施。

市长及其副手同样也是宪兵队长官⑩，因此可以确认刑事犯罪行

---

① 《国民义务法典》，第R. 111－1至R. 111－10条。
② 《城市法典》，第R. 422－1条。
③ 《地方行政区总法典》，第L. 2121－40条，第2款。
④ 同上，第L. 1111－8－1条，第1、 2款。
⑤ 《建筑与住房法典》，第L. 301－5－1－2条。
⑥ 《地方行政区总法典》，第L. 2122－34条。
⑦ 同上，第L. 2215－1条，第1款。
⑧ 同上，第L. 2131－2条，第2款。
⑨ 《公民法典》，第34－1、 55、 165条。
⑩ 《刑事诉讼法典》，第16条，第1款。

为并将罪犯递交检察院。当市长“得知违法犯罪行为”时[①]，应递交国家检察官。检察官随后应告知市长后续的细节[②]。

379. **国家控制的公安机关**。 省会城市的公安机关由国家控制。对于其他市镇，在以下两种情况下内政部[③]会通过决议同意由国家控制其公安机关：人口（通过人口抽样调查估算）超过2万；犯罪性质属于城市区域犯罪。

在国家控制公安机关的市镇，市长在市政警察方面的部分职责转由省长负责：公安人员应执行市长的决议，但只有省长有权镇压那些危害公共治安的行为活动（涉及周边地区的骚乱情况除外）以及“在大型集会时负责保障治安”[④]。当地警方或国家宪兵负责人应及时向市长报告“发生在其所辖市镇扰乱社会治安的犯罪行为”[⑤]。市长保留他在警方的权力，警方包括普通警察、特警以及在集市、市场、节庆活动及公共纪念日、演出、运动会、咖啡厅、教堂及其他公共场所负责维持秩序的警察。

380. **地区安全及预防犯罪理事会（CLSPD）**。 作为市镇的执政者，市长负责地区安全及预防犯罪理事会。理事会中的国家代表有：省长、国家检察官和由省长指派的国家事务代表。市长邀请议会主席及预防犯罪和安全方面的相关协会、机构、组织加入理事会。这个理事会商议并决定市镇抵御危机、预防犯罪的优先措施。

第三节 法国驻外机构

381. **出席国际事务**。 法国的外交网络是世界最重要的外交网络之一。法兰西共和国，作为联合国安理会常任理事国、核武器持有国

---

① 《刑事诉讼法典》，第40条，第2款。
② 《国家安全法典》，第L. 132-2条。
③ 若市议会拒绝，则由部长会议颁布法令（《地方行政区总法典》，第R. 2214-2条）。
④ 《地方行政区总法典》，第L. 2214-3及第L. 2214-4条。
⑤ 《国家安全法典》，第L. 132-3条。

和欧盟创始国之一，希望拥有与其远大志向相符的外交政策。此外，截至 2013 年 1 月 1 日， 1 611 000 名法国人在法国驻外机构进行过登记。

在外交部领导下，外交政策由 163 位大使和 16 位法国在国际组织（联合国、欧盟、联合国教科文组织、国际粮农组织、经济合作发展组织）的常驻代表推行。本节内容主要关于法国驻外大使馆①。

382. **《维也纳公约》**。 1961 年 4 月 18 日，有关外交关系的公约在维也纳签署。其中第 3 条第 1 款规定“使馆职能如下： 1. 在驻在国中代表派遣国； 2. 在国际法许可的范围内，在驻在国保护派遣国及其公民的利益； 3. 与驻在国政府交涉； 4. 以一切合法手段调查驻在国的状况及发展情形，并向派遣国政府报告； 5. 促进派遣国与驻在国之间的友好关系，并发展两国的经济、文化和科学关系”。《维也纳公约》的序言规定了外交官拥有外交特权，目的是“作为国家的代表，确保使馆职能的有效完成”： 不得逮捕、拘禁或判决使馆人员；使馆人员在驻在国享有税收豁免权。②

聚焦

外交部部长弗朗索瓦-勒内·德·夏多布里昂
致蒙莫朗西子爵的信

目前，英国民众关心的事有以下三件： 1. 伦敦德里侯爵提出的减轻农场主负担的方案； 2. 坎宁先生推举信奉天主教的贵族； 3. 允许西班牙美洲的货船进入大英帝国港口。伦敦德里侯爵的方案使英国政府恢

---

① 《地方行政区总法典》，第 2211 - 1 条及第 2211 - 2 条。

② 但使馆人员工资中的固定部分要在法国缴税。他们也要承担义务： 比如，如果外交和领事官员想结婚或者达成民事互助契约，必须最迟于预计日期前 1 个月将想法告知外交部部长并向其告知关于民事登记以及未来配偶国籍的信息（1969 年 3 月 6 日颁布的关于外交、领事官员特殊地位的第 69 - 222 号法令，第 68 条）。

复了纸币兑换机制，并于 1797 年恢复了皮特先生创建的体制。(……) 昨日，部长们试图撤销邮局两个主任岗位中的一个，但招致大多数的反对票（15 票），而这个岗位完全就是个闲差，从前，此类性质的惨败会引起管理部门被迫引咎辞退，而如今并不会动摇内阁的权力。这表明在《宪法》的精神中，出现了一些腐朽的东西。(……) 昨天早晨，贝德福德公爵与白金汉公爵的对决引起了上层社会的高度关注。

1822 年 5 月 3 日

来源：安蒂奥什公爵，《夏多布里昂大使在伦敦（1822），根据其未发表的信件》，佩兰出版社， 1912 年，第 259 - 261 页。

§1. 法国的代表

383. 大使。 《宪法》第 13 条将大使一职列入由政府决定的职位中（参见上文第 306 条目），这类职位是在部长会议上任命的；大使并不一定是职业外交家。如果要挑选一名职业外交家作为大使，那么政府会选择特命全权公使，或者特殊情况下，选择符合条件的外事顾问，即“能证明从事了至少 10 年的 A 类职位，其中至少 3 年是在国外，尤其是通过外交干事的任职经验证明其有能力胜任这些职位”①。

外事顾问是从国家行政学院招募的，而东方事务顾问则是通过直接的竞争招募；外事顾问如果达到其所在级别的第二等级，就能被选入特命全权公使的行列。

大使的任命应力求男女平等（参见上文第 111 条目及第 306 条目）。尤其是对于在法国外交战略上具有重要地位的国家，大使作为法国的代表，其选派就成了总统特别关注的事情。在部长会议上，外交部部长递交任命大使的法令草案；获得派遣国批准后，通过在《官

① 1969 年 3 月 6 日颁布的关于外交、领事官员特殊地位的第 69 - 222 号法令，第 62 条（参见上文第 306 条目）。

方公报》上发表法令，任命当选人为“法兰西共和国（即派遣国）特命全权大使”[①]。总统签署向外国委派大使的国书[②]，凭此国书，大使可接手职位，并向驻在国的国家元首递交此国书。

大使可随时被解职，因为其工作关乎国家机密（参见上文第298条目及第306条目）[③]。驻在国也可“无须释放，随时通知派遣国，宣告使馆馆长（……）为不受欢迎人员”[④]。

案例

2011年2月23日法令，关于任命法兰西共和国驻中华人民共和国的特命全权大使

——西尔维·贝尔曼女士

共和国总统，

根据总理和外交与欧洲事务部部长的报告，

参见《宪法》第13条；

经部长会议通过，

决定：

第1条

任命就职于中央政府的高级特命全权公使西尔维·贝尔曼女士为法兰西共和国驻中华人民共和国特命全权大使。

---

① 平常用语中，我们说“法国大使”。虽然严格意义上，只有身居高位的外交官才能称得上这个名号（1969年3月6日颁布的关于外交、领事官员特殊地位的第69－222号法令，第2条）。此外，“阁下”一词仅用于称呼外国的大使。

② 1958年10月4日《宪法》，第14条。

③ 最高行政法院，2011年11月16日，第341312号文件，佩尔内先生案：大使是政府支配下的一个高级职位，使用不正当的方式撤职是无效的。

④ 1961年4月18日签署的《维也纳外交关系公约》，第9条，第1款。

第 2 条

总理和外交与欧洲事务部部长各司其职，负责本法令的实施。法令将在法兰西共和国《官方公报》上发表。

共和国总统：尼古拉·萨科齐

由以下人员联合副署：

总理　弗朗索瓦·菲永

外交与欧洲事务部部长　米谢勒·阿利奥-马里

2011 年 2 月 23 日

384. 大使的权力。1979 年 6 月 1 日颁布的关于大使权力与组织国家对外服务的法令①明确了大使的权力。法令严格遵守《维也纳公约》，确定了大使的使命。其中第 1 条规定“大使是驻在国国内法国国家权力的受托人，在外交部部长的领导下，负责法国对外政策在驻在国的实行。大使是共和国总统、政府和各位部长的代表。大使需要向政府汇报工作，以国家之名交涉，关注法国与驻在国关系的发展，确保维护国家和法国侨民的利益”。

1979 年 6 月 1 日法令把大使变成了法国在外国唯一的负责人：大使听从外交部部长和其他部长指示，由外交部部长领导；及时传递其部门与所属的部门或组织间的通信；关注各部门负责人；大使作为行政权力机关负责人，需要做决策。大使不在驻在国时，由使馆人员中等级最高者行使大使的权力，成为“临时代办官员”。

对于大使所做的不利决定，巴黎行政法庭可提出异议。②

385. 外交据点。大使是使馆的领导，使馆也叫“外交据点”。根据 1979 年 6 月 1 日法令第 3 条规定，“大使是使馆的领导，配合并推动非军事部门与军事特派团的行动”。事实上，外交据点像是

① 最高行政法院兼部长会议第 79－433 号法令。此法令未经任何修订。

② 《行政司法法典》，第 R. 312－19 条。

一种集合物，集中了那些分散在法国外交部及其他维护双边关系的部门的下属部门，大使要确保部际协调。外交据点与法国外交部（地址：奥赛码头）间邮件的运送是通过外交邮袋；电报是经过加密的。大使是驻在国国内法国国家行政管理的二级决策者。① 使馆的任务随着驻在国的规模、政治地位以及与法国关系的紧密程度的不同而变化。

大使首先领导的部门是大使馆。使馆二把手（公使衔参赞或一等参赞）和外交人员在大使馆工作，几乎就是这些人构成了大使的办公室：他们遵从国家的对内对外政策，为了能够向法国政府提供有用的信息，他们协调军政事务与情报机关的活动②，组织法国政府部门的参观访问。使馆的新闻部和通讯部与其他使馆人员一起，传播法国的立场、影响舆论、参与协助国家主要决策者的工作。

大使领导的其他部门是与巴黎各部通讯的部门。军事特派团包括1名军事随员，有时还包括1名军备随员。对内安全处负责国家警察及国家宪兵与别国军队的合作。1名联络官员为司法官员与其他政府同僚的合作提供帮助，分担一部分领事的工作，并遵从刑事互助（国际委托调查）、引渡或转移囚犯的协定。

许多使馆还共同拥有一个地区经济处③，确保对经济、财政主体的监督，并在农业、交通、可持续发展领域推进与经济活动参与者的关系。

自2014年4月起，外交部部长应通过对外贸易和旅游政策加强大使在对外经济政策中的作用。的确，法国外交与国际发展部部长要配合部门的活动，提升法国的对外经济利益；为了履行对外贸易方面的职责，外交部部长在一定程度上可支配国库总司；外

---

① 2012年11月7日颁布的关于预算管理与公共财物的第2012-46号法令，第75条，第3款。

② 2012年12月21日关于对外安全总局组织的法国国防部档案。

③ 这个部门是财政部网络的一部分，有29个大使馆设立。比如，法国驻墨西哥大使馆的地区经济处管辖墨西哥和中美地峡的6个国家：危地马拉、伯利兹、萨尔瓦多、洪都拉斯、尼加拉瓜和哥斯达黎加。

交部部长，财政与公共账户部部长，经济、生产振兴与数字部部长三者联合一同管理对外经济部。①

财税专员遵守国家税收协定， 海关专员针对打假开展合作。

社会事务处分析劳动、社会事务和公共卫生方面的公共政策，确保双边关系尤其是社会安全协议的落实。

合作与文化事务处负责推广法国语言和文化，建立与法国文化中心②和法语联盟的联系；促进教育合作和高校合作③，负责法国海外教育署的活动，管理法国中学的教学活动④。科研方面的合作由科技处负责。

法国移民局（法国移民与融合办公室）在驻外大使“长期监督”⑤ 下，完成安排的职责任务。

386. **形式多样**。 如果某国对于法国而言没有足够重要的外交地位，那么在驻在国的外交部门可能只是扮演“通讯员”的角色（在法国外交部的术语中，这种“外交据点”被称为“外交存在”）。在这些规模较小的大使馆内，大使独自一人或在 1～2 名参赞的协同下，完成代表法国立场和传递双边信息的职责。

相反，如果某国对于法国而言拥有重要的战略地位，那么法国将给予额外的支持： 在一些法国对其持积极出口政策的国家（尤其是巴

---

① 2014 年 4 月 16 日颁布的关于法国外交与国际发展部部长职权的第 2014 - 400 法令，第 1、2 条。

② 根据 2010 年 7 月 27 日颁布的关于为发展海外文化事务，而以工商业公共机构的形式，从事国家海外事务的第 2010 - 873 号法律第 9 条规定，大使馆负责创建法国文化中心，负责在海外推广和辅助法国文化。合作与文化事务处参赞同样也是现有 96 个国家建立的法国文化中心的主任。

③ 根据 2010 年 7 月 27 日法律第 6 条规定，创建以发展海外文化事务为目的，以工商业公共机构为组织形式的“法国海外教育署”，负责在海外推广法国高等教育系统，接待留法的海外学者和学生。

④ 每年由外交部和国民教育部的部长公布联合决议确认国家认可的对外法语教学机构和学校的名单（《教育法典》，第 R. 451 - 2 条）。法国海外教育署目前在 130 个国家管理 488 所教学机构。

⑤ 《劳动法典》，第 R. 5223 - 34 条。

西、加拿大、智利、中国、韩国、阿联酋、印度、印度尼西亚、墨西哥、新加坡和泰国），公共机构“法国企业国际发展局”（UBIFRANCE）和法国国际投资局（AFII）提供其专业技术知识；在印度新德里的法国大使馆，其下属的核能部和印度原子能与替代能源署建立联系，负责监督法印两国在民用核能方面的双边合作。在一些较为贫穷的国家和地区（如非洲、海地和菲律宾），“法国发展署”实施改善民生的计划（教育、水资源、交通运输……）。

对于拥有重要外交地位的国家，法国相关部门必须确保在行政、预算或财政上给予必要的支持；也包括通信方面的必要支持。最后，法国相关部门还应对法属领地提供必要支持，这些不动产遗产属于法国，地位十分重要，且亟须维护。

案例

法国驻意大利的施工与建筑办事处（STBI）

法国驻意大利的施工与建筑办事处负责确保位于意大利领土的法属公园建筑的管理，其活动范围有：位于罗马的 3 个大使馆（法国驻意大利、法国驻梵蒂冈和法国驻联合国粮食及农业组织），法国驻意大利总领事馆、文化中心和教学机构。施工与建筑办事处代表文化部对“虔诚场所”（位于罗马的 5 所教堂）的巨大不动产遗产进行投资施工。最后，施工与建筑办事处代表国防部对法属军事墓地和纪念碑进行管理。

法国在意大利的不动产遗产总占地面积（除墓地外）约 48 000 m^2，其构成大部分是列级宫殿和建筑物（法尔内塞宫、波拿巴别墅、山上天主圣三教堂、圣王路易堂、米兰斯特利奈教堂、那不勒斯的格诺建筑）。在罗马、米兰、都灵、威尼斯、佛罗伦萨、那不勒斯和巴勒莫市内，施工与建筑处可开展事务，外交部可建立外交的、领事的或文化的机构。

来源：法国驻意大利大使馆。

§ 2. 对法国人的保护

387. 领事。 领事一般选自外交部参赞的主要成员，由共和国总统颁发法令对其任命①。驻在国必须颁发一份名为“领事证书”的许可，否则领事将无法执行其职能；对于该许可的颁发，驻在国拥有自由决定权。根据《维也纳领事关系公约》（签署于 1963 年 4 月 24 日）第 2 节第 12 条，“拒绝颁发‘领事证书’的国家不必告知派遣国其拒绝原由”。大使宣布任命并派遣总领事，对其拥有领导权。

领事有两项职责。首先，在其领事范围内，领事代表大使，因此也代表法国在地方当局和该国当局的立场，包括政治、经济和文化领域；领事可以“接受大使的委托，执行特殊任务”②。其次，领事承担协助和保护在其领事范围内的法国人的职责。

案例

法国驻休斯敦总领事致辞

欢迎访问法国驻休斯敦总领事馆网站！

本网站将提供总领事馆发布的信息、服务和实用建议，为居住、逗留或打算前往得克萨斯、阿肯色或俄克拉何马州的法国人提供帮助。优质、高效、便利是我们的一贯宗旨，我们将随时为您提供服务。

如果您正犹豫是否要前往法国旅游、学习或经商，本网站将为您提供一份详细的流程指示。无论您国籍如何，总领事馆的全体团队都对您表示热烈欢迎并提供协助。

最后，您将在本网站看到本领区内法国人的生活现状，以及正在进行的经济、文化、高校、科学或技术的合作业务。您将对法美关系有一个概观，尤其是得克萨斯、 阿肯色和俄克拉何马州的资源、活力和开放

① 1969 年 3 月 6 日颁布的关于外交官和领事的特殊身份的第 69－222 号法令，第 66 条。

② 1979 年 6 月 1 日颁布的关于大使的权力和国家驻外部门的组织的第 79－433 号法令，第 5 条，第 2 款。

式机遇。

感谢使用本网站，愿有所助益。欢迎随时提出宝贵意见和建议，您也可以在脸书和推特上给我们留言!

苏伊若 · 西姆

来源： 法国驻休斯敦总领事馆网站， 2014 年。

388. **领事馆**。 外交部必须事先得到驻在国的批准，颁布关于创立领事职位、确认领事区域的法令。外交部应将领区划分至总领事馆和领事馆。自 2010 年起，政府对公共政策进行了总复审，决定撤销法国驻各国首都的领事馆，设立直属大使馆的领事处。

2013 年，外交部统计出法国共有 91 个总领事馆和领事馆，以及 136 个大使馆下属的领事处，拥有 2 838 名职员（其中大部分是法国国籍）。某些领事职位管辖特大领区，譬如，法国驻布宜诺斯艾利斯总领事馆的领区有阿根廷、巴拉圭和乌拉圭。

领事的首要职责是协助和保护领区内的法国人，尤其是保护那些刚抵达领区就前往领事馆报到的法国人。《维也纳领事关系公约》第 5 条规定了领事的职能： 首先，“在国际法许可的限度内，在驻在国内，领事保护派遣国及其国民、个人与法人的利益”。领馆馆舍不得侵犯①，馆舍及其正门上必须悬挂派遣国国旗②。法领馆是唯一能在驻在国内提供法国人所需服务的行政机构： 公民身份证明，尤其是出生、婚姻和死亡证明③；颁发身份证；更新护照；管理奖学金、青年普查，举办公民国防日；组织国民选举，也可授权委托④。领事拥有提供公证的职能： 捐赠、遗嘱，承认非婚子女的权利，授权在法国签署公证文书⑤。领事为所有有困难的法国人提供建议，这些困难可

① 《维也纳领事关系公约》，第 31 条 § 1。

② 同上，第 29 条 § 2。

③ 另外，领事在 48 个国家内负责对法国公民的墓地进行维护。

④ 《选举法典》，第 R. 72 - 1 条。

⑤ 1961 年 1 月 9 日颁布的关于外交官和领事的公证权限的第 61 - 35 号法令。

以来自社会层面（老人或残疾人的补贴、额外援助、遣返回国……），也可以来自法律层面（领事对被唤出庭者提供帮助，对被判监禁者进行探访）。如果驻在国内的法国侨民死亡或法属船舶失事，那么驻在国当局必须告知领事；如果驻在国的政治危机、自然灾害或卫生状况可能致使法国人受到威胁，那么领事必须确保他们的安全。

领事作为法国的代表，受理其领区内外国居民的签证申请①。

2012 年，领馆相关负责人共举办了 51 300 场婚礼，颁发了 2 300 000 张签证。

驻加拿大总领事馆

法国驻蒙克顿和哈利法克斯总领事馆	新苏格兰省、新伯伦瑞克省、爱德华王子岛、纽芬兰与拉布拉多省
法国驻蒙特利尔总领事馆	与阿伯蒂比东西郡相邻的魁北克省北部地区；加蒂诺、拉贝尔、贝蒂埃、马斯基农热、尼科莱特-亚马斯卡、阿萨巴斯卡、里士满、康普顿地区；努纳武特地区
法国驻魁北克总领事馆	与昂加瓦郡相邻的魁北克省南部地区；拉维奥莱特、圣莫里斯、三河、弗隆特纳克和博斯地区
法国驻多伦多总领事馆	安大略省和曼尼托巴省
法国驻温哥华总领事馆	阿尔伯塔省、不列颠哥伦比亚省、萨斯喀彻温省、西北地区和育空河地区

389. **领事会议**。 领事会议是海外法国人的代表机构，成立于 2014 年 6 月，由总领事在各领事馆主持会议。根据 2013 年 7 月 22 日颁布的关于法国驻外代表的第 2013－659 号法律第 3 条规定，领事会议“负责记录对领事问题或整体利益的意见，尤其是涉及领区内法国人的文化、教育、经济和社会问题。任何关于社会保护、社会行动、

① 对领事（或大使）的拒签进行申诉，首先必须经“入境签证申请被拒上诉委员会”审核（参见《外国人入境、居留和避难法典》，第 D. 211－5 条）；对该委员会的决定可在南特行政法庭上提出异议（参见《行政司法法典》，第 R. 312－18 条）。

工作、职业培训以及学习、对外法语教学、安全的问题，领区内法国人都可以向领事会议咨询”。

444 名领事顾问由该领区内的法国人任命①，任期 6 年。 2014 年 5 月 25 日，举行领事顾问初选。领事顾问选举一名领事会议副主席；总领事每年要向领事会议提交一份工作报告。

390. **名誉领事**。 名誉领事不是颁给已退休的领事，而是法国侨民或其他国家的亲法公民。外交部部长对大使给出的提名表示同意的前提下，授权领事对名誉领事进行任命②。名誉领事③在领事或大使的领导下，担任驻在区范围内的一些领事职能；根据“领事代理处”的重要性，决定其头衔为名誉总领事、名誉领事、名誉副领事或领事官员。他们相当于法国的公务员，但不计报酬，主要任务是“确保对法国侨民及其利益的保护”④。

法国驻赫罗纳、列伊达、帕尔马（马略卡岛）、伊维萨岛和萨拉戈萨的名誉领事都隶属于法国驻巴塞罗那总领事。

---

① 海外法国人是以 11 名国民议会议员、 12 名参议院参议员作为代表（《宪法》，第 24 条，第 3 款）；参议员由领事顾问选举产生。

② 1976 年 6 月 16 日颁布的关于名誉总领事、名誉领事和名誉副领事及领事官员的第 76－548 号法令，第 1 条。

③ 2013 年 1 月 1 日有 507 位名誉领事： 289 名法国人、 218 名外国人。当时法国和德国拥有 12 所共同领事代理处。

④ 1976 年 6 月 16 日颁布的关于名誉总领事、名誉领事和名誉副领事及领事官员的第 76－548 号法令，第 11 条。

第三部分

行政管理与效率研究

391. **提纲**。衡量一个国家的行政是否有效，可从以下 3 个因素入手：行政部门与行政相对人的关系质量、对自身行动监管的效力以及自我改革的能力。与之对应的就是：行政相对人与国家行政管理（第一章）；行政监督（第二章）以及行政改革（第三章）。

第一章
行政相对人与国家行政管理

392. **行政相对人。** 在校大学生、纳税人、医院里的病人、创业者、邮局营业窗口的用户、法国国家铁路公司的乘客、向警察寻求帮助的人、某个国家公园的参观者、一项社会补助的申请人、法国法律官网的访问者、对孩子高考成绩存有质疑的学生家长、在国外弄丢证件后找领事馆帮忙的法国人、申请办理居留证延期的外国人、因不满某项决定到行政法庭提起诉讼的人……行政相对人的面孔各式各样。根据《法兰西学术院词典》给出的定义，行政相对人是指“一切与行政主体有关系的当事人”。而这种关系曾长时间表现为：在具有公共权力特权的行政主体面前，行政相对人处于从属地位。

393. **关系。** 从20世纪70年代末期开始，法律将行政相对人从屈从的地位解放出来，使其具有与行政主体相称的地位[①]，但是任何一种关系都可能经历良好期和

① 1978年的两项法律（信息处理、文件数据及自由；改善行政主体与公众之间的关系）、1979年的两项法律（档案；行政行为动机）、1980年的一项法律（行政方面的强制执行以及公权力法人执行判决），这5项法律均是在吉斯卡尔·德斯坦担任法国总统时被通过的，提高行政相对人地位的过程由此开始。

紧张期。行政法官通过缩减不能被提起诉讼的行政行为范围，通过监督行政机关以保证其公正性及其决策的透明，并通过不再要求一定要达到严重过失的程度才能追究行政主体的责任，从而强制行政主体对行政相对人给予更多的关注。

自 1999 年起，三色旗下方加上玛丽安娜的头像，这就构成了国家所有行政文件上的标志；这标志不仅象征着法兰西共和国，还能让行政相对人联想到弗里吉亚人的无边毡帽：当古罗马的奴隶们从主人那里重获自由的时候，头上就戴着这种帽子①。

394. **《公众与行政主体关系法典》**。因为要对行政相对人给予更多关注，2013 年 11 月 12 日法律授权法国政府起草一项政令，以通过《公众与行政主体关系法典》的法律部分：“这部法典集中了公众与国家行政机关及地方政府之间、公众与公共机构及其他一切担负公共服务职责的组织之间进行无争议行政诉讼应遵循的一般规定。这部法典限定了哪些规定适用于处理行政机关之间的关系，哪些适用于行政机关与公务人员之间的关系。这部法典还收集了有关行政行为制度的一般规定。”②授权法案规定，新法典应在 24 个月内——即 2015 年 11 月前进行公布。

395. **提纲**。关于行政，行政相对人首先享有知情权（第一节）；第二，有权获得行政主体公开透明的回答（第二节）；第三，有权获得行政部门高质量服务接待（第三节）；第四，有权请求权利捍卫人受理（第四节）；最后，还要强调行政相对人在环境方面得到巩固的各项权利（第五节）。

---

① 作为法兰西共和国象征的玛丽安娜头上也戴着这种毡帽，又被称作“自由之帽”。——译者

② 2013 年 11 月 12 日颁布的授权政府简化行政主体与公民之间的关系的第 2013－1005 号法律，第 3 条。

第一节　知情权

396. **法律知情权。** 法国通过2000年4月12日法律[①]，创建了传播法律文本的公共服务部门——“法国立法园地（Légifrance）”，该部门受政府秘书长管辖。公民通过该部门网站可以接触到欧盟的《官方公报》、法兰西共和国的《官方公报》、政府各部门的《官方公报》，以及政府近期通报。作为所有其他法律的“母法”，《宪法》的价值体现在法律的可理解性，在编纂法律的过程中以增强法律的可理解性为目标，同样有助于行政相对人更加容易地获取法律。关于这些问题，可参见上文第一部分第三章内容。

§1. 行政信息查询权

397. **1978年7月17日法律。** 1978年7月17日法律包含多项改善行政主体与公众之间关系的措施，该项法律保证了公众查询行政信息的自由。依据此法，行政相对人有权获悉国家行政机关发行的公文[②]，这些公文包括：卷宗、报告、研究报告、汇报、笔录、政府账目、统计数据、指示、指令、通告、部级公函与回复、通信、意见、预测与决定。可供查阅的公文应该是已经完结的——意思是说公文既非处在准备过程之中，也不是临时性文件。部长、省长以及公共服务部门的领导人，如其下属公务人员超出200人，必须指派一人在其部

---

① 2000年4月12日颁布的关于公民在与行政主体的关系中所享权利的第2000-321号法律，第2条。

② 地方行政单位以及承担公共服务职责的人员都要承担此项义务（1978年7月17日颁布的关于改善行政主体与公众关系的措施以及涉及行政、社会、财税领域的条款规定的第78-753号法律，第1条）。

门内专门负责行政信息的相关事宜①。

一位选民要求的选举名单、一个中央行政部门执行的预算、一所学校的教员名单、缴纳个人所得税或公司所得税的纳税人名单、巴黎机场购置消防车辆合同的相关公文、文化事务监察总局关于一所建筑学校内社会心理风险的报告……这些都属于可供查阅的公文。同样，权利人有权了解一位死者的相关情况，可对病例或是尸检报告进行查阅。

关于公民在与行政主体的关系中所享权利的2000年4月12日法律（“DCRA”法律）对获取权进行了限制，该法律明确规定：当公文是对公众公开的——即发表于国家公报、政府各部门《官方公报》或各省行政汇报文件中，或可以通过互联网进行查询（例如法国标准化协会制定的各种标准）——行政主体不承担传达义务。

相反，根据1978年7月17日法律第6条第2款规定，如果行政相对人提出的查阅公文要求“会对私人生活造成侵犯”，行政主体应予以拒绝。因此，行政主体所掌握的关于个人年龄、家庭状况、住所、身体健康状况、财产状况、文凭或上级对公务人员的工作评价等信息是不供查阅的。同样，涉及政府决议机密、国防机密、法国对外政策或国家安全的行政信息也不能够被行政相对人查阅；在诉讼程序中所使用的公文也同样不能被查阅。

若行政相对人对某行政机关以侵犯国防机密为由而拒绝传达公文的决定提出异议，行政法官可要求该机关“在保证国防机密不会受到直接或间接侵犯的前提下，以恰当的方式向其说明行政相对人申请查阅的公文涉及机密”②。

398. **请求**。 行政相对人用最易于理解的表达方式向掌握公文的权力机关提出查阅请求。行政主体有1个月的时间进行回复；若超过此期限，行政相对人可认为自己的请求被拒绝。希望查阅文件的行政相对人可以到行政部门进行现场查询；也可以付费获取复印件。

---

① 2005年12月30日颁布的关于行政信息查询权的第2005-1755号法令，第42条。2012年，1 598人被指定为查阅文件的负责人（行政信息查询委员会，2012年度工作报告，第6页）。

② 最高行政法院，2012年2月20日，第350382号文件，国防与退伍军人部部长案，参见《最高行政法院2012年判例汇编》，第54页。

399. **行政信息查询委员会**。 行政信息查询委员会是一个独立行政权力机关；委员会主席由一位国务委员担任，需要经由法令任命，该委员会还有其他10位成员，其中包括2位议会议员、 1位国家信息与自由委员会成员。自收到查阅请求驳回通知之日起或行政主体有效答复期限期满之日起2个月内，查询行政信息请求被拒绝的行政相对人可向委员会申请帮助；每年该委员会都会通过信件、传真或电子渠道收到大约5 000份申请[①]。行政相对人不能到行政法院直接控告行政机关驳回其查阅请求的决定；他首先要向行政信息查询委员会提出申请，委员会对行政机关进行质询，随后再就此给出意见。

如果行政机关遇到特殊的查阅请求，也可就是否要依据1978年法律的相关条款向委员会征求意见。

案例

弗朗索瓦丝·多乐托幼儿园

2013年12月18日，某先生给行政信息查询委员会秘书处寄了一封挂号信，原因是幼儿园园长弗朗索瓦丝·多乐托拒绝其查阅文件的请求。作为享有亲情权的父亲，这位先生希望获得就读于中班的女儿某某某的相关文件，包括： 1）所有的信息资料表， 2）所有的家长授权书，3）注册事宜、女儿可能参与的活动以及学前食宿服务相关的所有文件和凭证。

在未收到幼儿园方面回复的情况下，委员会提醒： 在父母双方离异或分居后，如果要向其中一方提供与孩子相关的一般信息，必须保证另一方的私生活得到尊重。

由此，根据1978年7月17日法律第6条第2款之规定，鉴于申请人享有亲情权，学校所建立的与申请人女儿相关的所有资料文件就应当提

① 2012年共4 749份申请（行政信息查询委员会， 2012年度工作报告，第6页），将近一半的受理申请涉及城市化、公共职能及社会事务（同上，第12页）。

供给申请人查阅，但是，必须注意涉及第三方私生活的信息保密工作，尤其是孩子母亲的信息（如其个人与公司地址、电话、财产及经济状况、婚姻状况等）。

委员会认为，如无特殊的隐私要求，经孩子母亲授权，包括可以来学校接孩子的人员的名单，都是可以告知父亲的。

此外，委员会明确指出，如果孩子与母亲的地址相同，那么母亲的地址同样也可以告知父亲。

在上文提到的保证和条件下，委员会最终选择了支持那位先生的请求。

委员会指出，如果申请人请求的一些资料文件不在幼儿园园长手里，根据1978年7月17日法律第2条第4款规定，园长应将申请移交给可能掌管相关文件的行政机关，并将相关情况告知此位先生。

来源：行政信息查询委员会，第20135318号意见——2014年1月30日会议。

400. **意见的后续**。行政信息查询委员会向拒绝传达信息的行政部门给出意见。该行政部门必须在获得意见后的1个月内，向委员会汇报根据意见所做的工作。

2012年，在委员会给出的所有意见中，77.8%获得了行政部门的采纳①。

如果行政部门仍坚持拒绝传达资料信息，申请人可就此决定向行政法庭提起诉讼。

§2. 获取数据信息权

401. **1978年1月6日法律**。关于信息、数据及自由权利的1978年1月6日法律（又称《信息与自由法典》）第1条提出了一项基本原则：信息“不得有损人的身份、人权、个人自由或公共自由”。这一

① 行政信息查询委员会，2012年度工作报告，第6页。

条款在某种程度上更像是《民法典》第9条产生的结果，1970年的版本中这样写道：“任何人都享有私生活应受到尊重的权利。”因此，除非由法律规定的特殊情况，信息公开原则不适用于“会直接或间接暴露种族、民族、政治观点、意识形态、宗教信仰、所属公会、健康状况、性生活等情况的个人资料信息”①。正是为了保护个人信息数据，1978年法律才创立了一个独立行政权力机关：国家信息与自由委员会。

402. **国家信息与自由委员会**。1978年法律第1章第13条规定，国家信息与自由委员会由17位成员组成：

- 2位国民议会议员和2位参议员，由议会各院的主管委员会委派；
- 2位经济、社会和环境委员会成员，通过大会选举产生；
- 2位现任或前任最高行政法院顾问，通过最高行政法院全体大会选举产生；
- 2位现任或前任最高法院法官，通过最高法院全体大会选举产生；
- 2位现任或前任审计法院审计官，通过审计法院全体大会选举产生；
- 3位资深信息或个人自由问题专家，通过法令任命；
- 2位资深信息专家，其中一位由国民议会议长委派，另一位由参议院议长委派。

这17位成员的任期均为5年，可连任2届，国家信息与自由委员会主席从这17位成员中选举产生，任期制度相同；委员会主席不得从事任何职业活动，不得担任其他任何公职，不得从电子通讯或信息领域的公司获取任何直接或间接利益。信息与自由委员会中还包括权利捍卫人机构或其代表作为咨询顾问。由总理指派一位政府委员，出席信息与自由委员会的会议。委员会主席领导委员会各部门，2013年委员会中公务人员总数为174人。

① 1978年1月6日颁布的关于信息、文件与自由的第78－17号法律，第8条，第1款。

403. 直接获取权。根据《信息与自由法典》第 39 条规定，任何可证明自身身份的自然人都有权请求某一行政机关向其提供由该机关所持有的、与其相关的个人数据资料[①]；此项请求可通过邮寄方式或在现场提出。在确保第三方隐私安全的情况下，申请人方可到现场查阅。行政机关有 2 个月的时间进行回复；若逾期未予以回复或做出消极、片面回复，申请人可通过邮寄方式提请国家信息与自由委员会介入。国家信息与自由委员会应与相关行政机关协调，以保证申请人的获取权得到尊重[②]。

404. 获取健康数据权。病例中数据的获取有 3 个特征：保健机构应在收到请求后 2 日至 8 日内移交相关数据资料；根据《信息与自由法典》第 43 条规定，应依照当事人意愿选择以直接方式或通过医生间接将数据资料进行传达；如遇公立医院拒绝传达数据资料的情况，当事人可提请行政信息查询委员会介入（若拒绝传达数据资料的为私人诊所，则应向国家信息与自由委员会提请介入）。

405. 间接获取权。根据《信息与自由法典》第 41、42 条规定，任何人均有权请求主管机关向其详细传达与其自身相关但同时关系国家安全（如国家对内安全总局文件）、国防、公共安全、犯罪调查或税收征管（如由公共财政总署掌握的银行账户文件）的个人数据资料。想获取此类敏感文件，应向国家信息与自由委员会提出申请。委员会将指派一位现属于或曾属于最高行政法院、最高法院或审计法

① 1978 年 1 月 6 日颁布的关于信息、文件与自由的第 78－17 号法律，第 2 条。“将有身份的自然人或可被证明身份（无论采用直接或间接方式，可以身份证件编码作参考，或以其特有的一个或多个体貌特征等作参考）的自然人的相关信息整理成私人数据。何为‘身份可鉴别’？是指能够让信息处理的负责人或任何其他人识别出其身份。将对个人信息所采取的操作流程进行整理记录，尤其是收集、记录、组织、保存、改编、修订、调取、查阅、使用，通过传送、广播或其他方式进行公开、对比或互连、封闭、消除或销毁。根据相关限定性标准，将可供查阅的稳定的结构化个人数据整理成为个人数据集。”

② 国家信息与自由委员会“在法官的监督下，依法保障公民的获取权、更正权或反对权”，最高行政法院，2014 年 3 月 12 日，第 353193 号文件，法国公司黄页案，参见《最高行政法院 2014 年判例汇编》，表格栏。

院的成员进行有价值的调查；如有不服，可向最高行政法院提出异议[①]。若委员会确认传达这些数据资料不会对数据处理最终结果产生影响，且数据处理负责人对此表示同意，则相关数据资料将由国家信息与自由委员会传达给申请人。若国家信息与自由委员会通知申请人：数据处理负责人拒绝其获取资料，申请人可向行政法庭就相关部门做出的决定提起诉讼[②]。

最高行政法院判定，继承死者银行账户余额的权利人可行使间接获取权以获取死者银行账户清单信息[③]。这项决定导致国家信息与自由委员会需要受理的案件数量大幅增加：2012 年，委员会收到的获取银行账户文件的申请共 1 829 例[④]。

406. **更正权**。根据《信息与自由法典》第 40 条规定，任何可证明自身身份的自然人都有权在与其相关的个人性质的资料“不准确、不完整、不明确、已经过时，或采集、使用、查阅以及保存这些资料被禁止”的情况下，请求某行政机关对资料进行更正、补充、更新、封锁或消除；此项申请可通过信件或在现场提出。行政机关有 2 个月的时间进行回复。若逾期未予以回复或做出消极、片面回复，申请人可通过信件提请国家信息与自由委员会介入。国家信息与自由委员会应保证申请人的更正权得到尊重。

当对行使更正权的权利人相关资料进行修改时，数据处理负责人须无偿向此申请人说明已执行操作的理由。此外，若个人性质的资料此前已被转交给第三方，数据处理负责人须将修改情况立即通知给第三方；第三方也应立即对所掌握的资料进行相应修改。

若资料涉及国家安全、国防、公共安全、犯罪调查或税收征管，申请人行使更正权必须通过国家信息与自由委员会（参见上文第 405

---

① 最高行政法院，2013 年 6 月 3 日，第 328634 号文件，霍克斯曼先生案，参见《最高行政法院 2013 年判例汇编》，表格栏。

② 同上。

③ 最高行政法院，2011 年 6 月 29 日第 339147 号文件，预算、公共账户与国家改革部部长居俞尔女士案，参见《最高行政法院 2011 年判例汇编》，第 937 页表格。

④ 国家信息与自由委员会，2012 年度报告。

条目）。

§3. 获取公共档案权

407. 1979 年 1 月 3 日法律。 关于公共档案的 1979 年 1 月 3 日法律规定，国家以及所有公共服务活动产生的所有文件都应在“使用期满后”，由档案管理部门进行分类挑选，以便对具有行政价值及历史价值的文件进行保管。指定被保管的档案会被归入档案公共管理部门：此外，“当某部、下属部门、机构或组织被撤销时，如无特殊明确要求，其所持有的档案均应移交给档案公共管理部门”①。档案管理部门也可将因历史原因而具有公共价值的私人档案列为“历史档案”。

根据《遗产法典》第 R. 212－8 条规定：“国家档案馆收集、挑选、分类、保管、传达、利用：1. 来自国家中央行政机关的公文； 2. 来自国家公共服务部门、其他公法人以及负责管理公共事业或承担公共服务使命的、权限覆盖或曾覆盖整个法国领土的私法人的公文； 3. 从建馆以来有偿或无偿、暂时或永久交付给档案馆的其他公文。”

408. 获取档案。 除可能被利用于设计、制造、使用、定位核武器或生化武器及其他会产生类似直接或间接破坏作用武器的档案外，所有公共档案都应对外开放。

申请人向省级档案馆提出查阅档案申请，法国部际档案馆应对其给予答复。通常情况下，申请人可立即查阅档案。但法律规定 4 种类型的公共档案具有特殊期限②：

● 查阅涉及政府和权力机构机密、对外关系、货币与公共信用等的公文，以及涉及最高行政法院和行政法院的意见、审计法院采取的预审措施等相关的文件，期限为 25 年。

来自国家总统、总理以及政府其他成员的公共档案公文，在交付档案馆时可附一份

---

① 《遗产法典》，第 L. 212－5 条。
② 同上，第 L. 213－2 条。

关于处理、保管、利用及传达条件的详细报告。

• 对于涉及医疗机密的公文，自相关人去世之日起满 25 年。

• 涉及国防机密、国家对外政策中的国家基本利益、国家安全、公共安全、个人安全及个人隐私的公文，自公文建立之日或案宗完成之日起满 25 年。

• 涉及司法警察调查或诉讼的公文，自公文建立之日起满 75 年（若公文涉及未成年人，则为 100 年），或公文相关人去世之日算起满 25 年（若此计算方法时间更短，则以此为依据）。

如获档案递交方同意，特殊期限对所有申请人可以缩短。

409. 特许。 若某公文因特殊期限不能查阅，申请人可申请特许；在征得档案所有者同意之后，档案管理部门可批准申请人的特许申请。必须在“查阅资料不会过分侵犯法律保护的利益的限度内”[①]，方可同意申请人的特许申请。如拒绝申请需说明理由。

410. 申请被拒。 若申请人申请查阅档案被拒，尤其是申请特许被拒，可向发出通知的行政信息查询委员会提请诉讼（参见上文第 400 条目）。如有必要，可向行政法官提起诉讼。

例如，一位记者想要写一部关于上阿尔卑斯省解放与肃清运动的历史研究作品，在申请查阅档案被拒并向行政信息查询委员会提出异议后，委员会认为档案馆可以给他部分特许，允许他查阅关于马赛第九机动旅的调查报告[②]。

§4. 获取公共数据权

411. Etalab。 通过 2011 年 2 月 21 日政令，法国创建了“Etalab”项目，该项目“担负着创建部际独一无二的门户的任务，旨在收集国家及其公共行政机构的，甚至地方当局、公法人或承担公共服务职能的私法人的全部公共信息，并将这些信息提供给公众自由

---

① 《遗产法典》，第 L. 213 - 3 条，第 1 款。最高行政法院， 2011 年 6 月 29 日，第 335072 号文件，鲁佐女士案，参见《最高行政法院 2011 年判例汇编》，第 306 页。

② 行政信息查询委员会，第 20083878 号意见， 2008 年 10 月 9 日。

使用”[①]。2011 年 12 月，该门户正式开启。2012 年 10 月 30 日，法国政府颁布法令委托总秘书处承担“自由支配公共数据以提高其再利用价值”[②] 的这一公共行动现代化任务（参见下文第 545 条目）。2013 年 9 月，总理下辖机构推出了《公共数据开放与共享指南》。

412. data. gouv. fr。Etalab 将 data. gouv. fr 网络平台上的可用数据分为 9 个专栏：农业与食品、文化、经济与就业、教研、国际与欧洲、住房、可持续发展与能源、卫生与社会问题、社团协会、领土与交通。

行政相对人可在该网络平台上找到法人因共同农业政策而获得的救济数目、作为历史文物而受到保护的建筑物清单、法国外籍移民及其后代的人数、公共生活大事时间表、自理能力个人化补贴受益者数量、与一位儿科医生预约需要等待的时间……

第二节 获取透明回答权

§1. 书面信息担保

413. 答复书。一些法律规定：行政相对人可获取行政机关的预先信息。因此，在涉及财税问题方面，一位纳税人有权向税务局提出申请，要求其根据《财税法典》，或就某一法律文本作出诠释[③]，或就纳税人的事实情况作出诠释[④]。纳税人便可获得名为“财税答复书”的回复。纳税人有了这份担保，便可对抗行政机关对财税文件在法理上进行改动：这份答复书可避免税务部门以对某一财税文件另行诠释为根据，而妄图增加税收的行径。

法国总理曾要求进行过一项研究，该研究报告于 2014 年发表，名为《答复书为创新与项目保驾护航》。最高行政法院主张发展此种“让行政部门做出正式担保以钳制其

① 关于创建“Etalab”——部际独一无二的公共数据门户的第 2011－194 号法令，第 2 条。

② 关于创建公共行动现代化总秘书处的第 2012－1198 号法令，第 1 条。

③ 《税收程序手册》，第 L. 80 A 条，第 1 款。

④ 同上，第 L. 80 B 条，第 1 款。

自身行为”的模式，尤其建议将其拓展到《劳动法典》、《竞争法典》和《消费法典》等其他领域。此项研究还建议创立“预决定”机制，比如针对公法人财产转让的行为，就可采取“预决定”的方式。

414. **城市规划证明书**。《城市规划法典》第 L. 410－1 条规定，任何人均有权就某一块土地的城市规划布局、物权行政限制以及相关税务和费用清单，或就某一块土地正在进行的操作的合理性进行询问。管理部门将以城市规划证明书的形式对申请人进行回复。该证明书的发放将为申请人提供一份担保：若建筑或规划许可证延期不超过18 个月，适用的城市规划规章条款、城市规划税费制度以及物权行政限制应与证明书生效之日时相同，不得更改。

415. **项目证明书**。由于规章制度频繁改变，很多企业的活力受到严重束缚，为回应企业领导者们与日俱增的诉求，根据《宪法》第37－1 条规定，政府以试验性法律为基础，创立了项目证明书的形式。关于试行项目计划书的 2014 年 3 月 20 日政令的颁布事实上为项目负责人提供了便利。以前项目负责人需要依照《能源法典》、《环境法典》、《森林法典》、《建筑与住房法典》、《矿业法典》等，申请名目繁多的许可证[①]，如今项目负责人只须向省长申请一份项目证明书[②]；此外，项目负责人可在其文件中加入城市规划证明书的申请。如此，省长便成为了项目负责人的唯一对话者：在政府内部，代替项目负责人去不同的国家行政部门进行咨询或者申请各部门批准的是省长；在项目负责人递交申请的 2 个月内，将项目证明书发给项目负责人的也是省长。这份证明书中包含：项目必须遵守的各项规章制度、决定及程序，以及适用于该项目的不同分区布局；项目可能需要遵循的各项规章制度、决定及程序（尤其适用于违反禁止破坏生态保护区

---

① 2014 年 3 月 20 日颁布的关于试行项目证明书的第 2014－356 号政令，第 3 条，第 1 款。

② 2014 年 3 月 20 日颁布的关于试行项目证明书的第 2014－358 号法令，第 3 条，第 2 款。

相关规定的情况，通常源于对环境影响的研究或某项特定的研究，而这些研究并不是在证明书申请阶段完成的）；预审的主要步骤以及必备证件清单；省长认为应该让项目负责人了解的、有助于尽早解决潜在困难或现阶段已出现的困难的相关信息。

项目证明书的持有者在原则上可受益于规章冻结：若申请人在得到项目证明书后 18 个月期限内提出规章冻结许可申请，“项目实施所必要的行政程序和决定及适用的法律规章条款”①应以证明书生效之日为准。项目证明书持有者可申请最长 6 个月的冻结期限延长；如果新颁布的某项规章制度对其更为有利，他可申请将新规定应用于所持有项目。

项目证明书政策将试行至 2017 年 1 月 31 日，试点为以下 4 个大区：阿基坦、布列塔尼、香槟-阿登、弗朗什-孔泰。除在布列塔尼大区试行养殖基地项目外，其他 3 个大区涉及的都是环境保护分类设施②建设项目。此外，在阿基坦大区和弗朗什-孔泰大区还包括为吸引企业入驻的设施工程项目；在弗朗什-孔泰大区还有地皮分块项目。

§2. 获取合理预审权

416. **申请所需材料知情权**。在申请人提出申请后，负责进行预审的行政机关应告知申请人需要为预审准备哪些必要资料；此外，还应告知申请人机关将从其他行政机关直接获取哪些相关信息。

417. **公务人员不匿名**。依据关于公民在与行政主体的关系中所享权利的 2000 年 4 月 12 日法律第 4 条规定，对于负责预审申请或负责处理有关行政相对人事务的公务人员，行政相对人有权知悉其姓名、职位以及办公地点。在此情况下，公务人员通常会给行政相对人

---

① 2014 年 3 月 20 日颁布的关于试行项目证明书的第 2014－356 号政令，第 3 条，第 1 款。

② 环境保护分类设施是指“由任何法人或自然人持有或经营的可能会影响周边便利性，威胁公共健康、安全、卫生，影响农业发展，影响自然、环境及自然风景保护，影响能源的合理利用，影响风景名胜及文物古迹保护的工厂、车间、仓库、工地等设施”（《环境法典》，第 L. 511－1 条）。

寄出一份回执。回执文件中应包括该公职人员的姓名、职位及本人签名，字迹须清晰可辨。

418. **移交主管机关**。若行政相对人将申请递交到某行政权力机关，但该机关并非主管机关，那么该机关应将申请移交给主管机关并将此情况告知申请人；回执将由主管机关寄出。

419. **形式缺陷**。若行政相对人递交的申请存在形式上的缺陷（如：文件中缺失一页），"并且该缺陷可以在法定时限内进行弥补，主管行政机关应要求申请人进行补办并指明补办期限、须遵守的形式及程序，以及所应依据的法律规章条款"①。

420. **电子渠道的利用**。若行政相对人通过电子渠道向行政机关提交任何申请、声明或文件，行政机关均应向行政相对人发送电子回执。若行政机关未发送即时电子回执，应向行政相对人发送电子登记回执。若行政相对人通过电子渠道向行政机关发送申请或信息，并收到了行政机关的电子回执，那么这通常就意味着该行政机关已经受理，并且无须再进一步确认行政相对人是否收到了回执②。

§3. 获取行政部门答复权

421. **沉默即否决**。关于公民在与行政主体的关系中所享权利的2000年4月12日法律第21条提出这样一条原则："如行政机关对某一申请超出2个月未作出回应，则该申请被自动驳回。"这条规定造成了争讼问题：2个月期限过后，收到行政机关默认消极回复的行政相对人可就此决定向法官提起诉讼；但如果没有这项规定，申请人便不能向法院申诉，因为反越权上诉旨在请求法院撤销一项决定（这种

---

① 2000年4月12日颁布的关于公民在与行政主体的关系中所享权利的第2000－321号法律，第19－1条。

② 2005年12月8日颁布的关于行政相对人与行政机关之间、行政机关与行政机关之间的电子渠道交流的第2005－1516号政令，第3、5条。

情况下，行政机关并未回复，也就不存在撤销其决定）。针对 2000 年 4 月 12 日法律的这一条原则，很多法律做出了特殊规定，比如，《城市规划法典》第 L. 424 – 2 条规定："如固定期限内申请人未收到任何通知"，有关部门即默认向申请人发放建筑、拆除或规划许可；但应同时参考最高行政法院令中关于"何种情况下不可实行默许许可"的规定。

《城市规划法典》第 R. * 424 – 2 条规定摆脱了获取默认许可的规则，比如对历史建筑进行施工的申请就不适用。

422. 新原则：沉默即接受。 旨在协助政府简化行政机关与公民关系的 2013 年 11 月 12 日法律彻底颠覆了"沉默"的意义。该项法律中有这样一项条款："若行政机关在两个月期限内未对申请作出回应，即视为接受申请"①，这在实质上推翻了 2000 年 4 月 12 日法律第 21 条的条款。这项促使行政机关快速决策的新原则最迟将于 2014 年 11 月 13 日在国家行政机关及国家级公共行政机构层面生效，于 2015 年 11 月 13 日在地方政府、公共机构、社会保障机构以及具有公共管理职能的其他部门生效。

关于"沉默即接受"原则的适用范围，总理所辖的网站上做了详单公布。详单中还提到应向什么行政机关提出申请以及行政机关的沉默期限：到了最终期限时，行政相对人可要求行政机关出具一份默认接受的决定。

423. 2 个月期限。 这里的期限指从申请资料完整之日算起。根据现行法律规章文本，若行政机关通知申请人其递交的申请信息或资料不完整，期限应从收到申请人补充的信息或文件之日算起。此外，法律规定："如遇紧急情况或相关手续太过复杂"②，最高行政法院可颁布法令对 2 个月的期限进行修改。

---

① 2013 年 11 月 12 日颁布的旨在协助政府简化行政机关与公民关系的第 2013 – 1005 号法律，第 1 – 1 条、第 2 条。

② 同上。

424. 3种例外情况。 存在例外情况：对于某些申请来说，行政机关2个月的沉默意味着否决。

2013年11月13日法律首先定义了第一种例外情况，分为四类：当申请并非以接受行政机关自行决定为目的时；当申请不符合法律规章文本规定的程序，或该申请为行政请愿或行政诉讼请求性质；当申请涉及财政问题（不包括法令中规定的涉及社会保障的情况）；当申请涉及行政机关与公务人员关系时。

该法参考最高行政法院令规定了第二种例外情况："如果默认接受某项申请会与法国对国际及欧洲做出的承诺、国家安全、保护自由权利、《宪法》规定的原则、公共秩序维护等存在冲突"，沉默永远代表否决。

第二种例外情况与宪法委员会的一个判例一致：宪法委员会表示反对以"沉默即接受"的原则处理安装电子监控系统的申请，因为安装电子监控系统可能会侵犯"受到《宪法》保护的公共自由，其中包括个人自由权利、来去自由以及公民住宅不受侵犯的权利"，默认接受是与《宪法》相冲突的[①]。

2013年11月13日法律最后还创立了第三种例外情况，这种情况还需要最高行政法院及部长会议进行明确。这种新原则的例外情况指的是"与判决的客体有关，或以善政为动机"[②]的情况。请求治安力量协助执行法院判决就属于此种情况。

425. 最高行政法院报告。 由于实施新原则产生了诸多难题，总理要求最高行政法院就此展开调查研究，最高行政法院在2014年1月30日的工作报告中对研究结果进行了阐述。

通过将各种决定进行归类，这份报告形成了"一套专门指导行政机关进行鉴定工作的行动指南"[③]。

---

① 宪法委员会于1995年1月1日颁布的第94－352DC号决定，《有关安全问题的指导规划法》，第4、12点。

② 关于公民在与行政主体的关系中所享权利的2000年4月12日法律，第21条，第2款，修订于2013年11月12日。

③ 最高行政法院，2014年度工作报告，第353页。

这份研究报告中还介绍了几个欧洲国家现行的行政程序。德国现行的规则是沉默即否决；然而，受到欧盟法律的影响，“虚拟许可”尤其是在能源与交通运输领域呈现出逐步发展的趋势，但是适合“虚拟许可”的情况需要法律加以明确规定。比利时的规则也是一样，不过一些地方性法律允许默许接受建筑许可等的申请。在西班牙，行政相对人提出请求 3 个月后的“行政沉默”即意味着接受，但也有法律规定了“沉默即否决”的情况。意大利的规则也是：沉默即同意，但也存在例外情况。

426. **文化转变**。行政相对人（个人、协会或企业）在提出申请 2 个月后未得到回复即意味着获得批准的新原则将在法国行政文化层面掀起一场真正的革命。行政机关明白：今后如果想要回绝一项申请，2013 年 11 月 12 日法律将促使其尽快做出回复，并且在回复个人申请的时候还不能忘记解释拒绝的理由。

§4. 获取对个人不利决定的解释权

427. **1979 年 7 月 11 日法律**。有关行政行为动机的 1979 年 7 月 11 日法律规定，若无极端紧急情况，法人与自然人“有权立即获悉行政机关做出的对个人不利的行政决定是出于何种动机”①。此外，行政机关在向个人作出不利回复时，应“同时向其出具书面批示意见。如有必要，在当事人做出申请的情况下，还应予以口头批示”②。

428. **“对个人不利的决定”的定义**。1979 年 7 月 11 日法律第 1 条对此类决定进行了列举说明。

对个人不利的决定指：限制公民自由权利，或者通常由警方采取强制措施；将授予许可与某些限制性条件挂钩，或进行强制约束；撤销或废除某项赋予权利的决定；以某项规定、（逾期）丧失权利或失效作为反对理由；拒绝为当事人提供在满足一定法律条件的情况下他有权获得的某种便利；拒绝批准；驳回行政请愿（然而根据法令条

① 1979 年 7 月 11 日颁布的关于行政法规的动机以及改善政府与公众关系的第 79－587 号法律。

② 关于公民在与行政主体的关系中所享权利的 2000 年 4 月 12 日法律，第 24 条。

例，当事人只有进行行政请愿后才能进行其他诉讼）；违反法律规章中的普遍规定。

如果掌玺大臣按规定颁布决议宣布一位公证人被解职，那么之前由这位公证人公证的任命某位部级官员的决定也一并作废，此种情况也属于需要做出解释的对个人不利的决定①；如果一个实验室在招聘负责人，某个应聘者并没有应聘该职位必要的证书，却提出申请希望自己能作为特例获得这一职位，这时卫生部可驳回他的申请，并说明理由②。不过值得注意的是，如果政府通过某项法令规定了某一葡萄酒原产地囊括的范围，对于那些葡萄园并未被划入此范围的业主来说，该决定并不属于对个人不利的决定③。

429. **动机**。 如果做出一项不利决定，则要以文字形式呈现其动机，其中应包含这一决定所依据的法律与事实基础。如果该决定为默认决定，行政相对人可在法律规定的异议期内提出申请，请求行政机关对决定做出解释，行政机关应在当事人提出申请后 1 个月内做出答复。

§5. 有效上诉权

430. **行政请愿权**。 任何行政相对人在收到令自己不满意的行政决定后，均有权要求对自己的申请进行新一轮审查。若该行政相对人向做出决定的原机关申请进行重新审查，则为异议申诉；若向原行政机关的上一级做出申请，则为越级申诉。

行政相对人若不服专区区长做出的决定，可向省长越级申诉；若不服省长做出的决定，可向部长越级申诉。行政相对人若不服中央行政机关下属部门负责人做出的决定，可向中央行政机关负责人越级申诉；若不服中央行政机关负责人的决定，可向部长越级申诉。

在许多领域，越级申诉是向法院提起诉讼的一个先决条件；在这

---

① 最高行政法院，2008 年 8 月 7 日，第 299164 号文件，凯罗刚先生案，参见《最高行政法院 2008 年判例汇编》，第 315 页。

② 最高行政法院，2011 年 12 月 30 日，第 338394 号文件，艾·乌姆兹雅纳女士案，参见《最高行政法院 2011 年判例汇编》，第 735 页表格。

③ 最高行政法院，2009 年 12 月 30 日，第 311113 号文件，德达侯爵酒庄案。

种情况下，向申请人送达的行政决定中应明确指出行政请愿的途径及期限。若行政相对人向某一行政机关提起上诉，该机关应以当前事实及法律情况作为裁定依据——而非以最初决定时的情况为依据①。若某行政机关做出的最初决定不符合法律要求，且当事人已就此提起行政请愿，该行政机关可趁受理请愿的行政机关未作出决定之前，撤销最初的行政决定。

431. **废除不合法规章权**。 在诉讼会议宣布对 Alitalia（意大利航空公司）做出的决定中，最高行政法院认定：当欧盟指示规定成员国在一定期限内将本国的法律与欧盟指示取得协调一致时，期满之后，国家机关不能“放任与欧盟指示相抵触的法律条款继续存在”②。法国最高行政法院要求行政机关必须遵从那些旨在废除不合法规章的申请。

另外，关于简化法律的 2007 年 12 月 20 日法律第 1 条规定，“必须废除”的原则适用于任何无实际意义的规章：“不论某一规章自生效之日起就是不合法或无实际意义的，还是后来的法律及实际情况导致其失去意义，根据行政决定或应相关当事人请求，主管机关都必须废除一切不合法或无实际意义的规章③。”

例：根据这一规定，2009 年 12 月 1 日颁布的部际决议宣布废除 163 项旧令，在这些被废除的规章性条款中，很多涉及国民教育、高等教育与研究④。

432. **司法请愿权**。 1789 年的《人权宣言》中，第 16 条这样写道：“凡权利无保障和分权未确立的社会，就没有《宪法》。”宪法委员会据此进行演绎：应保障相关当事人获得有效的司法救济、获得公

① 2000 年 4 月 12 日法律修正案，第 19－2 条。关于作为先决条件的行政请愿，参见最高行政法院的研究报告，《行政请愿是诉讼的先决条件：解决争端的灵活办法》，法国文献局，2008 年。

② 最高行政法院，1989 年 2 月 3 日，重罪法庭第 74052 号文件，意大利航空公司案，参见《最高行政法院 1989 年判例汇编》，第 44 页。

③ 2000 年 4 月 12 日法律修正案，第 16－1 条。

④ 《官方公报》，2009 年 12 月 6 日。

正的裁决，以及进行抗辩的权利[1]。

行政诉讼权进一步发展了诉讼权的条件与效力，尤其是发展了旨在请求法官宣布完全或部分撤销某项决议的反越权行为诉讼。具有“出庭资格”的起诉人均可提起诉讼，根据爱德华·拉费里埃著名的表达[2]，诉讼在19世纪末开始被称作“针对一项法规的指责”。行政相对人如对某行政权力机关的决定不服，可自决定公布或通知之日起两个月内提请诉讼，同时应递交有争议的决定（若决定为默认结果，应递交该决定的理由）。诉状应递交到行政法庭的书记室，通常情况下，应选择对做出决定的行政机关有管辖权限的法庭[3]。

通常情况下，针对朗德省长所做的决定，应向波城的行政法庭提起诉讼。针对皮特尔角专区区长所做的决定，应向巴斯特尔的行政法庭提起诉讼。针对兰斯学区区长的决定，应向香槟沙隆的行政法庭提起诉讼。针对克勒兹省公共财政厅长的决定，应向利摩日的行政法庭提起诉讼。针对巴黎萨克雷公立机构委员会的一项决议，应向凡尔赛的行政法庭提起诉讼。针对法国沿海地带保护署（注册地位于滨海夏朗德省的罗什福尔）署长所做的决定，应向普瓦捷的行政法庭提起诉讼。针对部长的个人决定，应向巴黎的行政法庭提起诉讼。

规定也有很多例外。比如：如果对某些决定存有质疑，须向所属管辖范围之外的某个行政法庭提起诉讼[4]；针对最高视听委员会关于地方广播电台及电视台频道分配的决定，应向巴黎的行政上诉法院提

---

① 宪法委员会于2011年5月13日颁布的关于合宪性优先问题的第2011－126号决定，第7点；宪法委员会于2011年9月30日颁布的关于合宪性优先问题的第2011－168号决定，第4点；宪法委员会于2011年11月25日颁布的关于合宪性优先问题的第2011－198号决定，第3点；宪法委员会于2012年1月13日关于合宪性优先问题的第2012－28号决定，第5点。

② 《论行政司法与争议诉讼》，贝尔热·勒夫罗出版社，1887—1888年。该书于1896年再版，1989年法律出版社重印。

③ 《行政司法法典》，第R.312－1条。如满足条件，起诉人可申请享受司法救助（1991年7月10日颁布的关于司法救助的第91－647号法律）。

④ 《行政司法法典》，第R.312－6－312－19条。需要注意的是，针对法国驻外大使的决定，可向巴黎行政法庭提起诉讼；但如果涉及签证问题，南特行政法庭才是主管法庭（参见上文第384、388条目）。

起诉讼[1]；针对法国保护避难者和无国籍者办事处总干事所做出的驳回避难申请的决定，可在1个月期限内向法国避难权法院提起诉讼[2]。最后，针对那些特别重大的决定，可直接向最高行政法院提起诉讼[3]，尤其指国家总统颁布的政令、部长及其他国家级权力机关颁布的法令或规章性文件等、有关国家总统任命的高级官员的聘用与纪律问题的争讼、法国独立权力机构以执行监督及调控任务为名做出的决定。

当行政相对人向某行政法院提起诉讼，而该诉讼案件隶属于另一行政法院的管辖范围，前者的行政法官应立即将诉讼相关文件移交给后者，不得延误[4]。

433. 当事人在诉讼中权利的不断增加。从20世纪七八十年代开始，当事人在向行政法院提起诉讼时的权利有了显著的增加：经济条件困难的当事人有权获得司法救助[5]；如遇紧急情况，当事人有权要求暂缓执行有争议的决定（紧急审理），采取一些有效措施或采取必要措施保护其基本自由（假释）；有权声明在某一争讼中所依据的某项法律条款“有损受《宪法》保障的权利与自由”[6]；有权在听证会前了解公共报告人所述意见的含义；有权请求上诉法官下达延缓执行一审判决的命令；有权要求法院下达强制执行通知书，以便保证决定的执行；有权向最高行政法院负责报告研究的部门明示在执行最高行政法院作出的判决中自己所遇到的困难；有权因超过诉讼时效向行政法院申请追究国家赔偿责任。关于所有这些问题，我们可以参阅行政诉讼相关著作[7]。

---

① 《行政司法法典》，第R.311－2条，第2款。

② 《难民救助及居留法典》，第L.731－2条。

③ 《行政司法法典》，第R. 311－1条。

④ 《行政司法法典》，第R.351－1－351－9条。

⑤ 1991年7月10日颁布的关于司法救助的第91－647号法律，第2、3条。

⑥ 《宪法》，第61－1条（合宪性优先问题）。

⑦ 达尼埃尔·沙巴农纳，《行政诉讼的实施》，收录于《律商联讯》，2013年，第10版；勒内·沙皮，《行政诉讼权》，蒙克雷斯蒂安出版社，2008年，第10版；安娜·库雷热和塞尔日·达埃尔，《行政诉讼》，法国大学出版社，2013年，第4版；马蒂亚斯·居约马尔和贝特朗·塞耶，《行政诉讼》，达洛兹出版社，2012年，第2版。

第三节 享受高质量接待权

§1. 行政部门的接待

434. **《玛丽安娜章程》**。2004 年 3 月 2 日，法国总理发布了两则关于用户接待章程的通告[①]，对各部长以及省长做出要求，旨在促使接待公众的中央行政机关和国家权力下放部门展现自身为提高公共接待服务质量所采取的行动措施。政府发布了一个用户接待章程，其中列举了建议采取的行动措施清单，该章程被称为《玛丽安娜章程》。政府鼓励各级行政机关以此章程为基准，明确自身今后能够遵守的承诺，确定详细可衡量的接待服务质量标准，尤其是在等待受理期限以及申请的处理方面。2007 年，近 2 000 个国家机构完全或部分实施了《玛丽安娜章程》，包括中央行政机关、省政府、培训中心、公共机构等。

435. **《玛丽安娜参考》**。为进一步提高公共服务质量，国家改革部部长决定增加一道步骤：推行《玛丽安娜参考》，这份参考从 2007 年 4 月起正式取代《玛丽安娜章程》。该参考具有 3 个特点。首先，关于答复期限的一些承诺要求更加严格：收到信件后 1 个月期限内必须回复，收到电子邮件后 1 周期限内必须回复，行政机关工作人员在电话响 5 次之内必须接起来应答。第二，行政机关须履行参考中列出的全部 19 项承诺要求（尤其是自我评估、年度总结），而非其中某几项。第三，该参考还与认证措施挂钩：任何行政机关均可向经授权的认证组织提出认证申请，申请时应提交关于提高服务质量方针的文件、一份指标清单以及至少 3 个月内所取得的成绩。经授权的认证组织将对该行政机关进行审核，如果满足参考中所有的条件，并履行了全部 19 项承诺，认证组织将为其颁发“玛丽安娜”标签，每 3 年须

① 这两则通告发表于 2004 年 3 月 3 日的《官方公报》上。

进行重新认证。认证组织随后还要进行 18 个月的跟踪考察，如发现异常，可收回标签。

聚焦

《玛丽安娜参考》的 19 项服务承诺

● 您期待更加便捷地获得服务：我们承诺将根据您的需求创造更良好的访问条件。

1. 我们承诺将定期开展调查，以便了解您的等待时间，调整我们的开放时间。2. 我们承诺向您通知行政部门的访问条件及接待条件，如遇变动，我们会向您做出系统的解释。3. 我们承诺为您提供良好的服务，并对您负责。4. 我们承诺简化行动不便者的办事程序。5. 我们承诺会以恰当的方式接待困难群众。

● 您期待得到认真的接待：我们承诺，将以饱满的热情和高效的服务接待您。

6. 我们承诺礼貌待人，并向您提供对话者姓名。7. 我们承诺将协助您更方便快捷地创建所需文档。8. 我们承诺注意保持接待场所及等候场所的舒适。

● 您期待请求尽快得到处理：我们承诺将在规定期限内给您答复。

9. 我们承诺保证信件以及电子邮件清晰可读、表达明确。10. 我们承诺在 15 个工作日内对您的信件进行处理。11. 我们承诺在 5 个工作日内对您的电子邮件进行处理。12. 我们承诺在您拨打电话后铃声响 5 次之内应答。

● 您期待您的建议与请求能够得到更多关注：我们承诺会更加努力。

13. 我们承诺将在 15 个工作日内对您提出的任何建议或请求做出回复。

● 您期待得到更多的倾听：我们承诺会在您的帮助下不断进步。

14. 我们承诺将每年对您的满意度进行调查，并将结果告知予您。

• 为了履行我们的承诺，我们将不断完善组织结构、提高各项能力。

15. 我们承诺明确传达我们的接待方针，并要求全体工作人员严格贯彻落实。16. 我们承诺将妥善组织我们所掌管的档案资料，以便用户看到的信息准确无误。17. 我们承诺定期自查是否履行了我们的承诺。18. 我们承诺将怀着不断提高的决心，对我们的实践进行定期评估。19. 我们承诺对提供的服务进行年度总结，为提高接待水平制定新的行动方案。

来源：公共行动现代化总秘书处，《玛丽安娜参考》，2013 年。

436. **公共服务事务所**。1995 年 2 月 4 日的《计划与领土整治法典》规定，为保证公共服务的可利用性和质量并拉近与公民的距离，中央政府及其公共机构、地方政府及其公共机构、社会保障组织以及其他负责公共服务职责的组织可以创建“公共服务事务所”①。这些事务所在小的市镇发展起来，将市政服务中心的多项（民事）服务聚集在同一个屋檐下，比如家庭补助基金管理处、就业中心、信息和指导中心、财务局、法律服务所……政府希望继续推进这种组织机构。区域与住宅平等部部长将创建与推动公共服务事务所网络的项目委托给了信托局②。

§2. 远程接待

437. **远程服务**。法国总理于 2000 年 11 月 6 日签署了一项关于创建名为“service-public. fr”的公共服务网站的决议。该网站旨在向享受公共服务的用户提供法国国家行政各部门负责人的办公所在地及联系方式，并引导用户行使权利、规范行动；2012 年 4 月 13 日颁布的关于如何组织法律与行政信息管理局的总理决议中第 3 条规定，管理局应“向用户和公民介绍他们享有的权利和需要履行的义务，介绍国

① 1995 年 2 月 4 日颁布的第 95－115 号法律，第 29－1 条。

② 区域与住宅平等部部长颁布 2014 年 3 月 5 日决议以委托信托局管理公共服务事务所项目。

家各项政治制度及公共生活，为他们走行政程序提供方便”。

www. service-public. fr 网站主页有 3 个入口：个人入口、协会入口以及企业入口。个人入口的内容包括：

- 首先，提供各种部门信息的法国国家行政年鉴。这些部门包括：各大区内公共服务部门（省政府、市政府、省劳动厅、社会保险金及家庭补助金征收联合机构……）、中央各部、各部的下属机构及公共机构、独立权力机构、使馆、欧洲的机构组织、国家主要领导机构、欧盟成员国政府门户网站。年鉴中包含超过 15 000 名人员的姓名以及各行政机关单位的地址、电话及开放时间，这些信息均实时更新；
- 第二，在线服务：“CERFA”行政表格（申请选民登记、驾驶证申请登记、申请建筑许可证……）；远程服务（申请查阅犯罪记录或民事状况表……）；补贴计算方式（住房补贴、助学金……）；套用信函（向共和国检察官递交的诉状……）；
- 第三，主要行政程序流程简述（专栏标题为“如果……怎么办”）。这些简述分为 10 个主题：财务、国外-欧洲、家庭、培训-工作、法律途径、住房、娱乐、证件-公民身份、社会-健康、交通。
- 第四，可通过邮件提问，或访问 mon. service-public. fr 网站。

438. **个人账户在线操作步骤**。此外，mon. service-public. fr 网站向个人用户提供的一些功能旨在方便用户建立与行政机关之间的联系。用同一个账户名可进行不同行政程序操作：医疗保险、家庭补贴、雇请儿童看护手续、就业服务通用支票、纳税账户……；网上操作：更改地址、选民登记、储存文件、存储表格、注册行政联络员。

截至 2013 年 1 月 1 日，mon. service-public. fr 网站的普通用户已达到 4 853 751 人。

第四节　向权利捍卫人机构请求审理

439. **历史**。瑞典在 1809 年创立了巡视官制度，以便在行政当局滥用职权时维护公民的权利。受此启发，法国通过1973年1月3日法律制定了“中间调解官”制度。该法律第1条规定，“中间调解官”负责接收“行政相对人对国家行政机关、地方政府、公共机构以及其他一切负责公共服务职责的组织的投诉申请”。

中间调解官的任期为6年，不得连任。中间调解官具有独立性，不接受其他任何权力机关的指令。1973年，安托万·比内被任命为第一位中间调解官，此人曾于1952年至1953年担任法国部长会议主席。

1989年1月13日的法律修正案对该机构的名称进行了修改，更名为“共和国中间调解官”。随后，为填补中间调解官在某些专门领域的不足，下列专门机构纷纷设立了起来：儿童保护人①、国家安保工作职业道德委员会②、反歧视与维护平等高级管理局③、监禁场所总监督员④。2008年7月23日的宪法性法律以“权利捍卫人”取代了“中间调解官”，这个合并了其他3个机构的新机构属于受《宪法》支配的权力机构。新修订《宪法》第71-1条规定：“权利捍卫人的职责是监督国家行政机关、地方政府、公共机构以及其他一切担负公共服务职责或由《组织法》赋予职权的组织，保证其尊重行政相对人的权利和自由。在满足《组织法》中规定的条件时，任何人只要认为自身利益受到某公共服务部门或本条款第一行提到的某个行政机关侵犯时，均可以向权利捍卫人机构申诉。权利捍卫人也可主动受理。”

作为由《宪法》设立的独立权力机构，权利捍卫人机构在法国国家礼宾次序中排在第11位：在宪法委员会主席、最高行政法院副院长、经济社会与环境委员会主席之后，但在各位议会议员和最高法院院长之前。

---

① 2000年3月6日，第2000-196号法律。

② 2000年6月6日，第2000-494号法律。

③ 2004年12月30日，第2004-1486号法律。

④ 2007年10月30日，第2007-1545号法律。

§1. 一个由《宪法》设立的独立权力机构

440. 任命。 2011 年 3 月 29 日颁布的关于权利捍卫人的《组织法》[①] 明确规定：权利捍卫人应在部长会议上任命。但在这之前应完成《宪法》第 13 条第 5 款规定的程序：共和国总统将自己的任命人选告知国民议会及参议院的议长，国民议会和参议院各自的立法委员会将召开会议，对权利捍卫人的候选人进行听证，并投票表决。如两院立法委员会的反对票总数超过两院有效票数总和的 3/5，总统不得对此人进行任命；如反对票数不超过 3/5，总理在报告中将任命政令交于部长会议审议，然后由共和国总统进行签署。

第一位被任命为权利捍卫人的是多米尼克 · 博迪，此人为国民议会和欧洲议会前议员。他从 2011 年 6 月开始担任此职，一直到 2014 年 4 月去世。接替他的是前部长雅克 · 图邦，他于 2014 年 7 月 17 日被任命为权利捍卫人。

441. 独立性。

2011 年 3 月 29 日颁布的《组织法》的第 1 条和第 2 条提出了 4 项规定，以保证权利捍卫人的独立性：

- 不兼容规定：权利捍卫人不可是政府、宪法委员会、最高司法会议、经济社会与环境委员会成员，不能担任其他任何公职；不能从事任何其他公务职务、职业活动；不能在任何公司、企业、机构担任董事长或董事会成员、理事长或理事会成员、常务董事等；
- 行动自由规定：权利捍卫人在行使职权时，不接受任何指令；因为该职位不得连任，权利捍卫人不必讨好当局。
- 保护规定：不能因为权利捍卫人在行使职权期间发表的意见以及所采取的行动，就对其进行跟踪、搜查、逮捕或审判；
- 不可撤销规定：该职位任期 6 年，除非权利捍卫人自己提出要求或遇到特殊情况，否则不能无故使其终止行使职权。

442. 助手。 权利捍卫人保留所合并的 3 个机构的"记忆"。

---

① 第 2011－333 号《组织法》。这项《组织法》由当日的第 2011－334 号（普通）法律作为补充。

2011 年 3 月 29 日颁布的《组织法》第 11 条明确规定：权利捍卫人拥有 3 位助手，由总理根据权利捍卫人的提名进行任命。这 3 位助手同样具有独立地位：

- 一个专门负责维护与推进儿童权利的助手，名为“儿童保护人”；
- 一个专门负责国家安保领域职业道德的助手；
- 一个专门负责反歧视、促平等的助手。

这 3 位助手在权利捍卫人的领导之下，可在各自主管领域代替权利捍卫人行使职权。权利捍卫人有权将多个机构团体召集在一起召开联合会议。

443. 使命。 《宪法》第 71－1 条第 1 款对权利捍卫人的使命作出的定义为：“权利捍卫人的职责是监督国家行政机关、地方政府、公共机构以及其他一切承担公共服务职责或由《组织法》赋予职权的组织，保证其尊重行政相对人的权利和自由。”为履行使命，权利捍卫人发展了大约 450 位左右的志愿者，他们遍布于各个省政府、司法机构、监禁场所；权利捍卫人享有预算自主权①。

权利捍卫人制定了一套职业道德法典，适用于权利捍卫人及其助手、团队成员、权利捍卫人的协作者；该法典于 2012 年 6 月 26 日被决定通过，其中尤其明确指出：协作者“在面对申诉者时，应礼貌热情、认真聆听。他们应以尊重个人尊严的举动，维系申诉人与被诉人之间敏感的联系②”。

444. 提出进行研究的要求。 权利捍卫人可向最高行政法院副院长或审计法院院长提出要求，组织一项研究③。

2013 年 9 月 20 日，权利捍卫人第一次利用了这项权利：他向最高行政法院申请对多个问题进行研究，这些问题涉及在公共服务中宗教中立原则的应用，他尤其希望在这份研究报告中能明确公共服务使命与维护整体利益的使命有什么区别，以及“参与公共服务”的定义是什么。最高行政法院于 2013 年 12 月 19 日的全体大会上通过了这项研究，后经权利捍卫人公开发表。

---

① 2011 年 3 月 29 日颁布的关于权利捍卫人的第 2011－334 号法律，第 10 条。
② 《权利捍卫人职业道德法典》，第 1 章，第 1 条（勤勉严谨）。
③ 2011 年 3 月 29 日颁布的关于权利捍卫人的第 2011－333 号《组织法》，第 19 条。

§2. 权利捍卫人的干预

445. 受屈受害者。 权利捍卫人可主动处理案件，但通常情况下需要一人向其提出受理申请，权利捍卫人将无偿受理。《组织法》第5条规定四类人可直接申请权利捍卫人受理：

1） 任何认为自己的权利与自由受到国家行政机关、地方政府、公共机构以及承担公共服务职责的组织侵犯的法人或自然人；这种情况下，在向权利捍卫人提出受理申请之前，申请人必须或已经与其投诉的公法人或机构组织有过交涉，或提出抗议申请却未获得结果。

2） 儿童如想申请权利保护或其利益受到侵害，可由其法定代理人、家庭成员、医疗或社会服务机构、合法注册5年以上的以维护儿童权利为规章的协会代替其向权利捍卫人提出受理申请；儿童可直接向权利捍卫人提出受理申请，权利捍卫人将通知其法定代理人及可参与维护儿童权益的权力机构。

3） 认为自己直接或间接受到歧视的人，这种歧视是指已被法律或法国承认的某项国际承诺所禁止的。受歧视者可直接向权利捍卫人提出受理申请，也可与合法注册5年以上的以反对歧视、援助受歧视者为规章的协会联合申请；被法律禁止的歧视基于19项标准（年龄、相貌、残疾、性取向、工会活动、政治观点……）。

4） 认为公安人员、武装警察、公共场所或私人场所保安人员的不当行为违反了安保领域职业道德规约的受害者或见证人。

除当事人可直接向权利捍卫人提出受理申请外，议员（议会议员、参议员、欧洲议会议员）、欧洲调解官或其他国家的调解官也可通过向其递交请求书申请受理。

446. 手段。 权利捍卫人拥有广泛的调查权：他可以向被控诉方提问，并规定被控诉方作出回复的期限。权利捍卫人可要求被控诉人对事件进行陈述，甚至可以到其工作所在地进行现场核实[①]；权利捍卫人如想进入私人场所，须获得大审法院中负责自由与监禁的法官批准。当权利捍卫人收到的申诉并不属于司法管辖范畴，而是触及某一项法律规章条款的解释或意义，可向最高行政法院咨询。

447. **后续**。 在说明理由的情况下，权利捍卫人可以选择不受理申请。

如果权利捍卫人选择受理申请，在不违背某项司法决定的条件下，他可以：

• 提出在他看来可以保障受害人权利和自由、有助于解决其面对的困难或预防新困难产生的任何建议；相关部门或个人须在权利捍卫人规定的时间内，向其汇报建议的落实情况。如权利捍卫人逾期未收到任何汇报，或在看到回馈信息后，认定其建议未得到有效落实，权利捍卫人可命令被告方在指定期限内采取必要措施；

因此，通过2013年4月19日决定，权利捍卫人建议掌玺大臣：在刑事诉讼案件中，骨骼检查结果并不能作为判断未成年人年龄的唯一依据。

• 通过调解途径，友好解决所了解的争执；

因一家人被奥赛博物馆保安人员“送”到门口，奥赛博物馆的相关领导和第四世界组织（ATD-Quart monde）之间产生了矛盾。为了缓和二者之间矛盾，权利捍卫人于2013年10月16日决定介入调解。

• 建议申诉方和被控诉方达成和解，权利捍卫人可对双方的协议条款提出建议；如果权利捍卫人证实涉案事实已构成歧视罪，可提议被控诉方缴纳罚金，自然人的罚金数额不超过3 000欧元，法人的罚金数额不超过15 000欧元，如有余地，还可建议对被害者进行补偿。双方和解协议可以公告的形式进行公布，或在公共场所进行张贴；和解协议需要得到共和国检察官的认可。

---

① 2011年3月29日颁布的关于权利捍卫人的第2011－334号法律第11条：“凡拒不服从权利捍卫人传唤、拒不向权利捍卫人提供有用信息文件、阻碍权利捍卫人进入行政办公地点或私人处所的，均可处以1年监禁，并处罚金15 000欧元。”

• 如权利捍卫人了解到某些行为事实，并认定这些行为应受处罚时，可向有权实施纪律处分的权力机关提出受理申请；

因此，权利捍卫人于2013年7月2日通过一项决定。一位武装警察指挥官未根据实际情况采取恰当措施，下令在塞文山脉的蒸汽火车观光车站用催泪瓦斯强行驱散一群示威者，权利捍卫人建议应对该指挥官实施纪律处分。

• 可申请向民事、刑事或行政法庭呈递书面意见报告书，或请法庭听取其说辞；

因此，权利捍卫人于2013年1月24日通过一项决定。一位女士向雇主说自己已经怀孕，3天后雇主叫她见面并声称要解雇她，权利捍卫人决定将有关此事的书面意见书呈递给法庭。

• 权利捍卫人，可建议对某些法律条令进行他认为有用的修改。

因此，权利捍卫人于2012年10月4日作出一项决定，他向负责商业与手工业的部长建议，对关于流动商贩和手工艺人许可证的法律文本进行修改，一定要注意提及“联结公社”中持有许可证的商贩同样属于“流民”。

448. **公开决定**。在通知被控诉方后，权利捍卫人可公开其意见、建议或决定，如有必要，还包括被控诉方的回复。此外，权利捍卫人应每年向共和国总统、国民议会议长以及参议院议长提交一份总结报告；在国际儿童日①还应递交一份专门为维护儿童权利而做的报告。权利捍卫人的大部分决定都发表在权利捍卫人官方网站（www.defenseurdesdroits.fr）上。

案例

法国国家铁路公司查票员的争议性处罚

克莱芒是一名大学生，2012年6月份的时候，尽管他带着有效的月卡和预订车票乘车，并且车次与座位号也与预订相符，却被开出了一张

① 1989年11月20日，联合国大会通过了《联合国儿童权利公约》，将11月20日定为儿童国际日。

罚单。查票员注意到他的预订车票上打了两次印，对此克莱芒给出的解释是：当他第一次检票时，检票机出现了故障。然而查票员以“无票-伪造车票乘车”为由，向他开具了190欧元的罚单。在向多方诉求无果后，克莱芒的母亲于2012年12月份对法国国家铁路公司的调解专员维持罚款一事提起控诉。受理申请后，权利捍卫人委派代表于2013年2月会见铁路公司的调解专员，并提醒他注意：克莱芒虽没有否认自己在票上打了两次印，但他伪造车票对其并无益处，因为在他所乘的列车开出后，他是可以重新拿回票的。调解专员告知权利捍卫人代表，这笔罚款涉及抬高金额的情况，已超出其管辖权限。权利捍卫人代表于是向主管部门的官员提出受理申请，并援引了同样的论据。这位官员听取了权利捍卫人代表的理由，于2013年5月取消罚款，了结了此事。

来源：权利捍卫人公开信息，2013年12月30日。

§3. 向调解专员申诉

449. **国民教育**。《教育法典》第L.23-10-1条规定：国民教育与高等教育调解专员可受理关于国民教育与高等教育公共服务机构运行的请求，申请人可以是公共服务的使用者（中小学生、大学生、教员、学生家长）或公务人员（教员及不从事授课活动的人员）。在每一个学区，都有一名学区调解员作为国家调解专员的联络人。2012年11月30日，国民教育与高等教育调解专员和权利捍卫人共同通过了一项协定，该协定规定国民教育与高等教育调解专员为权利捍卫人的联络人，并对二者之间的工作关系进行了安排部署。

2012年，国民教育与高等教育调解专员和学区调解员共收到10 327份申诉书：其中70%来自公共服务的使用者，30%来自职员。公共服务的使用者提出的申诉中，有2/3关于修学年限、注册和考试；职员的申诉中，有近一半关于职务分派和财务问题。从整体上来看，73%的申诉都需要国民教育与高等教育调解专员进行干预；在调解专员参与解决的案件中，有87%的申请人得到了积极结果①。

---

① 国民教育与高等教育调解专员2012年度报告，《用通知、对话形式来平息争端》，法国文献局，2013年。

450. 经济与财政。与税务机关、海关或负责消费事宜的主管部门存在纠纷的公共服务使用者（个人、企业或协会），可通过信件或电子邮件向经济与财政部调解专员申诉，申请中须附带证明文件；如涉及税务问题，纳税人可事先向省财政调解员进行申诉，若后者的决定不能令其满意，则可向经济与财政部调解专员申诉。经济与财政部调解专员由 2002 年 4 月 26 日第 2002－612 号法令设立，只负责处理个人案件。

2013 年，“贝尔西调解专员”共受理 4 225 起申诉案件，每起案件的处理时间大约在 2～3 个月；在调解专员的干预下，有 62%的申诉人得到了很满意或较为满意的结果。

451. 地方政府。2014 年 3 月 7 日第 2014－309 号法令设立了地方政府适行标准调解专员一职，专员职务需由法令任命。地方政府只有在推行法律规章遇到困难时才可向调解专员申请帮助；申请不能直接提出，而是必须经由省长转达。当调解专员对档案文件预审结束，并认定申请合理时，须向相关行政机关提出建议。行政机关须向调解专员汇报建议的落实情况。

452. 其他调解专员。调解专员的公正客观对该制度的成功大有助益，也很好地解释了为什么法国会出现大量的调解专员。例如电子通讯调解专员、就业中心调解专员、电影业调解专员①、图书行业调解专员②、信托局调解专员、企业信用调解专员、国家能源调解专员③、邮政部门调解专员、巴黎大众运输公司调解专员、法国国家铁路路网公司调解专员、法国电视节目调解专员、国家警察内部调解专员……

第五节　行政相对人在环境方面的权利得到巩固

453. 《环境宪章》第 7 条。随着社会的不断发展繁荣，负责解

---

① 《电影行业法典》，第 L. 213－1 条。

② 2014 年 3 月 17 日颁布的关于消费的第 2014－344 号法律，第 144 条。

③ 《能源法典》，第 L. 122－1 条。

决环境问题的公共机构应给予行政相对人特别关注，《欧洲法典》中的相关规定增加了欧盟各国在环境方面应承担的义务。法国政府于2007年秋季发起了一系列讨论，最终通过了关于推行《格勒内尔环境协议》的两项执行法案。立法者意图推进“新型的治理形式，通过调解和协商手段动员整个社会参与其中”①。

2005年3月1日的宪法性法律将《环境宪章》编入《宪法》体系之中，其中第7条明确规定：“在法律允许的条件范围内，任何人均有权了解由公共权力机关掌管的有关环境的信息，有权参与到与环境有关的公共决策的制定环节中来。”

焦点

《气候、空气与能源发展区域性规划纲要》与《风电发展区域性规划纲要》的制定限制性规定未尊重《环境宪章》第7条

(……)

6. 鉴于：《环境宪章》第7条规定：“在法律允许的条件范围内，任何人均有权了解由公共权力机关掌管的有关环境的信息，有权参与到与环境有关的公共决策的制定环节中来。”这些条款涉及受《宪法》保护的权利与自由；应由立法机关和行政机关（后者须在法律规定的框架内）在尊重《宪法》所述准则的条件下，确定实施这些条款应遵从的限制性规定；

7. 鉴于：首先，一方面，根据《环境法典》第L. 222－1条第1段第2行内容，《气候、空气与能源发展区域性规划纲要》应确定“在大区地域范围内、在2020年至2050年的时间范围内”环境保护的方针及目标；《纲要》尤其应明确可以减轻气候变化影响、有利于适应气候变化、防止或减少大气污染、降低大气污染影响的方针；《纲要》还应根据欧盟

① 2009年8月3日颁布的关于实施《格勒内尔环境协议》的第2009－967号法律，第49条。

有关能源与气候的法规，明确在开发潜在能源、新能源、能源回收方面以及推行如生物量热电联产机组这样可提高能效的科学技术方面，按不同的地理区域制定定性目标和定量目标；根据《环境法典》第L. 222-1条第1段第3行最后一句话内容，“作为《气候、空气与能源发展区域性规划纲要》附件的《风电发展区域性规划纲要》应根据欧盟有关能源与气候的法规，明确适宜开发风能的地区”；因此，《气候、空气与能源发展区域性规划纲要》与《风电发展区域性规划纲要》旨在确定有关环境保护的目标与方针；

8. 鉴于：另一方面，根据《环境法典》第L. 222-4条第1段、第L. 222-96条第4段以及《交通法典》第L. 1214-7条规定，《大气环境保护计划》、《国土气候-能源计划》和《城市交通出行规划》应与《气候、空气与能源发展区域性规划纲要》兼容；

9. 鉴于：因此，《气候、空气与能源发展区域性规划纲要》及其附件《风电发展区域性规划纲要》属于《环境宪章》第7条中所指的与环境有关的公共决策；

10. 鉴于：其次，《环境法典》第L. 222-2条第2款中的条款规定：在至少1个月的期限内，《气候、空气与能源发展区域性规划纲要》方案应以不同方式（尤其是电子形式）向全社会公开征求意见，以便公众参与；根据第L. 222-3条第2款规定：关于实施这两个《纲要》的限制性规定须由最高行政法院颁布法令加以确定。

11. 鉴于：在确定该《纲要》向全社会公开征求意见的最短期限及公开形式（尤其需要通过电子渠道进行公开）时，立法机关只考虑到公众参与的原则，而并未明确指出任何人在怎样的“条件与限制”下才有权参与到与环境有关的公共决策的制定环节中来；该立法机关已提请最高行政法院颁布法令规定“条件与限制”；这两个有争议的《纲要》均不能保证“公众参与”这一原则得以有效实施；立法机关在没有确定公众参与需遵循的条件和限制的情况下，通过了这两个有争议的《纲要》，这属于无视权限范围的行为；因此，《环境法典》第L. 222-2条第 1 款第 1 句话应被宣布违反《宪法》；

(……)

16. 鉴于：一方面，如果对宣布违宪的条款所造成的影响进行重审，明显会产生较严重的后果；另一方面，宪法委员会不具备与议会相同的评估权；在确定条款违宪后，废止时间推迟到 2015 年 1 月 1 日，以便立法机关对宣布违宪带来的结果进行评估；该法律条款宣布违宪后，如在其废止日期之前基于该法律条款采取了某些措施，不可再以该法律条款违宪为依据对所采取的措施提出异议。

决定：

第 1 条——《环境法典》第 L. 222－2 条第 1 款第 1 句话违反《宪法》。

第 2 条——在第 16 条理由规定的条件下，第 1 条中的违宪声明将于 2015 年 1 月 1 日起开始生效。(……)

来源：宪法委员会于 2014 年 5 月 7 日颁布的关于合宪性优先问题的第 2014－395 号决定。

§1. 环境相关信息获取权

454. 获取信息。 根据《环境法典》第 L. 124－1 条和第L. 124－2 条规定：提出申请的任何人均可获得由国家机关、公共机构和办事处掌管的与环境问题相关的信息。这些信息可以是关于自然环境要素状况的（尤其指空气、大气、水、土壤、土地、风景、自然景观、海岸地带、海洋），也可以是关于生物多样性的；容易对自然环境要素状况产生影响的因素（尤其指物质、能量、噪音、辐射、废料、废气、废水及其他排放物）；人类健康状况、人身安全及生活条件，已受到或可能受到环境要素影响的建筑与文化遗产。申请人可获取由公共权力机关所做的与环境有关的报告，或了解与环境有关的法令条例的实施情况。如权力机关收到获取与环境有关信息的申请，须在收到申请之日起1个月期限内做出明确答复；如申请人所申请获取的信息量过大或过于复杂，期限可延长至2个月。

455. **拒绝传达信息**。当权力机关认为传达信息会对环境保护、法国对外政策、公共安全、国防造成侵害，或者如果相关信息介入法律诉讼或犯罪调查过程中会导致刑罚处罚，行政权力机关可拒绝对获取信息的申请做出回复①。

§2. 大型治理规划草案公开辩论参与权

456. **国家公开辩论委员会**。由中央政府及其公共机构制定的涉及全国利益的大型治理规划草案②须向社会公开。此外，一些草案可被公开辩论：其中最为重要的草案会自动接受国家公开辩论委员会审查，其他草案应由对其负责的公法人主动交给国家公开辩论委员会审查③；递交给国家公开辩论委员会的文件中应包括：草案的目标及主要特点、草案中涉及的社会经济问题、草案估计成本以及草案会对环境及领土整治产生的显著影响。

因此，修建高速公路、快速路、双向二车道、铁路、航道或拓宽运河等计划，若计划成本高于3亿欧元或里程超过40公里，国家公开辩论委员会自动对其进行审查；若计划成本高于1.5亿欧元或里程超过20公里，须由对草案负责的公法人主动交给国家公开辩论委员会审查。

但是对于那些依据《城市化法典》或《大巴黎公共交通网总体规划方案》而进行的整治规划，通常会采取一套特殊的公共商讨

① 《环境法典》第L124－4条至第L124－5条。不得以其他理由拒绝传达关于环境问题的信息（最高行政法院，2013年4月24日，第337982号文件，法国莱昂德尔化学公司案，参见《最高行政法院2013年判例汇编》，表格栏）。

② 地方政府制定的草案也同样需要公开，对于人口少于2万人的市镇，相关程序有所简化。

③ 《环境法典》第L.121－8条、第R.121－1条以及第R.121－2条。

制度。

国家公开辩论委员会是独立的行政权力机关，由25位成员组成[①]，其职责是：在收到一项草案后2个月内，决定是否应该组织关于该草案的公开辩论。国家公开辩论委员会在做决定时，应“以国家利益、草案对领土的影响、与草案相关的社会经济问题以及草案会对环境及领土整治造成的影响为依据”[②]。

如果国家公开辩论委员会判定公开辩论是必要的，可成立一个特别委员会自行组织公开辩论，也可委托对草案负责的公法人组织公开辩论；在这种情况下，国家公开辩论委员会对组织公开辩论进行限制性规定，并保证讨论务必顺利进行。例如，国家公开辩论委员会可建议：成立公民专题讨论小组或组织大型的会议，通过媒体公开信息，创建网站来征集意见或创建可供问答建议的论坛。国家公开辩论委员会应建立公开辩论日程安排计划，并向社会公开，公开辩论的期限不超过4个月（如有特殊情况，可延长2个月）。

如果委员会判定公开辩论是不必要的，可建议工程负责人或对草案负责的公法人根据委员会制定的限制性规定组织商讨。委员会可自发或应对草案负责的公法人申请，指派一位“担保人”[③]，保证公众可在商讨过程中表达自己的意见及批评。

457. **公开辩论后续**。 在对草案的公开辩论结束后最迟2个月内，国家公开辩论委员会主席应完成汇报总结工作。在总结公布后最迟3个月内，负责该草案的公法人应对项目跟进的原则及条件做出决定，并对此决定进行公开；公法人应明确指出对草案做出的主要修改以及草案实施过程中所采取的措施，以回应从公开辩论中吸取的要

---

① 委员会主席由总统令任命，候选人须经过议会两院各自的主管委员会听证，两个委员会的反对总票数不超过有效总票数的3/5，方可进行任命（1958年10月4日《宪法》，第13条，第5款； 2010年7月23日颁布的第2010－837号《组织法》，附件）。

② 《环境法典》，第L. 121－9条，第1款。

③ 同上。

点。公法人应向国家公开辩论委员会做上述汇报，国家公开辩论委员会有权对这些限制性规定及其实施情况发表意见和建议。

2011 年 3 月 1 日，法国国家铁路网公司（RFF）法人通过寄信的方式，向国家公开辩论委员会递交了《巴黎—诺曼底新铁路线建设草案》。2011 年 4 月 6 日，国家公开辩论委员会通过决定组织公开辩论，并成立特别委员会。在接到下诺曼底大区、上诺曼底大区和法兰西岛大区各自的大区议会生态学研究组副主任的意见书之后，国家公开辩论委员会于 2011 年 10 月 5 日通过决定进行补充鉴定。随后，应法国国家铁路网公司的请求，委员会于 2014 年 2 月 5 日任命一位担保人，协助公开辩论后的协商事宜。

§ 3. 有权参与关于环境问题的决定

458. **接受公共调查的草案。** 政府在作出大量决定之前，都需要向生活在相关地域的居民告知相关情况，并咨询他们的意见，充分考虑第三方的利益问题：这正是公共调查的目的所在。比如国家的公用征收草案（为发展公共事业制定的强制征收草案）①、景区登记与分级草案②、规划性公文（海滩规划草案③、机场噪音曝光草案④、可预见性自然风险的防范草案⑤、技术风险预防草案⑥）、国家公园⑦或海洋国家公园⑧的建立草案、对沿海公共领域居民私有不动产地役权的修订⑨、对环保设施的授权预审⑩均必须经过至少 1 个月的公共调查阶段。

大多数公共调查都是依据《环境法典》第 L. 123 - 1 条和第 L. 123 - 19 条进行的。首先，在距离公共调查至少 15 日前向行政相对人公布

---

① 《公用征收法典》，第 L. 11 - 2 条。
② 《环境法典》，第 L. 341 - 1 条。
③ 《城市化法典》，第 L. 146 - 6 - 1 条。
④ 同上，第 L. 147 - 3 条。
⑤ 《环境法典》，第 L. 562 - 3 条。
⑥ 同上，第 L. 515 - 22 条。
⑦ 同上，第 L. 331 - 2 条。
⑧ 同上，第 L. 334 - 3 条。
⑨ 《城市化法典》，第 L. 160 - 6 条。
⑩ 《环境法典》，第 L. 512 - 1 条。

即将组织公共调查的决定，在调查工作会涉及的地点张贴告示（告示应以公路上的行人可见可读为标准），在相关省份流通的报纸上刊登通知，也可通过电子渠道进行公布；公布的调查通知中应包含调查的目的。在调查开始的最初8天里，应继续在报纸上刊登调查通知①。应接受调查的档案中包含所有必需文件，根据草案性质的不同，文件的数量与内容也有所不同；为保证信息的可读性，档案中都会包含“非技术性说明”；如果草案已经通过公开辩论，档案中应包含相关总结。在公共调查开始前或进行过程中，任何提出查阅申请的人在缴纳一定费用后，均可以对即将接受公共调查的档案进行查阅。

当工程、工事或治理方案的实施可能会对欧盟其他国家的环境造成显著影响时，应将公众有权了解和参与决定的有关资料移交给该国的相关部门②。

行政法庭会指派一位调查专员负责主持调查，“以保证公众可以掌握关于草案、计划或项目的完整信息，充分表达自己的意见和建议，更有效地参与到决定过程中来”③。公众可将自己的意见、建议以及反对意见写在调查记录簿上，调查记录簿为非活页装订，有调查专员的编号和签字，每份档案文件旁均会放置一本打开的记录簿，每个人也可根据自己的意愿通过邮寄的方式发表意见。相关群众如有请求，调查专员可听其陈述意见看法，并决定是否组织公众信息交流会。

调查结束后，调查专员应在30日期限内递交调查报告、结论及理由；报告及结论将被公开。在看到调查专员的结论后，如果草案、

---

① 公众如果不了解调查公告上的相关条款，“会对调查程序造成不良影响，甚至会导致公共调查之后的决定有失公正。因为如果调查的所有利害关系人并不都知道调查已经开始，那么就会影响调查结果，也就进一步影响了行政机关的决策”（最高行政法院，2013年9月25日，第359756号文件，贝桑采石建筑公司案，参见《最高行政法院2013年判例汇编》，表格栏）。

② 《环境法典》，第L.123-7条。

③ 同上，第L.123-13条，第1款。

计划或项目的负责人想对草案、计划或项目在整体结构上进行其认为合理的改动，可就改动会对方案及环境产生的有利影响和不利影响进行补充调查。

案例

在发表大巴黎 15 号红色—南部地铁线塞弗尔桥站—努瓦西站段公共用途声明前的公共调查（2013 年 10 月 7 日至 11 月 18 日）

2013 年 8 月 1 日，法兰西岛大区区长和巴黎省长签署了一项决议，要求在发表塞弗尔桥站—努瓦西站（15 号红色—南部地铁线）段线路的公用声明之前，组织公共调查。该决议是在大巴黎社会监督委员会批准对此路段的建设投资草案 15 日后颁布的。公共调查的档案资料详尽地介绍了这套建设草案，并以多份调查研究（对环境影响的研究、社会经济研究、岩土工程研究……）为理论依据。档案中还包括弃土处置的指导性方针，以及各机构组织对草案提出的意见。

这是大巴黎首段全自动地铁线路，这条地下新线路长度为 33 公里，穿过 4 个省份（77/92/93/94），涉及 23 个市镇，连接 16 个车站。作为草案中至关重要的步骤，此次公共调查旨在收集公众以及调查委员会的相关意见。对一个草案的公共调查是其公用声明的先决条件，如在草案实施过程中出现违背城市化相关规定的情况，草案的公用声明将优先于城市化相关规定。

从 2013 年 10 月 7 日到 11 月 18 日，这场公共调查的 28 个场地设置在相关的市政府和省政府；在此路段涉及的多个城市中，还设立了共 69 个调查专员值班室。调查委员会由让-皮埃尔 · 肖莱领导，其中包括 7 名正式成员和 2 名候补成员。此次公共调查期间共组织了 3 场公共会议，分别在：蒙鲁日 ［时间：2013 年 10 月 15 日星期二 20：30 地点：蒙鲁日（92120）埃米尔 · 克雷斯普广场 2 号，钟楼大厅］、克雷泰伊 ［时间：2013 年 11 月 6 日星期三 20：30 地点：克雷泰伊（94000）安德烈布勒路 5 号，圆形剧场 C 座，布勒馆，巴黎东区大学］、努瓦西勒

格朗 [时间：2013年11月14日星期四20：30 地点：努瓦西勒格朗(93160)共和国路36号，米歇尔·西蒙空间]。

2014年2月3日，由让-皮埃尔·肖莱领导的调查委员会向法兰西岛大区区长和巴黎行政法庭庭长递交了关于大巴黎公共交通网15号红色—南部地铁线的报告及结论。包括调查委员会报告在内的全部文件都可下载。

来源：法兰西岛大区区长通告，2014年2月5日。

凡是具有诉讼资格的人，均可在公共调查结束后，向行政法官申请撤销行政机关做出的决定。此外，申请人还可向行政法官申请宣布暂停执行决定。在这种情况下，若决定是基于调查专员的不利结论而做出的，根据《环境法典》第L. 123－12条规定，“如申请人对行政机关所做决定的合法性提出质疑并言之有理”，负责紧急审理的行政法官应“公平对待申请人的申请”。但“当暂停执行决定可能会对整体利益产生严重影响时”，法官可对申请不予受理①。

若关于草案的首次调查结束后，自决定之日起5年内草案并未得到实施，则需开展第2次公共调查；然而在此时限期满之前，可申请对5年期限进行延期。

459. 规章性决定的制定。《环境宪章》第7条明确提出了“公众参与”的原则，国家机关若想做出有关环境问题的决定（法令、决议、独立权力机构制定的规章性决定），必须经过公众参与的过程。《环境法典》第L. 120－1条对公众参与过程做出了限制性规定②，若因保护环境、保证公共健康、维护公共秩序导致紧急情况，可免去公众参与环节。每隔3个月，政府相关部门会在各自的网站上公布对草

① 最高行政法院，2012年4月16日，第355792号文件，孔夫朗-圣奥诺里讷镇案，参见《最高行政法院2012年判例汇编》，第153页。政府颁布的几项法令同意对巴黎地区的航线进行调整，有市镇申请中止决议的执行。

② 参见上文第127条目。

案进行公共协商的安排。

聚焦

法国核安全管理局：对影响环境的规章性决定的公共协商安排

2014 年第一季度公共协商安排

- 《关于利益保护政策与综合管理制度的决定》的草案
- 《关于放射性废料储存的规定与核基地接受放射性废料储运罐条件的决定》的草案
- 《关于废料管理研究与核电站所产生废料汇总的决定》的草案
- 《关于核基地紧急情况准备管理办法的决定》的草案
- 《关于声明企业参与放射性物质的运输的决定》的草案
- 《关于核基地临界风险管理的决定》的草案

规章性决定的草案以及附带介绍此项决定背景情况和目的意图的介绍说明，将通过电子渠道交与公众支配，并在省政府和专区政府向公众开放，以便公共协商。公民可在自草案公开之日起 21 日内，通过电子渠道或写信的方式将自己的意见送达主管行政机关；想要了解公众意见，均可通过电子渠道进行查询。

公民如希望对决定的草案以及附带的介绍说明进行公共协商，应在公文公示结束之日至少 4 日前，向省政府或在专区政府现场提出申请；相关部门最迟在申请后第 2 日将相关公文条款交与申请人支配①。

在最终决定之前，行政机关应充分考虑公众意见；因此在公共协商结束后 4 日内，行政机关不得签署决定。此外，行政机关在公布决定的同时，应将公众意见汇总（其中应特别明确指出所采纳的意见）通过电子渠道公布，还应在一份单独的公文中陈述做此决定的理由。汇总公示时间至少为 3 个月。

---

① 《环境法典》，第 D. 120－1 条。

自2013年4月1日起，法国还试行公众意见公布新政，为期18个月。公民通过电子渠道提交的公众意见，在相关部门接收之后，即可通过电子渠道进行查询，公开时间为3个月。由国家公开辩论委员会指派专人负责起草意见汇总报告①。

460. 自行决定的制定。 法国一些专项的法律条款规定了在何种情况和条件（如有必要，还包括门槛和标准）下的决定须由公众参与。2013年8月5日关于践行《环境宪章》第7条所载公众参与原则的第2013－714号政令规定，公共部门关于环境问题的自行决定即使并不属于上述特定决定的范畴，也要遵循公众参与的原则②。

尤其是经过竞争选拔环节之后，授予某个机构或个人进行科研工作专属许可，一定要经过公众参与的过程③。

§4. 特许协会的权利

461. 受1901年7月1日法律管辖的协会。 1901年7月1日法律涉及协会契约问题，在此法管辖范围之内的协会如“满足以下三项标准，可向行政机关申请特别许可：1. 以公益为目的；2. 采用民主的运作模式；3. 坚持财务透明制度”④。环境是“人类的共同财富”⑤，在这个领域有很多协会，它们中间有一些掌握着非常重大的特权，这些协会就是“特许环境保护协会”。《环境法典》第L. 141－1条至第L. 141－3条以及第R. 141－1条至第R. 141－26条对特许环境保护协会的地位做了规定。

462. 特别许可申请。 除了所有申请特许的协会必须满足的一般性条件以及上述条件外，申请环境保护特许的协会还应：

---

① 2012年12月27日颁布的关于实施《环境宪章》第7条规定的公众参与原则的第2012－1460号法律，第3条。

② 《环境法典》，第L. 120－1－1条。

③ 《矿业法典》，第L. 122－1条。

④ 2000年4月12日颁布的关于公民在与行政主体的关系中所享权利的第2000－321号法律，第25－1条（也可参见2012年3月22日颁布的关于简化法律与行政程序的第2012－387号法律，第123条）。

⑤ 《环境宪章》序言，第3条。

• 在自然保护、野生动物管理、生存环境改善、水保护、大气保护、土地保护、遗址和景观保护、城市化、抵抗污染和损害方面，已开展了3年以上法定活动；

• 主要致力于环境保护；此条件为上一条的补充①；

• 所有活动为非营利性质，采取不涉及利害关系的管理模式；

• 拥有足够的（能够满足协会活动的需要）会员（自然人），这些会员或单独缴纳会费（个人会员），或联合缴费（团体会员）；

• 应提供在财务和会计方面的合法性担保；申请特许的协会尤其应提供由会员大会表决通过的损益表和资产负债表及其附件、会费收入总额、利息收入、会员的地区分配情况，还应明确表述会员在什么条件下才可以利用协会的资金。

463. **对申请进行预审**。 特许申请应由协会的法定代表人向协会所在省省长提出。省长将对申请进行预审，并听取地区环保、整治与住房管理局局长，下放部门其他领导以及上诉法院总检察长的意见；地区环保、整治与住房管理局局长必须给出意见，并说明理由。预审主要是为了核查协会近3年来是否满足所有必要条件。

464. **特许决定**。 如协会属于省级范畴或大区范畴，则由省长发布决议授予特许，还须说明理由；如属于国家范畴，则由生态部部长发布决议。一次特许的期限为5年，到期后可（采取快速申请方式）重新申请授权；如在特许有效期内，协会不再满足特许的必要条件，相关部门可收回特许。环境部部长向公众公布享有国家特许的协会名单；省长负责公布享有省或大区特许的协会名单。

2014年1月1日，德塞夫勒省的7个协会获得环境保护特别许可，分别是：德塞夫勒鸟类保护协会、德塞夫勒自然环境协会、德塞夫勒猎人联合会、德塞夫勒渔业与水域保护联合协会、水体保护与研究及水环境协会、德塞夫勒环境协会、普瓦特万沼泽保护

① 最高行政法院， 2013年12月30日，第359940号文件，铅中毒受害家庭协会案。

协会。

465. **拒绝授予特许**。 拒绝授予特许应说明理由。如协会自收到申请回执之日起6个月内，并未收到决定通知书，则视为特许申请被拒绝。

466. **诉讼**。 如对授权决定或拒绝授权决定不服，可向行政法庭提出异议，行政法庭对此可全权判决①：法官可做出取代省长或部长的决定，或命令其重新考虑协会提出的申请。

467. **特许协会的义务**。 特许环境保护协会每年应向授权机关递交有关协会运作的有效公文：对协会工作范围合乎法律规定的修改、最近一次会员全体大会的会议纪要、活动报告、损益表和资产负债表、会费收入总额……

468. **特许协会的权利**。 需要明确的是：联合会获得授权，并不代表构成联合会的所有协会都享有此授权。授权型协会“有权参加公共机构有关环境保护的行动”②；一些特许环境保护协会还可以“参与由负责审查环境与可持续发展相关政策的咨询决策机构指导的、一切有关环境问题的辩论”③。

聚焦

2011年7月12日规定负责审查环境与可持续发展相关政策的咨询决策机构清单的第2011－833号法令

总理，

根据法国生态、可持续发展、交通与住房部部长报告，

参考《环境法典》，特别是第L.141－3条，

决定：

第1条

---

① 《环境法典》，第L.141－1条，最后1款。

② 同上，第L.141－2条，第1款。

③ 同上，第L.141－3条，第1款。

根据《环境法典》第 L. 141－3 条，负责审查环境与可持续发展相关政策的国家级咨询决策机构名单如下：

1. 通用咨询决策机构：

生态转型国家委员会

2. 专用咨询决策机构：

国家水体委员会

核安全信息透明高级委员会

国家海洋与沿海地带委员会

国家噪音委员会

能源高级委员会

国家山区委员会

国家废料委员会

化学制品与生物杀灭剂委员会

国家空气委员会

国家风景委员会

技术风险预防高级委员会

国家水陆物种可持续发展委员会

账户与环境经济委员会

国家温室效应观测站指导委员会

农业与食品经济指导与协调高级委员会

生物技术最高委员会经济、伦理与社会小组

国家狩猎与野生动物委员会

森林、林产品与木材加工高级委员会

第 2 条

根据《环境法典》第 L. 141－3 条，负责审查环境与可持续发展相关政策的大区级咨询决策机构名单如下：

1. 通用咨询决策机构：

大区经济、社会与环境委员会

文化、教育与环境委员会

2. 专用咨询决策机构：

盆地委员会

大区农业经济与乡村委员会

大区森林与林产品委员会

大区水陆物种可持续发展委员会

第 3 条

根据《环境法典》第 141－3 条，负责审查环境与可持续发展相关政策的省级咨询决策机构名单如下：

专用咨询决策机构：

省环境与卫生技术风险委员会

省自然与景观遗址委员会

省农业委员会

省土地治理委员会

省农业用地使用委员会

省狩猎与野生动物委员会

第 4 条

如果于此项法令颁布之日，上述 1－3 条中所涉及咨询决策机构的成员尚在任期之内，则其任期不受此影响。

第 5 条

生态、可持续发展、交通与住房部部长负责本法令的实施，本法令将在法兰西共和国《官方公报》上发表。

总理：弗朗索瓦·菲永

生态、可持续发展、交通与住房部部长：娜塔莉·科希丘什科-莫里泽

2011 年 7 月 12 日

特许环境保护协会若想获得参与辩论的资格，应经过特定程序向其总部所在地的省政府递交申请；根据《环境法典》第 R. 41－21 条规定，省长应查实该协会是否在本省、大区或全国的某个重要环境领域开展实际有效活动，是否在环境保护的一个或多个领域做出过贡献，是否有项目、科研调查、出版刊物或实际操作活动经验，以及是否享有较高的知名度。

如果一个特许协会想获得参加国家级辩论的资格，那么它必须拥有分散在至少 6 个大区的至少 2 000 名会员，并且每个大区的会员人数不能超过协会会员总人数的一半①；如果是大区级别或省级别，会员的最低人数应由大区区长或省长根据当地实际情况进行规定。比如在德塞夫勒省的 7 个特许环境保护协会中（参见上文），有 3 个获得了参与省级环境问题讨论的资格，它们分别是：德塞夫勒鸟类保护协会、德塞夫勒自然环境协会、德塞夫勒猎人联合会。

国家级特许环境保护协会可向国家公开辩论委员会申请，如须组织一场非必要的讨论（参见上文第 456 条目），参与制定预防固体废料污染的全国性草案②，或参与起草有关灯光设施技术管理要求的部长令③。环境与能源控制署④以及国家公园⑤的管理委员会成员中，须包含环境保护协会代表。

大区级特许环境保护协会可参与制定预防固体废料污染的大区性草案⑥，参与商讨保护与发展自然景观的指导方针⑦，或者与负责监管空气质量的机构合作⑧。在保护海域管理委员会成员中，须包含环

---

① 2011 年 7 月 12 日部长决议第 1 条确定了《环境法典》第 R. 141－21 条第 1 款所述（关于希望参加涉及环境问题辩论的协会）应遵循的限制性规定。

② 《环境法典》，第 L. 541－11 条，第 3 款。

③ 同上，第 L. 583－2 条，第 1 款。

④ 同上，第 L. 131－4 条。

⑤ 同上，第 L. 331－8 条。

⑥ 同上，第 L. 541－13 条，第 6 款。

⑦ 同上，第 L. 350－1 条，第 2 款。

⑧ 同上，第 L. 221－3 条。

境保护协会代表[①]。

省级特许环境保护协会可参与制定省级预防固体废料污染草案[②]，可加入跟踪监督委员会，还可要求获取省自然遗产盘点清单[③]。

469. **诉讼权**。根据《环境法典》第L.142－1条规定，如某项行政决定与某特许环境保护协会所属领域相关，且对该协会授权地域范围内的环境造成破坏性影响，则该协会有权向行政法院就此决定提起诉讼[④]。

《环境法典》第L.142－2条规定，当民事行为对某特许环境保护协会所捍卫的集体利益造成直接或间接损害，或违反关于自然环境保护、生存环境改善、水保护、大气保护、土地保护、遗址和景观的保护、城市化、抵抗污染和损害、核安全与核射防护、抵制涉及环境问题的商业欺诈行为及虚假广告等法律规定，该协会有权进行民事诉讼。如遇民事行为对某特许协会所捍卫的集体利益造成直接或间接损害，或违反关于城市化的法律条款，该协会也具有正当的民事诉讼权[⑤]。

最后，《环境法典》第L.142－3条规定，在环境保护领域，如果多个自然人所遭受的个人伤害被认定系同一人所为，且受害者与侵权者所在地相同，则可启动联合代表诉讼程序：如受到两个以上相关自然人委托，特许协会可在任何法庭之上代表全体受害者。

---

① 《环境法典》，第L.334－4条，第2款。

② 同上，第L.541－14条，第6款。

③ 同上，第L.310－1条，第4款。

④ 同上，第L.142－1条不禁止其他环境保护协会的诉讼行为；这项条款仅限于承认特许环境保护协会有可能会因为利害关系而进行诉讼（最高行政法院，2013年7月25日，第355745号文件，普卢兰自然遗产保护协会案）。

⑤ 《城市化法典》，第L.160－1条及第L.480－1条，第5款。

第二章
行政监督

470. **问责权**。《宪法》规定行政从属于政府（参见上文第1条目），因此行政的监督者首先就是政府。但政府监督并不是唯一的，因为它并不充分，而且并不能总是做到公平公正：并且，政府监督要想有意义，那么从部长到部门，一刻都不得松懈。实际上，除了向政府报告之外，行政机关最应该向广大人民群众进行汇报。早在1789年，《人权宣言》第15条就这样写道："社会有权要求公务人员报告其行政收支。"① 而且关于公共生活透明度的2013年10月11日法律第1条要求：所有肩负公共服务使命的人员——也就是所有行政机关的公务人员——在行使职权时应做到"庄重、廉洁、公正"②。

471. **欧盟法律整合**。根据《宪法》第55条和第88－1条规定，法国须遵从《欧洲联盟条约（马斯特里赫特条约）》及《欧洲联盟运行条约（罗马条约）》的各项条款，因此法国政府及其行政机关都要服从于欧盟法律。至于欧盟所做出的指示亦是如此：欧盟成员国有义

① 这一条例就刻在康邦宫大法庭的门楣上，审计法院就位于此处。
② 第2013－907号法律。

务在欧盟机构规定的期限内，将欧盟的某项指示移植到本国国内的法律之中，这就迫使国家权力机关根据规定期限起草制定各种法律文本；欧洲事务总秘书处负责将各国执行情况汇报给欧盟委员会（参见上文第 269 条目）。欧盟委员会不仅对法律移植的期限进行监督（如果有延期的情况，欧盟委员会将实施处罚①），还要监督各成员国对欧盟法律的应用是否恰当。企业或个人可以向欧盟委员会“诉苦”；如果对某成员国在实施欧盟法律时制定的相关限制性规定有异议，也可申请委员会受理：委员会将要求被控诉国给出解决方案，如果后者并未给出合适的解决方案，委员会在提请欧洲联盟法院受理之前可对被控诉国进行催告。

欧盟委员会公布了阶段性的“单一市场记分牌”。比如说，在 2014 年 5 月 1 日，法国未移植的法律文本为 0.6%，欧盟国家的平均水平为 0.7%，而欧盟委员会所定的目标是不超过 1%。那么法国的延迟时间就为 5.7 个月（成员国平均为 7.5 个月）。

欧盟还有一种监管可以限制行政机关运行过程中的公共收支预测与执行，那就是：欧元区成员国有义务向欧盟委员会汇报本国国家预算情况。《欧洲联盟运行条约》第 136 条规定：欧盟可针对欧元区成员国采取必要措施，以“巩固各成员国预算政策的协调一致性，巩固其预算监督”。自 2013 年起②，欧盟委员会开始负责每年对各成员国的预算草案进行审查，并在 11 月 30 日前给出回复意见；对于赤字过于严重的成员国，委员会将对其财政预算进行特别监督。

472. **提纲**。本章主要将视线集中在国家层面的行政监督上，首先是行政机关的自我监督（第一节）、独立权力机构的监督（第二节），然后是议会（第三节）和司法机关（第四节）的外部监督。

---

① 《欧洲联盟运行条约》，第 260 条，第 3 款。

② 欧洲议会和欧盟理事会，2013 年 5 月 21 日关于对面临重大财政困难的欧元区成员国加强经济与预算监管的第 472/2013 号规章；欧洲议会和欧盟理事会，2013 年 5 月 21 日关于制定应共同遵守的条款，以跟踪评估欧元区成员国的预算计划草案、纠正过度赤字的第 473/2013 号规章。

第一节　行政机关自我监督

§1. 监督与内部审计

473. 风险控制。受到私营部门的启发，内部监督首先在财会方面发展起来，而这如今也成了欧盟成员国应承担的一项义务[①]。除了单纯的会计职能外，关于财政法律的《组织法》引导行政机关在行政绩效的框架内，重新审视对整个资金支出链的监督政策，或者从一个更大的范围来说，重新审视行政活动风险的调控政策。这种"质量管理"在商业企业中早已为人熟知，它是以下列要素为基础的：一份流程图示、一次风险评估、一套可以降低风险等级或风险出现概率的行动方案、一个实际有效的内部监督机构，以及由内部审计对该监督机构进行的定期评估。

474. 内部监督与审计机构。继《纪尧姆报告》[②]之后，关于行政机关内部审计的2011年6月18日法令[③]规定：各部（包括马提尼翁府）须根据自己所负职责及部门组织结构的实际情况，设立一个内部监督与审计机构，以控制公共政策风险。如果几个部有共同的总秘书处，那么这几个部可共同设立一个内部监督与审计机构（参见上文第92条目）。

法令第1条规定了监督与审计职能：

- "内部监督机构是各部形式化的常设机构，旨在控制各部在实现各自目标时可能会面临的风险。在中央各部秘书长的协调下，各级领导共同负责推行实施内部监督（……）；"

---

① 欧盟理事会，第2011/85/UE号指示，第3条："各成员国要让自己的公共会计体系（……）接受内部监督及独立审计。"

② 财政监察总局，《关于政府内部监督与审计政策结构的报告》，2009年第2009-M-043-01号公文，法国文献局，2010年。

③ 第2011-775号法令。这项法令由总理于2011年6月30日签署的第5540/SG号通告作为补充，通告内容关于在行政体系内实施内部审计。

• “内部审计是一项独立客观的活动，它不仅能保证每位部长可以把控自身行为决策，还能为部长如何才能做得更好提供建议。内部审计因此保证了内部监督机构的有效性。”

无论是内部监督还是内部审计，都需要以内部审计部门制定的标准作为参考框架，同时还应充分考虑到国家行政体系组织与运作所具有的特性，除此之外，还要具备一套严密的方法论。覆盖中央各部的国家行政内部审计参考框架由内部审计协调委员会规定，该委员会依附于负责国家改革事宜的部长。中央各部[①]都成立了自己的内部审计部级委员会（由部长担任委员会主席）、风险控制与内部监督委员会，以及一个内部审计部级小组（依附于各部部长，通常情况下受总监察局局长领导）。这个小组以风险分析为基础，为部门审计制定规划，但此规划方案须获得内部审计部级委员会同意方能生效。

案例

2012 年 9 月 3 日关于在外交部内部成立内部审计部级委员会、内部审计部级小组及风险控制与内部监督委员会的决议

外交部部长，

根据 1979 年 11 月 2 日关于外交事务总监察局的第 79－936 号法令；

根据 2009 年 3 月 16 日关于海外与欧洲事务部中央行政组织的第 2009－291 号法令；

根据 2011 年 6 月 28 日关于行政体系内部审计的第 2011－775 号法令，

决议：

---

① 参见以下案例汇编：2012 年 4 月 24 日关于国民教育、高等教育与科研部的监督与内部审计的第 2012－567 号法令；2012 年 5 月 9 日关于成立驻总理处内部审计委员会的总理决议；2013 年 4 月 23 日关于如何组织经济与财政各部以及权力下放、国家改革与公职部下属的内部监督机构和内部审计机构的第 2013－345 号法令。

第 1 条

成立一个内部审计部级委员会、一个内部审计部级小组，以及一个风险控制与内部监督委员会，依附于外交部部长。

第 2 条

内部审计部级委员会制定部门审计政策，并担负以下使命：

- 通过内部审计章程；
- 对内部审计部级小组的审计工作进行监督，确保其具有独立性、专业性以及客观性；
- 保证风险控制与内部监督机构的工作质量；
- 根据内部审计部级小组的提案，通过内部审计规划；
- 保证审计决定的有效实施。

第 3 条

内部审计部级委员会每年应召开至少一次会议。

委员会主席由外交部部长担任，或由外交部秘书长受权担任。

委员会的其他成员包括：

1. 外交部秘书长；
2. 通过部长令任命的 3 位外部人员，任期 3 年，可连任 2 届；
3. 1 名预算与会计监督员；
4. 内部审计部级小组副主任（由外交事务总监察局局长担任）。

上述第 3、第 4 点中提到的人员可被要求出席会议，但不具有表决权。

如委员会所处理的问题涉及部的某些下设办公室，那么这些办公室领导可被召参与委员会的工作。

内部审计部级委员会秘书处由内部审计部级小组负责。

第 4 条

内部审计部级小组直接依附于外交部部长，负责调整由内部审计部级委员会制定的内部审计政策。小组由外交事务总监察局局长领导。

内部审计部级小组以风险分析为基础，提出内部审计的项目，但此项目须获得内部审计部级委员会同意方能生效。该项目适用于受外交部管理的所有操作人员。

第5条

风险控制委员会负责制定外交部风险控制政策，以及在外交部中央行政机关及驻国外机构开展内部监督工作的必要方针。风险控制委员会与相关领导一起建立部门风险评估图表。

可成立附属委员会，负责专门领域或部门的内部监督工作。

委员会包括：

1. 外交部秘书长，担任委员会主席。
2. 由秘书长召集而来的外交部中央行政机关负责人。
3. 预算与会计监督员。

第6条

本决议将在法兰西共和国《官方公报》上发表，外交事务秘书长以及外交事务总监察局局长负责本决议的执行。

洛朗·法比尤斯

2012年9月3日

475. **内部预算监督的评估**。 关于公共预算与会计管理的2012年11月7日法令[①]第171条规定：内部预算监督机构每年须接受预算与会计部级监督员的评估，考察对象主要是内部监督的结果。要想了解法国贝尔西的预算员们对各部开支的监督力度到底如何，每年一次的评估能够给出清晰答案。

§2. 公共支出监督

476. **支出决策者与会计人员相分离**。 将支出决策者与会计人员相分离这一原则，早在波旁王朝复辟时期就通过1822年9月14日的

① 第2012－1246号法令；这项法令被贝尔西的公务员们简称为“GPCP”。

政令被提了出来[1]。如此明确分工让支出的合规性（以及收入的合规性）得到了有效保障。这项原则在我们的预算法中一直有所体现：关于公共预算与公共会计管理的 2012 年 11 月 7 日法令对其做出了重申，确保其得以落实。

支出决策者首要是各部部长；其次是大区区长、省长、大使、独立行政权力机关的领导，以及附属于部长并且权限范围遍及全国的行政部门的领导。这些支出决策者，不管是站在主导地位还是次要地位，均可委托他人代行职权，那些下放部门的领导们也因此成为了被授权的次要决策者。

由预算部部长任命的国家公共会计主要担任中央各部预算与会计监督员，或者担任公共财政总署、海关与间接税总署下放部门的会计。在对公共会计进行任命时，须明确指出他将被派往哪一位或哪几位支出决策者身边。

在上任之前，公共会计必须要做金钱方面的担保，并可以购买（财产）保险。公共会计在初次就职时，根据级别的不同在审计法院、大区审计法庭或其下属机关进行宣誓，誓言如下："我宣誓，秉承准确、迅速、公正、忠诚的原则履行我的职责，遵守法律规章，在我的职权内确保公共资金得到合理利用，维护公共机关权力不受侵犯[2]。"

477. 一笔支出， 4 个步骤。 要想实现一笔公共支出，首先需要支出决策者完成 3 个步骤。首先，支出决策者要建立一项"债务"，而这正是公共支出的缘由；然后，决策者对支出进行清算，也就是要核实这笔债务的真实性（根据完结服务原则），并确定款项数额。比如，决策者需要核实保洁公司的补贴金是否确实已经发放，或者求购的物品是否确实已经交付；接下来，决策者签发支出政令，也就是说命令会计进行支付。

---

① 维莱尔，曾先后担任路易十八的财政大臣和内阁总理，曾设想对各位内阁大臣的财政支出进行监督。

② 2004 年 3 月 3 日颁布的关于公共会计宣誓规范的第 2004 - 208 号法令修正案，第 1 条。

最后，就是由会计最终完成支出：通常情况下，会计通过银行转账的方式进行支付①。企业的货款或协会的津贴均有相关票据，在按照票据上所写的钱款数额进行支付之前，会计必须完成对支付政令的核查。会计需要明确支出决策者的资格（他是否有资格参与支出决策？），要仔细核查这笔支出是不是专款专用、用于支付的钱款是否到位、债务是否有效（服务是否完成、支付金额是否正确、预先监督是否得到尊重……），还要明确支付是否具有解除债务的性质。此外，会计还要查证预算监督员就支出款项的性质及数额给出的许可或意见。

然而需要注意的是，对于紧急支出（预支差旅费、小额设备耗材支出）和自然产生或经常性支出（公务人员工资、还贷、邮资、房租、电费……），设有专门的快速通道②：此类款项不需要提前签发支付政令，支出决策者只需要向会计出具可供其确定支付金额的必要证明。

478. **预算与会计部级监督员（CBCM）**。法国中央各部以及每一个独立行政权力机关中都有一个预算与会计部级监督员，由预算部部长任命，配有一名经济财政监察总局的成员辅助其工作③。其职责是监督公共资源利用是否合理。

每年12月份，在下一个预算年度（财政年度）开始之前，预算与会计部级监督员会收到部长提交的下一年部门各项目经费与岗位初次分配公文（参见下文第529条目）。监督员要核查每一个项目，确保分摊到项目下各项活动的资金总额与项目经费总额一致，分配到不同项目的岗位总数不超过该部门获准的岗位数量上限；此外，监督员

---

① 一些支出款项可通过银行卡、汇票或现金支付，参见关于实施2012年11月7日第2012-1246号法令第25、26、32、34、35、39和42条的2012年12月24日法令。2012年11月7日第2012-1246号法令涉及预算与公共会计管理，并列举了公共支出清算以及公共收入储蓄的具体办法。

② 行政与公职管理总局2010年1月29日为公共机构制定的第10-003-M9号指令，“支出程序现代化：服务完成之前进行支付及/或无预先支付政令进行支付”。

③ 参见1955年5月26日颁布的关于政府经济与财政监督的第55-733号法令；2005年5月9日颁布的关于财政监察总局的特殊地位的第2005-436号法令。

还要核查经费和人员分配是否严密，项目下的岗位分配与人员经费是否对应。预算与会计部级监督员应在1月10日前对分配公文进行签字确认，如有困难，可向预算部部长申请帮助①。

每个民用年年初，预算与会计部级监督员会收到部长提交的岗位和人员经费管理计划公文，精确到每个项目下的带薪人员月度进出预测、岗位数量上限的月度消费及人员开支预测，其中还包括对给予公务人员法定津贴补贴会产生何种影响所做的评估；预算与会计部级监督员负责检查部门招聘预计指标与政府规定的年度人员变动限度是否有所冲突，若监督员审核确定没有问题，会在收到计划书15日内签字同意；监督员会对每个项目计划公文的合理性给出意见。如果没有预算与会计部级监督员的签字同意，部长不得进行任何招聘活动。如处理过程中遇到困难，监督员可向预算部部长申请帮助②。

民用年年初，预算与会计部级监督员将经费储存起来，只有在收到预算部部长的指令时，才会对这笔储备金进行支取。

在预算执行过程中，预算与会计部级监督员可就支出决策者希望在某投资项目中保留的允许承诺额度发表意见。

预算部部长通过决议规定中央各部的经费及人员上限，所有的经费承诺及划拨、招聘许可及招聘举措，以及对部门所有成员的管理都需要以决议中规定的数额为依据，并必须要获得预算监督员签字同意或参考其意见；“这些总额度都是根据内部预算监督质量进行确定的”③。但这项条款并不禁止预算监督员申请对那些不需要获得他签字同意的行为进行事后监督。

因为预算与会计部级监督员被安插在中央各部的行政开支中心，预算管理部门因此对中央各部的财政支出情况有了一个深度的了解，

---

① 2012年11月7日颁布的关于预算与公共会计管理的第2012－1246号法令，第91条，第4款。

② 同上，第92条，第5款。

③ 同上，第105条，第5款。参见上文第473条目及第474条目。

这对制定年度预算草案大有帮助：预算管理部门不须大费周折，便可向中央各部提出节约开支的途径。

拥有国家权限的国家财政信息管理局——这个下辖于预算部部长的管理部门领导着被称为“合唱团”的关于政府支出、非税收性收入以及国家会计部门管理情况的信息系统。

479. **下放部门预算监督员**。大区公共财政负责人对国家下放部门及位于大区内的行政机关下属机构进行预算监督；配有 1 名负责经济财政总体监察的成员，或 1 位高级专家，或 1 位公共财政行政人员辅助其工作，并接受其管辖。

案例

2014 年 3 月 11 日决议：普罗旺斯-阿尔卑斯-蓝色海岸大区接受大区公共财政负责人预算监督的机构名单

由经济与财政部分管预算的委派部长，

(……)

根据 2012 年 11 月 7 日关于预算与公共会计管理的第 2012 - 1246 号法令，尤其是第 220 条至第 228 条内容，

决议：

第 1 条

指定普罗旺斯-阿尔卑斯-蓝色海岸大区公共财政负责人负责对以下机构实施预算监督：

- 普罗旺斯-阿尔卑斯-蓝色海岸大区卫生局；
- 普罗旺斯-阿尔卑斯-蓝色海岸体育资源、专业知识及体育成绩中心；
- 资格考察中心；
- 瓦尔邦讷国际中心；
- 艾克斯-马赛学术著作中心；

- 尼斯学术著作中心；
- 艾克斯-马赛教学档案管理中心；
- 尼斯教学档案管理中心；
- 艾克斯-马赛大学联合管理会；
- 尼斯大学联合管理会；
- 瓦尔邦讷国立中学国际部（滨海阿尔卑斯省）
- 国立马赛-吕米尼高等建筑学院
- 国立摄影学院
- 普罗旺斯艾克斯政治研究所
- 蓝色海岸音乐学院
- 克罗港国家公园
- 卡朗格峡湾国家公园
- 梅康图尔国家公园
- 阿尔松别墅

第 2 条

本决议将在法兰西共和国《官方公报》上发表。

部长（授权）签字：

预算负责人签字：

办公厅主任　S. 曼特尔

2014 年 3 月 11 日

作为预算监督员，大区公共财政负责人需要考虑义务性或不可避免性支出的覆盖面积①，并以部门经费与岗位初次分配公文中所写的

① 义务性支出是指在上一预算年度过程中，已被证明服务已完成的支出；不可避免性支出是指在即将到来的这个预算年度中需要支付的款项：公职人员工资款项，推行法律、规章、国际协议产生的费用，以及政府为保证公共服务活动继续进行而产生的必要支出（2012 年 11 月 7 日颁布的关于预算与公共会计管理的第 2012－1246 号法令，第 95 条）。

经费总额会导致怎样的预算后果为出发点，对国家下放部门预算项目下所有活动的预算（参见下文第 532 条目）是否合理给出意见。在国家下放部门的投资性支出、承诺款或经费划拨、招聘许可及招聘行为、人员管理方面，大区公共财政负责人履行着和预算与会计部级监督员相似的监督职能。

作为预算监督员，大区公共财政负责人还应对相关机构的预算执行过程进行监督，不仅要对相关文件进行审核，还要进行实地考察。这种监督旨在“通过考量机构的预算授权以及预算会计工作质量，评估机构管理的合理性”①。至于哪些财政行为必须获得预算监督员批准或需要事先征求预算监督员的意见，负责预算的部长为每个机构制定了行为清单；批准或事先通知会在 15 日内送达。大区公共财政负责人可出席被监督机构的审议会议，并有权参与协商。

法国所有驻外大使馆的全部支出同样需要接受预算监督，监督职责由公共财政海外监察专项负责人承担，其办公所在地设在南特。

§3. 监察机构的监督

480. **巡按使（Missi Dominici）**。法兰克王国的国王查尔斯，即后来的查理曼大帝，曾颁布了许多法令。当时的法令其实是旨在推行于整个王国实施的由几个章节构成的简短法律文本。789 年，为了击垮男爵们的顽固抵抗，他派遣巡按使在整个王国的国土上推行他颁布的法令，到后来这些法令被推广到整个查理曼帝国。大约过了 1 000 年，在 1781 年，内克尔让路易十六国王设立了一个总监察官的职位，负责监察民用医院和医院区专设的管教所。到了 1793 年，国民公会强制推行“恐怖政策”，将众多拥有无限权力的“特派员”急遣到各个城市和乡村。到了执政府时期，共和十年花月 11 日的《公共教育基本法典》第 17 条明确规定：“应由第一执政官任命 3 名教育监

① 第 2012－1246 法令，第 221 条，第 1 款。

察官，每年至少到各学校巡查一次，对学校的账目进行明确裁定，对学校的教学和行政工作进行全面审查，并将相关情况上报给政府。”历史塑造了今天的监察理念——即部长特派专员审查情况并作汇报：路易男爵曾先后担任路易十八与路易·菲利普的财政大臣，他非常喜欢说，财政监察总局是内阁大臣的手臂和眼睛。其实完全可以再补充一点：监察机构还可以鼓励其所在政府部门进行内部改革，并能促进政府部门将公众意见为己所用。

3 个部际监察总局可招纳在其他机构的特殊部门中担任总监察员（或监督员）职务的公务人员，任期为 5 年。

481. **部际监察总局**。财政监察总局、行政监察总局和社会事务监察总局，这三个监察总局的权限之所以能够涵盖所有政府部门，是因为它们可以直接受命于总理。这三大机构每年会从法国国家行政学院招收年轻的监督员。这三个监察总局的工作人员中，有相当一部分被分派到各中央行政机关、国家权力下放部门或部长办公厅去担任领导职位。他们往来于各大机构之中，丰富了自己的职业经历和生涯。

482. **财政监察总局**。创立于 1814 年的财政监察总局，是三大国家机构之一，由负责经济与财政的部长直接管辖①。刚刚走出国家行政学院的校门，财政监督员就被指派去“巡视”——这个词让我们不禁想起历史上的监察任务：巡按使到不同省份巡视，监督那里的财政运作情况；而现如今执行“巡视”任务的是由总监察员负责监督管理的监察小组。

监察小组中要任命 4 个一级财政监督员，其中 3 个将从二级专员（毕业于国家行政学院）中提拔，剩下的一个位置留给其他的国家公务员。国家公务员如果想申请这个职位，年龄须不小于 30 周岁，在公共部门有至少 10 年的工作经验，有能力执行财政监察总局下达的任务；2009 年 10 月 26 日的部长令明确规定：成立选拔委员会，经过档案审查和 3 轮面试之后，委员会通过信件方式推荐 2 名候选人，由部长做最终选择；一经任命，公务员可在 18 个月后转为正式财政监督员。

① 1973 年 3 月 14 日颁布的关于财政监察总局的特殊地位的第 73－276 号法令。

财政总监察员中，有 4/6 来自一级财政监督员， 1/6 可以是国家公务员，另外 1/6 是体制外部人员。

财政监察总局由一位部门主管领导，他负责机构管理工作并向每一位成员派发任务。财政监察总局的主要职责包括行政、经济与财政方面的监督、审计、研究、建议与评估。

监督员在行使核查、监督和审计职能时，有权根据对审程序，“进行文件审查以及实地调查”①，对象不仅包括各中央各部的支出决策者，还包括会计人员②；财政监察总局还参与由经济与财政部自身的审计委员会指挥的内部审计工作。

财政监察总局应总理或各位部长的要求，执行研究任务。因为研究工作经常会涉及多个学科（想要处理一个问题，可能需要从财政、经济、司法、人力资源、行政管理技术等多方面着手），财政监察总局就需要与其他各部的监察总局进行沟通合作。

建议工作旨在为某项公共决策提供切实可行的建议。

评估工作是指对行政机关、工作人员或公共政策的绩效进行评估。相关的评估建议通常以“梗概”的形式呈现出来。

财政监察总局要考量协助其完成研究、建议和评估任务的资助者对其工作成果的满意度。

在财政监察总局 2013 年完成的各项报告中（有些是在其他监察机构的协助下完成的），我们可以发现，其工作所涉及的主题多种多样：法国文化对经济的贡献、激发非洲与法国之间经济联系新活力的 15 项提案、数字化教育专业结构、免除公共场地临时停车费用影响评估、 2008—2013 年生态农业发展规划的总结、塞纳-北欧运河项目计划、境内法国公务人员的调配与流动、对大学生就业促进协会的监督、难民收容的财政支持、职业体育支持政策的评估……

483. **行政监察总局**。 1948 年第二共和国时期，法国成立了行政部门监察总署。 1948 年 3 月 4 日法令将其变更为行政监察总局，由

---

① 1955 年 5 月 26 日颁布的关于政府经济与财政监督的第 55－733 号法令，第 8 条。

② 2012 年 11 月 7 日颁布的关于预算与公共会计管理的第 2012－1246 号法令，第 61、62 条。

内政部部长管辖，拥有部际权限。二级行政监督员从国家行政学院毕业生中招收。

如要任命3名一级行政监督员，其中2位须从二级行政监督员（毕业于国家行政学院）中提拔，另外一个名额留给其他岗位的国家公务员。选拔委员会对候选人的资质进行考查，评判其是否有资格上岗，委员会通过信件方式推荐3名候选人，由部长做最终选择；一经任命，公务员可在1年后转为正式行政监督员。

5名行政总监察员中，有3位来自一级行政监督员，还有一位可以是国家行政机关或地方政府的、拥有20年及以上工作经验的公务员，另外一位是体制外部人员（年龄条件：50周岁以上）。

另外，还有4个人可以行使总监察员的职能：现任或曾任国家警察局局长或国家警察监察总局局长的2名官员；达到将军级别或指挥国家宪兵监察局的2名宪兵将官。

1981年3月12日法令第1条规定①，行政监察总局全体成员“负责对内政部所辖中央部门及国家权力下放部门进行监督、审计、研究、建议和评估”。除此之外，行政监察总局还承担对公共政策、教育培训、国际合作等事宜的评估。作为内政部部长的代表，监察总局的监督员们对隶属于部长的全体职员、部门、机关、机构、组织进行监督。此外，接受省长监督的职员、部门、机关、机构、组织也在行政监察总局的监督权限范围之内；即使它们正在接受另外的监察机构或专项监督审核时，行政监察总局仍有权对其进行监督，不过当出现的是后面一种情况时，行政监察总局须获得相关部长的明示或默许方可行使职权。此外，行政监察总局可应地方当局、公立公益基金会或组织、国外政府、国际组织或欧盟的要求执行任务。

行政监察总局2012年的工作报告显示，在这一年中，行政监察总局共完成了111份报告，其中17％是和其他监察总局共同完成的。在众多报告中，42％为审计鉴定工作结果报告，38％关于政策评估和前瞻性研究，15％关于监察和监督工作，剩下的5％是议会向共和国总统所做报告的支撑性文件。

---

① 1981年3月12日颁布的第81－241号法令确定了内政部所辖行政监察总局的地位。

37 份报告关于安全问题：国家警察内部的职业分类、司法提审、港口安全、使馆随行安保人员网络、社会住房出租人在预防犯罪中扮演的角色、足球场安全问题、违法行为数量与驾照扣分数量之间存在差距的原因……

33 份报告关于政府改革：中央各部在省政府设立部际办公厅的辅助工作、国家支付操作管理处审计工作、省级机关工作人员接待费用与住宿费用的规范、通过公务员考试却未被行政单位聘用人员的情况、车间工人……

23 份报告关于国土问题：城市革新计划的报告、投资科西嘉促进经济发展计划的报告、留尼汪鲨鱼危机、利用欧盟团结基金应对强风暴“辛加”……

18 份报告关于公共自由：国籍申请预审程序、省政府对外国人员的接待、审计向巴黎警察局发放的合法凭证、机动车行驶证防伪。

最后，行政监察总局还负责对内政部或省政府公务人员进行纪律审查前的立案预审。

484. 社会事务监察总局。社会事务监察总局受辖于负责社会事务（劳动就业、职业培训、卫生健康、社会保障、社会与家庭行为）的各位部长，可接受总理吩咐的任务。截止到 2014 年 1 月 1 日，该机构共有 130 名成员。

二级社会事务监督员从国家行政学院应届毕业生中招收，但是个别几个职位是通过组织外部考试进行公开招聘的，已完成论文答辩的理科专业博士毕业生有资格参加选拔考试。

在社会事务监察总局中，一级监督员以及总监察员的聘用方式与行政监察总局基本相似（参见上文）。然而有 4 点需要特别注意：

- 有资格申请一级社会事务监督员职位的，不仅包括公务员和法官，还包括医院的医生和药剂师、社会保障机构的负责人和顾问医生。
- 12 个总监察员职位实行破格录用制：2 个职位留给负责社会事务的中央行政机关前负责人，另外 10 个职位留给医疗卫生机构的总顾问。
- 此外，保险监管机构中的成员在具有 10 年以上工作经验后，可被破格任命为二级、一级监督员，甚至总监察员。
- 社会事务监察总局人事招聘的整体标准是：医学或药学博士不低于 10%，原监察机构成员人数不低于 4%。

2011 年 8 月 1 日法令规定，社会事务监察总局的职责包括：“监督、监察与审计，调查与评估，建议与支持。”[1] 此外，社会事务监察总局还承担很多常务，尤其是对“保证在押人员健康、维持监禁场所卫生的必要措施”进行监督[2]。

聚焦

社会事务监察总局半年度工作报告（2013 年 10 月—2014 年 3 月）

- 2014 年 3 月 12 日——学徒制发展的非财政性障碍，与行政监察总局、国民教育与科学研究行政监察总局及国民教育监察总局合作完成。
- 2014 年 2 月 20 日——医疗卫生机构医疗服务量的发展：现状描述、限制条件与前景预测。
- 2014 年 2 月 18 日——辅助医疗培训：融入新学制的方案及落实情况，与国民教育与科学研究行政监察总局合作完成。
- 2014 年 2 月 13 日——关于城市医疗咨询第三方承付制的报告。
- 2014 年 2 月 12 日——对 2009—2012 年工伤与职业病管理协议的评估。
- 2014 年 2 月 7 日——对各地区在押人员职业培训费用的评估，与司法部门监察总局及监禁部门监察局合作完成。
- 2014 年 2 月 6 日——对防腐管理条例的完善，与行政监察总局合作完成。
- 2014 年 2 月 3 日——对退役军人的补助金制度，与财政监察总局及军队监督总局合作完成。
- 2014 年 2 月 3 日——对社会经济公共政策的评估，与财政监察总局合作完成。
- 2014 年 1 月 28 日——对支持创业与再创业新机制（NACRE）的评估，与财政监察总局合作完成。

---

① 2011 年 8 月 1 日颁布的第 2011－931 号法令规定了社会事务监察总局的特殊地位。
② 《刑事诉讼法典》，第 D. 348－1 条。

● 2014 年 1 月 23 日——消除贫困、增加社会包容度多年计划首年实施情况评估。

● 2013 年 12 月 9 日——法国义务性补充退休金管理机构的投资督查（总结报告）。

● 2013 年 12 月 9 日——法国医生退休金自主管理机构（CARMF）的投资督查。

● 2013 年 12 月 9 日——民航航空人员退休金管理机构（CRPN）的投资督查。

● 2013 年 12 月 9 日——企业干部退休金管理机构总协会（Agirc）和补助退休金制度协会（Arrco）的投资督查。

● 2013 年 12 月 9 日——药剂师养老保险管理机构（CAVP）的投资督查。

● 2013 年 12 月 9 日——政府及公共行政单位非正式人员补充退休金管理机构（IRCANTEC）的投资督查。

● 2013 年 12 月 9 日——公证人退休金管理机构（CRN）的投资督查。

● 2013 年 11 月 26 日——“青少年之家”（MDA）落实情况评估。

● 2013 年 10 月 28 日——受保人与退休金制度二者关系的技术性简化。

● 2013 年 10 月 24 日——公务人员在法国境内分配划拨与流动，与行政监察总局及财政监察总局合作完成。

● 2013 年 10 月 22 日——艺术家、作家社保机构的规划统一及制度巩固，与文化事务监察总局合作完成。

● 2013 年 10 月 10 日——法国本土就业政策“制图、总结与建议（MAP）”的评估。

485. **部级监察总局（总监察机构）**。 除上述财政、行政、内政部之外，其他各部也有自己的监察机构，它们担负着与部际监察总局性质相同的职责。不过相比之下，这些部级监察机构招收的公务人员年龄要更大一些：想要进入这个体制之内，通常必须具备行政管理经验，能够胜任监察机构的专项任务。对于高层干部来说，获得监察总局的任命代表着对其职业生涯的肯定和褒奖；而且一旦被聘用，就能够享受文职类特级待遇①。一些部级监察总局的成员被划分为两个等级（二级、一级），还有一些只有一个级别。

案例

文化事务总监察员的招聘

关于文化事务监察总局成员地位的 2003 年 5 月 19 日第 2003－446 号法令

第 3 条

对总监察员的任命，应根据负责文化事务的部长的提案，通过法令决定。

下文第 4 条第 2 款中提到的任命，须通过部长会议令决定。

第 4 条

I. 在空缺的总监察员职位中，有 4/5 可由以下人员担任：

1. 中央行政机关负责人和部长会议任命的部长级代表；

2. 行政部门长官、长官助理、中央行政机关下属部门负责人文化事务大区负责人，以及职位对应 B 类及以上级别且至少有 3 年以上相关工作经验的公务员；

3. 达到非业内等级 7 级的民事行政人员；

---

① 例如：一个二级农业总监察员的工资指数至少为 852 点，并达到特级待遇 B 级；一个一级农业总监察员的工资指数最少为 1 015 点，可达到特级待遇 D 级。国家高级公务员所享受的特级待遇分为 8 个等级，按照升序排列依次为：A、B、B+、C、D、E、F 和 G。公务员对应怎样的工资指数及等级，可在 1948 年 7 月 10 日颁布的第 48－1108 号法令中找到记录，这项法令对普通退休制度下的国家工作人员的职级岗位划分做了规定。

4. 达到机构内倒数第二等级的文物馆馆长和图书馆馆长；

5. 达到最高级别的创新、艺术教育及文化活动领域的监察员及顾问；

6. 达到最高级别的国家建筑师及城市规划师。

除了中央行政机关负责人和部长会议任命的部长级代表之外，其他公务员只有经过评估委员会审核后，才能确定其是否可以获得候选人资格。

委员会由一位国务委员主持，其他成员包括：文化部秘书长，负责文化事务的部长指定的 4 名成员， 1 名在职文化事务总监察员（由其所在机构全体在职及外调成员选举产生，选举采取一轮单名投票制，该职位还需要 1 名候补人员，也是由同样的方法选举产生）。

委员会将其认为有能力行使总监察员职能的候选人列入候选人名单，名单按首字母排序，并提交给负责文化事务的部长。名单中的总人数应为所提供职位数目的 2 倍。

II. 此外，剩下 1/5 的空缺职位，可以按照上面指出的 1984 年 9 月 13 日法律第 8 条规定的条件进行招聘。如果申请者年龄不满 45 周岁，则不能被任命为文化事务总监察员。

因总监察员重新回归其原工作单位而空出的职位并不适用于上一款所述情况。

III. 对 5 个职位的任命，前 4 个按照本条款 I 进行，第 5 个按照本条款 II 进行。根据上文所述 1984 年 9 月 13 日法律第 8 条规定，上一轮任命结束后，新一轮任命可立即开始。

在外交部（位于奥赛码头）和司法部，部长分别拥有自己的外交事务监察总局①和司法部监察总局；在国防部，军队监察总局在三军

① 包括 1 位总监察员， 1 位副总监察员，以及监督员若干：参见 1979 年 11 月 2 日颁布的关于外交事务监察总局的第 79－936 号法令。外交事务监察总局代替了外交及领事馆监察署，让 · 季洛杜在 1934 年曾为后一个机构的成员。

部队、国家宪兵部队和国防采办局分别安排一位总监察员。国防部还拥有部队医疗服务监察总局以及负责检查“是否奉行部级法律规章、决定是否妥当、目标完成是否高效、公款使用是否合理”的部队监督总局[①]。

聚焦

一位议员就外交事务监察总局所作的书面提问
——第13届议会任期——第91839号文件

提问文本——2010年10月26日

法国向许多国家派有外交代表。就如何在这些国家执行监察任务，阿兰·茹瓦扬戴先生向外交和欧洲事务部部长提问。如果监督员通过执行监察任务，可以将一个职位的优势和不足整理成一份详尽的报告，那么阿兰·茹瓦扬戴先生认为，应该将这些报告交给全体相关人员查阅，以便从其中吸取经验，提高专业实践能力和办事效率，因此，阿兰·茹瓦扬戴先生希望能够了解检察机关目前在这方面有何举措。事实上，完成这些任务需要的成本如此之高，因此得出的报告应被视为对大部分外交人员进行评估的参考工具，同时还能够为各大使馆以及外交部领航。最后他认为，为了降低完成这些任务的成本，外交部的监察员们在出差时更应该首先考虑经济舱，而非像现在这样总是选择商务舱。

回答文本——2011年7月5日

外交事务监察总局的任务并不仅仅局限于传统意义上的对外交人员和领事人员进行的必要监察。由于要响应“法国公共政策全面复审方案”(RGPP)，要执行项目审计部际委员会(CIAP)的任务，要执行国家最高权力机关委派的某些特殊任务，因此外交事务监察总局与部际审计机构之间的联系日益增加。然而那些传统任务才最为重要：因为它们

① 《国防法典》，第D. 3123-1条，第1款。

才是外交事务监察总局监督、评估、建议等一系列使命的重中之重。2010 年，外交事务监察总局完成了 40 项任务，其中 8 项是临时突发性任务。监察总局对 34 个大使馆、 4 个常驻外交代表和 19 个领事人员进行了审查。尤其需要注意的是： 其中有 9 项任务是外交事务监察总局与其他各部的监察机构共同完成的（6 项与军队监察总局合作完成、 2 项与国库总司外事监察总局合作完成、 1 项与财政监察总局合作完成）。外交事务监察总局在执行每项任务之前，都会与各部中央行政机关一起认真做好准备工作，由监察总局制定详细的任务目标并严格遵守以下准则： 对外交、领事及文化领域改革政策的实施情况进行评估，考察其是否符合部长给出的方针导向，是否尊重“法国公共政策综合改革计划”确立的目标；其评估可作为对抗性诉讼的依据，任务负责人的意见应作为附件与最终报告一同提交；为保证监察程序的透明性，监督员与公务员会谈后所整理的文件笔记都将归入后者档案，且后者可向人力资源部申请查阅；应特别注意被监察部门内部的人际关系质量，在执行每次任务时，监督员要有步骤地组织当地公务人员参加一次禁止旁听的大会，以便检验社会对话的质量以及部长指令的落实情况。监察总局要将监察报告递交给部长、秘书长、参加任务前期准备工作的部内相关部门以及任务相关负责人，还附有向部长办公厅、秘书长以及相关地域的领导部门提出的关于下一步行动建议的意见表。这些建议对外交部来说，既能保障工作高效，又能节省财政支出。而监察总局自身也将力求节俭视为义务。随着任务不断增加，近年来，外交部在临时预算的执行上努力节省开支（2010 年 17%）， 2011 年的临时预算又创新低。监察总局通过采取提前预订和购买“不可退换”的减价票的措施，在交通费上大行节俭。但是对于目的地距离遥远、存在严重时差的情况，监督员可参照 2004 年 7 月 21 日第 2004－741 号法令中规定的条件订票。

来源： 国民议会《官方公报》， 2011 年 7 月 5 日，第 7115 页。

说起那些属于非王室部门的中央各部，就不能不提到文化事务监察总局、青年与体育监察总局、农业监察总局。在教学与研究领域，国民教育监察总局负责的是初等教育和中等教育的教学问题，而国民教育与科学研究行政监察总局负责监督幼儿园的运作；负责高等教育的部长有权管辖图书馆监察总局，而后者又听从文化部部长的安排。在生态和交通领域，海洋事务监察总局、可持续发展行政监察总局以及环境与可持续发展总委员会，三者在工作中并非相互独立的：海洋事务总监察员以及可持续发展行政管理总监察员是环境与可持续发展总委员会的法定成员，而委员会中大量的工作又是由路桥工程师、水工工程师或是林业工程师主持的。

聚焦

国民教育与科学研究行政监察总局的任务

《教育法典》第 R. * 241－6 条。1999 年 10 月 13 日颁布的第 99－878 号法令明确规定了国民教育与科学研究行政监察总局的法律地位，监察总局接受负责教育、高等教育及科学研究的各位部长的直接管辖，并行使监督、研究、提供信息、建议和评估的职能。

该机构的成员主要负责在行政、财政、会计与经济领域的监督与监察工作，需要接受其监督的对象包括：国民教育、高等教育及科学研究部所辖的中央部门、权力下放部门、公共机构内的全体职员，以及所有接受教育部直接或间接协助的组织中的全体职员。监督员们还参与职员招聘、培训和评估工作。

监督员可直接接受总理委派的任务。

《教育法典》第 R. * 241－7 条。主管教育、高等教育及科学研究的各位部长可批准国民教育与科学研究行政监察总局接受其他部长、地方政府、外国政府或国际组织的请求，参与完成其能力范围内的任务。

一些部级中央部门或权力下放部门拥有自己的监察机构：国家警察监察总局就是国家警察总局的常设机构，负责监督国家警察总局、国家内部安全总局和巴黎警察局下属各部门机构[1]；同样还有监狱行政监察局、学区监督员—大区教学监督员……这些监察机构履行着各自的审计和监督职能，甚至可对纪律处分进行监督。

第二节　独立权力机构的监督

§1. 行政运行监督

486. **权利捍卫人的监督**。 权利捍卫人——由《宪法》设立的独立权力机构，上文第443条目已对其做了阐述。权利捍卫人可受理行政相对人的申请。在负责安保工作职业道德问题的助手的协助下，权利捍卫人尤其要保证从事安全保卫工作的人员——特别是警察人员——遵守道德规范[2]。从更普遍意义上来讲，权利捍卫人对行政机构进行监督的依据是2011年3月29日颁布的《组织法》的第25条和第29条：

• 权利捍卫人可向行政机关提出建议，并要求其在规定期限内向自己汇报对建议的落实情况。如果权利捍卫人在规定期限内并未收到任何回应，或者根据所收到的相关资料断定行政机关并未遵照其建议，可命令该行政机关在一定期限内采取必要措施。若命令仍未得到执行，权利捍卫人将就此做一份特别报告，这份报告需传达给被申诉的该行政机关，并进行公开。

• 如果权利捍卫人了解到一些行为事实，并认为这些行为应该得到处分，可要求相关纪律权力机关追究其法律责任。该权力机关应向权利捍卫人汇报相关处分情况，如未进行处分，应向权利捍卫人说明

---

① 2013年8月28日颁布的关于国家警察监察总局的任务及结构组织的第2013－784号法令。通过这项法令，以前的警察局服务监察总局（IGS）被合并进了国家警察监察总局。

② 2011年3月29日颁布的关于权利捍卫人的第2011－333号《组织法》，第4条，第4款。

原因。如果权利捍卫人并未收到任何回应，或根据所收到的相关资料断定该权力机关并未采取有效措施，权利捍卫人将做一份特别报告并将这份报告传达给该行政机关。这份报告可被公布。

487. **对监禁场所运行的监督**。 2002 年 12 月 18 日，《禁止酷刑和其他残忍、不人道或有辱人格的待遇或处罚公约》在纽约通过，并于 2008 年 12 月 15 日在法国公布生效①。该《公约》第 3 条和第 4 条明确规定：每一缔约国应设立一个或多个国家级巡视组，负责防止酷刑和其他残忍、不人道或有辱人格的待遇或处罚；国家应允许巡视组到其管辖范围内的任何关押或可能会关押被剥夺自由权利的人的场所进行巡查。其实在这份《公约》发表之前， 2007 年 10 月 30 日法律就已经设立了“监禁场所总监督员”一职②。作为一个独立权力机构，担任总监督员的人必须具备足够的能力和专业知识，根据《宪法》第 13 条第 5 款规定，担任总监督员的人选先由法兰西共和国总统提名，如果议会两院的立法委员会中反对票不超过 2/5，则由总统签署法令加以任命。总监督员任期 6 年，不得连任。任何法人和自然人均可以基本权利未得到尊重为由，请求监禁场所总监督员受理。总监督员可自由进入监狱、隔离病房、拘留所、外国人行政拘留中心、法院中设置的拘留所以及教管所进行巡查；他可要求上述场所负责人向其出示任何相关资料，尤其是警察、宪兵或海关在拘禁某人时所做的笔录。

每次巡查结束后，监禁场所总监督员要将巡查报告及意见上报给有关部长。总监督员可要求行政机关对机关内行为不当的公务人员进行纪律处分，或向共和国检察官提起诉讼。对任何在其权限范围内的问题，监禁场所总监督员可自由发表意见、提出建议；如果他认为有必要对某项法律规章进行修改，可向政府部门提议。

---

① 参见 2008 年 12 月 15 日颁布的关于公布 2002 年 12 月 18 日在纽约通过的《禁止酷刑和其他残忍、不人道或有辱人格的待遇或处罚公约》的第 2008－1322 号法令。

② 2007 年 10 月 30 日关于设置一位监禁场所总监督员的第 2007－1545 号法律（修订于 2014 年 5 月 26 日）。

案例

监禁场所总监督员关于在押母亲与狱中年幼子女情况的意见

（2013年8月8日）（节选）

（……）

2. 法国法律允许因违法而被关押或被判监禁的母亲携带其子女入狱。《监狱法典》第38条规定：收容母亲及其子女的监禁场所应与相关部门达成协议，以保证获得必要的社会支持。

（……）

9. 监禁场所总监督员对几乎所有配备女子"监区"的监狱（3个例外）进行了巡查。这些监狱中，为女子提供的房间共有1 794个，其中有76（4.3%）个专门提供给带子女的母亲使用。管理部门当初根据什么决定了这个数目，这无从知晓。但这并未给监狱房间的安排带来困扰。从原则上来讲，监狱管理局会以恰当的方式对房间进行分配，安排进母子专用房间的带子女的母亲人数绝不会超过房间总数：想达到这样的结果，靠法官的裁决就能做得到。假设一个监狱里专门为带子女的母亲准备的牢房已经被占用，这时候如果再判一个带着孩子的母亲入狱，那么她只能被移送到其他监狱，而这势必会为照管其孩子、维系孩子与家庭之间的关系造成困难。弗勒里梅罗吉监狱的女子监区有一个被叫做"保育室"的区域，其中有专门为母子准备的15个房间（还有专门为孕妇准备的15个房间），雷恩的女子监狱有5个同样性质的房间。事实上，除了这两个监狱外，在其他的女子监狱中，大部分都只设有1～2个专门为母子准备的房间，少数有3个（科尔巴、雷米尔·蒙若利），还有一个监狱中有4个（罗阿讷监狱）。有些女子监区根本没有"母子牢房"，所以如有女子生产，就必须转监狱：茹拉维尔拘留中心就属于此种情况。除非有助于拉近母亲与其子女的地理距离，否则这样的转监应当避免。如果预测不会出现转监的情况，那么不出意外的话，在押的怀孕女子就会到狱中"母子监区"居住一段时间，因此最好能够允许其对"母子监区"提前参观。

10. 说到硬件设施，应将图卢兹-塞斯女子监区内的母亲及其子女与其他人分开安置，让母子拥有舒适的空间。而现实情况却令人担忧，很多监狱无法为孩子提供安静的环境，也无法保证母子关系不受影响。此次接受巡查的很多监狱里，母子专用牢房与其他牢房之间是由一道栅栏隔开的，有些是再加了一层有机玻璃。然而最好能够在二者之间安装一道带门的隔板：是否坚固并不重要，只要是为了在声音和视觉上起到阻隔作用。还有一些监狱中根本没做任何分区：母亲和孩子就在普通监区内。虽然将“母子监区”单独安排在一个楼层（像第戎或拜马欧监狱那样）增加了分区的复杂程度，但这种方案非常值得推行。如果说监区分离已然很难做到，那么相比之下，想要避免活动场地的混杂就更加困难了。除了个别活动场地布置得非常合理之外（弗勒里梅罗吉监狱），其他监狱要么是虽然为母亲和子女安排了专门的活动场地，却布置拙劣、面积缩减（图卢兹-塞斯监狱虽然是新建的，但专门活动场地的面积只有 $24\ m^2$；科尔巴监狱的年份更近，专门活动场地的面积也只有 $28\ m^2$）、到处是（隔栅网、蛇腹铁丝网等）警戒设施（就像罗阿讷监狱一样）；要么只是让母子在特定时间单独到女子监区的公共活动场地上去，不仅经常安排在不适宜的时段，还会缩短活动时间。对于母亲和孩子来说，能够到户外活动是他们的迫切需要，因此至少应该在拥有 2 个及 2 个以上母子牢房的监狱中设置专门活动场地；布置活动场地时应注意满足年幼儿童的需求（要有用来做游戏的空间和设备），尽量降低封闭感，帮助孩子缓解对外部世界的恐惧心理（绿色空间、开阔的视野、没有铁丝围栏……），并在视觉上与其他活动场地隔离。

监狱中还应尽量避免对母亲与子女太过直接的监视。专门活动场地不能被设置在瞭望台脚下，也不能在活动场所看守的直接视线范围内（罗阿讷监狱就是这种情况）。

11. 对牢房的安排布置也应考虑母子的实际需要。通常情况下，往往是将两间单人牢房合为一间，这样房间的面积就比较适合两个人使用，而且还能够让母亲和孩子拥有各自的空间。不过实际情况并非总是如此：《1999 年通告》中规定母子专用牢房的面积不能小于 15 m^2（参见第 4.1.1 段），然而大部分监狱，哪怕一些像南锡-马克斯维尔监狱这样新建的监狱，都达不到这个标准（与此恰恰相反的是，波城的监狱虽然是早期建立的，它的专用牢房的面积却是 29.5 m^2）。公共权力机关应该注意遵守自己制定的规定，并且应保证母亲和孩子在专用牢房中有各自的空间，以便母亲能专心忙自己的事情（比如看电视、读书、写作），并且不会影响到孩子的睡眠。

来源：《官方公报》，2013 年 9 月 3 日。

488. **对监听监控操作的监督**。国家总理可颁布政令进行监听监控，虽然这与由司法机关决定的、受《刑事诉讼法典》支配的监听监控操作目标相同，二者性质却并不相同。为了防止被滥用，监听监控要受到监督。

首先，国防部部长、内政部部长或负责海关事务的部长向总理递交进行监听监控的书面提议并说明理由，如果监听监控的目的是“获取与国家安全有关的情报、保护法国科技与经济潜力的基本要素、反对有组织的恐怖活动或犯罪活动、防止被解散组织的重建”①，总理可批准其对电子通讯进行拦截。只有在以上目的范围之内的信息才能够被记录下来，而且这些信息须在 10 日内被销毁。

保证上述规则得到遵守的任务被委托给了一个独立行政权力机关：国家安全监听监控委员会。委员会成员中，有 4 人由最高行政法院副院长和最高法院院长共同推荐，共和国总统从 4 人中选出一位主持委员会工作，任期 6 年；委员会还包括 1 名国民议会议员和 1 名参议员，分别由其所在议会委派。法律规定，总理应将任何关于监听监控的决定告知委员会，如果委员会认为决定无理，应向总理建议停止

① 《国家安全法典》，第 L. 241－2 条。

拦截。2008 年 2 月 18 日的总理指示增加了委员会的监督权限：它规定，总理须将收到的一切监听监控申请告知委员会，在获得委员会的意见之后方能做出最终决定。此外，委员会还可出于自愿或应直接利害关系人请求，对监听监控操作进行监督，以便核查操作是否符合法律规定。如监听监控操作触犯法律，委员会可向共和国检察官检举。

一些技术性操作（身份识别、交通数据；反恐方面：电话详单、定位操作……）虽无法靠电子监听完成，却可在监听监控的请求下通过其他途径完成，这种情况也在委员会的监督范围之内。

国家安全监听监控委员会在 2011 年度工作报告中明确表示：2011 年，相关部门共提交 4 156 份监听监控申请，其中 541 份为特别紧急申请。62％事关有组织犯罪活动，21％关于国家安全，16％关于恐怖行动，0.5％关于被解散组织，还有 0.5％事关国家科技与经济潜力或将受到侵害。共有 4 125 份申请获得了批准。在监听监控开始之后，根据相关部门获取的信息资料，委员会建议中止了 10 项任务，总理全部接受；委员会还主张中止 60 余项任务，大部分主张也被接受了。共有 43 个个人向委员会申请受理。此外，对于 197 000 项获取技术数据的申请以及反恐框架下的 34 000 项更加细化的申请，委员会也进行了监督。

§2. 行政透明监督

489. **决策者清正廉洁**。公共生活透明促进高等机构是一个独立的行政权力机关，由关于公共生活透明度的 2013 年 10 月 11 日法律规定成立。根据《宪法》第 13 条第 5 款规定，如果议会立法委员会的反对票不超过 2/5，则由共和国总统签署法令任命公共生活透明促进高等机构主席人选。该委员会中还包括来自各个最高司法机关的 6 名成员：2 名国务委员，2 名最高法院法官、2 名审计法院审计官。他们由各自的同事推选而出，每个法院选出的 2 名人员中应包括一男一女。另外，参议院议长和国民议会议长将分别指派 1 名有资质的议员加入该委员会，不过事先要获得两院各自的立法委员会不低于 3/5 的赞成票支持通过。主席和其他 8 位成员的任期均为 6 年，不得连任。

聚焦

公共生活透明促进高等机构的组成

2013 年 12 月 19 日令

主席：让-路易·纳达尔先生，法国最高法院总检察官。

由各最高司法机关选举产生的成员：国务委员兼诉讼事务部成员卡特林·贝雅尔女士，原特派国务委员皮埃尔·福泰尔将军，第三民事法庭法官玛丽-泰蕾兹·费多女士，最高法院刑事法庭法官格雷瓜尔·菲尼多里先生，审计法院审计官玛丽·皮泰女士和让·卢克·勒比先生。

由议会主席指派的成员：参议院名誉秘书长阿兰·德尔康先生以及国民议会名誉秘书长达尼埃尔·里瓦耶女士。

公共生活透明促进高等机构对行政机关高层负责人的财务状况和可能出现的利益冲突进行监督①。

首先，公共生活透明促进高等机构接收担任重要行政职务的人员的利益申报表和财产申报表，申报表以申报人的个人名誉作为担保；这些人员应在入职后 2 个月内向委员会递交两份申报表，并将申报表复印件交给自己所在单位的上级单位。这里所说的人员包括：部长办公厅成员及共和国总统身边的“智囊团”、独立行政权力机关和独立公共权力机构的成员、中央行政机关负责人、大区区长、省长、大使、大学区区长、由政府决定设立的其他公职人员，以及国有工商企

① 需要明确的是，需要接受公共生活信息透明促进高等机构监督的人数最多的一类是政治领导人：政府成员、议会成员、通过选举产生的地方负责人（2013 年 10 月 11 日颁布的关于公共生活透明度的第 2013－907 号法律，第 4 条及第 11 条）。

业和国有控股企业的董事长和总经理。在他们离任后2个月内，须向最高委员会提交新的利益及财产申报表。如果委员会主席在2个月期限内并未收到利益申报表或财产申报表，公共生活透明促进高等机构将责令当事人在1个月内递交。

财产状况申报表内容应详尽、准确、真实，应包含下列要素：不动产（建筑物、非建筑物）；有价证券；人身保险；银行活期账户及储蓄账户、存折、其他储蓄产品；单价超过10 000欧元的可移动财产（家具、艺术品、珠宝）；机动车、船和飞机；商业资产、客户、职务职位；境外持有的动产、不动产和账户；其他财产；负债情况。如有必要，财产情况申报表中应注明每个要素属于个人财产、集体财产还是共同财产。

利益申报表应包含下列要素：最近5年所从事的带薪职业；最近5年在公共机构、私人机构或公司的领导部门担任的职务；接受任命时对某公司企业的直接资本投资状况；接受任命时配偶或同居者所从事的职业；志愿担任的可能会导致利益冲突的职务；接受任命之日起仍在任期的职务①。

公职人员如只提交两份申报表中的一份，或对财产或利益关系漏报，或谎报财产，将被判处3年有期徒刑并处罚金45 000欧元。除此之外还可能禁止其行使公民权利，禁止其担任公共职务。

公共生活信息透明最高委员会可要求上文所述应递交申报的人员向其汇报纳税情况。最高委员会不得对从事行政工作的公职人员所建立的利益申报表及财产申报表进行公开②。最高委员会通过申报人递

---

① 2013年12月23日颁布的关于向公共生活信息透明最高委员会递交财产状况申报表及利益申报表的第2013-1212号法令。

② “鉴于：对于从事行政工作而又非通过公民选举产生的公职人员，直接由最高委员会及主管行政机关对其利益申报进行监督，以保证其廉洁清正并预防和抵抗利益冲突；相反，对这些非选举产生的行政人员或非内阁成员，公开他们的利益申报与此规则初衷并无直接关联，而且还会侵犯到他们的私生活；因此，第12条第1段中的条款并不要求公开第11条第1段中的第4～7句，以及第11条第3段中提到的有关人员的利益申报情况；因此，在此条件下，第12条第1段具有合宪性”（宪法委员会于2013年10月9日颁布的第2013-676DC号决定，第22点）。

交的申报表、相关意见及解释、掌握的其他信息资料等，对申报人的财产变化情况进行监督。若最高委员会发现申报人的财产情况发生不合理的变化，在当事人对此做出解释后，最高委员会将根据当事人的解释整理出一份专门报告，在《官方公报》上发表，并将相关文件递交给检察院。

其次，公共生活透明促进高等机构还对可能造成利益冲突的情况发表意见："举报人"可将了解到的利益冲突情况汇报给最高委员会。已向最高委员会递交过财产申报表和利益申报表的高级官员或内阁成员，如果在行使职权的过程中遇到涉及职业道德的问题，可向最高委员会征求意见；最高委员会所给出的意见不做公开。如最高委员会发现某人正处于利益冲突情况之中，会采取以下两种措施：

- 一方面，最高委员会命令当事人停止利益冲突情况，当事人可在 1 个月期限内对此发表自己的意见，之后最高委员会可决定公开这项命令①；

- 另一方面，最高委员会将利益冲突情况进行通报：如当事人为内阁成员、总理办公厅或部长办公厅成员，则将情况告知共和国总统、总理或部长；如当事人为独立权力机构内的工作人员，则告知独立权力机构和指定仲裁机构的领导；如当事人为其他公务人员，则告知对其行使管理监督职能的部长。

490. **公文披露**。 行政透明监督也是行政信息查询委员会的一项主要职责，这个独立行政权力机关负责确保行政机关能够将掌握的行政信息交予申请人查询，以此保证公民拥有获取行政信息的自由权利（参见上文第 399 条目）。

491. **信息透明**。 国家信息与自由委员会（参见上文第 402 条目）的职责不仅仅局限在保障行政相对人的公文获取权和更正权，它

① 2013 年 10 月 11 日颁布的关于公共生活透明度的第 2013 - 907 号法律，第 10 条，第 1 款以及第 11 条，第 5 款。

还从“上游”进行把控。

原则就是，若想对信息进行任何处理，都须告知国家信息与自由委员会。信息处理需要明确以下问题：

- 处理行为的名称及最终目的；
- 应向何行政机关部门提出获取信息申请（参见上文第 403 条目）；
- 记录在案的个人数据信息的类别；
- 有资格获取数据信息的收件人或收件人类别；
- 如有必要，当所实施的信息处理行为事关国家安全、国防或公共安全，事关刑事审判执行或安全措施执行，行政机关可以不向相关个人进行通知。

国家信息与自由委员会应保证信息处理行为中所包含的个人数据信息满足法律[①]规定的 5 个条件：1. 数据信息收集及处理过程合法；2. 数据信息收集的最终目的应清楚明确、合法合理；3. 数据信息应与处理行为的最终目的相符、切题中肯；4. 数据信息准确完整，如有必要，实时更新；5. 信息储存方式应保证信息收集及处理过程中，相关人员身份能够得以鉴别。

信息处理行为的创建应以处理行为的性质和内容为依据：

- 最为敏感的信息处理必须经由最高行政法院颁布法令同意，在这之前需要听取国家信息与自由委员会的意见（说明理由并在《官方公报》上公开发表）。此类敏感信息处理行为包括建立在法国自然人身份认证国家汇编系统中的个人登记注册号基础之上的，为国家、公法人或管理公共部门的私法人之利益而进行的个人数据信息处理；建立在个人身份认证及监督所必须的生物鉴别数据基础上的、为国家利益而进行的个人数据信息处理；由警察机关掌握的直接或间接暴露个人种族、民族、政治观点、哲学或宗教观点、所属公会的信息，或涉

① 1978 年 1 月 6 日颁布的关于信息、文件与自由权的第 78 - 17 号法律，第 6 条。

及个人健康状况或性生活的文件资料；

例如，最高行政法院于2013年12月27日颁布的第2013-1317号法令批准了一项对个人数据信息的处理行为，旨在将《体育法典》第L. 232-15条所述运动员的生物特征信息进行收集整理（该法令的颁布参考了国家信息与自由委员会2013年10月10日第2013-283号审议）。

• 较为敏感的信息处理行为，须在参考国家信息与自由委员会予以说明并公开发表的意见之后，经部长令批准，如果信息处理目的在于维护公共机构或管理公共部门的私法人之利益，则应由相关机构或部门的审议机构进行决定。此类处理行为包括涉及国家安全、国防或公共安全的情况，然而不包括直接或间接暴露个人种族、民族、政治观点、哲学或宗教观点、所属公会或涉及个人健康状况或性生活的个人数据资料；还包括在法国本土及海外属地人口普查相关的信息处理；

例如，法国掌玺大臣，即司法部部长，于2013年5月13日颁布决议，批准对监狱场所及监狱管理机关内部的视频监控中所涉及的个人信息数据进行处理（该决议的颁布参考了国家信息与自由委员会2012年1月26日第2012-022号审议）；预算部部长于2014年2月21日颁布法令，批准公共财政总司在名为“锁定偷税漏税目标，提高诉状分量”的打击偷税漏税专项活动中，进行相关的信息处理（该决议的颁布参考了国家信息与自由委员会2014年1月30日第2014-045号审议）。

• 其他信息处理行为需要经由国家信息与自由委员会批准：例如，在鉴定个人遇到的社会困难时所需的自动化信息处理行为；国家统计与经济研究所采取的数据处理行为；以人类遗传数据为基础的自动化信息处理行为，不包括医生或生物学家为实现预防疾病、医疗诊断或护理治疗之目的而采取的信息处理行为；以实现某公共部门的一位或多位法人所持文件资料得以相互沟通为目的，并符合多方公共利益的自动化信息处理行为。

例如，国家信息与自由委员会2014年1月30日第2014-048号审议批准了法国国家血液中心（EFS）对个人信息数据进行处理，以便管理由输血活动或国家血液中心进行的辅助活动引起的争讼（2014年2月26日，发布于法国法律网Légifrance）。

国家信息与自由委员会同时具备进行现场巡视监督以及对数据处理负责人进行传唤的权力。关于消费的2014年3月17日法律加强了国家信息与自由委员会的监督手段，使其能够通过一项在线信息公开服务，“查阅可自由获取的数据资料，查阅第三者因疏忽大意泄露的资料，或在数据自主公开系统中获取事实资料”。①

最后，如遇违反1978年1月6日法律相关条款的情况，国家信息与自由委员会可施以制裁。在发现信息处理负责人存在过失的情况下，委员会的“有限法庭”可在对抗性诉讼之后对处理负责人提出警告，或责令其停止信息处理；若处理负责人未遵照责令要求，委员会可宣布撤销对其的授权许可。当委员会查明对数据的某项处理或应用对人类身份、人权、私生活、个人或公共自由造成侵害，委员会可在对抗性诉讼之后，向总理提出应采取何种措施，以终止其查证出的侵犯性行为；总理应在收到通知后15日内，向委员会的“有限法庭”汇报提议的落实情况。此外，如遇对自由权直接严重侵害的情况，委员会主席可通过紧急审理途径，要求主管司法机关为捍卫权利与自由施行安全措施。

案例

圣马罗中心医院责令案之终结

2013年6月5日至6日，国家信息与自由委员会对圣马罗中心医院展开实地监督调查。 2013年9月25日，委员会主席决定就其发现的事实情况对圣马罗中心医院进行公开责令。此前的调查结果显示，一位医疗从业人士得到该医疗机构的同意，获取了数百位患者的病历，而此行为违反了《公共健康法典》及《信息与自由法典》的相关条例。

中心医院在收到委员会的责令决定之日就做出了响应。

---

① 2014年3月17日颁布的关于消费的第2014－344号法律。该法律修订了1978年1月6日第78－17号法律，第44条，第3款。

中心医院表示已采取了相应措施：

- 取消该医疗从业人士获取医疗数据信息的资格；
- 建立严格的信息系统安全政策；
- 依据相关法律，患者病历应由负责医疗信息的医生专门管理，取消医疗从业人士获取患者病历（包括信息化病历及纸质病历）的资格。

鉴于中心医院积极配合，委员会的责令结束。

来源：国家信息与自由委员会 2013 年 10 月 17 日公告。

第三节　议会监督

492. **三大使命**。2008 年 7 月 23 日，法国在两院联席会议上通过宪法性法律对《宪法》第 24 条进行了重新编写："议会投票通过法律。议会监督政府行为并评估公共政策。"

即使一项法律获得通过并公开，如果行政机关不注重法律的实施，那么这项法律就没有意义。对政府行为的监督建立在对政府政策行为的监督之上，但后者之中还包括保证行政良好运行的职责。议会负责对公共政策进行评估，最主要参照的是行政机关对各项法律、指导方针和国家决策的落实情况。

493. **常设委员会**。《宪法》第 43 条规定，两院最多可各设 8 个常设委员会，委员会成员的席位根据不同政治团体人数按比例分配；各委员会负责政府行为的不同方面。一些政府官员或内阁成员，即所谓的"政府专员"[①]，可作为部长辅助人员列席议会两院，并汇报民选代表提出的关于公共服务运行的问题，以及议员对公共服务运行的评价意见。

---

① 《宪法》第 31 条，第 2 款。

§1. 任命与指派

494. 对总统重大任命发表意见。 根据《宪法》第13条第5款规定（由2008年7月23日《宪法》修正案补充），“如果一些文职或军职与捍卫权利与自由、保障国家经济和社会生活密切相关”，共和国总统在进行人员任命之前，必须征求两院各自主管常设委员会的意见。

对于那些需要经过议会评估的职位（参见上文第308条目），议会的监督程序如下：

- 共和国总统和总理提名后，由政府秘书长将推荐人员的名字汇报给国民议会议长和参议院议长；通常情况下，总统府或总理办公厅会将提案进行公示；

- 两院议长向主管委员会了解被提名人可能获取的职权[①]；

例如，国家森林局局长对应经济事务委员会，法国国家航道管理局局长对应可持续发展委员会，国家生命与健康科学道德咨询委员会主席对应社会事务委员会。

- 两院的主管委员会分别组织候选人的听证会；听证为公开性质，由议会电视台进行全程直播；任何部长及部长顾问均不得出席听证会。被提名人首先向委员会进行述职，然后接受委员会议员的提问；

- 听证结束后，被提名人离场，委员会成员就是否支持此任命进行投票表决；为保证两院委员会成员能够自主投票，如果一个院已完成投票，而另一个院还未对被提名人进行听证，则前者不得开箱计票；

① 2010年7月23日颁布的关于《宪法》第13条第5款的适用原则的第2010-838号法律。

案例

国民议会经济事务委员会（2014 年 2 月 19 日）

布鲁诺 · 拉塞尔先生被提名为竞争管理局局长，对其进行听证。

投票结果：参与投票人数：11 人。无效票：0。有效票：11。支持票：11。反对票：0。

来源：2013—2014 年度例会，第 64 号会议记录，第 17 页。

• 议会两院议长将投票结果汇报给政府秘书长；结果将进行公示；

• 如两院委员会中反对票数总和不低于有效票数的 3/5，则不得对被提名人进行任命；共和国总统须另选人员进行提名，并启动上述相同任命程序；

• 如提名未遭多数票反对，则由政府秘书长起草任命法令，随后将其上呈共和国总统。法令不得违背议会委员会的意愿。

这样的程序促使政府在选人方面更加谨慎：如果政府不希望任命计划落空，就要选择不会引起强烈反对的候选人。所以政府在公示意欲任命的候选人之前，更愿意以半官方的方式向议会两院议长以及两院相关委员会主席进行咨询。但接下来就要看候选人自己了，在听证过程中，议员们会就其上任之后的计划打算等进行提问，候选人要尽自己所能审慎思考，给出经得起考验的回答。如果说这种机制导致政府不能任命那些挑衅之人担任政府官员，恐怕这离“美国《宪法》规定对绝大部分政府官员的任命须经过国会同意（在总统制国家，事实情况确实如此）”已经不远了。不管怎么说，法国《宪法》第 13 条第 5 款还是建立起了对话机制，让最终得以任命的官员与主要的专门议员进行交流，这些议员可能是当时投了多数赞成票中的成员，也可能是投了反对票的人。

495. **某些任命前的听证**。一些公共机构负责人在接受任命前须经过议会听证，不过这种听证之后没有投票环节，让政府保留了自主选择的权利。

这里所涉及的机构主要指的是《公共卫生法典》第 L. 1451－1 条第 1 款第 5 项所提到的：法国国家医疗事故、医源性疾病及医院感染赔偿办公室，法国国家肿瘤研究所，国家卫生监督所以及生物医学管理局。根据关于大巴黎的 2010 年 6 月 3 日法律第 8 条规定，大巴黎交通建设公司（SGP）董事会主席以及巴黎萨克雷集团董事长也属于此类。议会两院各自主管常设委员会将听证汇报交给政府秘书长，政府秘书长起草的任命令中将涉及听证内容。

例如：国民议会第 14 届议会会议内容是关于可持续发展与领土整治委员会对大巴黎交通建设公司董事会主席候选人菲利普·伊万的听证会。来源：2014 年 2 月 11 日，2013—2014 年度例会，第 41 号会议记录。

496. **议会两院指派议员入驻公共机构理事会**。议会两院以选举的方式选拔出一些议员，并将他们派往各种机关和办事处，让其参与管理和监督。这些机构主要有：法国海外教育署、国家森林局、法国农作物与海产品办公室、国家老兵与战争受害者管理办公室、法国国家电视台、乔治·蓬皮杜国家艺术文化中心、国家行政学院、法国高等国防研究院、法国电力集团、法国沿海地带及湖岸管理署、国家药品与保健品安全局、法国交通基础设施融资机构（AFITF）、国家工作条件改善局（ANACT）……

这些议员还会入驻众多咨询组织或独立权力机构：国家消防救援事务咨询处、社团生活高等委员会、国家信息与自由委员会、国家安全监听监控委员会、法国养老储备金监管委员会、法国科研与高等教育高等评估署、国家不动产事务委员会、政府采购指导委员会……

497. **议会两院议长指派专员入驻独立权力机构**。参议院议长及国民议会议长指派两院之外的专员入驻以下独立权力机构：法国最高视听委员会、法国铁路管理局（ARAF）、金融市场管理局、公共数据统计管理局……

§2. 通过立法职能行使监督权

498. **法律制定过程中的监督**。 每个对法律草案，甚至法律提案进行审查的常设委员会均可向部长提出要求，让行政部门配合其工作，以便了解现行法律文本相关的实施情况以及行政部门对新法律文本的效果有何期待。

此外，如议会两院中有成员递交了法律提案，在委员会审查环节之前，该院议长可将提案呈交给最高行政法院征求意见，后者可拒绝受理[①]。

至于大多数法律草案，行政部门须向最高行政法院[②]和议会提交相关文件，文件中应附带一份“影响研究报告”，报告中应表明对该法案有什么期待、列举如果没有新法规的干预会有多少种可能出现的结果，以及陈述为何需要求助于新的法律。

行政部门理应在影响研究报告中向议会详细陈述下列要素：该法案与欧洲法律的衔接度及其对国内司法秩序的影响；该法案涉及的某个或某些领域中[③]现有法律的实施情况；该法案接受审查的过程中应执行的规定、需要废除的法律文本与规章条款、相关暂行办法；在海外属地推行该法案的条件；对经济、财政、社会和环境影响的评估，拟定的法律条款会给各类公共行政部门、相关的法人和自然人带来怎样的财政代价与收益（须标明评估所采用的计算方法）；评估拟定的法律条款会对公职造成何种影响；在咨询最高行政法院意见之前还做过哪些咨询工作；如果可能，再加上政府根据经济、社会与环境委员会的意见所做的后续工作。

如果涉及财政法案，议会两院各自的财政委员会以及被征求意见的专门委员会（例如，关于生态部的预算问题，可向可持续发展委员

---

① 1958 年 10 月 4 日《宪法》，第 39 条，最后 1 款。

② 在召开部长会议对法律草案进行商议之前，应将草案交予最高行政法院（1958 年 10 月 4 日《宪法》，第 39 条，第 2 款）。

③ 2009 年 4 月 15 日颁布的关于《宪法》第 34－1、 39、 44 条及第 8 条第 3 款的适用原则的第 2009－403 号《组织法》。

会征求意见）于每年的7月10日前，向各部的行政部门发放一份“预算调查表”。表中列有的几十个问题是关于公共资金的使用以及申请经费拨款和增加岗位的理由。行政部门须“最迟在10月10日前以手写的方式”[①] 回答财政委员会专门报告人或其他相关委员会的报告人带来的调查表。

财政法案以政府提供的行政公文作为补充，可以提供大量信息，让公共服务机构的工作以及每个项目预算框架下所采取的政策变得更加明晰。政府补充的行政公文中就包括年度绩效草案。

聚焦

项目预算——年度绩效草案所包含的要素

1）介绍未来几年内计划实施的工作要项、相关费用、追求的目标、预期结果，并对各项指标的测量和计算方法做出合理说明；

2）对项目收入及支出做出评估；

3）与上一年度实际支出以及根据财政法律制定的本年度经费限额（若上一年度经费结余，进行结转后本年度经费会有所增加）相比，解释经费预算有所变化的原因，并指出其后续发展；

4）列出项目预算限额（AE）下的年度预算限额（CP）；

5）按照团体、职业或合同类型，预计由政府发放薪酬的岗位的分配方案，并解释与目前状况相比有所变动的原因；

6）对由享受公共服务费用补贴的机构发放薪酬的岗位进行介绍（……），并解释与目前状况相比有所变动的原因。

来源：2001年8月1日颁布的关于财政法律的第2001－692号《组织法》，第51条，第5款。

499. **对法律实施的监督**。一旦法律被通过并加以公布，议会的

① 2001年8月1日颁布的关于财政法律的第2001－692号《组织法》，第49条。

常设委员会就会指派2位议员担任监督专员，其中1位是曾作为该法案报告人的议员，但是要注意保证2人之中须有1人是对法律持反对意见的。2位监督专员向相关中央行政机关负责人了解情况，并在法律实施6个月后递交一份关于实施情况的报告。这份报告中应“包含为实施新法律而公布的规章文本以及发布的通告，另外还有可能不会被实施的法律条款。这种情况下，委员会要在新一轮的6个月期限结束后听取报告人汇报”①。

关于简化法律的2004年12月9日法律中做出了相应的规定：“在一项新法律生效6个月后，政府须向议会提交一份关于新法律实施情况的报告。这份报告中应提及为实施新法律而公布的规章文本以及发布的通告，如有必要，还应包含未能实施的法律条款，并说明未实施的理由②。”该报告的制定起草受到政府秘书长的监督，新法律最终获得通过以后，政府秘书长会制定一个法律实施令的项目表，中央各行政机关必须遵从。

项目表模板

序号	法律条例	法律依据	客体	部门报告人	主管办公室	必要咨询	咨询日程表	呈请最高行政法院：准确期限	实施目标	意见

来源：政府总秘书处《立法法理指南》。

一场关于法律实施的报告可能引发一场公开的无投票辩论或是一场部长问答会。

除了新近被通过的法律之外，常设委员会可指派多位议员成立临时信息调查团，就某一法律实施的条件进行了解。

2013年国民议会成立的众多临时信息调查团负责了解各种信息，比如：重型汽车环保税、校方与学生家长之间的关系、外国对法投资、对护理值班的安排、战争伤兵医疗费用报销、对《大巴黎法典》实施情况的监督、自然人税务欺诈行为、圣马丁岛海外

① 《国民议会规章》，第145－7条。
② 第2004－1343号法律，第67条。

属地体制的发展情况。2013 年参议院的临时信息调查团负责了解的信息有：与法国旅游产业直接相关的法律机制、陆上客运交通的连续性公共服务（“最低限度服务”）。

常设委员会有权传唤其认为有必要进行听证的人员，但要保证不触犯机密、国防、外事、国内外安全，并尊重司法权独立于其他权力的原则。如当事人未对传唤做出回应，可对其处以 7 500 欧元的罚款①。

500. **预算实施**。在实施财政法律的过程中，“审计法院应协助议会对政府行为进行监督”②。审计法院应议会两院财政委员会的请求，着手对相关人员进行调查，并将研究意见告知被调查人。审计法院在完成调查任务时，可请各部长及部长所辖部门进行协助③。

参议院在 2013 年 10 月公布的关于大学附属医院房地产管理办法的报告，以及在 2014 年 1 月份公布的关于成人职业培训协会的报告都是在财政委员会向审计法院提出协助调查的申请后所做的。

在财政委员会，每一个预算项目均由一位专门报告人负责项目跟踪。财政委员会的专门报告人可就其负责跟踪的预算项目，要求相关各部或机构提供任何相关档案资料。报告人可通过文件审查或到相关行政机关单位进行实地调查的方式，监督财政法律的实施情况及其主管领域内的国有企业的管理情况。负责预算项目的高级官员或享受政府拨款的公共机构负责人都有可能受到财政委员会或议会两院中相关常设委员会的传唤。

501. **评估与监督的使命**。议会拥有监督公共支出用途的职能，可就不同项目自行决定创建评估监督任务（MEC）。这些评估监督工作会持续几个月之久，通常以审计法院的报告为依托。评估和监督任务需要多位议员共同完成，期间的听证对公众及媒体开放。评估监督任务的目标就是：对某项公共服务做出评估，并提出改善的有效途径。任务完成报告（经非公开审议后）须递交给财政委员会。

在 2013 年启动的多项任务中，国民议会期望对旅游住宿的税收制度以及《科研与

---

① 1958 年 11 月 17 日颁布的关于议会运作的第 58－1100 号政令，第 5 条。

② 《宪法》，第 47－2 条。

③ 《财政司法法典》，第 132－4 条、第 143－5 条。

高等教学》部际任务框架下的未来投资项目管理做出评估；而参议院希望对地区性医疗卫生机构以及行为税收进行评估。

502. **议会专门代表团**。 国民议会和参议院共同拥有两个机关，这两个机关在它们各自的领域履行着对政府行为和行政行为的监督职责：一个是议会科学与技术决策评估办公室（OPECST），其任务是告知议会某个科学技术性的选择会导致什么样的结果，从而为议会进行决策起到一定的启发作用；另一个是法国议会情报代表团（DPR），其任务是密切关注负责国土安全、国防、经济和预算的各位部长权力之下的各种情报机构，了解其一般性活动及资源的掌握情况。除此之外，议会两院还分别设有各自的女性权利及男女机会均等议会代表团。

案例

2012 年度关于法国议会情报代表团工作活动的报告

二、默拉（Merah）事件的教训

2012 年期间，代表团将很大一部分精力用在了默拉事件上，以便从中吸取经验来完善情报机构的组织和运作。委员会于 4 月 4 日召开听证会，听取国家情报协调人以及 6 个情报部门负责人的看法，其中包括时任国内情报局局长（DCRI）的贝尔纳·斯夸尔奇尼先生。委员会又于 11 月 22 日对内政部部长曼努埃尔·瓦尔斯先生和情报中心主任帕特里克·卡尔瓦尔先生进行了听证。

[空白部分对应的是代表团依据国家机密强制需要而决定不予公开的部分]

代表团发现，国内情报总局并没有足够的人力以对抗恐怖行动。

建议：

首先，代表团建议应当加强国内不同等级情报机构之间的联系。内政部部长曾就此提出一系列措施，这些措施主要是为了提高各地区办事处之间的协调配合能力，代表团对这些举措进行了备案。在国内情报总局内部设立监察机构也同样是一项正确的举措。

此外，代表团还建议应大幅增加对抗恐怖行动的人力物力资源。

最后，考虑到默拉事件的情况，代表团认为法国应该为自身配备足够的人力物力资源，以便对乘飞机去往敏感地区的可疑人员进行追踪，途中有一个或几个中途着陆站的情况也应在考虑范围之内。

来源：国民议会，第1012号报告；参议院，第657号报告——2013年4月30日。

§3. 议会通过了解信息实施监督

503. **向独立权力机构咨询**。议会两院议长可能就任何提案或任何问题咨询：权利捍卫人、公共数据统计管理局、国家生命与健康科学道德咨询委员会、最高视听委员会。议会的主管委员会可咨询：网络作品传播与权利保护管理局、竞争管理局、网络游戏管理局、公共健康高等委员会、电信局、核安全管理局、能源监管委员会。

504. **对公共事业高级负责人进行听证**。议会常设委员会应定期听取高级负责人的工作汇报，这些人员包括：竞争管理局局长，审慎监管局局长，金融市场管理局局长，就业、收入与社会团结委员会主席，能源监管委员会主席，国家能源调解员，核安全管理局局长，以及最高视听委员会成员。

法国议会情报代表团负责听取国防秘书长以及国家情报协调人的汇报。

505. **接收年度报告**。有相当多的机构需向议会递交年度工作报告：竞争管理局、强制性征摊金委员会（CPO）、电信局、网络作品传播与权利保护管理局、学校体系评估全国委员会、法国科研与高等教育评估署……

这些工作报告都要进行公开，虽然之后议会在工作报告中可能会对这些内容有所提及，或者有常设委员会就这些工作报告向相关中央行政机关负责人进行提问，但公开这些报告实际上更多是在走形式。与之不同的是，审计法院的院长在议会两院的半圆形会场所做的年度工作报告，不仅能更吸引关注，而且影响力也要大得多。如对审计法院的报告有疑问或异议，可在报告结束之后组织辩论[①]。

506. **巡查监禁场所**。 国民议会议员及参议员获准无论何时都可到拘留中心、候审区、监狱[②]以及收容未成年犯人的公立或私立机构[③]进行巡查。议员也可请监禁场所总监督员帮助其工作。

507. **书面提问**。 因为关于时事及现实的问题大多具有政治色彩，有时容易引发多数派与反对派之间过于激烈的交流，因此议会在就行政部门的运行情况向政府提问时，多采用无辩论环节的口头提问以及书面提问的形式。向部长进行的书面提问笔调相对中立，并要在《官方公报》上发表。原则上，部长应在接受提问当月做出回复，但他可以申请延长1个月的期限。

实际上，部长和行政部门都不会及时回复。但是，如果一个政治集团的主席向部长明确指出缺失，那么后者必须在10天之内予以回复，并要在《官方公报》上发表。

案例

书面提问

第50454号提问　弗朗索瓦·巴鲁安先生（人民运动联盟—奥布省）提问

被提问部：农业、食品与林业部

负责部：农业、食品与林业部

专栏：动物

分析对象：狼

① 《国民议会规章》，第146－1条§2。

② 《刑事诉讼法典》，第719条。

③ 1945年2月2日颁布的关于青少年犯罪的政令，第35条。

分析：增殖、对抗与预防措施

问题于 2014 年 2 月 25 日发表于《官方公报》第 1695 页
回答于 2014 年 3 月 18 日发表于《官方公报》第 2592 页

提问文本

弗朗索瓦·巴鲁安先生提醒农业、食品与林业部部长，狼群给奥布省造成了严重损失。2013 年期间，狼群共直接杀死了 82 只羊，并惊扰了羊群，导致羊群情绪紧张、流产现象频发，奶产量和羊羔出生率大幅下滑……因为处在平原地区，无法每晚都将羊群赶回羊舍；到了冬季，农民把羊群赶出羊舍时就会更加担心。然而，畜牧业是发展本地经济的重要力量。现如今，因为这种食肉动物的出现，由政府批准生效的香槟-阿登大区羊业合同以及奥布省羊产品复兴计划受到了极大威胁。除此之外，《2013—2017 年国家狼群问题防治计划》似乎并不适用于像奥布省这样的平原地区：政府建议的防护措施不仅成本过高，而且成效甚微；与畜牧人记录在簿的实际损失相比，政府按照规定发放的补偿简直是杯水车薪。因此，巴鲁安先生希望了解政府在此问题上的立场，政府打算采取何种应急措施来控制狼群领地的扩张，以及这些措施的日程安排。

回答文本

狼群从 20 年前开始就出现在了阿尔卑斯山脉一带，近年来，狼群的生活领域已扩展到了其他几个山脉。2013 年，这一物种出现在奥布省，致使本地区共损失了 180 只羊。面对狼群捕食家畜的情况，主管实施治狼行动方案的农业部和生态部做出了回应，以期保护羊群免受狼群侵害。为此，农业部协助畜牧人对易受攻击的薄弱环节进行了研究，为他们配备护卫犬以及栅栏。除了政府的帮助外，畜牧人可能会为保护畜群再做一些额外的工作，农业部也会予以资金支持。如果被狼群新占领的省份出现紧急情况，可调拨经费紧急救援。狼是受到严格保护的物种，《1979 年伯尔尼公约》以及关于“生态环境、动物群、植物群”的欧盟第 92/43/CEE 号指示中均有明确规定。考虑到这项规章，狼群的发展并不能受到阻碍，而且想要系统化地对狼群进行控制也是不允许的。在某些特定条件下，对狼进行开枪射杀可以获得批准，此举乃保护羊群的极端防御措施。《2013—2017 年国家狼群问题防治计划》预先考虑到了被狼群新占领地区所面临情况的特殊性，与那些早已有狼群出没的地区相比，这些地区的牧业体系通常会有所不同。该《计划》还要求对防护措施的有效性进行鉴定，尤其要注意被狼群新占领地区的相关情况。这套计划是同长期从事狼群问题研究的团队、农业方面的专业组织以及自然保护协会共同商议后制定而成的。因此这套计划采用了合适的整体部署，尤其是那些采取差异化管理的限制性规定在尊重了“生态环境、动物群、植物群”的欧盟指示的同时，还有助于解决狼群的出现给不同地区造成的难题。实际上，除了之前的防狼计划外，又有两项关于射杀狼的限制性规定可以付诸实施了，这两项新规定旨在增加开枪防御的可能性。此外，根据该物种的现存情况，加之采用新的计算方式对狼群的出生率进行计算， 2013—2014 年可能会死亡的狼的数量从 11 只上升到了 24 只。狼的问题已经出现在了议会提案中，并在有关未来农业、食品及林业发展的法案框架内得到了讨论。

§4. 调查委员会

508. 严重失职。 尽管并没有明文规定，但一个调查委员会之所以会成立，通常是因为国民议会或参议院认定某个公共服务机构已严重失职。

如果成立调查委员会的提案所依据的事件被司法起诉，掌玺大臣应告知议长，在此情况下议会不能成立调查委员会。

议会各院以多元方式成立调查委员会： 委员会的任务是收集各种信息，这些信息要么关于某些既成事实，要么关于某些公共服务机构或国有企业的管理情况；议长或调查委员会报告人应属于反对派阵营。调查委员会报告人在执行任务时既会对文件进行审查，也会进行实地调查： 相关部门须配合其工作，为其提供一切对任务有帮助的情报信息。报告人有权获取机构内部档案资料。如调查委员会认为有必要对某人进行听证，此人必须遵从其传唤，如有必要，委员会主席可申请由一名司法执达员或执法人员协助工作。

任何人在受到调查委员会传唤后拒不到场、在调查委员会前拒不宣誓或拒不提供委员会报告人要求的档案公文，可被判处 2 年有期徒刑，并处罚金 7 500 欧元。

调查委员会进行的听证对外界公开，涉及机密的情况除外。调查委员会采纳委员会报告人的报告后，将报告递交给议院议长并对报告进行讨论，随后在全体会议上通过。议会有时会紧随其后起草一项法案或提案，旨在纠正由调查委员会证实的失职情况。

然而宪法委员会曾明确指出：调查委员会在报告中“无论如何不会向政府施以禁令”①。

509. 近年报告。国民议会第 14 届议会选举（2012 年 6 月）之后的报告：关于法国情报机构在监视极端武装行动方面运作情况的调查报告（第 1056 号）；关于政府及国家行政机关，尤其是经济与财政部、内政部和司法部，可能存在失职情况的调查报告②（第 1408 号）。比如，2012 年 12 月 4 日至 2013 年 4 月 2 日期间，在处理涉及一位政府官员被撤职的事件时的调查报告；关于科西嘉地中海国营航空公司私有化条件的调查报告（第 1629 号）；关于亚眠北部的固特异轮胎工厂关闭方案及其造成的经济、社会及环境影响，以及可从此案例中吸取的教训的调查报告（第 1632 号）。

参议院 2011 年换届选举之后：成立调查委员会对不同经济主体的用电实际成本进行调查，以便制定合理的电费收费标准；成立调查委员会就法国资本资产外流及其对国家税收的影响问题展开调查；成立调查委员会对宗派活动在公共卫生领域造成的影响进行调查；成立调查委员会对反兴奋剂工作的成效进行调查；成立调查委员会对资本外流过

---

① 宪法委员会于 2004 年 2 月 26 日颁布的第 2004－493DC 号决定，《修改国民议会规章制度的办法》，第 3 点。

② 卡于扎克（曾被委任为预算部部长）案促使法国通过了关于公共生活透明度的 2013 年 10 月 11 日法律。

程中银行及金融家所扮演的角色进行调查；成立调查委员会对重型汽车环保税征收方案的实施性法律及资金安排方面的限制性规定进行调查。

国民议会的调查委员会曾完成过一项非常有名的调查报告，这项调查“负责找出乌特罗案中司法机关失职的原因，并为预防此类事情再次发生提出建议”。这个调查委员会在2006年1月10日至2006年4月12日期间，对121位相关人员进行了听证。而且委员会的多条建议被纳入第2007－291号法律，这项法律于2007年3月5日颁布，旨在巩固诉讼程序的平衡。

第四节　司法监督

§1. 行政法院的监督

510. **行政法官**。1871年11月3日，5岁半的小布兰科在路过波尔多烟草仓库（国有性质）门前的马路时，厂里的几个员工正推着一个载货推车从里面出来，小女孩被撞倒在地，一条腿被碾断截了肢。布兰科的父亲到波尔多民事法庭起诉吉伦特省省长，但省长以民事法庭对此事无管辖权限为由拒不到案，就此挑起了权限争议。1873年2月8日，权限争议法院（又译为：争议法庭）判定：“国家由于其雇用人员的公务行为对个人造成损害的情况，应由政府承担责任，而不能根据用于处理个人关系的《民法典》中的原则进行定性；这种责任既不具有普遍性，也不具有绝对性；它有自己的特殊规则，根据公务需要以及调和政府权力与私人权利的必要而有所变化。”布兰科案的判决结论是：“政府是本案的唯一责任人。”因此，小布兰科遭遇的不幸事故成了行政法与私法相区别、行政法院与普通法院相分离的源头。2008年开始，行政法院与普通法院相分离的原则甚至已被载入了《宪法》①。因此行政法官作为法兰西人民的代表，对行政

① 《宪法》第61－1条为处在争讼之中应受法院审判的当事人提供了这样一种可能：他可向宪法委员会就某项法律条款的合宪性提出质疑，但最高行政法院及最高法院会先对此类问题作出筛选，再呈交给宪法委员会，“处在两大司法体系顶端的最高行政法院及最高法院拥有司法裁判权限，并受到《宪法》承认”（宪法委员会于2009年12月3日颁布的第2009－595DC号决定，第3点）。

活动和行政行为进行监督。关于这方面的情况，我们有许多有关行政法及行政诉讼的著作可以参阅。

511. 51 个法院。 截止到 2014 年 1 月 1 日，法国共有 51 个行政法院：42 个行政法庭负责对案件做出判决；8 个行政上诉法院（波尔多、杜埃、里昂、马赛、南锡、南特、巴黎、凡尔赛）负责对上诉案件进行裁决；最高行政法院①——行政司法体系中的最高机构，负责最终裁判。

512. 专门法院。 还应说明一下法国的 30 余个专门法院，这些法院按照合议制组织而成，拥有裁判权；当事人可就法院判决结果向最高行政法院提起诉讼，要求撤销原判②。专门法院覆盖了 3 个领域：

- 难民权利：位于蒙特勒伊苏布瓦的法国国家难民权益法院（CNDA）从事着非常重要的工作，如有人对法国难民与无国籍者保护局的决定不服，可向国家难民权益法院起诉。该法院在 2013 年对 38 540 例案件做出了判决；
- 纪律惩戒：法国最高司法委员会（CSM）可像法官纪律惩戒委员会一样，对法官进行裁决；如不服大学决策机构作出的惩戒决定，可向国家高等教育与科研委员会上诉；还有一些职业惩戒司法机构，如：法国审计分局高级委员会、法国医师委员会纪律惩戒庭、法国测量专家最高委员会……
- 社会问题：国家卫生与社会定价法院负责审查有关医疗机构及社会医疗机构资源分配问题的争讼；社会救助中央委员会负责审查有关社会救助的争讼。

§ 2. 刑事司法监督

513. 向检察机关检举。 《刑法典》第 40 条指出："任何有关机构、军官或公务员，如在执行公务过程中，了解到他人有犯重罪或轻罪的行为，须立即向共和国检察官汇报，并向其递交一切相关情报信息、笔录及文件。"如一位公务人员发现另一位公务人员有犯罪行为，同样需要履行此义务。

514. 妨碍公共行政。 《刑法典》规定了轻罪法院可对因执行公

---

① 关于最高行政法院的组成及其咨询角色，参见上文第 149 条目至第 164 条目。

② 《行政司法法典》，第 L. 821－1 条。

务而妨碍公共行政的行为施以何种处罚。如公权力行使人犯了歧视[①]或滥用职权的轻罪，可处以 5 年监禁并处罚金 75 000 欧元。滥用职权指的是“采取措施阻止法律实施”的行为[②]；如果公务人员“有肆意侵害私人自由的行为”[③]，则会面临更为严重的惩罚，即 7 年监禁及 100 000 欧元罚款。

515. **违反廉政原则**。 在妨碍公共行政的轻罪当中，应受处罚最严重的是违反廉政原则的行为。关于抵制税务欺诈与重大经济金融犯罪的 2013 年 12 月 6 日法律的第 6 条大大加重了对犯此类轻罪的公务人员的惩处力度[④]。具体情况如下：

• 被动贪污罪或收受贿赂罪，处 10 年监禁并处罚金 1 000 000 欧元，罚金数额最高可为涉案金额的 2 倍。此类罪行是指“公务人员为其自身或他人的利益，在不具备权利的情况下，要求或接受直接或间接的奉送、承诺、馈赠、礼品或任何好处，以期达到下列目的： 1. 完成或放弃完成属于其职务、任务或委任权限范围内的行为或者由其职务、任务或委任权限提供方便之行为； 2. 滥用其实际影响力或假定的影响力，以图从权力机关或公共行政部门取得有别于人的礼遇、工作职位、市场或其他任何利己决定”[⑤]；

• 盗用公款罪，处 5 年监禁并处罚金 500 000 欧元，罚金数额最高可为涉案金额的 2 倍。此类罪行指“行使公权力之人或者担负公共服务职责的人，以各种税款的名义，收受或命令他人收受其明知不属于欠款或超过欠款数额之款项”[⑥]；

• 非法牟利罪，处 5 年监禁并处罚金 500 000 欧元，罚金数额最高可为涉案金额的 2 倍。此类罪行指“公务人员在履行职责时，从其

---

① 《刑法典》，第 432－7 条。
② 同上，第 432－1 条。
③ 同上，第 432－4 条。
④ 第 2013－1117 号法律。
⑤ 《刑法典》，第 432－11 条。
⑥ 同上，第 432－10 条。

全权负责或部分负责的企业（监督、行政管理、清算或支付）或业务活动中，直接或间接获取、收受或保有利益”[①]；

• 妨碍公共市场自由平等竞争及公共服务委派授权罪，处 2 年监禁并处罚金 200 000 欧元，罚金数额最高可为涉案金额的 2 倍。此类罪行指“通过违反那些保障公共市场自由平等竞争及公共服务委派授权的法律法规，为他人谋取或试图谋取不正当利益的行为”；

判例：上诉法院判定某政府设备部下属办公室的负责人有罪，此人曾负责准备政府招标文件，他让一些公司的负责人前来投标“充数”，进行“陪标”。当事人不服原判，向最高法院提起上诉。最高法院认为：“作为一个公权力行使人，在招标过程中，串通多家企业负责人陪标，伪造良性竞争的假象，让约定好的企业中标，这种行为阻碍了自由竞争（……），而且必定会给中标企业带去巨大不正当利益。”因此，最高法院决定维持上诉法院的原判[②]。

• 窃取或隐匿财产罪，处 10 年监禁并处罚金 1 000 000 欧元，罚金数额最高可为涉案金额的 2 倍。此类罪行指“相关工作人员毁弃、隐匿或窃取文件、凭证、公共或私人资金、票据、材料或相应之凭据，或者其他因其职务或工作而交付给他的任何物件”[③]；

若轻罪案件“因施罪主体、共犯或受害人数量众多，或因案件所涉及的地域问题等原因，导致案件过于复杂”[④]，则由共和国财政检察官负责追究此类案件的法律责任。共和国财政检察官附属于巴黎大审法院，其管辖权限遍及整个法国领土。

此外， 2013 年 12 月 6 日法律进一步巩固了反腐败协会的权利：根据《刑法典》第 2 - 23 条新条例，任何合法注册达 5 年以上且以反对腐败为规章的协会，在遇到妨害公共行政的违法行为时，可自荐代原告行使诉讼等权利。

---

① 《刑法典》，第 432 - 12 条。
② 最高法院， 2011 年 11 月 16 日，刑事法庭第 11 - 80. 433 号文件，罗朗先生案。
③ 《刑法典》，第 432 - 15 条。
④ 《刑事诉讼法典》，第 705 条。

§3. 财政司法监督

516. **审计法院的构成**。 1320年，国王菲利普五世（被称为大菲利普）下令成立巴黎审计法庭；到了法兰西第一帝国时期，政府通过1807年9月16日法律成立了审计法院，审计法院是法国三大国家机构之一。 由审计员、助理审计和审计官构成。审计员都是从国家行政学院的毕业生中招募而来的。

审计法院任命助理审计时，其中1/2从一级审计员中起用， 1/4的名额分给地区审计法庭中的一级委员， 1/4的名额留给体制外人员。审计法院院长身边设有委员会，负责评估体制外候选人的能力。体制外候选人年龄应为35周岁及以上，在公共服务部门或受审计法院监督的机构中有10年以上工作经验。在听取委员会给出的意见后，院长方可任命体制外人员担任助理审计。在任命的体制外人员中，其中1/4是全职外围报告人，且已在法院工作3年以上。

审计法院在任命审计官时， 2/3从助理审计中起用， 1/3从体制外人员中起用。院长对体制外候选人发表意见后，部长会议颁布法令进行任命。审计官中，有1/18必须是地区审计法庭庭长。

审计法院各分庭庭长须从审计官中选出；像首席院长和总检察长一样，这些分庭庭长也由总理在部长会议上签署法令进行任命。

517. **法官**。 审计法院的所有成员都具备法官的身份；采取终身制原则①。《宪法》第47－2条赋予了审计法院重要的职责，审计法院中的所有成员都为达成此目标贡献着自己的力量："审计法院协助议会及政府监督财政法律的执行、社保法律的实施，并协助对公共政策进行评估。审计法院公开发表工作报告，让公民充分享有知情权。"审计法院还通过证明程序（即财务证明）向议会保证政府账目的真实性。

审计法院的法官们分散在7个法庭之中： 1号法庭主管经济、预算与财政领域；对政府账目进行认证。 2号法庭： 防御、工业、能源、旅游业、境外贸易、贸易、手工业、中小企业、退伍军人。 3号法庭： 教育、高等教育、文化、科研、青年、体育、

---

① 《刑法典》，第L. 120－1条。审计法院的法官们在接受任命时，要进行公开宣誓："认真忠诚履行职责，保守商议秘密，做一位神圣而正直的法官。"（《刑法典》，第L. 120－3条）

通讯。4 号法庭：总理、公平正义、国内、海外、外交事务。5 号法庭：就业、工作、职业培训、住房、社会事务、公益慈善组织。6 号法庭：社会医疗保障、社会保障机构、社保账目证明。7 号法庭：设施设备、交通、领土整治、农业、渔业、环境、城市化。

财政司法的预算包含在“委员会与政府监督”任务下的第 164 个项目中，由议会进行表决。2014 年，预算上升至 216 268 159 欧元。

518. **账目证明**。根据《宪法》第 47－2 条规定，“政府部门的公共账目应真实合理，能够真切反映政府的金钱管理、财产及财政状况”。实际上，关于财政法律的《组织法》委托给了审计法院一项新任务：证明政府账目[①]及社会保障机构的账目。审计法院参考国际审计标准，核验账目的真实可靠性以及账目呈现方式的精确严密性。若审计法院在审查过程中遇到困难，可即刻听取相关中央行政机关负责人的解释。如审计法院对负责人所做出的解释并不信服，在为账目证明时必须发表保留意见。自 2006 年以来，审计法院证明账目时总会有保留意见。

聚焦

对 2012 年政府账目的保留意见

审计法院对 2012 年政府账目主要有 5 条保留意见，其中 2 条保留意见（第 1 条和第 2 条）从横向上影响到政府账目，1 条（第 3 条）关于王室产物，2 条（第 4 条和第 5 条）关于国防部的有形资产（不包括房地产）与储备，以及政府的金融资产：

- 保留意见第 1 条：政府的财政信息公开制度尚未与政府账务管理及审计法院的核查工作完全同步，导致审计法院持保留意见；
- 保留意见第 2 条：除涉及金融债务问题的情况外，政府部门的内部监督与内部审计机构效力与效率不足，导致审计法院持保留意见；

① 《财政司法法典》，第 L. 111－3－1－A 条。

- 保留意见第 3 条：对王室产物、债权、债务的登记一直存在不确定性与局限性，2012 年并没有太多改观，导致审计法院持保留意见；
- 保留意见第 4 条：尽管国防部下属各单位已做出了巨大努力，但国防部的储备、资产以及债务的清点和评估仍存在很大的不明确性，导致审计法院持保留意见；
- 保留意见第 5 条：尽管会计质量的提高这一事实不可否认，但整体上的不明确性仍影响着对国家控股分红及其他金融资产的评估，导致审计法院持保留意见。

来源：审计法院，《2012 年账目证明报告》，2013 年，第 10、11 页。

519. **公共管理监督**。审计法院的传统职能是负责对公款使用进行监督，接受其监督的包括所有政府部门、公共机构、公有企业、社会保障机构、享受公共补贴的私法组织以及公益慈善组织。它渐渐地肩负起了评估公共政策的职责。

为了履行监督职能，审计法院指派其成员担任报告人，着手进行各种文件调查和实地调查。如果审计法院的报告人做出要求，支出决策者、会计、被监督的部门和机构的领导、监管机构等应向报告人提供所有相关公文资料，并向报告人提供一切有关机构管理的信息；尤其应该允许报告人实地了解关于税收、抵押、清算和支付的文件。审计法院可通过总检察长获取各部际监察总局的报告（参见上文第480—485 条目）。

报告人的工作报告中包含他的考察意见、向被监督部门提出的后续工作建议及建议理由。报告人将报告写好后要交给上级主管机构（原则上是审计法院的某个分庭，或法庭的某个分部）。由一位报告对质人对报告中的建议逐一发表意见。如审计法院认为被监督方有必要对报告中的某些意见加以注意，可事先告知相关行政单位或机构组织。审计法院在给出最终意见前也要参考报告人的意见。主管机构要对报告人的报告进行评议，并要对每条建议做出相应决定。

520. **传达意见**。 《财政司法法典》第 R. 143 - 1 条对审计法院传达意见的不同形式做了规定：

- 年度公开报告，通常于 2 月份公开发表；审计法院将报告上交给共和国总统，并向议会进行汇报；
- 主题报告，审计法院会在此类报告中阐述观察结果及意见，并指出其中有哪些经验值得借鉴，哪些教训值得汲取；
- 关于财政法律执行情况，并同时证明政府账目的合法性和真实性的报告、议会要求完成的其他报告，以及 2001 年 8 月 1 日颁布的关于财政法律的《组织法》第 58 条规定完成的其他报告；
- 有关《社会保障资助法典》实施情况的类似报告；
- 关于被监督机构的专门报告；
- 审计法院院长对部长的紧急审理；紧急审理报告应与部长的回答一同交予议会主管委员会。

2014 年 2 月 25 日，审计法院公开了关于“政府税收收入预测”的紧急审理报告以及财政与预算部部长的回复； 2014 年 3 月 24 日，审计法院公开了关于“对阿富汗 10 年民间公共援助”的紧急审理报告以及外交部部长的回复。

聚焦

2014 年公开报告提纲

卷一：观察结果及意见

篇 I - 1： 公共财政与公共政策

目录及引言

第一部分： 公共财政

公共财政总体情况（2014 年 1 月截止）

第二部分：公共政策

第一章：农业

食品卫生安全：农业部监管不力

法国土地治理和乡村建设协会：治理农业与农村的政策工具的衍生品

第二章：防御与太空

英法共享航空母舰：法国公共财政的净损失

航天运输：宏大战略抱负，无奈成本限制

第三章：教育与青少年

从“卓越寄宿”到“成功寄宿”：一项无序的社会教育政策

公民服务：意图良好，还须控制开支

第四章：卫生健康与社会凝聚力

在押人员的卫生健康：有必要提高

关于残障人士的税收制度：举措繁多，但缺乏内在协调性

将外来务工人员居住房改造成社会临时救助房：此举尚须重新商榷

第五章：旅游

海外旅游：人数激增势不可挡

篇Ⅰ-2：公共经营管理

目录与引言

第一章：政府

海关税收任务：角色安排值得反思

国家教学文献收集中心及其网络组织：模式已经过时，改革必不可少

公众参与：军备领域的公众参与程度不尽人意

第二章：地方行政单位

普罗旺斯-阿尔卑斯-蓝色海岸大区及其所辖罗讷河口省向协会划拨补助金：有必要注意控制风险

多菲内铁路公司：国有交通企业转型的失败

第三章：社会保护机构

自由职业储备金与社会保险金管理机构（CIPAV）：管理杂乱无序，服务态度恶劣

第四章：享受国家补贴的私营机构

法国电影资料馆：新生机、新挑战

第五章：公私合营企业

2007年医院改制为公私合营方案：对改制过程掌控不力

卷二：后续情况

目录及引言

劝告及其后续工作

2013年对建议的落实情况

第一章：审计法院看到进展

对公路交通违法行为及停车不当的处罚：管理方面有所进步

（与政府签约的）私立学校教员退休附加制度：整改势头大好，需要继续巩固

第二章：审计法院强调

法属南部和南极领地：仍有必要进一步明确

生活垃圾治理：环境挑战情势严峻，治理进展不平衡

安河平原工业园区联合会：改革仍须继续深化

法国国际领养机构：亟须改革

法国就业中心：在抵制骗取失业补贴行为方面仍需有所进步

石棉受害者赔偿：应明确优先顺序

行政与法律信息管理处：未来不够明朗

法国国家铁路公司的便利交通：刚刚开始的合理化改革

第三章：审计法院警告

地产和房产评估增值公司：必须重新接受审查

巴黎高校管理会：应取缔的公共机构

521. 可能出现的司法后果。 如果在进行监督过程中，审计法院发现可能会导致刑事犯罪的法律事实，应将相关情况告知驻审计法院的总检察长，总检察长可请求掌玺大臣受理。如果在进行监督过程中，审计法院发现某些法律事实证明支出决策者可能存在问题，同样可请求驻财政与预算纪律法院的（参见下文第 524 条目）总检察长受理。总检察长行使公共监察职能。

522. 账目评判。 审计法院对公共会计及从事会计工作的人员的账目进行评判。每年，派驻到政府部门、公共行政机构、国有工商企业及公益组织中的公共会计必须将所负责单位的会计报表呈报给审计法院，并附上证明文件，否则将会被处以罚金。总检察长负责检查账目是否完整。在实际操作当中，对于政府预算的会计报表，审计法院每个季度都要收取相关证明文件。

一位法官负责审查账目，并完成报告；这份报告要交予审计法院的书记室以及驻审计法院的总检察长。如果总检察长对会计的报表并无任何异议，评判组副主任方可下令解除其财务和会计责任；反之，将对公共会计是否履行职责进行预审，最终进行公审。公审裁决宣布解雇、会计欠款、罚款，或解除会计责任的决定。如对审计法院的裁决不服，可向最高行政法院提起上诉。

2013 年，审计法院宣判了 43 起涉及会计欠款的案件。这里所指的欠款是指不合法支出或由于工作疏忽导致的漏账： 2013 年，审计法院发现的欠款总额高达 1 355 亿欧元。在未造成财政损失的情况下，审计法院可对会计人员处以一笔不可赦免的罚金：2013 年，此类罚金总额达到了 590 万欧元[①]。

523. 地区审计法庭。 从 2012 年 4 月 2 日起[②]，地区审计法庭的数量由原来的 27 个减少到了 20 个。

管辖权限覆盖两个大区的法庭有 7 个： 阿基坦大区和普瓦图-夏朗德大区（审计法

---

① 审计法院， 2014 年度工作报告，第 3 卷，收录于《法院活动》，第 22、 24 页。

② 2012 年 2 月 23 日颁布的关于地区审计法庭所在地及管辖权限的第 2012－255 号法令。

庭设在波尔多）；奥弗涅大区和罗讷-阿尔卑斯大区（里昂）；勃艮第大区和弗朗什-孔泰大区（第戎）；中央区和利穆赞大区（奥尔良）；香槟-阿登大区和洛林大区（埃皮纳勒）；北加来海峡大区和皮卡第大区（阿拉斯）；下诺曼底大区和上诺曼底大区（鲁昂）。管辖权限覆盖一个大区的法庭有8个：阿尔萨斯大区（斯特拉斯堡），布列塔尼大区（雷恩），科西嘉大区（巴斯蒂亚），法兰西岛大区（努瓦希勒），朗格多克-鲁西永大区（蒙彼利埃），南部-比利牛斯大区（图卢兹），卢瓦尔河大区（南特），普罗旺斯-阿尔卑斯-蓝色海岸（马赛）。海外省的5个法庭：瓜德罗普、圭亚那、马提尼克、留尼汪、马约特。

地区审计法庭的庭长由审计法院的审计官或助理审计担任，法庭设立的财政检察官为总检察长的"通讯员"。

如果地方政府机关单位的财政资金超过300万欧元，其账目就要接受地方审计法庭的评判，在法庭管辖权限之内的还包括地方公立学校（初中及高中）①。地方审计法庭有权对其管辖范围②内的任何地方行政单位进行管理监督，还可将审计法院的评估结果作为依据，以地方视角对某项公共政策进行审查。如对地方审计法庭的审判不服，可向审计法院提起上诉。

524. **财政与预算纪律法院**。 如果在审计法院的报告中或对会计的账目评判过程中，发现可能是由支出决策者在近5年内导致的违反管理规定的情况，审计法院可请总检察长向财政与预算纪律法院提起公诉。总理、国民议会议长、参议院议长、财政部部长或政府其他成员，如发现自己下属公务人员可能有违反管理规定的情况，也可采取同样的途径。如总检察长认为没必要进行法律追究，则进行结案归档；相反，如果总检察长认为存在问题，他会将相关文件资料提交给审计法院院长，院长将指派一位审计法院的法官担任预审报告人。

---

① 地方公共教育机构中，对于运行经费总额低于300万欧元的机构，其账目应接受两大区际行政账目审核机构的其中之一审核，这两个审核机构分别附属于布列塔尼大区公共财政局和南部-比利牛斯大区公共财政局（《财政司法法典》第L. 211－2条和2012年3月23日预算部部长决议旨在指派负责地方公共账目行政审查的国家权力机构）。

② 一些地区审计法庭的工作报告在审计法院的年度报告中进行公开发表。

预审结束后，总检察长查看预审报告，并对预算部部长及主管被诉官员的部长进行质询。随后由总检察长决定是否就此拨款审核人员的行为向财政与预算纪律法院提起诉讼。《财政司法法典》第 L. 312-1 条规定下列人员应由财政与预算纪律法院审判：政府成员或办公厅人员，国家文职或军职高官，受审计法院监督的其他机构内的机构代表、行政官员或公职人员。而各部部长，尽管也是支出决策者，却不在财政与预算纪律法院受理权限之内。

财政与预算纪律法院中，最高行政法院的成员及审计法院的法官各占一半。全院人员要么集中在审计法院院长的领导之下，要么分成两个分部分别由审计法院院长和最高行政法院院长领导；总检察长可行使征调职能。财政与预算纪律法院可判定对支出决策者免予追究法律责任，或予以罚款处罚，罚款金额最低为 150 欧元，最高可等同于支出决策者犯下事实时的年薪①。如对法院判决不服，可向最高行政法院提起上诉。

2013 年，财政与预算纪律法院对 4 起案件进行了判决，驻法院的总检察长进行了 4 起结案归档。每一起案件中都有一个或几个支出决策者违反公共支出的相关规定：获取不正当报酬、进行不正当支出、不遵守公共采购规定，因而法院宣判其有罪。财政与预算纪律法院对其中 5 个支出决策者实施罚款处罚，金额从 300 欧元到 20 000 欧元不等②。

---

① 如遇支出决策者动用职权为他人谋取不正当利益的情况，罚金数目可翻倍（《财政司法法典》，第 L. 316-6 条）。

② 财政与预算纪律法院，2014 年度报告。

第三章
行政改革

525. **行政改革**。1945年10月9日政令不仅创立了国家行政学院，同时还在政府中设立了公职管理处，尤其负责“研究每个旨在（……）改善公共服务机构组织结构的提案”[①]；自从德国社会学家马克斯·韦伯大肆鼓吹立足于能力与职权之上的官僚主义统治，行政组织的合理化观念逐渐发展了起来[②]。自1947年5月（拉马迪埃政府）起，政府指派一位部长负责“行政改革”，与此同时“斧头委员会”在1947年至1949年间撤销了110 000个公务员职位。从第四共和国到第五共和国的历届政府，负责公共职能的部长或国务秘书都肩负着行政改革的重任——尽管这项使命并不总能在部门的名称中有所体现[③]。

20世纪末，获得成功的主要行政改革涉及行政相对人权利（关于调解员的1973年法律、关于归档信息文件整理的1978年法律、关于查询行政信息权利的1978年法律、关于解释行政行为动机的1979年法

① 1945年10月9日颁布的关于某些类别公务员的培养、招聘及地位以及设立公职管理处及国家行政常设委员会的第45-2283条政令，第15条。
② 马克斯·韦伯，《经济与社会》，1921年，第1卷，第3章。
③ 自1984年至1986年，人们使用“行政简化”的说法；自1991年至1992年，人们使用“行政现代化”的说法。

律、关于公民在与行政主体的关系中所享权利的2000年4月12日法律）①、由中央向地方行政区的职责转移（关于巴黎地位的1975年法律、关于地方分权的1982—1983年法律），以及国家行政权力下放（1992年章程）。

526. **国家改革**。 在20世纪最后10年期间，对改革的反思不再局限于行政，而是延伸到了国家： 难道不应该更好地突出公共利益和公共服务吗？不应该明确承认除了承担公共服务使命的私法人之外，其他私法人也可以促进公众利益吗？在公共服务部门，国家扮演着怎样的角色？国家的活动区域有哪些？它与地方行政区域的关系又是什么？它可以将自身的某些权能转移给私有部门吗？它应该借鉴企业所使用的管理方法吗？所有的国家公务员应该继续接受公职身份的支配吗？这些问题正是《皮克报告》的核心，“法国政府： 为一个对外开放的民族服务”，这一使命在1994年重新回到了法国总理的身上。这些问题也成了众多头脑风暴团体和智囊团讨论的焦点，其中就包括法国行政和公共政策研究基金会（iFRAP）。

在主要的西方国家里，人们希望重新看到政府干预的意愿通过一项新的政策表现了出来，此项政策旨在提高政府公共行动效率、减少公共支出；这项政策被称为“新公共管理”②。这正阐释了在法国政府的组织结构中，“行政改革”这一说法可能已被废止，自1995年起，历任政府中一直包括一位负责“国家改革”的部长③。

2014年6月，这项职责被授予一位接受总理直接管辖的国务秘

---

① 2000年12月18日颁布的《欧盟基本权利宪章》承认“享受良好行政之权利”（第41条）、“获取文件之权利”（第42条），并规定所有欧盟公民均有权向欧洲巡察使（调解人）寻求帮助（第43条）。

② 英国首相撒切尔夫人（1979年至1990年在位）是新公共管理的拥护者，希望制定一项反对行政浪费和行政效率低下的政策，于是在1979年创立了“效率促进组”，并任命马莎百货的董事长德里克 · 雷纳为副主任。

③ 自1995年至2005年、自2012年至2014年6月，这位负责“国家改革”的部长指的是公职部部长；自2005年至2007年、自2010年至2012年，指的是预算部部长；自2007年至2010年，指的是预算与公职部部长。

书，由其负责“国家改革与行政简化”[①]。

聚焦

《皮克报告》——前言（节选）

政府职责，正如政府的组织筹备一样，属于政治事务。在这一方面，对政府的反思不能仅局限于行政，而应延伸至整个国家——“在历史因素下由集结起来的群体产生的组织。正是这个组织负责做出各种决定，确保群体能够继续存在下去”（埃里克·韦尔，政治哲学家）。

为了在国家中引入新的变化，最好做好准备，有一长期的适应过程。可能我们的国家在历史中的某些关键时刻重建了政府。坚持很重要，就算不坚持，在做决策的过程中也要有敏锐的洞察力。为了改善为法国人服务的国家效率、增加国家在国际竞争中的机遇并使经常失去为人民服务的欲望和骄傲的公务员走上正轨，如果改革是由共同坚决的选择而产生的，那么改革就是必要的，就必须持续进行下去。改革的任务并没有别的奢求，只要能够开展一场关于国家职责和组织结构的公共辩论。

这场辩论因我们对国家的殷切期盼而更显必要。如今在某种新的意义上，我们对国家的要求更为严格而复杂。这种要求并不是希望国家参与得多还是少，而是希望国家做好应做的事。法国人谴责自己的国家变得越来越不透明、越来越不亲民、体制过于刻板、“落于人后”，渐渐地不再公正。他们感觉到国家为了管理一切，消费了巨额的公共费用，并再也不提供经济社会深层变化所需要的参考值，所以人们并不理解所面临的变化。毫无疑问，人们希望国家尽到自己的职责。

这就是为什么我们首先思考国家的职责。我们首先考虑国家的作用，然后，我们再来看国家怎样行使权力，怎样掌控财务，为公民尽职，并在开放却苛刻的世界中保持自己国家社会的完整性。

---

① 2014 年 6 月 3 日颁布的关于政府组织结构的法令，第 2 条。

即使在危急时刻，国家的言论也仅限于描述当前形势的局限性，要求做出努力甚至做出牺牲。国家首先应该专注于维持并发展这个蓬勃发展的社会整体，慢慢地，法国人就会认同这个社会整体的原则、价值、规则和参照，找到所有努力的原动力。

的确，国家作为一个统一体的创造者，首要职责就是深入到建立它的群众中去。在历史长河里，以下这些始终是国家的目标：统一法国国土、建造桥梁和马路、废除入市税和内部海关税、统一度量衡、发运信件、承认法国各地方言、传授同样的知识、普及社会保护、为每家每户提供电话……如今，社会需求只是改变了其属性。我们需要了解过去，记住我们是怎样一步一步建立起来的，感受是什么将我们联系起来，要明白为什么我们生活在一起以及团结的必要性，要思考我们将何去何从，也要拥有一个关于我们所拥有的东西的共识。我们需要这个源远流长的社会的精神。依照我国的传统，首先期待的是，国家尽职尽责。

毫无疑问，未来的几十年内，最重要的挑战就是找到国家的根基，为法国人确立一个稳固而有活力的社会契约，使法国人紧密团结起来，从而在面对动乱以及世界上其他政治、经济和社会组织形态的竞争时，保持信心。

来源：让·皮克致总理的报告，《法国政府——为一个对外开放的民族服务》，1994 年 5 月，收录于法国文献局，1995 年。

527. **提纲。** 2000 年至 2012 年，法国行政改革首先从预算层面展开（第一节）；自 2012 年开始执行公共行动现代化的新政策（第二节）。本章结尾将法国行政改革与外国的行政改革进行对比（第三节）。

第一节 预算改革（2000—2012 年）

§1. 关于财政法律的《组织法》

528. **任务。** 根据法国传统的预算观念，每个政府部门负责自己部门内部的预算。由议会通过的2001年8月1日颁布的关于财政法律的《组织法》对这种预算方案发起了挑战，并将绩效结果作为预算起草与执行的重中之重，此举颠覆了国家预算结构。2006年起，关于财政法律的《组织法》开始生效，在这个会计年度中，国家预算不再是850篇部长预算的简单累积，因为经费“按照所属任务的不同被重新分配，这些任务属于一个或多个公共部门，而这些公共部门又由一个或多个中央部门领导[①]”。如果这种新的架构能够得以建立，那么任凭政府更替，法国的预算结构都可以屹立不倒。

每个任务都有专门用于资助某项既定公共政策的资金经费，因此也由一位或多位部长负责。

2014年，国家总预算（4 070亿欧元）分属31个任务。

任务如下：国家外事活动（29亿欧元），国家行政与领土整治（27亿欧元），农业、食品、森林与农村事务（31亿欧元），政府开发援助（29亿欧元），退伍军人抚恤（29亿欧元），政府建议与监督（6亿欧元），文化（25亿欧元），国防（389亿欧元），政府行为管理（13亿欧元），可持续发展、生态与规划（97亿欧元），经济（36亿欧元），区域与住宅平等及城市（81亿欧元），国家财政承担（508亿欧元），学校教育（649亿欧元），公共财政与人力资源管理（114亿欧元），移民、避难与社会融合（6亿欧元），司法（78亿欧元），媒体、图书和文化产业（8亿欧元），海外领地（2亿欧元），国土政策（3亿欧元），公权力（9亿欧元），物资储备（0.3亿欧元），研究与高等教育（313亿欧元），法国社会退休养老体系（65亿欧元），地方行政区域关系维系（27亿欧元），清偿与免税（1 020亿欧元），医疗卫生（12亿欧元），社会保障（182亿欧元），团结、融入与机会平等（138亿欧元），体育、青少年与社团生活（5亿欧元），工作与职业（111亿欧元）。

529. **项目**。 每个任务的经费被分摊到构成公共行动的各个项目上；而每个项目的经费由负责任务经费的议会审查通过；年度财政法律颁布之时，项目经费随即公开[②]。每个项目的经费使用均由主管部

---

① 2001年8月1日颁布的关于财政法律的第2001－692号《组织法》，第7条，第1款。

② 同上，第44条。

长指任的一位下属官员专门负责，该官员即为“项目负责人”。

2014年，国家总预算下的31个任务被分为138个项目。

例如，由一位部长负责的单一任务下属的多个项目：“国家外事活动”任务完全由外交部部长负责；该任务被分为3个项目：105—法国对欧洲及对世界行动；185—发展文化外交、扩大影响力；151—法国驻外领事事务。

例如由多位部长负责的单一任务下属的多个项目：“研究与高等教育”任务由6位部长共同负责。该任务被分为12个项目。

其中有6个项目由负责高等教育和研究的部长负责：150—高等培训及大学教育探索；231—大学生生活；172—多学科科学技术研究；187—资源管理研究；193—宇宙空间探索；409—创建优秀生态系统。

还有6个项目由其他多位部长负责：190—可持续性能源与发展的研究以及410—航空领域研究由生态部部长负责；192—经济工业领域高等教育研究由工业部部长负责；191—民事与军事的二元研究由国防部部长负责；186—科学文化与文化研究由文化部部长负责；142—高等教育与农业研究由农业部部长负责。

“农业、食品、森林与农村事务”任务下属项目负责人

项目	项目负责人
142. 高等教育与农业研究	教研局局长
143. 农业技术教育	教研局局长
149. 森林	农业、农产品与国土局局长
154. 经济与农业可持续发展	农业、农产品与国土局局长
206. 食品卫生安全与质量	食品局局长
215. 农业政策导向	秘书长
775. 农业发展与转型	农业、农产品与国土局局长
776. 农业领域科研创新	教研局局长

来源：关于任命农业、食品与森林部项目负责人的2014年3月4日决议。

530. 行动。 项目又可划分为不同的行动。在涉及运行支出（第3款）、投资性支出（第5款）和干预性支出（第6款）时，项目经费可在不同行动或同一行动内调动；而用于人员经费支出（第2款）[①]的经费数额则具有上限。

项目214“国家教育政策支持”（2014年项目经费为221亿欧元）由教育部秘书长主持。该项目主要包含下列10项行动：教育政策导向及实施；评估及监督；交流；司法鉴定；开展国际交流行动；人力资源政策；教育政策的机构支持；后勤、信息系统和不动产；认证；学校交通。

项目309“国家房屋维护”（2014年项目经费为1．6亿欧元）由公共财政总局下属的法国国有财产管理局局长主持。该项目主要包括下列5项行动：合规性检查；审计、鉴定与诊断；预防性保养；修复；重大工程。

531. 年度绩效计划。 项目负责人制订年度绩效计划（参见上文第498条目），其中要介绍项目目标及业绩指标，以衡量项目是否达到预期结果，并“解释经费及工作许可的合理性”[②]。因此，关于财政法律的《组织法》强制要求国家行政部门详述每一欧元的经费支出，指明其合理性。项目中所确立的目标应该以社会经济效率（目标应体现公民期待获得何种利益）、服务质量（目标应体现行政相对人期待获得何种便益）以及管理效率（目标应体现对纳税人采取何种征税方法）为出发点。2014年度法国财政法律中包括了431个目标和895项指标。

项目214“国家教育政策支持”是“学校教育”任务所包含的7个项目之一，共3个目标：

- 目标1　成功完成对学年内多次大型集会的规划管理，并公开两项指标：开学时不再向外提供的教员岗位数量及岗位空窗期（公共服务用户角度）；学生考试费用及教员竞聘考试费用（纳税人角度）；
- 目标2　提高人力资源管理质量，并公开4项指标：惠及残障人士的就业份额

① 除了人员经费外，第2款还规定了经财政法律批准的受薪职位数量上限。此类职位指等同于全职工作的职位。

② 2012年11月7日颁布的关于预算管理和公共会计的第2012－1246号法令，第70条。

（公民角度）；优先教育体系中的教师稳定率（行政相对人角度）；人力资源管理效率（纳税人角度）；某些学科的过剩教师比例（纳税人角度）；

- 目标3　优化辅助职能手段，并公开5项指标：公务人员日常运行支出（纳税人角度）；办公效率（纳税人角度）；不动产管理效率（纳税人角度）；大型项目须遵守的费用上限及完成期限（纳税人角度）；采购职能的效率（纳税人角度）。

项目309“国家房屋维护”是“公共财政及人力资源管理”任务的6个项目之一，包括两个目标：

- 目标1　通过采取预防性保养措施，减少业主的房屋维护成本，并公开一项指标：预防措施费用占比（纳税人角度）；
- 目标2　通过进行合规性检查，加强不动产安全保护措施，并公开一项指标：合规性检查占比（纳税人角度）。

532. **项目的可操作性预算（BOP）**。项目负责人有权根据功能标准或地域标准，将项目经费自由划分为若干可操作性预算，甚至进一步细分成若干可操作性预算单位（UO）。项目负责人指派项目可操作性预算的拨款审核负责人。1 500位可操作性预算负责人中，大部分都是国家下放部门的领导人员：下放部门实际上消耗超过60%的国家预算经费，并发放薪酬给超过90%的国家公务员①。

例如监狱管理局局长担任项目107“监狱管理”的负责人，将项目行动及经费（2014年32.2亿欧元）在2个核心可操作性预算（总BOP和不动产BOP）及9个区际监狱管理处的可操作性预算之间进行分配。学校教育局局长担任项目140“公共初等教育”的负责人，将项目行动及经费（2014年192.6亿欧元）分配给1个核心可操作性预算及30个大学区区长办公处；每位大学区区长担任学区可操作性预算负责人，可以将“项目140BOP”分成若干可操作性预算单位，每个预算单位对应一个省级学区监察单位。

可操作性预算单位负责人应具有支出决策者身份，或拥有首要支出决策者或次要支出决策者的签字授权，掌握预算单位的收入及支出情况，并上报给可操作性预算负责人。

533. **非对称可替换**。可操作性预算负责人可以使用“非对称可

① 审计法院2011年主题公开报告，《实施关于财政法律的〈组织法〉：新变化概览》。

替换”技术，旨在不花费国家的工资总额预算的情况下，还能节省部分开支（例如某位公务人员被调离，不再找人替补空缺），并将这部分结余转用到别的工作岗位上（但是，如果想用其他岗位节省的资金创立新职位，根据非对称性可替换准则，这一做法是被禁止的）。实际上，在当今大幅削减公职的环境下，非对称可替换准则几乎不可能实施；而办公厅以及中央行政机关越来越趋向于借助公共经费来保证政策的实施，这也极大削弱了可操作性预算负责人的管理自由度。

534. **年度绩效报告**。 预算执行之后，项目负责人需要准备一份年度绩效报告，其中体现出年度绩效计划及实际完成情况之间的差距：年度绩效报告包含工作要项、预期结果及最终所取得的结果、业绩指标、相关费用，项目费用支出明细以及由国家或享受公共服务津贴的机构管理的职位。预算部部长将不同项目的年度绩效报告附在年度财政法律修正案之后。这些报告在最大程度上保证了预算管理的透明度，也进一步深化了议会对财政法律执行情况的监督：议会委员会经常会就年度绩效报告情况对项目负责人进行听证。

535. **财政职能部级负责人**。 在 2011 年的一项报告中，审计法院认为：“指派政府高级官员担任任务负责人，应以更好地诠释部长在行政行为中的政策导向为宗旨，以便实施任务的整体战略[①]。”受到经济危机以及国家财政赤字管理问题的影响，预算部希望能够在财政问题上拥有专门对话者，对话者另一端联系的不是每项任务，而是每个政府部门。关于财政法律的《组织法》实施 11 年后，关于预算与公共会计管理的 2012 年 11 月 7 日法令规定，“在每个政府部门中，由部长任命一位财政职能部级负责人。该负责人承担准备、介绍及执行预算的工作”[②]。负责人要么是部门秘书长，要么是财政事务局局

---

① 审计法院 2011 年主题公开报告，《实施关于财政法律的〈组织法〉：新变化概览》，第 199 页。

② 2012 年 11 月 7 日颁布的关于预算管理及公共会计的第 2012－1246 号法令，第 69 条。

长，与贝尔西保持着持久联系；他负责宣布下属项目负责人的计划生效，跟踪执行过程，协调年度绩效计划及绩效报告的起草过程。在实际操作当中，财政职能部级负责人的角色会极大削弱项目负责人在部门内的职权。

另外两个因素也导致关于财政法律的《组织法》的影响有所减弱。一方面，历任共和国总统和总理在组建政府时，很少考虑到财政法律中的任务结构。另一方面，关于财政法律的《组织法》只涉及公共开支——即国家开支——的35％，而地方行政区域的开支以及用于社会保障的费用并不包含其中。

536. **公共财政高等委员会**。法国通过关于公共财政规划与管理的2012年12月17日法律创立了一个监督预算真实性的“辅助法庭”：公共财政高等委员会。这是一个审计法院下设的独立组织，由审计法院院长领导。“年度财政法案及年度社会保障财政法案均以宏观经济预测为依据”①，该委员会负责判断宏观经济预测的准确性，并审查法国政府在预算方面是否尊重了对欧盟的承诺。该机构保障财政法案真实性的意愿同样体现了预算执行过程中进行账目证明的必然性。

§2. 改革部级战略

537. **改革部级战略（SMR）**。法国总理在2003年推出改革部级战略②，共包含3个目标：着手对政府各部门承担的各项任务及部门组织结构展开系统化复查；发展质量管理体系；通过权力下放、精简人员、论功行赏以及对编制人数、职位及权限实行预先管理，以期改善人力资源管理模式。这项战略体现了关于财政法律的《组织法》的法律精神：一个名为“国家现代化总司（DGME）”的机构在财政部中成立起来，负责“使国家运行及管理方式实现现代化，以便改善为行政相对人提供的服务、提升公共资金的利用效率、调动公务人员的

① 2012年12月17日颁布的关于公共财政规划与管理的第2012-1403号《组织法》，第14条。

② 2003年6月25日关于改革部级战略的通告，发表于《官方公报》，2003年7月17日。

积极性”①。自 2004 年至 2007 年，法国在改革部级战略框架下采取了 230 项行动，并减少了 10 000 个公务员职位。

政府所采取的行动包括：通过设立多个总秘书处，增加部门之间的协作能力；重组专利权使用费管理处和住房税管理处；将国库司、对外经济关系司和财务预测司合并为国库总司；推广电子手铐在危险系数较小的犯人身上的应用，以降低监狱机构运行成本。

法国专门为中央行政机关负责人设立了“绩效补贴”；部长每年会在致各行政机关负责人的信中对绩效目标做出要求，而薪酬标准部级委员会则根据目标的实现情况建议补贴总额②。

改革部级战略的最后手段是一项由 2007 年 5 月 15 日法令创立的名为“国家薪资支付操作系统”的服务，其权限范围覆盖整个法国。其最初目标是自 2017 年起，承担支付国家官员和公务人员待遇、薪金及其他费用的职能，政府便可撤销原本负责该项工作的 3 800 个公务员岗位。然而实际上，用于运算的超级计算机出现了各种延误和机能障碍情况，以致政府在 2014 年 3 月放弃了这项计划。而在这之前，自 1996 年开始投入使用的 Louvois 系统在计算军饷时出现过严重失误，军人军饷支付遭遇延迟。审计法院对案件展开紧急审理， 2013 年 12 月 27 日审计法院院长宣布： Louvois 系统自此将被弃用。

538. **减少委员会数量**。 国家现代化总司谋求解决由部长建立的咨询委员会大量激增的问题。法国最高行政法院 2006 年 6 月 8 日法令通过两项措施以达到减少委员会数量的目的：

- 一方面，如果某个负责对法案或决定给出意见的、依附于某国家权力机关或公共行政机构的行政咨询委员会并非由法律设立，则必须是通过政令成立的。这项举措让法国总理能够阻止政府成员随意增

---

① 2005 年 12 月 30 日颁布的关于在经济、财政与工业部创建国家现代化总司的第 2005－1792 号法令，第 2 条。

② 最高补贴可达受益人每年税前工资的 20%： 2006 年 8 月 11 日颁布的关于发放中央行政机关负责人绩效补贴的第 2006－1019 号法令，第 5 条。

设组织机构；如果部长想要建立咨询委员会，再不能像以前一样公布决议就能实现了，他需要将想法上报给总理，同时提交一份研究报告，“说明成立新的委员会是非常必要的，且它将要承担的责任是现有委员会无法履行的”①；

• 另一方面，行政咨询委员会的有效期限最多5年。如果政府的某项政令决定不对其予以延期，该委员会将会消失。如政府颁布政令决定对其进行延期，则应明确期限。

最后，2006年6月8日法令还对此类委员会在运作过程中需要遵循的规定进行了框定；该法令尤其规定委员会须在5周期限内，就咨询方关于法案、法令、规章性决议等草案的咨询给出意见；如超出此期限（期限可以缩短）仍未回复，则视为意见已给出。2006年法令目前仍具有法律效力。

§3. 公共政策全面复审

539. **佩伯罗报告**。这份关于公共债务委员会的报告于2006年被呈交给经济、财政与工业部部长，报告中指出“巨大的公共赤字是因为我们的行政体系庞杂繁重、结构松散”，并且“重组公共行政部门的必要决定也总是被一拖再拖”②。为了“简化行政组织结构，去除旁枝末节”，佩伯罗报告主张“在总理的管辖权力之下，设置一个负责对国家支出进行复查的机构”；报告还建议“最大限度地利用退休以削减行政体制内的过剩人员”③。这些提议中的大部分在萨科齐2007年担任法国总统后被重新提了出来。

2007年6月，总理在部长会议上宣布实施公共政策全面复审：“现如今，法国的公共政策完全有必要通过绩效制加以考量，要满足

① 2006年6月8日颁布的关于行政咨询委员会创立、组成及运行的第2006－672号法令，第2条。

② 米歇尔·佩伯罗，《与公共债务的便利决裂》，2006年，第92页及第107页。

③ 同上，第12、14、15项提议。

效率、服务质量和公共财政管理这3项要求。多年以来，已经有不少与我国类似的民主社会以这3项21世纪国家的新要求衡量自身行政水平。一些大国更多是将效率问题放在首位，投资像高等教育或科研这样有发展前景的领域，因此成功减少公共支出。法国现在必须要对公共政策进行全面复审了”[①]。

540. **政策引航者**。公共政策全面复审由公共政策现代化委员会和一个调查跟踪委员会共同引航，前者由共和国总统主持，后者由共和国总统府秘书长和总理办公厅主任共同主持；预算、公共账户与国家改革部部长是调查跟踪委员会成员。

541. **7个问题**。国家现代化总司要求各位部长和他们带领的团队自问7个问题：1）我们做什么？2）国家及民众有哪些需求及期待？3）我们应该继续照搬原路吗？4）谁应该做？5）谁应该付款？6）怎样做得更好而且花费更少？7）转变的方法步骤是什么？

对于那些被要求作答，有时甚至被要求自我反省的国家行政部门来说，回答这些问题，特别是第3、4、6个问题，会让其中一些部门产生某种情绪。各位部长需要对下属单位的运作情况进行仔细审查，并向调查跟踪委员会报告经公共政策现代化委员会同意的改进提议；部长要定期向调查跟踪委员会汇报最新取得的成果。

542. **3个优先事项**。法国决定采取503项措施，以支持公共政策全面复审；这些措施对应3个优先事项。首先要优先考虑的是改善服务质量，行政相对人的满意度应达到至少80%。为改善服务质量所采取的众多措施中，包括设立专门的税务窗口（负责税收计算和缴付）、创办就业中心（合并了国家就业管理局和失业保险管理协会）[②]、建立公共服务网站（mon. servicepublic. fr）从而发展数字行政管理、推行线上简化行政手续（公民可在网上申请住房补助、进行选

---

① 政府总秘书处，《部长会议记录》，2007年6月20日。

② 2008年2月13日颁布的关于职业公共服务机构组织结构改革的第2008－126号法律。

民登记、办理货物出口手续……）、开展机动车登记。

自 2010 年 7 月起，依附于政府秘书长的简政专署负责实施适用于地方行政区域的规章性法规的暂停令，并对适用于公司的标准进行影响评估。

其次要优先考虑的是缩减公共开支，目标是在 5 年内节省 100 亿欧元。法国为此将采取两项措施：50%的退休公务员职位（即约 15 000 名公务员）不再招收新人，并同时减少行政运行开支。比如，创立国家薪资支付操作系统，使结算支出合理化；设立“法国国有财产管理局”，负责减少政府房租，并保证公务人员的办公面积符合 12 平方米/人的标准，使财产方面的支出合理化；设立国家采购处，保证采购支出合理化；减少中央行政机关下属部门的数量（将税务司和公共会计司合并为公共财政总司，文化部下属司由 10 个减少为 4 个，生态与可持续发展部下属司由 60 个减少到 22 个）；对 10 个总秘书处的中央行政机关辅助职能进行重组，其中几个总秘书处由多个政府部门共同所有（参见上文第 92 条目）；实行国家地方行政管理改革方案（参见上文第 320 条目），减少省会中的司局数量；改革司法版图（关闭 20 个大审法院、 178 个小审法院、 55 个商贸法庭、 62 个劳资调解委员会）；建立大区卫生局；改革外交网络，明确区分哪些使馆承担重大任务或优先任务，同时明确现有外交职位；取消公共工程竞争。

最后应优先考虑的是公共职能现代化。该项举措促使竞聘考试改革，改革后用人单位更加看重候选人的专业能力，取消了对候选人的年龄限制；减少行政团体数量（目标：从 380 个团体减少到 150 个）①；根据绩效对公务员发放奖金②，并实施干部评估机制③。

---

① 例如，将桥梁和道路工程师团体和农村工程、水和森林工程师团体融合为桥梁、水和森林工程师团体。

② 2008 年 12 月 22 日颁布的关于功绩奖励的第 2008－1533 号法令，第 5 条：部分奖金是与评估结果和公务人员的服务方式挂钩。

③ 绩效津贴的发放范围扩展到各部门秘书长。（2009 年 3 月 6 日颁布的第 2009－261 号法令）。

法国创建了“领导干部考察团”。这个考察团隶属于政府秘书长，旨在鉴别国家领导干部职位，监督政府部门和办事处的高潜力干部并陪伴其发展成长。考察团建议对其甄选的干部人选进行个人职业生涯跟踪，并对其加强管理文化的灌输。该项举措意图“建立培养领导干部人才的基地，以便公共行政部门可以从中为最具有战略性的职位选择合适人选”①，其中包括由政府决定设立的职位。

543. **公共政策全面复审工作总结**。2012 年新任总统上台后，总理要求三大部际监察总局完成一份公共政策全面复审的工作总结。监察总局指出，“公共政策全面复审促使政府重新思考公共政策的妥帖性，此举具有开创性”，“在法国实现了一场规模空前的改革”。监察总局同时还提出 3 点批评：国家现代化总司求助于私人顾问，“表现出对公共职能的无理怀疑”；“只着眼于经济成果”；“缺乏社会对话，导致公务员之间的误解和猜忌”②。而经济合作与发展组织认为，“公共政策全面复审在改善国家组织和运行状况方面，填补了法国与其他国家的差距”③。

第二节　公共行动现代化（自 2012 年起）

§1. 原则

544. **公共行动现代化（MAP）**。2012 年总统选举和议会选举之后形成的新政府决定停止公共政策全面复审：政府撤销了国家现代化总司，并收回在德维尔潘政府和菲永政府期间授予预算部部长的国家改革职责。在艾罗政府执政期间以及瓦尔斯政府执政的前两个月，由

① 2010 年 2 月 10 日关于国家领导干部的总理通告，发表于 2010 年 2 月 16 日《官方公报》。

② 财政监察总局、行政监察总局、社会事务监察总局，《公共政策全面复审总结和国家改革新政策的成功所需条件》，财政监察总局第 2012 - M - 058 - 01 号报告，2012 年。

③ 经济合作与发展组织，《经济合作与发展组织对公共治理的审查——法国：从国际角度看法国的公共政策全面复审》，收录于《经济合作与发展组织 2012 年报告》，第 18 页。

公职部部长负责国家改革，也正是他结束了国家公务员绩效奖励机制[①]。国家改革新政被命名为“公共行动现代化”。这项由马提尼翁府领航的新政策更加具有行政性质，而非预算性质。

545. **马提尼翁府的集权**。实现公共行动现代化的首要利器是公共行动现代化部际委员会（CIMAP），通过响应下列3项目标来确定政府政策的方向：改善国家服务运行机制、改善面向行政相对人和协作者的服务、“将国家公务人员与公共行动现代化和服务质量更好地联系起来”[②]；公共行动现代化部际委员会由总理主持，由负责国家改革的部长担任总报告人。

实现公共行动现代化的第二个工具同样掌握在马提尼翁府手中：依附于政府秘书长的公共行动现代化总秘书处（SGMAP）。总秘书处又包含两个部门：公共行动现代化部际管理局和国家通讯与信息系统管理局。然而令人惊讶的是，政府秘书长对依附于他的简政专署并无管理权限。自2013年1月起，简政局代替了简政专署。公共行动现代化秘书长负责公共行动现代化部际委员会秘书处。

自2014年6月起（瓦尔斯政府期间），当权力下放、国家改革与公职部部长原本承担的国家改革责任旁落，马提尼翁府集权变得愈发明显：这项责任直接过渡到了总理的职权之下。它被委派给“总理身边负责国家改革和行政简化的国务秘书”[③]。

---

① 国家公务员补贴新制度规定：一方面，“补贴与职能、艰苦或特殊工作条件和专业能力相关”；另一方面，“年度奖金与职业投入和服务方式相关”（2014年5月20日颁布的根据职能、工作条件、专业能力和职业投入设立国家公务员补贴制度的第2014-513号法令，第1条）。

② 2012年10月30日颁布的关于建立公共行动现代化部际委员会的第2012-1199号法令，第1条。

③ 2014年6月3日关于政府组成的法令，第1、2条；2014年6月19日颁布的关于委任国家改革与简政国务秘书的第2014-633号法令。

聚焦

公共行动现代化部际管理局

2012 年 10 月 30 日颁布的关于建立公共行动现代化总秘书处的第 2012－1198 号法令，第 3 条

I. 为了更好地为行政相对人服务，公共行动现代化部际管理局负责协调行政部门行动的改善工作。为此：1. 管理局推动有助于革新的行动，以更好地考虑行政相对人、公务人员及国家合作伙伴的期待，并对服务质量做出更加合理的评估；2. 管理局协调简化行政组织及简化行政手续的行动；3. 管理局配合提高行政语言的清楚规范程度。

II. 公共行动现代化部际管理局支持数字化行政的发展。为此：1. 管理局为行政手续“去物质化”提供措施；2. 管理局鼓励发展数字化服务，支持行政部门通过数字门户了解公众需求、制订草案计划、完成绩效评估；3. 管理局保证部际项目计划得以顺利开展，或应政府部门要求，协助落实部门内部项目计划。

III. 公共行动现代化部际管理局与预算司、公共财政总局、行政与公共职能总局各司其职，共同推动公共管理现代化工作。

A. 管理局协助政府各部门制定和推行现代化战略。管理局对战略实施情况进行跟踪并做出评估。

B. 管理局协助国家行政部门进行组织结构调整，充分考虑部门使命及管理模式。

C. 管理局参与构想国家及其公共机构的新型管理模式，并推动其发展。

IV. 公共行动现代化部际管理局负责公共政策审计和评估工作的协调推进。通过联合相关行政部门和监察监督机构，对比政策实施结果与政策目标，完成对各项政策效率效力的衡量工作，并提出改善意见。

V. 公共行动现代化部际管理局与国家其他行政机关一起，协调鼓励在公共行动现代化方面的交流和培训工作。

§2. 行动

546. **公共政策评估**。 公共行动现代化以公共政策评估作为开始，评估工作以对目标群体造成的影响及结果为依据。接受评估的不仅有国家行动，还包括政府操纵机构、地方行政单位以及社会组织的各项行动；评估工作在每位部长的责任之下展开，部长不仅需要要求部门内部的监察机构参与其中，还要对公共服务用户进行咨询。根据三大部际监察总局完成的一份关于公共政策全面复审的工作报告的提议，评估工作遵循以下 5 个步骤： 1）明确指令； 2）起草问题诊断书； 3）制定问题解决框架； 4）深化解决方案； 5）决定行动方案并加以实施。

战略与远景总署（参见上文第 277 条目）参与对所有公共政策的评估工作，评估要求在 2017 年前完成。

以下是公共行动现代化部际管理局决定在 2014 年进行评估的公共政策： 住房政策；法庭受审人员与庭讯接待的关系；家庭废弃物的地方管理政策；将大学与终身教育培训相联系；促进国家各文化机构发展自己的资源；监督企业减负增效；对企业进行救助及支援；组织政治选举；地方行政区域间互助；医疗卫生发展对个人的影响及个人促进医疗卫生发展的方式；发展可流动型外科；推广非专利药。这些政策的目标是在 2015—2017 年期间，节省 50 亿至 70 亿欧元预算。

547. **“简政冲击”**。 投资总监察员路易 · 加卢瓦在报告中指出：“行政堆积成为‘千层糕’，国家权力下放与地方分权结构重叠，再加上对规章条例的盲目崇拜，为国家发展构成了一道真正的障碍。”① 2013 年 3 月 26 日发表的关于反对立法膨胀的任务报告（《朗贝尔-布拉尔报告》）曾建议： 减少现行规章总量，严格控制新规章的大量涌现。在这些报告的驱动下，国家总统表达了发动“简政冲击”的意愿。 2013 年 7 月 17 日，公共行动现代化第三部际委员会决定通过了 200 项简政措施（参见上文第 121 条目）。

---

① 路易 · 加卢瓦，《提升法国产业竞争力协约——致总理的报告》， 2012 年 11 月，第 11 页。

其中一些举措关于企业：创办商业公司不再需要向税务单位递交相关文件；简化微型企业和中小企业申请进入公共市场需要办理的文件手续；对特种运输相关的规章条例进行改编……一些举措通过限制滥用诉讼权利[①]的行为，减少城市化过程中的行政诉讼，加快推进住房项目。还有一些举措关乎个人生活：身份证有效期变为15年[②]；实现灰卡（汽车牌照证）网上支付功能；允许代理投票，方便公民投票[③]；发放电子版高中会考学生手册；减少大学本科及研究生评语数量；行政部门沉默即接受原则（参见上文第422条目）……在关于行政咨询委员会（参见上文第538条目）的问题上，公共行动现代化部际委员会决定一方面允许咨询委员会通过电子交流渠道就某一文本展开紧急评议[④]，另一方面撤销现有委员会的1/4[⑤]。

548. **行政与数字化**。总理希望再次推进行政相对人与行政部门联系中的数字化应用。为此，总理委托国家通讯与信息系统管理局建言献策，以便“在苛刻的经济条件下，转型行政部门信息系统，促进公共服务部门革新，惠及公务人员与公共服务使用者”[⑥]。

---

① 例如：若某人已获某项许可却仍被他人诉讼，可请求行政法官判决诉讼人赔偿其蒙受的损失、补偿其利益（《城市化法典》，第L.600－7条）。

② 2013年12月18日颁布的关于身份证件有效期及重新发放身份证件所需条件的第2013－1188号法令。

③ 2013年12月18日颁布的关于借助代理方式方便公民行使选举权的第2013－1187号法令。

④ 2013年5月23日颁布的关于撤销行政咨询委员会及修改2006年6月8日第2006－672号法令（关于行政咨询委员会的创立、组成与运作）的第2013－420号法令，第61条，第1款。

⑤ 然而具有下列特征的咨询委员会不得撤销：“除咨询作用之外，还具有作出决定、给出合理意见或可为主管权力机构提出建设性建议的委员会。”（2013年5月23日，第2013－420号法令，第61条。）

⑥ 公共行动现代化部际委员会第4次会议，2013年12月18日，第22号决定。

聚焦

国家通讯与信息系统管理局进行思考的主题

采购/合同：如何提高采购部门效率，以便达到成本最优并促进信息系统革新？

方案内化/资源定位：如何依靠政府部门权能掌握市场知识，以便强化对信息系统及相关成本的控制管理？

基础设施共用：如何依靠国家部级网络（RIE）提供的新机遇，在节省成本的同时实现信息系统基础设施共享？

引导投资及承诺计划：如何更好地引导投资选择及计划承诺，以便达到成本最优，同时促进信息系统的共享与现代化？

合理化改革/淘汰过时应用：如何通过共享与革新来简化应用组合？如何通过共享与革新来抵制浪费？

开发的产业化及革新：如何优化软件开发周期，并在软件开发中融入互联网管理方法和技术？

稀有知识技能分享：如何在政府各部门之间调动与分享信息系统方面的专业知识技能？

服务互助：政府部门间可以共享哪些服务，以便优化服务质量及费用管理？

用户支持链：如何优化向用户提供的支持？

预算跟踪/再次结算：在互助互惠框架之下，建立哪些预算跟踪及结算机制？

人力资源—对编制人数、职位及权能的预测管理（RH-GPEEC）：如何把控国家信息系统转型带来的人力资源影响，以及如何保证有效的社会对话？

动员公务人员/培训/行动：如何协助公务人员进行相应转变，以及如何动员国家信息系统的专家——未来主导革新的中坚力量？

来源：公共行动现代化总秘书处。

§3. 重新拟定优先事项

549. **削减公共开支**。 为响应法国公共政策全面复审方案而构想出的公共行动现代化政策，起初并未以预算为核心目标。然而，公共财政状况的恶化致使国家通过2014年1月22日法令（参见上文第303条目）成立了公共开支战略委员会，旨在提出一项涉及500亿欧元的结构性经济计划，并跟进方案的实施。委员会由共和国总统主持，公共行动现代化部际委员会的重要人士也都在战略委员会之中。预算方面的迫切需要将促使国家改革被再次提起。

另一方面，旨在减少行政咨询委员会（参见上文第538条目、第547条目）数量的政策还在继续实施。一些被保留下来的委员会仅一年更新一次，以便观察是否有保留它们的必要。那些确定被废除或改组的委员会将只更新到2014年12月31日[①]。

削减公共开支的目的尤其解释了铁路改革，将负责基础设施管理的公共机构——法国铁路路网公司，改名为“法国国家铁路路网公司”，成为法国国家铁路公司的子公司（参见上文第208条目）。

550. **简化企业行政手续**。 2014年1月8日法令创立了一个依附于总理的为期3年的新机构： 企业简化事务委员会。该委员会尤其负责“向政府提出关于简化企业行政手续的优先方针，并在所有的革新方案或需被受理的带有立法、法规和行政性质的措施上给出建议”[②]。企业简化事务委员会由来自企业、政府部门和议会的独立人士、当地

---

① 参见为涉及不同政府部门事务的委员会制定的各项法令： 2014年6月6日第2014－589号法令； 2014年6月6日第2014－590号法令； 2014年6月6日第2014－591号法令； 2014年6月6日第2014－592号法令； 2014年6月6日第2014－593号法令； 2014年6月6日第2014－594号法令； 2014年6月6日第2014－595号法令； 2014年6月6日第2014－596号法令； 2014年6月6日第2014－597号法令； 2014年6月6日第2014－598号法令； 2014年6月6日第2014－599号法令； 2014年6月6日第2014－600号法令； 2014年6月6日第2014－601号法令； 2014年6月6日第2014－602号法令； 2014年6月6日第2014－603号法令。

② 2014年6月6日颁布的关于创立企业简化事务委员会的第2014－595号法令，第2条。

民选代表及总理令指定的专家组成。由埃松省议员蒂埃里·芒东[①]和Woodeum & Cie公司董事长纪尧姆·普瓦特里纳尔共同主持。

企业简化事务委员会于2014年4月12日宣布了一些措施，并得到了共和国总统和总理的批准。在这些措施中，尤其要注意的有：将所有强制实施的标准（AFNOR）和Légifrance网站上的通告进行合并，变成可读的、可无偿无限制使用的条款；在规定日期公布税务指令；通过将政府提供的行政信息缩减至编号为“SIRET”[②]的通知，以方便候选企业接触公共订单。在2014年夏天向议会提交了一份关于简化企业生活的法律草案。

551. **质疑“行政千层糕”**。 政治优先处理事项已经被清楚地宣布了，法国“行政千层糕”的问题就凸显了出来，遭到了大家的质疑。其特点是市镇、跨市镇合作的公共机构、省、大区以及法兰西岛“大巴黎”的层层重叠，这一重叠产生了相当可观的运转成本。例如，在负责地方分权事务的部长身边任命了一位“负责国土改革”的国务秘书[③]。

2014年6月，共和国总统和总理确定了此项改革的3个主要目标[④]：

- 一张新的跨市镇地图，计划合并人口少于2万人[⑤]的市镇。
- 强化大区权限，合并一些大区，将本土大区的数量由22减为14。
- 将省的新权限转移至大区首府，预计到2020年撤销省议会。

行政区域改革应在政府管理结构和方法现代化之前进行：政府宣

---

① 芒东先生被任命为总理的国务秘书，负责政府改革和简化（关于政府组成的2014年6月3日法令，第2条），后被洛朗·格兰德吉约姆取代（2014年6月13日颁布的第2014－618号法令）。

② 企业简化事务委员会，《企业事务简化的50个首要措施》，www.simplifier-entreprise.fr.。

③ 2014年4月9日关于政府组成的法令：当一位地方长官被任命为该国务秘书的办公室负责人，那么他可以保留其作为中央行政机关负责人的职能。不过这种情况很少见（关于负责国土改革的国务秘书办公室任命的2014年4月25日决议）。

④ 此项改革是以下两个法案的目标：其中一个关于大区界线划分，另一个关于共和国领土的新组织形式（2014年6月3日部长会议记录）。

⑤ 这一指标可由省长下调，尤其是在山区（《地方行政区总法典》，第L.5210－1－1条，第3款，第1点）。

布， 2020 年后省将作为由省长领导的国家活动区域而继续存在。但是将法国划分为 14 个大区（或更少，视议会讨论结果而定）的改革，如果实施好，必然会给国家的组织尤其是地方分权部门带来重大影响：本土的 7 个防御安全区、 22 个行政大区， 26 个学区因此被要求重新规划。

第三节　国外的行政改革

§1. 经合组织的对比观察

552. **政府一览**。 每年，经济合作与发展组织都会制定一份涉及 30 多个国家的公共部门运转指数对比分析报告。以下内容节选自经合组织于 2013 年 11 月发布的报告①。

553. **对行政管理的信任**。 在瑞士、印度尼西亚、瑞典和卢森堡，超过 2/3 的国民对本国的行政管理表示信任；日本、希腊、捷克和匈牙利是行政管理信任度最低的国家（低于 20％）。法国的信任水平处于平均水平之上。在经合组织成员国中，最能激发信任度的行政管理是地方治安（72％）和健康（71％）。

在法国，经合组织评估的行政管理信任度为 44％，司法信任度为 50％，市镇治安信任度为 74％，教育信任度为 67％，医院信任度为 78％。而各项信任度最高的分别是：瑞士 77％的行政管理信任度，爱尔兰 82％的教育信任度，丹麦 85％的司法信任度，瑞士和冰岛 89％的市镇治安信任度，以及奥地利和瑞士 94％的医院信任度。

554. **行政管理对法律规则的遵守**。 在斯堪的纳维亚半岛国家（丹麦、芬兰、挪威、瑞典）、澳大利亚、奥地利和荷兰，超过 85％的居民认为本国的行政管理遵守了法律规则。在智利、俄罗斯和乌克兰，不到 40％的居民持相同观点。在法国， 80％的居民对此有同感，高于平均水平（78％）。

555. **公务员的数量**。 在挪威、丹麦、瑞典、芬兰和法国，超过

① 经济合作与发展组织，《政府一览》， 2013 年。

20％的就业人口在公共部门工作。而在墨西哥、希腊、日本、韩国、南非和乌克兰，不到10％（经合组织成员国的平均水平为15％）。

556. **高级公务员的工资**。 在意大利，高级公务员的工资根据工作时间和社会福利进行调整，行政部门的高级公务员年均收入超过40万美元。在澳大利亚、英国和新西兰，高级公务员的年均收入介于30万至40万美元之间。在比利时、丹麦、法国、德国、以色列、荷兰、挪威和美国，则介于20万至30万美元之间。高级公务员年收入最低（少于10万美元）的国家是爱沙尼亚、冰岛、斯洛伐克和斯洛文尼亚（经合组织成员国平均水平为24万美元）。

557. **中学教师的工资**。 经过15年的从业训练，经合组织成员国范围内一名中学教师的年均收入可达到4万美元。在法国，完全拿不到这一水平的工资。在卢森堡，中学教师的年收入达到10万美元。在德国、荷兰、加拿大和爱尔兰，教师的年收入较高（5万到6万美元）。教师年收入最低（少于2万美元）的国家是爱沙尼亚、斯洛伐克、匈牙利、波兰、捷克和智利。

558. **非人员开支的份额**。 荷兰（45％）、韩国（40％）以及日本、澳大利亚、捷克（36％）将公共开支的最大份额用于购买服务、设备和投资工程。经合组织成员国平均水平为29％，法国为26％。份额最小的国家是意大利（21％）和希腊（19％）。

559. **按照职能分配公共开支**。 经合组织区分了以下10个职能：

• 一般行政开支，平均值为13.6％，法国11.5％，最大值：希腊24.5％，最小值：爱沙尼亚8.4％；

• 国防开支，平均值为3.6％，法国3.2％，最大值：以色列14.7％，最小值：冰岛0.1％；

• 治安开支，平均值为3.9％，法国3.1％，最大值：斯洛伐克6.4％，最小值：丹麦2％；

• 经济干预开支，平均值为10.5％，法国6.3％，最大值：韩国20.1％，最小值：英国5.3％；

• 环境保护开支，平均值为1.5%，法国1.9%，最大值：日本2.9%，最小值：芬兰0.5%；

• 集体设备和住房补助开支，平均值为1.6%，法国3.4%，最大值：土耳其3.5%，最小值：希腊0.4%；

• 健康开支，平均值为14.5%，法国14.7%，最大值：美国21.4%，最小值：瑞士6.1%；

• 支持文化和娱乐事业开支，平均值为2.7%，法国2.5%，最大值：冰岛7%，最小值：美国0.7%；

• 教育开支，平均值为12.5%，法国10.8%，最大值：瑞士17.9%，最小值：希腊7.9%；

• 社会开支，平均值为35.6%，法国42.6%，最大值：丹麦43.8%，最小值：韩国13.1%。

§2. 意大利的改革

560. **缩小政府权限**。 减少政府部门的数量，从2008年起减至13个部（参见上文第39条目），这是积极的行政改革的第一步。改革首先是将政府的众多权限下放至大区、省和市镇（公共交通、经济发展、行政警察等），伴随这一政策的是给予地方行政区域更大的税收自主权，以及将19 000项总价高达30亿欧元的政府财产进行转移①。改革的显著成果是私有化的发展，包括政府的采购部门由私企来管理，以及85%的公务人员过渡到私权身份。

561. **简政**。 经济部和社会部将其下属的分权机构合并，在每个大区只设立一个办公厅。以行政与革新部部长布鲁内塔名字命名的“Brunetta改革”引发了从2000年起采取的众多简政措施：废除所有在1970年之前颁布的文件（法律、法令等）；撤销行政部门颁发的证书，代之以企业和个人签署的用名誉担保的证书；削减用于企业的行

① 2009年5月5日颁布的关于联邦税收的第42－2009号法律，第19条。

政开支，在各部之间分摊 210 亿欧元的行政开支；鼓励电子政务政策，让各部节约一部分费用；在所有学校推行电子成绩单和数字教育；建立邮局的 Reti Amici 网络，允许烟草专卖店、公证员、银行、药店和企业向个人发放一些资料。“Brunetta 改革”同样加强了行政相对人角色的重要性：2009 年 12 月 17 日法令-法律将“共同起诉”引入了意大利法律体系，旨在处罚行政管理中的拖延和恶劣行为；此外在 2 500 个窗口设立了用户对行政管理满意度的即时评价装置。

562. **根据工作表现决定报酬多少**。根据工龄自动累进的公务员工资发放规则以及多项奖金制度被废除：从 2011 年起公务员的报酬包括一份工资以及一份有可能的绩效奖金。因此，在每个行政部门，公务员被分为三类：25%被认为表现优异的公务员可获得 50%的预设奖金；50%表现一般的公务员可获得另一半预设奖金；而 25%表现不好的公务员拿不到任何奖励，这导致了他们的待遇与改革前相比，平均缩水了 10%。

563. **伦齐改革**。2014 年 2 月 22 日被任命为部长会议主席的马泰奥·伦齐，将行政改革变成了其政务中的一条重要轴线。尤其是他宣布废除 107 个省①，将省会的数量减少至一半；在 3 年内取消 85 000 个行政人员岗位；将行政司法权转移至有权限的法院，以便审理公职诉讼；统一所有的公共研究机构，将公有企业私有化。最具象征意义的措施是关于高级公务员和公有企业领导的：其最长任职时间将只能为 6 年；每年的最高工资降低至 24 万欧元，即共和国总统的待遇；1 500 辆政府公车将被卖掉。

§3. 英国的改革

564. **5 个优先事项**。自 2010 年执政以来，卡梅伦政府给他的内阁办公厅规定了关于行政改革的 5 个优先事项。伴随行政改革的还有

① 意大利的省“province”对应法国的省“département”。

《宪法》改革。

565. **撤销大区的行政部门和办事处。** 第一个优先事项是撤销没有存在价值的行政部门。一方面，关闭设在英格兰 9 个大区[①]的伦敦各部下放权力的地方政府机构。得益于电子工具的发展，地方政府机构的工作由中央政府接手。另一方面，一项 2011 年颁布的法律计划在 5 年内削减公共机构的运转费用，总额高达 26 亿英镑[②]：允许各部合并、取消和削减预算，改变 900 个议会、委员会和公共机构的身份。在 3 年内，关闭 192 个办事处，另外将 170 个办事处合并为 78 个。办事处（参见上文第 230 条目）的组织得到了协调：法律要求它们制订一个共同计划（确定 5 年的目标）和一个业务计划（确定每年的目标和预算）。

聚焦

一些自 2012 年起被撤销的公共机构

行政司法和仲裁委员会

危险物品咨询委员会（根据 1990 年颁布的《环境保护法》第 140 条设立）

农药咨询委员会和北爱尔兰农药咨询委员会 [根据 1985 年颁布的《食品和环境法》第 16（7）条设立]

英格兰地区农业住宅咨询委员会

英格兰和威尔士农业工资委员会

英格兰地区农业工资委员会

不列颠船舶局（根据 2006 年颁布的《企业法》第 1 159 条）

英国铁路事务有限公司（BRB Ltd.）

---

① 英格兰的 9 个大区为：英格兰西北，英格兰西南，英格兰东北，英格兰东南，大伦敦，中英格兰东，东英格兰，中英格兰西，约克郡和亨伯。

② 2011 年颁布的《公共机构法》。

儿童抚养和执行委员会

农村社区委员会

农业估价委员会（根据 1986 年颁布的《农业生产经营法》第 92 条设立）

竞争办公室

法庭委员会

刑事法庭规则委员会

残疾人生活补助咨询委员会：该委员会是根据 1995 年颁布的《环境法典》第 12 条设立的机构，而非根据该条第 6 款设立的机构（威尔士）

不列颠食品局

本地木材咨询委员会

内河航道咨询委员会

女王的法院管理督察组

英格兰图书馆咨询委员会

地方行政法庭管制委员会（根据 1980 年颁布的《地方行政法庭法》第 144 条设立）

全国消费者委员会（《消费者关注的焦点》）

国家科技和艺术基金会

植物品种和种子审裁处

公共监护人委员会

铁路遗产委员会

大区和地方渔业咨询委员会：该委员会是根据 1995 年颁布的《环境法典》第 13 条设立的机构，而非根据该条第 5 款设立的机构（威尔士）

公共出借权注册处

运动场地安全局

估值审裁处

受害者咨询小组

来源：2011 年《公共机构法典》，表 1。

566. **“一进一出”**。 第二个优先事项是继续减轻企业和个人的行政负担，在2005—2010年期间，负担下降比例达到25%。为此，国家创立了“一进一出（One in，one out）”原则，即只有在废除一条现存规则的前提下，才制定一条新的规则。此外，为了提高法律质量，政府制定了最长适用期限为7年的临时法规。

567. **“告诉我们，一次即可”**。 第三个优先事项是简化行政手续。“告诉我们，一次即可（tell us once）”的成功实验应该被推广。实验中，行政相对人只须向某个政府部门告知一次他们的个人情况（搬家、亲戚去世），该部门就会向其他相关部门进行转达。2011年，围绕着用户网站（Directgov，用于维系行政相对人与行政主体的关系）及企业网站（Business link），在线行政网站被进一步合理化。2014年，这两个网站合并为GOV. UK。

568. **透明**。 第四个优先事项是让行政管理变得透明，不但要求公布所有的数据和统计资料，还要公布所有超过或等于25 000英镑的开支。这些开支会在transparency. number10. gov. uk网站上及时公布，同样会公布高级公务员及政府成员协作者的工资。透明规则也应用在行政管理活动中：政府各部要制订一个年度工作计划，在该计划中提前公布文本、决定以及使一份报告中的建议变成现实的措施。每月公布一份计划实施进展的备注，以及预算的使用情况。

569. **绩效**。 第五个优先事项是加强行政管理的绩效目标①，在5年内裁减23%的公务员。今后，公务员培训须优先考虑管理者的素质。因此，在首相治下的各个部门写着如下一段话：“一般公务员的旧观念已经死亡；每个公务员须将专业、能力和专长结合在一起（……）在这样一个众多服务被外包出去的世界，公务员须有更好的市场管理与合同谈判能力。”②

① 财政监察总局，《外国政府改革战略研究》，第2010－M－098－02号报告，2011年。

② 内阁办公厅，《公务员改革计划》，2012年。

§4. 加拿大的改革

570. **削弱政府的角色。** 从1985年起，加拿大持续进行着一场联邦行政管理改革，以期减轻公共赤字。“加拿大服务”的创立让用户可以通过唯一窗口接触到所有社会项目，并可领取护照。1993年确立的“项目检查”使得联邦公务员的数量在3年之内减少了20%。公私合作框架内的基础设施建设得到了发展。2010年设立的“联邦文件精简委员会”取消了20%的行政手续。

聚焦

缩减联邦行政管理的规模和费用

每天，加拿大家庭在如何使用挣得的辛苦钱这件事上难以选择。受之影响，加拿大政府将继续缩小联邦行政管理的规模和费用，保证纳税人的钱被合理使用。

- 政府将冻结部门运转的总预算，以期继续限制公务员的招录。
- 政府将继续有针对性地削减其内部开支。
- 政府将改革联邦管理开支的方式。
- 政府将审查联邦财产，只要这件事符合加拿大人的最高利益。
- 政府承认已减负的公共职位的价值，该职位依旧是有权限的和介入的。公共职位的报酬和福利水平将是合理的、负责的且符合公众利益的。
- 政府已经改革了联邦政府的退休金制度，确保议员和公务员支付他们应该支付的那部分钱。政府将改革病假和残疾人补助制度，并和企业员工一起努力，让他们尽可能地回到工作中去。
- 政府将修改《公共职位劳动关系法典》，以便促进公共职位的费用合理化、公共职位的现代化并提高其回报率。
- 政府将改善在收益方面的问责制，以便用更低的成本为加拿大人民提供更好的服务，并更好地认可那些奉献自己、工作高效的员工。

• 我们工作的宗旨是让政府变得更加高效，关心加拿大人民的需求。例如，将63个不同的电子邮件系统合并为一个。

来源：节选自2013年10月21日加拿大总督戴维·约翰斯顿在第41届议会第2次会议开幕式上的讲话——《王座》。

571. **开放的政府**。自2007年起，加拿大公共部门廉政专员负责收集关于公务员在公共部门行为不端的信息。如果信息得到证实，将予以行政和司法处罚。该专员为2012年4月2日起生效的《公共部门价值道德规范》的制定做出了贡献。

聚焦

加拿大对公务人员的期待

联邦公务员根据公共部门价值观和国家及人民给予的期待来行动：

遵守民主

公务员保护加拿大的议会民主制度及其机构。

1.1 遵循法律至上的原则，根据法律、政策和指令履行其职责，不偏向任何一个党派，公正公平。

1.2 根据法律忠诚地执行领导作出的决定，协助部长们向议会和加拿大民众汇报工作。

1.3 向决策者提供必要的信息、分析和建议，努力保持开放、坦诚和公正。

尊重他人

公务员要尊重人的尊严，承认每个人的价值，并采取以下行为：

2.1 以尊重和平等的态度对待他人。

2.2 重视每个员工独特素质和能力所展现出的多样性和优势。

2.3 促进建立和维护安全卫生的工作场所，免去骚扰和歧视。

2.4　秉着开放、诚实和透明的精神开展工作，促进参与、合作和友好的沟通。

公正

公务员为公众的利益服务。

3.1　保持做事公正，禁得住公众最深入的检查；这一做法不单是对法律的简单遵守。

3.2　不利用公职身份以不恰当的方式为自己或他人谋取利益，或伤害他人。

3.3　为了公众利益，采取一切措施预防和解决公职和私事之间的实际、明显或潜在的利益冲突。

3.4　其行为要能够维系雇主对他们的信任。

后勤

公务员以负责的方式使用资源。

4.1　注意高效地使用公共资金、财产和资源，并对其负有责任。

4.2　考虑其行为对他人和环境的短期或长期影响。

4.3　通过指定方式获取、保存和共享知识与信息。

出色

公务员在履行其职责时表现出色的职业能力。

5.1　在尊重加拿大官方语言的情况下，提供公正、及时和高效的服务。

5.2　继续提高政策、计划和服务的质量。

5.3　优先考虑有利于团队精神、获取技能和创新的工作环境。

来源：《公共部门价值道德规范》。

此外，2012 年的《加拿大开放政府行动计划》旨在让公众能够访问到所有关于公共开支的数据，包括公职人员的开支状况，同时取消对行政部门公布信息的再次利用的所有限制。

案例

加拿大食品检验局第一副局长玛丽·科马林斯基女士
使用的由政府支付的差旅费开支

目的：在韦仕敦大学介绍关于食品安全的知识，并与教师见面

日期：2014 年 1 月 21 日和 22 日

机票：788. 95 美元

其他交通费用：83 美元

住宿费：157. 07 美元

来源：加拿大食品检验局网站。

572. **魁北克**。魁北克省也将“减少公共干预、根据预设目标追求成效及决策透明”的原则置于其行政改革的中心。魁北克各行政部门和组织须公布《服务公民宣言》，明确指出获得其服务的条件，并承诺文件处理的期限。2000 年 5 月 30 日颁布的魁北克《公共管理法律》规定：“一位部长可与其下属的某一行政部门或行政组织的领导达成一项绩效和问责协议。”① 政府部门和单位的领导对自己的业绩负有个人责任：“若某人对某一行政单位拥有监察监督权，当他认为该单位没有达到年度目标或单位领导者不符合绩效和问责协议要求，则可以对该单位领导进行撤换；如监督人无权任命，则向主管部门提议撤换。”②

虽然国家不断“苛求”公务人员着力提升公共服务质量，却也难以抑制公务人员的改革热情。魁北克公共管理研究所（IAPQ）长期以来就以此为精神准绳。在遴选 2014 年魁北克公共管理杰出贡献奖候

① 《公共管理法律》，第 12 条 [2000，c. 8，a. 12]。法文单词“imputabilité”对应英文中的“accountability”，意为某行政单位或机构的负责人每年有公开汇报其管理工作的义务。

② 同上，第 18 条，第 1 款 [2000，c. 8，a. 18]。

选人之际，该研究所所长让-斯特凡纳·贝尔纳发表了一番积极言论，我们借他的话为本书做个小结：“作为管理者和领导者，我们肩负着重大的责任，我们要不断精益求精，提升公共管理可信度。不论在哪个部门，我们都要让全体职员的努力发光，让所有创新想法发光，以便为国民提供更优质的服务，让我们的机构更加出色。一个健康强大的公共管理部门能让整个社会受益无穷，我们不仅要让人们了解我们的成功，更应该为此而感到自豪！”①

① 参见魁北克公共管理研究所网站： www. iapq. ca. 。

Patrick Gérard
L'administration de l'État
LexisNexis SA, 2014
This edition of L'administration de l'État by Patrick Gérard is published by arrangement with LexisNexis SA - 141 rue de
Javel, 75015 Paris - France

图字:09 - 2015 - 988 号

图书在版编目(CIP)数据

国家与行政管理/(法)帕特里克·热拉尔著;刘成富,苑桂冠,陈思洁译.—上海:上海译文出版社,2020.8
(国家治理能力现代化探索丛书)
ISBN 978 - 7 - 5327 - 8300 - 7

Ⅰ.①国… Ⅱ.①帕…②刘…③苑…④陈… Ⅲ.①行政管理—研究—法国 Ⅳ.①D756.531

中国版本图书馆 CIP 数据核字(2020)第 137896 号

国家与行政管理
[法]帕特里克·热拉尔 著 刘成富 苑桂冠 陈思洁 译
责任编辑/袁雅琴 封面设计/徐小英

上海译文出版社有限公司出版、发行
网址:www.yiwen.com.cn
200001 上海福建中路 193 号
上海信老印刷厂印刷

开本 890×1240 1/32 印张 14.75 插页 2 字数 311,000
2020 年 10 月第 1 版 2020 年 10 月第 1 次印刷
印数 0,001—1,000 册

ISBN 978 - 7 - 5327 - 8300 - 7/D·130
定价:168.00 元